Johann Wolfgang von Goethe

Aus einer Reise in die Schweiz

Verlag
der
Wissenschaften

Johann Wolfgang von Goethe

Aus einer Reise in die Schweiz

ISBN/EAN: 9783957008893

Auflage: 1

Erscheinungsjahr: 2016

Erscheinungsort: Norderstedt, Deutschland

Hergestellt in Europa, USA, Kanada, Australien, Japan
Verlag der Wissenschaften in Hansebooks GmbH, Norderstedt

Deutsche
National-Litteratur

Deutsche

National-Litteratur

Historisch kritische Ausgabe

Unter Mitwirkung

von

Dr. Arnold, Dr. G. Balke, Prof. Dr. K. Bartsch, Prof. Dr. R. Bechstein, Prof. Dr. O. Behaghel, Prof. Dr. Birlinger, Prof. Dr. H. Blümner, Dr. F. Bobertag, Dr. H. Borberger, Dr. W. Creizenach, Dr. Joh. Crüger, Prof. Dr. H. Düntzer, Prof. Dr. K. Frey, L. Fulda, Prof. Dr. L. Geiger, Dr. R. Hamel, Dr. E. Henrici, Dr. M. Koch, Prof. Dr. H. Lambel, Dr. R. Frhr. v. Liliencron, Dr. G. Milchsack, Prof. Dr. J. Minor, Dr. F. Muncker, Dr. P. Nerrlich, Dr. H. Oesterley, Prof. Dr. H. Palm, Prof. Dr. P. Piper, Dr. H. Pröhle, Dr. Adolf Rosenberg, Dr. A. Sauer, Prof. Dr. K. J. Schröer, R. Steiner, Prof. Dr. A. Stern, Prof. Dr. F. Vetter, Dr. C. Wendeler, Dr. Th. Zolling u. a.

herausgegeben

von

Joseph Kürschner

91. Band

Goethes Werke XXIII

Berlin und Stuttgart,

Verlag von W. Spemann

Goethes Werke

Dreiundzwanzigster Teil

Aus einer Reise in die Schweiz

Herausgegeben

von

H. Düntzer

Berlin und Stuttgart,

Verlag von W. Spemann

Einleitung.

Die Reisen in die Schweiz (1797) und am Rhein, Main und Neckar (1811 und 1815), die einen durchaus verschiedenen Charakter haben, erschienen, wie hier, verbunden, ein Jahr nach dem Tode des Dichters dessen Bestimmung gemäß im dritten Bande der „Nachgelassenen Werke".

Schon im Jahre 1823 hatte Goethe daran gedacht, auch die Briefe seiner dritten Schweizerreise der Ausgabe letzter Hand einzuverleiben. Nach der Rückkehr von Karlsbad sagte er Eckermann, den er mit der Redaktion seiner Werke zu betrauen gedachte, er wolle seine Reise über Frankfurt und Stuttgart nach der Schweiz, die in drei Heften vorliege, ihm nächstens zusenden, damit er ihm vorschlage, wie aus diesen vom Augenblick eingegebenen Bemerkungen ein Ganzes zu machen sei. Als dieser neun Tage später, am Abend des 3. November, Goethe besuchte, hatte er die Reisebriefe „bereits fleißig studiert", und er sprach seine Freude darüber aus, daß der Reisende an allem Interesse genommen und alles aufgefaßt habe. Goethes Bemerkung, es finde sich kein Wort über Musik darin, trifft nicht ganz zu, doch mit Recht äußerte er, die Musik habe damals nicht in seinem Kreise gelegen; die Verbindung mit dem Tonsetzer Reichardt war unterbrochen, die mit Zelter noch nicht angeknüpft, die bildende Kunst zog ihn neben der Dichtung auf das lebhafteste an. Von Eckermanns Vorschlägen hören wir nichts, doch äußerte Goethe auch gegen Soret, den Erzieher des Erbprinzen, am 30. Dezember desselben Jahres seine Absicht, diese Reise in seine Werke aufzunehmen. Aber in der am 1. März 1826 aufgestellten und veröffentlichten Inhaltsanzeige seiner Ausgabe letzter Hand wird nach der Reise in Italien der „Campagne in Schlesien von 1790“, aber nicht an der Stelle, wohin sie der Zeitfolge nach gehörte, der Schweizerreise von 1797 gedacht. Erst als er nach Vollendung jener Ausgabe sich über die aus seinem Nachlasse herauszugebenden Schriften entschied, ward auch diese dazu bestimmt. Wiederum erhielt Eckermann die drei Hefte zu Vorschlägen über ihre Redaktion; es kam darüber zu Verhandlungen, worauf Goethe ihn zum Herausgeber seiner „teils vollendeten, teils noch nicht vollendeten Schriften“ ernannte, die in dem darüber aufgesetzten Vertrage namentlich aufgeführt wurden. Nachdem Eckermann diesen am 15. Mai 1831 durchgesehen, wurde er von Goethe und ihm unterzeichnet. „Das benannte Material, mit dessen Redaktion ich mich schon bisher von Zeit zu Zeit beschäftigt hatte“, berichtet Eckermann, „schätzte ich zu etwa fünfzehn Bänden; wir besprachen darauf einzelne noch nicht ganz entschiedene Punkte.“ Ob unter diesen auch die „Schweizerreise“ war, wissen wir nicht, ebenso wenig, ob Eckermann schon damals sich mit der Redaktion im einzelnen beschäftigt hatte, jedenfalls gehörte sie, als bisher ungedruckt, zu den Bänden, die zuerst erscheinen sollten, und so wird Eckermann damals, insofern es noch nicht geschehen war, einzelne Bedenken Goethe vorgetragen und dessen Entscheidung eingeholt haben. Es handelte sich besonders um Weglassung einzelner Stellen, vielleicht auch ganzer Briefe, um Einschiebung von Stellen aus anderen Briefen, auch um Aufnahme von schon gedruckten Gedichten. Daß Goethe Anteil an der Redaktion nahm, ergibt sich aus einigen größeren Zusätzen, besonders der Einleitung zum Rheinfall, den „Später“ überschriebenen Absätzen nach dem Briefe vom 25. Oktober und dem aus den Tagebuchbemerkungen gebildeten Schlusse.

Eckermann lagen Briefe Goethes an Meyer, Schiller, den Herzog, Voigt, Knebel, Böttiger und Cotta vor, daneben aber sehr ausführliche Tagebuchbemerkungen. Daß aus Weimar und Jena an Meyer gerichtete Briefe als Einleitung der eigentlichen Reise vorangehen sollten, hatte Goethe wohl selbst bestimmt, wenigstens gebilligt. Sonst wird er Eckermann freie Hand gelassen und kaum darauf geachtet haben, ob dieser alle wirklich verwendbaren Briefe benutzte. Die Briefe an Schiller lagen nur im Drucke vor, die übrigen wohl in Abschrift. Zum Muster konnte die Behandlung der Briefe in der „Italienischen Reise“ dienen, in welchen nur ein paarmal in der Ueberschrift der Adressat genannt war. Daß die Briefe aus Weimar und Jena alle an Meyer gerichtet waren, deutet der Zusatz zu der Überschrift „Einleitendes“ an. In den meisten Briefen waren die auf persönliche Verhältnisse deutenden Stellen weggelassen, so daß die Nennung der Person, an welche der Brief gerichtet war, unnötig schien; erst beim Briefe aus Tübingen vom 11. September wird in der Überschrift der Herzog von Weimar genannt, dann folgen den 25. adressierte Briefe an Voigt und Schiller, den 14. Oktober solche an Schiller, den 17. an Voigt und Cotta, den 25. an Voigt, Böttiger und Schiller, und an letztern noch zwei kleine vom 30. Oktober und vom 10. November. Diese störende Ungleichheit fällt besonders auf, wenn sich im Briefe eine bestimmte Beziehung auf Schiller findet, wie in den vom 15. und 30. August, wo wir die Adresse beigefügt haben. Eigentlich sollten alle Briefe ihre Adresse haben, wonach freilich einige, die aus zwei verschiedenen genommen sind, geteilt werden müßten. Ein paarmal finden sich Stellen aus anderen Briefen höchst unglücklich eingeflickt. Ein Versehen ist es auch, daß seit Frankfurt gar keine Briefe an Meyer mitgeteilt werden, obgleich solche vorlagen. Mußten wir darauf verzichten, da Goethe die Redaktion Eckermanns, wenn auch ohne genauere Prüfung, genehmigt zu haben scheint, jedem Briefe den Namen desjenigen vorzusetzen, an welchen er gerichtet war (unsere Anmerkungen geben regelmäßig den Adressaten an), so glaubten wir dagegen die Unterscheidung der Tagebuchberichte von eigentlichen Briefen durchführen zu müssen, was wir auch äußerlich dadurch kenntlich machten, daß wir bei letzteren das Datum nicht rechts oberhalb der Zeile setzten, sondern damit den Bericht in derselben Zeile begannen. Zur deutlicheren Übersicht haben wir auch da, wo ein neuer Abschnitt der Reise beginnt, diesen auf einer neuen Seite anfangen lassen, was der erste Druck aus Rücksicht auf Raumersparnis versäumt hatte.

Der Vorwurf Strehlkes, die Redaktion habe zu viele dieselbe Sache berichtende Briefe aufgenommen, ist unberechtigt. Wenn Goethe auch derselben Sache in Briefen an verschiedene Personen gedenkt, so ist dies keineswegs eine lästige Wiederholung, da es immer in verschiedener, kennzeichnender Weise geschieht. Höchstens könnte man meinen, ein paar Stellen, welche persönliche Mitteilungen enthielten, hätten gestrichen werden sollen. Die Tagebuchberichte sind kunstlos zwischen die Briefe verteilt, jede Zwischenrede der Redaktion fehlt.

Jetzt, wo die Tagebuchberichte in Goethes Tagebüchern (Bd. 2) gedruckt vorliegen, sehen wir, mit welcher großen Freiheit, wenn auch nicht durchweg gleichmäßig, der Ausdruck geglättet ist, wodurch sie oft den Charakter eines leicht hingeworfenen Berichts einbüßen. Zugesetzt ist nichts, aber zuweilen die Folge verändert, weniges ausgelassen, was wir in den Anmerkungen nachgetragen haben. Nur die Berichte vom 12. bis zum 15. September und vom 12. bis zum 17. Oktober sind weggeblieben, was nicht zu billigen, noch weniger die Einschwärzung einer Angabe vom 12. Oktober in den Bericht vom vorigen Tage. Auch der Schluß ist sehr beschnitten und verändert worden.

Der erste Druck (1) leidet an manchen Druckfehlern, die in den Briefen oft unrichtig geschriebenen Namen sind selten verbessert, was zum Teil schon in der Quartausgabe (1837) und in der vierzigbändigen (1840) geschehen ist. Weitere Verbesserungen sind von mir in der dreißigbändigen Ausgabe (1851 und 1857) eingeführt worden. Jetzt können wir nach Einsicht des Tagebuches sicherer urteilen.

Trotz mancher Versehen der Redaktion gehören die Briefe der dritten Schweizerreise und die meist sehr eingehenden Tagebuchberichte zu den anziehendsten und bedeutendsten, die wir von Goethe besitzen, da sie uns den unmittelbarsten Blick in einen für sein Leben, ja für seine menschliche Beurteilung wichtigen Zeitabschnitt gewähren. Wie innig rührend spricht sich die Sehnsucht aus, die ihn zu dem herzlich geliebten Freunde treibt, um den es ihm jetzt fast allein zu thun ist, so daß das Verlangen nach Italien, wo er zuerst an seiner Seite sich der höchsten künstlerischen Ausbildung zu erfreuen gehofft, wohin er dann den Genesenen zurückzubegleiten gedacht, schon gleich in der ersten Zeit der Reise vor dem Wunsche zurücktritt, nur des Glückes vollen geistigen Zusammenlebens mit dem tief in das innerste Wesen der Kunst eingeweihten Meister sicher zu sein. In Frankfurt befreit er sich von einer ihn drückenden Last, indem er seine Christiane und seinen noch immer nicht gesetzlich anerkannten Sohn seiner Mutter vorstellt und ihre wirkliche Familienverbindung mit dieser persönlich begründet, zugleich die Vermögensverhältnisse der Mutter, die sich zu einzelnen unsichern Geldanlagen hatte bestimmen lassen, für die Zukunft sichert. Davon enthalten freilich die Briefe ebenso wenig als von der freundlichen Aufnahme, welche er und die Seinigen bei den Frankfurter Freunden gefunden; überliefert war nur, daß diese mit dem Bankier Willemer, der vor anderthalb Jahren zum zweitenmal Witwer geworden war und außer litterarischen Arbeiten sich besonders der Erziehung seiner Kinder widmete, und mit dem Senator Stock und dessen Gattin, die zu seinen ältesten Freundinnen gehörte, vertraulich verkehrten. Jetzt theilt das Tagebuch Näheres über den Aufenthalt in seiner Vaterstadt mit. Auch erfahren wir, daß die Seinigen schon am Nachmittag des 7. August Frankfurt wieder verließen. Ihre gute Aufnahme gab Goethe in seiner Vaterstadt eine Seelenruhe, wie er sie in dem bewegten Hof- und Geschäftstreiben und bei der geistigen Spannung, die ihn im Bunde mit Schiller zu immer neuen Dichtungen und Kunstbetrachtungen trieb, seit lange nicht genossen hatte. Zu dem herzlichen Behagen, das er in Frankfurt genoß, trug auch das Bewußtsein nicht wenig bei, daß er in seinem vor kurzem vollendeten und vorteilhaft an einen unternehmenden Verleger verkauften bürgerlichen Epos, von dem eine Abschrift ihn begleitete, nach dem allgemeinen Urteile aller Freunde, unter ihnen des Herzogs, Schillers, Herders, Humboldts und Böttigers, eine der herrlichsten Dichtergaben geschaffen, und daß dieses, da der Druck schon weit fortgeschritten war, noch während seiner Reise die Teilnahme der Deutschen in den weitesten Kreisen fesseln werde. So konnte er denn nach einer absichtlich auf vier Tage verteilten genußreichen Familienfahrt, auf der ihn auch sein Schreiber Geist begleitete, in behaglicher Ruhe seine seit siebzehn Jahren nicht mehr wiedergesehene, so sehr veränderte Vaterstadt genießen und ihr volles Bild in den mannigfachsten Beziehungen sich in die Seele prägen. Freilich traten die alten Erinnerungen hinter den neuen Zuständen nicht ganz zurück, aber es gelang ihm doch, „wie ein bedächtiger Mann schicklich die Reise zu benutzen", Frankfurt als Großstadt und dem entlegenen Thüringen gegenüber als halbe Weltstadt, mit seinem reichen, bewegten, von Erinnerungen an alte Zeiten und die neueste verhängnisvolle Vergangenheit erfüllten Leben sich zu vergegenwärtigen, ja es gleichsam schematisch aufzunehmen. Wenn er nicht ohne Befriedigung bemerkte, er lerne auf dieser Reise zum erstenmal reisen, alles ruhig auf sich wirken zu lassen und rein aufzufassen, so begann dieses schon in seiner Vaterstadt, wo sogar die wunderlichen Veränderungen, die sein großväterliches Haus erlebt, wenn auch die gefühlvolle Teilnahme nicht ganz schweigen konnte, ihm symbolisch erschienen. Im geraden Gegensatz zum dichterischen Idealismus hatte ihn die realistische Anschauung ergriffen, ja er fühlte sich so prosaisch gestimmt, daß er fast daran verzweifelte, von der Muse, die ihm das Leben verklärt hatte, je wieder besucht zu werden. Diese Stimmung beruhigte sogar die Sehnsucht nach dem Freunde am Züricher See, die ihn fast krankhaft diesem entgegen getrieben hatte.

Nachdem er Frankfurt in allen ihn näher berührenden Beziehungen betrachtet, ja es gleichsam aktenmäßig aufgenommen hatte, verließ er es ohne eine andere Bewegung, als diejenige, welche die Trennung von der Mutter, von teilnehmenden Verwandten und Freunden immer erregt; die Stadt selbst war seinem Herzen fast fremd geworden, das in Weimar und Jena eine neue, seine Seele erfüllende stillere Heimat gefunden. Dort fühlte er sich Schiller, dem Herzog, Voigt u. a. innig verbunden, denen er, was er gesehen und erfahren, sowie die Eindrücke, die es auf ihn gemacht, und den nicht zu unterdrückenden Zug nach Thüringen, das die Welt seines Lebens geworden, treu berichtete.

Mit noch gesteigerter Gemütsruhe, die nur selten von den Gedanken an Frau, Kind und Mutter und alle, die ihm nahe standen, bewegt, noch seltener durch die Erinnerung an die Tage der Jugend, wo er in wechselnden Stimmungen dieselben Gegenden besucht, gerührt wurde, durchzog er die schöne Bergstraße bis Heidelberg, wo ihm eine ältere Freundin lebte, deren Bild sich mit dem schattenhaften Andenken an seine leidenschaftlichste Jugendliebe so innig verschlang. Aber diesmal kehrte er nicht, wie vor mehr als zwanzig Jahren, bei dieser ein; als bedächtiger Reisender steigt er im belebten Gasthofe ab, wo ihm die Wirtstafel gewünschte Gelegenheit bietet, eine heitere Gesellschaft österreichischer Offiziere zu beobachten. Das herrliche Heidelberg, das er nicht als gefühlvoller Jüngling, sondern als gereifter Mann, Künstler und Mineralog schaut, erregt ihn ganz unerwartet dichterisch, aber es sind nicht die Reize der Natur, nicht die geschichtlichen Erinnerungen, die seine Seele in eine solche Bewegung setzen, er gewinnt hier den ersten Anstoß zu einem Liede von der schönen Müllerin, und die an dieses in verschiedenem Tone sich anschließenden drei Lieder begleiten ihn auf der weiteren Hin- und auf der Rückreise, ja man kann sagen, sie halten seine dichterische Stimmung immer wach.

Bis Heilbronn führt ihn ein noch unbekannter Weg. Die alte wohlhabende schwäbische Reichsstadt zieht ihn lebhaft an; er betrachtet alles, erkundigt sich nach allem, fährt auch mit dem Bruder des Wirts nach dem nahen Wartberge. Aber der Geschichte seines „Götz", der in Heilbronn gefangen gelegen, und der hier aufbewahrten Briefe gedenkt er ebenso wenig wie der damaligen und der späteren Schicksale der Stadt, nur der gegenwärtige Zustand und was mit ihm zusammenhängt, kümmert den Beobachtungssinn des Reisenden, der an städtischen Zuständen seit lange lebhaftesten Anteil genommen. In Ludwigsburg betritt er den Weg, den er vor achtzehn Jahren mit dem Herzog auf der Rückreise gemacht, aber an den damaligen Aufenthalt hierselbst findet sich keine Erinnerung. Dort richtet er seinen Blick nur den herzoglichen Schloß- und Alleeanlagen zu, die ihm Weimars wegen besonders merkwürdig sind, nicht einmal erinnert ihn der Anblick der Solitude an Schillers Familie.

Einen bedeutenden Punkt seiner Betrachtungen bildet das durch den verstorbenen Herzog leidenschaftlich geförderte Kunstleben Stuttgarts, das der freilich zum Teil notwendigen Sparsamkeit des Nachfolgers wegen in Verfall zu kommen drohte. Aber das noch vorhandene zieht ihn doppelt an, weil man eben in Weimar den auch ihn amtlich beschäftigenden Neubau des Schlosses betreibt, wozu das, was er hier sieht und von den Künstlern hört, ihm dienlich ist, ja er knüpft sogar Unterhandlungen mit Thouret an, den er nach Weimar als Schloßbaumeister zu ziehen hofft. In Stuttgart war er an einen Bekannten Schillers empfohlen, der ihn mit allen Künstlern bekannt macht, ja der größte Teil derselben sind Schillers Jugendfreunde. So hält ihn denn das Kunstleben Stuttgarts, das ihn auf Schritt und Tritt an den Jenaer Verbündeten erinnert, neun Tage in Stuttgart fest, ja er würde, trotz seiner Sehnsucht nach Meyer, noch länger geblieben sein, wenn er nicht Cotta seine Ankunft in Tübingen gemeldet hätte. Aber sein längerer Aufenthalt sollte ja auch der ersehnten Unterhaltung mit diesem Freunde zum Vorteil gereichen, da er so manches erfahren, ja aufgeschrieben hatte, was er, wie die in Weimar gewonnenen theoretischen Anschauungen, mit diesem besprechen wollte. Hatte er seit Frankfurt keine Briefe an die Freunde gerichtet, so ergießt er sich von Stuttgart aus gegen Schiller in reicher Fülle. Für den Herzog werden ausführliche Berichte aufgesetzt und abgeschrieben, auch genaue Beobachtungen über Glasmalerei, die er auf der Weiterreise fortzusetzen gedenkt. Der andere Pol, der ihn anzieht, der Freund am Züricher See, wird nur kurz begrüßt, da er ihm alles bald mündlich vortragen wird, und auch seiner Christiane hat er außer seinem Verlangen nach ihr und seiner Sorge für sie und das Pfand ihrer Liebe wenig mitzuteilen.

Die acht Tage, die er bei Cotta in Tübingen verweilt, werden vergenüglich und nützlich verbracht, die schöne Umgebung heiter genossen, und als Regentage eintraten, mit den Professoren wissenschaftlich verhandelt. Bei seiner Sorge für die Universität Jena mußte es Goethe erwünscht sein, sich über die Zustände einer bedeutenden südlichen Schwesteranstalt durch ansehnliche Vertreter derselben zu unterrichten und zu erkennen, was die volle Wirksamkeit der mit so bedeutenden Mitteln ausgestatteten Hochschule hemme, an die man Schiller zu ziehen mehrfach versucht hatte. Seine eigenen naturwissenschaftlichen Bestrebungen erhalten reiche Anregung in der Unterhaltung mit dem ausgezeichneten Naturforscher Kielmeyer. Ja er findet hier auch eine alte, seltene Schrift über die Farbenlehre, die ihn so lebhaft anzieht, daß er sich einen Auszug daraus machen muß. Von Tübingen aus sandte Goethe einen ausführlichen Brief nebst seinen Stuttgarter Berichten an den Herzog. Auch Schiller erfuhr von seinen letzten Stuttgarter Tagen und seinem Tübinger Aufenthalte, den Cotta ihm sehr angenehm gemacht hatte, ja auch sein erstes Lied von der Müllerin sandte er ihm, dem drei andere in verschiedenem Tone folgen sollten. Seinem Meyer teilte er mit, daß er ihm nächstens seine Ankunft in Zürich melden werde, und sprach die freudige Hoffnung aus, daß sie bei dessen jetzt glücklich hergestellter Gesundheit noch manches zusammen leisten würden.

Auch die Weiterreise über Schaffhausen nach Zürich zeigt uns, daß er die Kunst zu reisen, gründlich verstehe. Ganz besonders bemüht er sich, von der von ihm längst geschauten merkwürdigen Erscheinung des Rheinfalles ein lebendiges Bild zu entwerfen; er beobachtet ihn von allen Seiten und kehrt noch einmal zurück, um ihn auch in der Abendsonne zu sehen. In Zürich, wo ihn Meyer abholt, besucht er nur die altbefreundete Frau Schultheß, findet aber abends und mittags bei Tische angenehme Bekanntschaft.

Das Wiedersehen der zwei Jahre von einander getrennten Freunde nach Meyers glücklich überstandener Krankheit war ein Freudenfest. Endlich hatten sie sich wiedergefunden, um sich nie mehr auf längere Zeit zu trennen. Auf der Fahrt nach Meyers Heimat Stäfa werden sie von dem mit Meyer befreundeten reichen Kaufherrn Escher auf dem am See heiter gelegenen Gute zu Herrliberg festlich bewirtet. Was hatten die Freunde sich nicht alles zu sagen, als sie in dem einsamen, freundlich gelegenen Stäfa sich allein fanden! Meyer hatte manches selbst gemalt, anderes in Italien erworben, einige Aufsätze kunstgeschichtlichen und kunstwissenschaftlichen Inhalts, auch neue Ideen mitgebracht, von denen viele in den ersten Tagen zur Vorlage und Besprechung kamen, wobei Goethe seine im Gebiete der Dichtung, zum Teil in Verbindung mit Schiller gewonnenen Anschauungen vergleichend hervorhob, besonders schon jetzt die Frage nach der Wahl der Gegenstände für die Kunst, die ihm in der letzten Zeit so sehr am Herzen gelegen, lebhaft betonte. Der Faden künstlerischer Unterhaltung konnte um so weniger abbrechen, als Goethe auch dichterische Pläne der Beurteilung des Freundes unterwarf, ja sein Gedicht „Hermann und Dorothea", von dem Meyer erst jetzt den Schluß hörte, zu mancherlei Betrachtungen Anlaß gab. Auch war Goethe mit den Liedern von der „Müllerin“ beschäftigt und der Entwurf zu der Elegie „Amyntas“ gemacht. Am dritten Tage besprach er mit Meyer den Plan einer rhetorischen Reisebeschreibung und die Notwendigkeit, eine bestimmte Terminologie für die Beschreibung von Kunstwerken festzusetzen. Dazu kamen Besuche aus Zürich von Malern und anderen Freunden, Spaziergänge und Ausflüge in die Nähe, wobei auf manche schweizerische Sitten und Eigenheiten die Rede kam, da es Goethe drängte, das schöne Land der Freiheit, in welchem er sich so heiter und glücklich fand, möglichst genau nach allen Beziehungen kennen zu lernen. Nie war er geneigter zu allseitiger Beobachtung alles dessen gewesen, was er sah, als auf dieser Reise, wovon seine ausführlichen Tagebücher ein so beredtes wie anziehendes Zeugnis geben. Aber die Nähe genügte ihm nicht, es trieb ihn zur Ausführung der bei Meyers Gesundheit unbedenklichen Reise in die kleinen Kantone, die er schon zweimal gemacht und sich jetzt wieder vorgesetzt hatte; er wollte die Erinnerungen an seine vergangenen Tage erfrischen, sich jetzt mineralogisch über die früher ohne Kenntnis gesehene Felsenwelt unterrichten, ja für seine Mineraliensammlung Ausbeute gewinnen, und was mehr als alles, dieser Gebirgsausflug sollte die so lang getrennten Freunde durch fortgesetztes enges Zusammensein und gemeinschaftliches Bestehen kleiner Abenteuer noch fester aneinander ketten, das die lebhafteste Unterhaltung während einer Reihe von Tagen durch beiderseitigen innigen Anteil an der Kunst und manche frühere Erinnerungen ununterbrochen nähren werde. Ehe sie aber die Reise antraten, mußte Goethe sich Schiller und seinem treuen Amtsgenossen Voigt mitteilen, durch den er auch seine kurzen Berichte über die Reise von Tübingen bis Stäfa dem Herzog zukommen ließ. Über das einzige, was ihn diese Zeit über wirklich gequält hatte, die ihm gemeldete Krankheit seines August, ward er durch die Nachricht von dessen Herstellung und den Anteil, den Voigt diesem gewidmet, bald beruhigt.

Über die elftägige Reise vom 28. September bis zum 8. Oktober, die sie auf den Gotthard und von da über den Vierwaldstätter- und Immensee nach Zug, Horgen und Stäfa zurück machten, liegt ein vollständiges Tagebuch vor, das von ihrer durch lebhafte theoretische Gespräche, regen Anteil an den mannigfachsten Begegnissen, Sage und Geschichte, wie auch durch Mineralogie belebten Wanderung ein anziehendes Bild gibt. Dichterisch aber hatte die schon bei den beiden frühern Reisen ihm nicht entgangene Bemerkung, daß die Sage von Wilhelm Tell sich um den ganzen Vierwaldstättersee schlinge, den Gedanken in ihm erregt, dieselbe im nächsten Anschluß an die Natur dieser Örtlichkeit und den Charakter der Schweizer zu einer epischen Dichtung zu gestalten, während die Reise sonst keine dichterische Blüte trieb, mit Ausnahme eines wenigstens damals entworfenen Epigramms.

Bei der Rückkehr empfing er die längst befürchtete briefliche Kunde vom Tode seiner liebsten und anmutigsten theatralischen Schülerin, der Schauspielerin Becker, der den Gedanken in ihm hervorrief, ihrem Andenken eine Elegie zu widmen, die sich an die Besteigung des Gotthard anlehne. Aber der größere Plan eines epischen „Tell“ fesselte ihn nachhaltiger. Schon die ersten Tage nach der Rückkunft beschäftigte ihn diese neben der Abfassung des Tagebuchs der Reise nach den auf derselben gemachten Aufzeichnungen. Er las die Sage in Tschudis Chronik und besprach sich mit Meyer über ihre Behandlung; dieser zeichnete den Tell mit seinem Knaben, deren Bild sie auf der Reise so oft gesehen hatten. Aber auch mit der Vorlesung von Meyers entworfenen kunstgeschichtlichen Aufsätzen und eingehender Besprechung derselben wurde fortgefahren, die auf Dichtung bezüglichen Äußerungen in Schillers letzten Briefen erörtert, auch die auf der Reise gewonnenen Mineralien ausgesondert und eingepackt. In Tschudis Chronik war ihm die Erwähnung eines mit den Worten „Ich weiß ein blaues Blümelein“ beginnenden Liedes des drittehalb Jahre gefangenen Grafen Johann von Habsburg aufgefallen und war der Keim zu einer Romanze geworden. Die Unterhaltung mit Meyer, sein inneres Leben und sein äußeres Behagen waren so angeregt, daß er erst am siebenten Tage bei eintretendem Regenwetter dazu kam, dem Jenaer Verbündeten auf seine beiden letzten Briefe zu erwidern, über ihre Reise, ihre Kunstgespräche und besonders über seinen beabsichtigten „Tell“ zu berichten und den jetzt in ihm befestigten Entschluß anzudeuten, bald, trotz der Möglichkeit, Italien ungefährdet zu besuchen, nach Thüringen zurückzukehren, um mit ihm und Meyer als drittem im Bunde zu einer immer größeren theoretischen und praktischen Vereinigung zu gelangen. Wie Meyer ihn zum Züricher See gezogen hatte, um den Genesenen in nächstem Zusammensein ganz zu genießen und wieder einmal an der weiten Welt und der schönen, großartigen Schweiz sich geistig und körperlich zu erfrischen, so lockte ihn Schiller, der bei allen Körperleiden nach immer höherer dichterischer Vollendung rang, nach Thüringen zurück, wo er den vom Schicksal ihm bestimmten Wirkungskreis gefunden habe. Jetzt erst sandte er Schiller die zweite Ballade von der Müllerin.

Das still behagliche, durch Kunst und Freundschaft gehobene Leben mit Meyer wurde nur durch die auf Erneuerung des Krieges, ja auf die Bedrohung der Schweiz deutenden politischen Nachrichten gestört. Hatte Goethe noch im Briefe an Schiller die Rückkehr über das an Kunstschätzen, älteren wie neuerdings dahin geflüchteten, reiche Basel in Aussicht genommen, so war dieser Plan schon drei Tage später am 17. schwankend geworden, als er an Voigt und den Herzog, auch an Cotta schrieb, dem er seine baldige Rückkunft meldete. Die ganze Welt ringsum scheine sich wieder zu verwirren, sodaß sie vielleicht genötigt sein würden, durch Schwaben und Franken den Rückweg anzutreten. Gerade an demselben Tage war Meyers Nachbildung des Gemäldes der Aldobrandinischen Hochzeit, deren langes Ausbleiben sie beunruhigt hatte, auf einem Umwege eingetroffen.

Dadurch war das letzte Hindernis ihrer Abreise gehoben, doch hielt gerade der Genuß und die Besprechung des Bildes, über das Meyer eine ausführliche Abhandlung geschrieben hatte, und die Freude an ihrer stillen Ruhe, auch wohl manche von Meyer zu treffende Anordnungen, sie noch ein paar Tage in Stäfa zurück. Wie zufrieden sie diese an geistigen Genüssen reiche Zeit trotz des eingefallenen Regens verbrachten, zeigt das kurze Tagebuch. In Tschudi wurde jetzt die Einleitung gelesen. Von der Dichtung des „Tell" ist im Tagebuch keine Rede, auch nicht von dem in diese Zeit fallenden Entwurfe der herrlichen Elegie „Euphrosyne".

Erst am 21. fuhren sie auf dem See nach Zürich, da am vorigen Tage der Gegenwind sie zurückgehalten hatte. Zum drittenmale fanden sie bei Escher auf seinem Herrliberger Gut die freundlichste Aufnahme, mit lebhaftester Unterhaltung über die bedrohten Zustände der Schweiz und das von Frankreich heranziehende Gewitter. Drei Tage verweilten sie in Zürich, wo sie außer der Frau Schultheß mit verschiedenen Gelehrten und Künstlern verkehrten, manches Bedeutende sahen, Goethe auch einen lebendigen Blick in die alte Verfassung der Schweiz that, die dem gewaltigen Anstürmen des neuen französischen Republikanismus nicht gewachsen sei. Auch Lavaters Bruder, den Arzt, Apotheker und Naturforscher, besuchte er; unmöglich war es ihm, diesen selbst wiederzusehen, den einst für den Besten der Menschen gehaltenen Pfarrer und Physiognomiker, der des Dichters hochverehrte Göttin, die Natur, so arg geschmäht hatte.

Von Zürich antwortete Goethe am Tage vor der Abreise auf Briefe von Voigt und Böttiger (von dem er keine Zuschrift erwartet hatte) und sandte aus seiner Zerstreuung einige Mitteilungen an Schiller. Seiner Elegie „Euphrosyne" gedenkt der Brief an Böttiger, doch gehört die darauf bezügliche Äußerung wohl der späteren Redaktion an und ist mit Goethes Zustimmung geändert worden. Gern wäre er noch einige Zeit in der Schweiz geblieben, aber in der späten Jahreszeit schien ein längerer Aufenthalt bedenklich, ja er verzichtete sogar auf den Besuch von Basel, dessen noch die Briefe am Tage vor der Abreise gedachten. Am 26. fuhr er mit Meyer und Geist denselben Weg, den er gekommen war, nach Schaffhausen, vor dem sie in der Nähe des Wasserfalles ausstiegen, um die großartige Naturerscheinung noch einmal zu genießen. Von dort fuhren sie gerade auf Tübingen zu, denselben Weg, den Goethe vor sechs Wochen ohne Meyers ihm jetzt zur reichsten Unterhaltung dienende Gegenwart zurückgelegt. Von Tübingen, wo sie zwei Tage sich aufhielten, begrüßte Goethe wieder den Jenaer Freund, dessen Zutrauen zu dem jetzt ernstlich vorgenommenen „Wallenstein" ihn äußerst erfreute; wie auf dem Heimwege seine Sehnsucht nach Meyer ihn getrieben hatte, ohne ihn aber den Aufenthalt an den Orten, die für ihn bedeutend waren, vor der Zeit abbrechen zu lassen, so zog ihn jetzt der Pol im Norden an, ohne daß dieses ihn beunruhigt hätte, was es um so weniger konnte, als er den in Stäfa abgeholten Freund zur Seite hatte. Noch als er am 30. von Tübingen aus an Schiller schrieb, war er unschlüssig, ob er über Frankfurt oder Nürnberg gehen solle, aber die reichen Kunstschätze der uralten deutschen Stadt, die er vor sieben Jahren nur flüchtig gesehen, während er das Bild seiner Vaterstadt noch vor kurzem in sich aufgenommen hatte, entschieden für jene. Von der Reise über Stuttgart bis Nürnberg haben sich nur kurze Tagebuchbemerkungen aus den sechs ersten Novembertagen erhalten, mit ein paar Versuchen zu dem Liede von der Müllerin Verrat, womit er aber auf der Reise nicht zustande kommen konnte. Den Schluß bildet der aus Nürnberg am zweiten Tage seiner Anwesenheit an Schiller gesandte Brief, der von seiner auf den 15. bestimmten Abreise und dem Weg, den sie sich vorgesetzt, Kunde giebt, und das vierte Lied von der Müllerin, das ihre Reue behandelt, übersendet. Freilich würde man gern vom Aufenthalt in Nürnberg mehr erfahren haben, als er Schiller mitteilt, aber das Wiedersehen des unverhofft gefundenen alten Freundes Knebel und das lebhafte Verlangen, sich mit der Seele seines neuen Bundes bald wieder persönlich zusammen zu finden, bildet einen bezeichnenden Abschluß der Reise, die ihm so viele neue Anschauungen und Anregungen geboten und ihn den dritten im schönen Bunde für ideale Kunst als lieben Hausgenossen aus seiner Heimat am anmutigen Schweizersee in das rauhe Thüringen zurückführen ließ. Deshalb wurden die weiter vorliegenden Berichte nur zu einem neuen Schlusse des Briefes an Schiller benutzt.

In die Schweiz sollte Goethe nicht mehr kommen; er hatte sie zuletzt kurz vor ihrem staatlichen Zusammensturze gesehen. Rührend ist es, wie der noch körperlich ungebrochene Mann, bloß von dem treuen Meyer begleitet, die Thäler und Berge durchwallt, in menschlich herzlichen, kunsttheoretischen, leidenschaftlich mineralogischen Gesprächen, mit frischester Beobachtung, vom Geist der Dichtung angeregt und sich an der Großartigkeit und Schönheit des wunderbaren Berg- und Seelandes innig erfreut. Seine Tagebuchberichte sind von unschätzbarem Werte.

Sechzehn Jahre lang hatte Goethe den Rhein nicht wiedergesehen, als er nach der Befreiung Deutschlands vom Joche des französischen Kaisers sich getrieben fühlte, Wiesbaden aufzusuchen*), das besonders seit dem prächtigen Neubau des 1810 vollendeten Kurhauses zu frischer Blüte gelangt war. Hier traf er mit seinem Duzfreunde Zelter zusammen. Dieser und ein mineralogischer, in Wiesbaden ansässiger Freund begleiteten ihn Mitte August zu dem Rochusfeste in Bingen, dessen ausgezeichnete Beschreibung jetzt das erste Stück der Reise am Rhein, Main und Neckar bildet. Goethe hatte sich herzlich des frischen, heiteren Lebens und des frommen Sinnes der Rheingauer gefreut; war ihm ja der Katholizismus, wo er nicht zu weltscheuem Trübsinn ausgeartet, keineswegs zu-

*) Schon im Juni 1765, ehe er nach Leipzig ging, war er als Kurgast in dem „stark besuchten" Bade gewesen, aus dem er seiner Schwester am 21. einen glücklich erhaltenen merkwürdigen Brief schrieb.

wider, die sich einmischende heidnische Art der Gottesverehrung störte ihn nicht, er betrachtete sie als eine notwendige Zugabe, ja als ein Zugeständnis an die Sinnlichkeit des Volkes. Nicht ohne die Absicht, das heitere Fest nach Würden darzustellen, kehrte er nach Wiesbaden zurück, wo er sich schon mit der Legende des Heiligen genauer bekannt gemacht haben muß; der ihm sehr gefällige Bibliothekar B. Hundeshagen konnte ihm die nötige Auskunft geben. Schon den 29. August schrieb er an Riemer: „Das Fest des heiligen Rochus habe ich schematisiert; es kann recht artig werden." Dieser mußte demnach von seiner Absicht, eine solche Beschreibung zu liefern, aus einem früheren Briefe entweder an ihn selbst oder an Goethes Sohn. Zwei Tage später folgte er einer Einladung der Familie Brentano auf ihr reizend gelegenes Landgut zu Winkel im Rheingau. Von dort aus wurden Fahrten in das schöne Land auf beiden Seiten des Rheines gemacht, auch wieder nach Bingen und zur Rochuskapelle, wo man noch mit der Aufstellung der Orgel beschäftigt war. Goethe sprach damals mit dem Leiter des Baues, der sich mit Recht seines Werkes freute. Das Tagebuch des Aufenthaltes in Winkel liegt dem zweiten Stücke der Reise am Rhein, Main und Neckar zu Grunde, das als „Supplement des Rochusfestes 1814" bezeichnet ist. Schon bei diesem zweiten Besuche der Kapelle dürfte Goethe ein Bild des Heiligen in dieselbe zu stiften gelobt, auch seine Absicht der Familie Brentano mitgeteilt haben. Aber dazu kam es zunächst ebenso wenig wie zur Ausführung des „Rochusfestes".

Im Jahr 1815 beim zweiten Besuche Wiesbadens machte er auf Wunsch des Herzogs in Begleitung des Staatsministers von Stein eine fünftägige Reise nach Köln, Bonn und Koblenz, um sich über die Zustände des vor kurzem an Preußen gefallenen Rheinlandes, über dessen Kunst und Altertümer zu unterrichten. Zu Nassau forderte Stein ihn zu einem Berichte an den Staatskanzler Hardenberg auf. Goethe bat den in Schlangenbad weilenden Sulpiz Boisserée nach Wiesbaden zu kommen, da er ihn notwendig sprechen müsse, und er nahm seinen Rat wegen des abzufassenden Berichtes in Anspruch. Der jüngere Freund bestimmte ihn, gegen Hardenberg des vielfach mißliebigen Ministers Stein gar nicht zu gedenken; Goethe wollte aber nun den Bericht auch an Metternich senden. Die Hauptgrundsätze und das Schema desselben wurden näher besprochen; jeder von ihnen sollte für sich die Ausarbeitung beginnen. Noch in Wiesbaden wurde Boisserées Entwurf fertig. Auf der Gerbermühle bei Frankfurt, wo Goethe sich der Gastfreundschaft Willemers und des reizenden Wesens seiner Suleika (Marianne) erfreute, begann er Boisserées Entwurf auf seine Weise auszuführen, damit es „eine Komposition in rhetorischer Form" werde. Das was Goethe über seinen Besuch Kölns vorlas, mutete diesen wie ein Kapitel aus „Dichtung und Wahrheit" an. Der jüngere Freund sollte ihm nun das liefern, was er über seine Sammlung gesagt wünsche. Dem Bericht wollte er die Überschrift „Von Kunst und Altertum im südwestlichen Deutschland" geben; da Boisserée aber darauf bestand, der Rhein müsse genannt werden, erwiderte Goethe, dann dürfe auch der Main nicht fehlen, wonach sich freilich als dritter der Neckar ergeben haben würde. Den 16. September berichtete Boisserée: „Goethe liest mir, was er von den Steinmetzen [nach Mitteilungen von Dr. Ehrmann] geschrieben. Die Kölner Reise. Wallraf. Die Kapelle [die, wie im Jahre 1808 W. Jos. Heinen (Der Begleiter auf Reisen in Deutschland I, 236) berichtet, noch vor kurzem durch die Herren De Noel und Fuchs im Gothischen Stile schön entworfene und gemalte Hauskapelle bei Kaufmann Lyversberg]. Von Fuchs. Von uns. Vom Dom. Ausbau desselben. Kanonikus Pick [in Bonn]. Von Frankfurt hat er ein dickes Heft, will aber noch nichts lesen lassen.“ Den Stoff dazu hatte er bei Willemer und in Frankfurt gesammelt. Goethe begleitete Boisserée nach Heidelberg, wo er beim Anblick des Domrisses neue Aufschlüsse über Baukunst erhielt und nun den Kölner Dom für das Höchste in seiner Art erklärte, nur sei es jetzt noch nicht Zeit, meinte er, dies auszusprechen.

In Weimar, wohin er am 11. Oktober zurückkehrte, war seine erste Arbeit die Durchsicht der „Reise am Rhein und Main“, deren Anfang nur wenig geändert zu werden brauchte. Am 27. lieh er von der großherzoglichen Bibliothek Johann Hermann Dielhelms „Rheinischen Antiquarius“ (die zweite Ausgabe ist von 1776, die Vorrede dazu aus Frankfurt am Laurentiustage 1775 datiert), den er bis zum 11. März 1816 behielt. Bereits am vorigen Tage hatte er sich das „Summer- und Wintertail der Heiligen Leben“, einen zu Nürnberg 1488 erschienenen Folioband geben lassen, den er schon am 9. Januar zurückstellte. Die Zeit scheint darauf zu deuten, daß er diesen Band wegen der Legende des heiligen Gereon und der heiligen Ursula benutzen wollte; freilich könnte man daneben noch an die Dreikönigen und die heilige Veronika denken. Kaum dürfte er schon damals die Ausführung des Gemäldes des heiligen Rochus im Sinne gehabt und deshalb den Band geliehen haben, der auch dessen Leben nicht enthält. Vor dem Erscheinen seines Reiseberichtes unter dem Titel: „Kunst und Altertum am Rhein und Mayn. Mit einem Nachbilde der Vera icon. Byzantinisch-Niederrheinisch“,*) wollte er in Cottas „Morgenblatt“ eine Voranzeige geben, und dazu alles benutzen, was er bei Seite gelassen, das nur Angedeutete bestimmter aussprechen. „Und so müßte es nicht mit rechten Dingen zugehen“, schrieb er den 6. November in freudigem Vertrauen an Boisserée, „wenn unsere patriotischen Feuerchen, die wir auf so vielen Bergen und Hügeln des Rheins und des Mains anzünden, nicht auch patriotische Gesinnungen erregen und glücklich fortwirken sollten“. Einige Tage früher antwortete er dem preußischen Staatsminister von Schuckmann auf sein Ersuchen um Mitteilung seiner in Köln und Bonn gemachten Beobachtungen, daß er eine Schrift dem Drucke zu übergeben begonnen, in welcher er über die merkwürdigsten Orte von Köln rhein-

*) Ein besonderes Titelblatt, welches das Heft als erstes bezeichnete, ist später mit dem Titel dem ganzen, drei Hefte umfassenden ersten Bande vorgebunden worden.

und mainaufwärts bis Basel (?) und Aschaffenburg teils nach eigener Anschauung, teils nach erhaltenen Berichten gehandelt; die nach und nach fertig werdenden Bogen werde er übersenden. Am 4. schickte er den ersten, am 29. die beiden folgenden bis Mainz reichenden Bogen. Der Druck der noch folgenden mehr als 9 Bogen hielt den Dichter länger auf, als er gedacht hatte. Den 27. Januar 1817 schrieb er dem Buchdruckereibesitzer Frommann in Jena: „Ich sende hier abermals etwas Manuskript [wohl den Anfang von Bogen 12, der mit „Sehen wir nun gegenwärtig" beginnt] und bitte um möglichst genaue Angabe, wie weit wir, dieses mit eingerechnet, in der Bogenzahl gelangen könnten. Da wir den Umschlag [Meyers Zeichnung], welcher nunmehr fertig ist, wohl am besten hier in der Nähe des Künstlers und unter dessen Aufsicht und Nachhülfe drucken lassen, so wollte anfragen, was für eine Art Papier wir dazu nehmen sollen und ob Sie mir davon ein Muster schicken können. Es müßte stark genug sein, daß man nicht nötig hätte die Decke zu füttern. Geheftet wünscht' ich sodann das Heftchen recht sauber, damit es die Leser eine Weile benutzen könnten, eh' es auseinander fiele. Auch hätten Sie die Gefälligkeit, mir anzuzeigen, wo viel Abdrücke nötig sind. Noch setz' ich die Bemerkung hinzu, daß wir ein freundliches, nicht allzudunkles Papier nehmen und auf einigen besseren Exemplaren die Lichter aufhöhen wollen." Erst am 8. Februar konnte er Boisserée melden, das Heftlein, das ein wunderliches Ansehen habe, nahe (im Drucke) seinem Ende.

Für das „Morgenblatt" hatte er indessen eine Ankündigung entworfen, welche dort in den vom 11. und 12. März datierten Nummern sich findet. Die Nummern des Blattes waren gewöhnlich vordatiert. Wir teilen diese ihrer Bedeutung wegen mit, auch mit den verdruckten oder verschriebenen Namensformen:

„Über Kunst und Altertum in den Rhein- und Maingegenden von Goethe.

Um dieses erste Heft zu beurteilen, ist es notwendig Veranlassung und Ursprung desselben zu kennen. Bei einem zweimaligen Aufenthalte am Main und Rhein in beiden vergangenen Sommern war's dem Verfasser angelegen, nachdem er seine vaterländische Gegend lange nicht gesehn, zu erfahren, was nach so vielem Mißgeschick sich daselbst bezüglich auf Kunst und Altertum und die sich anschließende Wissenschaft befinde, wie man es zu erhalten, zu ordnen, zu vermehren, zu beleben und zu benutzen gedenke. Er besah die Gegenstände, vernahm die Wünsche, die Hoffnungen, die Vorsätze der einzelnen, sowie ganzer Gesellschaften, und da er seine Gedanken dagegen eröffnete, forderte man ihn auf, das Besprochene niederzuschreiben, um vielleicht öffentlich eine Übersicht des Ganzen zu geben und zu Privatunterhandlungen einen Text zu liefern.

Die Rhein- und Maingegenden, im breitsten Sinne genommen, zeigen, sowie das übrige Deutschland, ausgesäte größere und kleinere Lichtpunkte, und hier entsteht der doppelte Wunsch, daß sie sich sämtlich unter einander in Bezug setzen, jeder Ort das Vorhandene allgemeiner bekannt mache, damit man schneller beurteile, wie es erhalten, belebt, von Einheimischen, Nachbarn und Freunden benutzt werden könne. In diesem Sinne besuchte der Reisende größere und kleinere Städte, von denen kürzer oder umständlicher allgemeine Rechenschaft gegeben wird, je nachdem man daselbst längern Aufenthalt genommen oder wohl gar wiederholt verweilen dürfen.

Bei seiner Ankunft in Köln begegnet dem Reisenden die frohe Nachricht, daß jenes große Bild von Rubens, als der Erstling der Wiedererstattung geraubter Schätze, auf dem Wege zurück nach seiner Heimat sei. Die ältere Malerkunst, Kirchen, Klöstern und öffentlichen Gebäuden gewidmet, betrachtete man daher mit neubelebter Teilnahme, sowie auch die neuere Kunst, die mit natürlichen, häuslichen, ländlichen Bildern die Wohnung des Liebhabers aufheitert. Des Kunsthandels wird erwähnt, als der Neigung zu Hülfe kommend, sodann aber jener bedeutenden Richtung gedacht, welche die Kunstliebe in unsern Tagen genommen. Eine gegen das Ende des vergangenen Jahrhunderts verbreitete, in dem gegenwärtigen aber sich mehr entwickelnde Leidenschaft zu den Resten der alten Kunst, wie sie sich nach und nach aus dem trüberen Mittelalter hervorthat, erhielt reichliche Nahrung, als Kirchen und Klöster aufgehoben, heilige Gemälde und Gerätschaften verkauft wurden Mehrere Liebhaber werden genannt, die dergleichen zu retten und zu sammeln bedacht waren: die Herren Gebrüder Boisserée und Bertram, die Herren Walraf, Lieversberg und Fochem (so!). Solche Gemälde behutsam zu reinigen und sorgfältig auszubessern bildeten sich Restauratoren, einem jeden Ort unentbehrlich, wo sich ein lebhafter Kunstverkehr entwickelt.

Als ein herrliches Denkmal solcher Bemühungen wird das große, aus der Rathauskapelle in den Dom versetzte Altarbild angeführt; sodann wird mit Vergnügen erwähnt, wie geistreiche Besitzer und Künstler, um den ehemaligen Kirchenbildern eine schickliche Umgebung zu schaffen, scheinbare Hauskapellen ersonnen, um dort fromme Gemälde und Gerätschaften in altem Zusammenhang und Würde zu bewahren. Hierauf wird beachtet, wie leicht ein Gouvernement hier einwirken kann, indem es den frohen Willen der Liebhaber begünstigt, und sobald derselbe sich aus irgend einer Ursache seines Gesammelten entäußern mag, solche einer anzulegenden öffentlichen Kunstsammlung aneignet.

Als Fundament eines solchen öffentlichen Schatzes wird die Sammlung des Herrn Walraf gepriesen; hinreichendes Lokal wird gewünscht, eine geistreich geschmackvolle Aufstellung vorgeschlagen, und eine Einrichtung angedeutet, einer Gegend angemessen, wo das Wissen und Besitzen nur insofern geschätzt werden kann, als es unmittelbar ins Leben tritt. Daß sich an einen solchen öffentlichen allgemeinen Vereinigungspunkt gar bald manches einzelne anschließen werde, zeigt sich schon gegenwärtig an den bedeutenden Antiquitäten, welche, bei Erweiterung der Festungswerke ausgegraben, von Herrn General von Rauch zu Gunsten eines künftigen Museums aufbewahrt und zusammengehalten werden.

Nun tritt der Beobachter mit einer vielleicht parador scheinenden Meinung hervor: er will in jenen Gegenden keine Kunstakademie nach der neuern Form eingerichtet wissen; jeder tüchtige Künstler soll durch Geist, Talente [Talent], Charakter junge Künstler an sich ziehen und heranbilden, nach Art früherer Zeiten, wo aus solchen häuslichen Schulen die größten und mannigfaltigsten Kunstwerke hervorgegangen.

Von da begeben sich die Reisenden*) nach dem Dom, dessen Unvollendung bedauert, das Unternehmen der Gebrüder Boisserée, denselben wenigstens in Bildern darzustellen, gerühmt wird, sowie die Teilnahme trefflicher Zeichner, Moller, Fuchs, Guaglio, sorgfältiger Kupferstecher, wie Duttenhofer und Darnstedt. Von Unterhaltung, wo nicht gar vom Fortbau des begonnenen Werks wird gehandelt, dabei aber mit Bedauern entdeckt, daß dieses unschätzbare Gebäude seit zwanzig Jahren aller Hülfsmittel beraubt sei, um auch nur in baulichem Stande erhalten zu werden, deshalb vor allen Dingen eine neue Stiftung gewünscht wird. Sodann erscheint der Dom als fester Mittelpunkt, um welchen die vielen andern Gebäude der Stadt und des Landes im engen Kreise eine ganze Kunstgeschichte bilden. Was auch hiezu litterarisch und artistisch vorbereitet ist, wird angedeutet.

Sodann wird Herr Domvikarius Hardy besucht, ein merkwürdiger achtzigjähriger munterer Greis, der bei angebornem entschiedenen Talente und Kunsttrieb von Jugend auf in Gesellschaft eines Bruders sich selbst bildete, physikalische Instrumente künstlich ausarbeitete, sich mit Glasschleifen beschäftigte, Emaille zu malen glücklich unternahm, sich jedoch vorzüglich dem Wachsbossiren ergab. Halbe Figuren in dieser Materie, beinahe rund, wozu er nachdenkenerregende, charakteristisch gefällige Gegenstände erwählte, gelangen ihm vorzüglich. Mit buntem Wachs sind sie harmonisch dem Charakter gemäß koloriert und erinnern uns unmittelbar, daß wir uns in der Geburtsstadt des Rubens befinden, am Niederrhein, wo die Farbe von jeher die Kunstwerke beherrscht und verherrlicht hat.

Die ehemalige Universität von Köln kömmt zur Sprache, sowie die Wünsche der Einwohner, die neue niederrheinische abermals in ihren Mauern zu besitzen.

In Bonn schenkte man vorzügliche Aufmerksamkeit der Sammlung des Herrn Kanonikus Pick, welcher heitere und geistreiche Mann alles und jedes, was ihm als altertümlich in die Hände kam, gewissenhaft gesammelt, wobei er sich das große Verdienst erworben, daß er mit Ernst und Scherz gefühlvoll und geistreich, witzig und schalkhaft das Chaos von Trümmern geordnet, belebt, nützlich und genießbar gemacht hat. Der

*) Auffällt die hier eintretende Mehrheit, abweichend vom wirklichen Bericht.

Treppenraum, die Vorsäle, die Zimmer, Garten und Gartenterrasse enthalten in mancherlei Abteilungen zusammenhängende Gegenstände, deren Bezug jederzeit lehrreich ist. Die erzählende Darstellung solcher verschiedenen Gruppen erregt in jedermann den Wunsch, sie vor Augen zu haben.

Von der ehemaligen Universität in Bonn, dem Wunsche der Einwohner, die neuzuerrichtende in ihrer Mitte zu besitzen, von der liberalen Denkungsart katholischer Theologen wird gesprochen.

Die Altertümer von Neuwied, das Museum derselben in genanntem wohlgelegenen Orte erregen Betrachtungen und Wünsche. In Koblenz hofft man gleichfalls einen Mittelpunkt zur Aufbewahrung der Altertümer und Beförderung der Kunst.

Mainz wird als Kriegsposten von alten Zeiten her betrachtet. Die Bemühungen des Herrn Professor Lehne werden gerühmt, und die baldige Herausgabe seines Werks, den Plan des alten Castrums und der umherliegenden kleinen Kastelle bezeichnend, nicht weniger die Abbildung vorgefundener Denkmale enthaltend, wird sehnlich erwartet. Die Ordnung der im Bibliotheksgebäude aufgestellten antiquarischen, wissenschaftlichen und natürlichen Gegenstände wird löblich und nachahmungswert gefunden.

Das Erfreuliche von Biberich und Wiesbaden wird dankbar anerkannt.

In Frankfurt findet sich neue Regsamkeit zu mancherlei Anstalten. Ein Bibliotheksgebäude wird vor allen Dingen beabsichtigt, da die ansehnliche Büchersammlung der neu zu erbauenden Barfüßerkirche hat weichen müssen und bis jetzt in verschiedenen ungünstigen Lokalitäten aufbewahrt steht.

Unter dem Namen Museum findet man eine bedeutende Anstalt in dem schönsten Flor. Eine Gesellschaft hatte eine ausreichende Kasse gestiftet, schöne, weitläufige Räume gemietet, um sich von Zeit zu Zeit zu versammeln. Eine Gemäldereihe füllte sehr bald den großen Saal, eine reiche Kupferstichsammlung ward von Herrn Brönner nebst einer ansehnlichen Summe vermacht, ja sogar von dem Fürsten Primas alle den aufgehobenen Klöstern entnommenen Gemälde dieser Anstalt zugeeignet. Wird man hinlängliche Räume bereiten, um diese Bilder gehörig aufstellen zu können, so wird die Einsicht in die Verdienste der oberdeutschen-oberrheinischen Schule, mit welcher Frankfurt näher im Verkehr gestanden als mit der niederrheinischen-brabäntischen, sehr gefördert werden.

Der Sammlung des Dekans aller in Frankfurt lebenden echten Kunstfreunde, des Herrn Städel, wird in Ehren gedacht; Gemälde, Handzeichnungen, Kupferstiche aller Schulen finden sich in dessen Besitz. Man will wissen, daß dieser treffliche Mann seine Kunstschätze sämtlich nebst geräumigem Lokal und ansehnlichen Kapitalien dem gemeinsamen Nutzen gewidmet habe. An den Sammlungen der Herren Dr. Grambs, Brentano, von Gerning, Becker u. a. erfreut sich der Reisende, sowie auch des im hohen Alter fleißig fortarbeitenden Herrn Morgensterns, welcher für den geschicktesten Wiederhersteller gelten darf. Auch die unter Herrn Dr. Grambs' Aufsicht stehende Zeichenschule wird besucht. Ist aber von der Zukunft die Rede, so wird eine förmliche Kunstakademie widerraten, die Begünstigung vorzüglicher Künstler aber gewünscht; jeder Meister versammelte dann Schüler häuslich um sich her und bildete sie praktisch. Man erinnert an solche Familienschulen der Feyerabend, Merian, Rose, Schütz. Lebende Künstler werden genannt und gerühmt. Eine Gesellschaft von Kupferstichbesitzern versammelt sich regelmäßig, um sich reihum belehrend zu unterhalten.

Kunsthandel wird empfohlen; die Bemühungen der Brönnerischen, Willmannischen und Wennerischen Handlungen, Kunstliebe zu verbreiten, werden als höchst schätzbar dargestellt. Der Reisende wünscht ein Verzeichnis aller Kunstschätze von Frankfurt und ähnlicher Merkwürdigkeiten, wenn auch nur erst summarisch, sowohl zu Leitung in der Gegenwart als zur Erinnerung in der Abwesenheit. Die Singschule des Herrn Düring verschafft einen fröhlichen Sonntagsmorgen.

Zu wichtigen Betrachtungen und bedeutender Unterhaltung gibt das Senckenbergische Stift nunmehr Anlaß. Der Zustand, in welchem die wissenschaftliche Abteilung sich durch die bösen Jahre hingehalten, wird im einzelnen beachtet, die Thätigkeit und Willfährigkeit der dabei angestellten Männer mit Freuden anerkannt und die Hoffnung einer schön eintretenden Ordnung, Erneuerung, Erweiterung aller Teile ganz nahe liegend, sodann auch wahrscheinlich gefunden, daß eine Vereinigung aller Frankfurter Kenner und Liebhaber wissenschaftlicher Gegenstände bald stattfinden werde. Hierauf werden die Vorteile gezeigt, welche durch Begünstigung der Wissenschaft große Städte sich aneignen können.

In Offenbach wird die Sammlung ausgestopfter Vögel des Herrn Hofrat Meyer mit großer Aufmerksamkeit beschaut.

In Hanau werden vorerst die daselbst bisher wirkenden Naturforscher genannt, sodann erzählt, wie sie die Wetterauische Gesellschaft gegründet und ein Museum angelegt. Des leider zu früh verschiedenen vortrefflichen Leislers und seiner hinterlassenen Sammlungen wird gedacht, des Herrn Dr. Gärtner Bemühungen um Pflanzenkunde, dessen Sammlungen von Säugetieren, Vögeln und Konchylien als Belege seiner Verdienste um vaterländische Zoologie betrachtet.

Das Mineralienkabinett des Herrn Geheimerats Leonhard, über 7000 Exemplare stark, sondert sich in eine oryktognostische und eine geognostische Hälfte; das Ganze bezieht sich auf die systematisch tabellarische Übersicht, die wir kennen. Alle Exemplare sind charakteristisch und frisch; das gleichmäßige Format hat viel Gefälliges. Vollständig bis auf die neusten Zeiten ist die Sammlung. Der geognostische Teil macht das Studium des Vorkommens der Fossilien wichtig und belehrend, eine bisher viel zu sehr vernachlässigte und nun wieder hervorgeforderte Rücksicht. Auch hat sich derselbe durch Stiftung eines mineralogisch-merkantilisc[hen] Instituts Ansprüche auf den Dank der Naturfreunde erworben.

Die Zeichenschule, welcher Herr Westermeyer vorsteht, ist wohl gegründet und bringt schöne Früchte. Die Namen der sich in Hanau aufhaltenden Maler werden genannt und der wichtigen Arbeiten in Gold, Emaille und Juwelen sowie anderer Fabrikationen zum Schlusse gedacht.

Daß der Reisende Aschaffenburg nur aus Erzählungen kennt, und also nur oberflächlich von dortigen Gegenständen spricht, wird ihm verziehen sein wegen der guten Wünsche, die er für diesen schönen und wohlgelegenen Ort zu thun sich die Freiheit nimmt.

Darmstadt ist von ihm wohl gekannt, geschätzt und verehrt. Das Großherzogliche Museum wird auch künftig unter den Anstalten dieser Gegenden immer zu den vorzüglichsten gezählt werden, und dessen musterhafte Einrichtung dient gewiß ähnlichen Unternehmungen zur Richtschnur. In dem geräumigsten Lokal sind die mannigfaltigsten Gegenstände ohne Prunk, aber mit Ordnung, Würde und Reinlichkeit aufgestellt. Herrliche Statuen in vortrefflichen Gipsabgüssen, zahlreiche Büsten, Körperteile, Basreliefs, alles in den anständigsten Räumen, römische, italienische, deutsche Monumente nachgebildet in Kork*); zahlreiche schätzbare Gemäldesammlungen[?] und Musterstücke der Kunst; Merkwürdigkeiten aller Jahrhunderte und Gegenden. Ein Katalog würde Erstaunen erregen.

In dieser reichen Sammlung erfreut zugleich die Lebendigkeit; nirgends eine Stockung bemerkbar, alle Fächer sind in Bewegung, überall fügt sichs klar [klärer?] und besser.

Eine naturhistorische Sammlung, reich und vollständig, steht dieser Kunstsammlung zur Seite. In hellen Galerieen aufgeordnet, finden sich die drei Reiche der Natur, in welchen immer durch thätige Männer Reinlichkeit erhalten, das Erfreuliche für den Beschauer vermehrt und Ordnung für den Wissenden und Wißbegierigen klärer eingerichtet wird.

Eine höchst ansehnliche, so würdig als reinlich aufgestellte Bibliothek setzt den Reisenden in Verwunderung, so daß er, wenn er völlig fremd und mit den Verhältnissen ganz unbekannt wäre, notwendig auf den Geist, der einem solchen Körper Leben giebt und erhält, aufmerksam werden müßte. Ihre Königliche Hoheit der Großherzog haben lange Jahre unter den ungünstigsten Umständen solche schöne Neigung ununterbrochen gehegt und Herr Geheime Kabinetsrat Schleiermacher unter höchstem Vertrauen alles das, was zu bewundern, anordnen und erhalten können.

Thätige Künstler werden gerühmt: Herr Oberbaurat Moller, Architekt sowohl als Beförderer der neusten Bemühungen, das Andenken alter Denkmäler zu erhalten; Herr Primavesi, dessen Absicht, die Rheingegenden von den Quellen herab nach Natur zu zeichnen und herauszugeben, wird angedeutet, sowie von dessen Verdiensten noch manches insbesondere nachzumelden wäre.

In Heidelberg verspart der Reisende von der Lage der Stadt, dem

*) Durch Versehen stehen im „Morgenblatt" die Worte „nachgebildet in Kork" nach „Räumen".

wichtigen Einfluß der Akademie und des anmutigen Umgangs zu sprechen. Er wendet sich zuerst zur Boissereeschen Sammlung und erzählt die Geschichte ihres Entstehens. Darauf holt er etwas weit aus. Die Erniedrigung der Welt unter späteren Römern, das Versinken der Kunst muß er zuerst bereden. Die Vorteile der christlichen Religion als Kunsterhalterin spricht er umständlich aus, wie er denn auch ferner ableitet, wie in Byzanz alle Kunst mumienhaft geworden. Die Vorteile aber, welche die byzantinische Gilde noch immerfort als Überlieferung bewahrt, werden anerkannt und eine über die ganze Welt verbreitete Einwirkung dargestellt. Nun gelangen wir an den Niederrhein, wo ebenfalls byzantinische Schulen stattgefunden. Hier wird nun der Vorteil bemerklich gemacht, daß günstige Gegenstände dort obwalteten. Eine junge Prinzeß mit ihren Frauen, ein junger Held mit seinen Rittern haben dort gelebt und gelitten. Vor allen aber wird das Glück der niederländischen Künstler gepriesen, daß ein so günstiger Gegenstand als der dreier ein Kind auf der Mutter Schoß in niedriger Hütte anbetenden Könige ihm als Nationalgegenstand aufgenötigt wurde.

Mit Sorgfalt wird hier nun bemerklich gemacht, wie sich die düstere byzantinische Trockenheit im dreizehnten Jahrhundert in ein frohes Naturgefühl aufgelöst, und zwar nicht etwa als Nachahmung des einzelnen Wirklichen, sondern als behagliche Augenlust, die sich im allgemeinen über die sinnliche Welt aufthut.

Die materiellen und technischen Kennzeichen dieser Gemälde sind Goldgrund, eingedruckte Heiligenscheine ums Haupt, die glänzende Metallfläche oft mit wunderlichen Blumen tapetenartig gestempelt oder durch braune Umrisse und Schattierungen zu vergoldetem Schnitzwerk scheinbar umgewandelt. Gründe, warum man diese Bilder dem dreizehnten Jahrhundert zuschreiben darf.

Ein Bild der heiligen Veronika, wahrscheinlich byzantinische Komposition, mit niederländischem weichem heitern Pinsel gemalt, wird gerühmt, und weil denn doch jede Beschreibung eines ungesehenen Bildes unzulänglich ist, ein Umriß desselben gegeben. Das Verdienst größerer Tafeln in gleichem oder ähnlichem Sinne wird gewürdigt.

Das Dombild zu Köln tritt nun ein, byzantinische Komposition beibehaltend, aber sich schon ganz für das Porträt erklärend. Hier fassen die Künstler schon wieder vollkommen Fuß in der Natur. Dieses Bild verdient große Aufmerksamkeit, nur wünscht man, daß es nicht übertrieben erhöht, durch Hymnen versüßlicht und durch enthusiastische Mystik verständigen Kennern widrig gemacht werde. Es ist 1410 gemalt und stellt sich also in die Epoche, wo Johann von Eyck schon als entschiedener Künstler blühte. Und so dient es das Unbegreifliche der Eyckschen Vortrefflichkeit einigermaßen zu erklären, indem es bezeugt, was für Zeitgenossen dieser vorzügliche Mann gehabt. Das Dombild war die Achse genannt worden worum sich die ältere niederländische Kunst in die neue dreht; nun betrachtet man die Eyckschen Werke als zur Epoche der völligen Umwälzung jener Kunst gehörig. Schon in den älteren byzantinisch-niederrheinischen Bildern finden wir die eingedruckten Teppiche manchmal perspektivisch, obgleich ungeschickt behandelt; im Dombild erscheint keine Perspektive, weil der reine Goldgrund alles abschließt. Nun wirft Johann von Eyck alles Gestempelte so wie den Goldgrund völlig weg, ein freies Lokal thut sich auf, worin nicht allein die Hauptpersonen, sondern auch alle Nebenfiguren vollkommen Porträt sind, von Angesicht, Statur und Kleidung, so auch völlig Porträt jede Nebensache. In Evidenz wird nun der ungeheure Vorteil gesetzt, daß er das Ölmalen wo nicht erfunden, doch wenigstens zuerst als Mann von Geist und Talent in auffallende Übung gebracht. Und so wird denn auch von ihm und seinen Verdiensten das Mögliche ausgesprochen, so daß es hier nicht weiter ins Engere zu bringen ist.

Zuletzt aber wiederholt sichs immer, daß von solchen Werken wenigstens Umrisse dem Publikum vorgelegt werden müßten, wie in diesem Heft von dem Bild der Veronika geschehen, weil sonst alles auf Rederei und Verselei hinausgeht, wozu weder Natur noch Kunstgegenstand erfordert wird.

Hier macht der Herausgeber nun eine Pause und verspricht im nächsten Stück die übrigen Juwelen der Boisseréeschen Sammlung gleicherweis zu behandeln, den werten Künstlern Hemmling, Israel von Mecheln, Lukas von Leyden, Quintin Messis und manchen Ungenannten echt deutsche Originalität zu behaupten, hingegen bei Schoreel, Hemskerk, Schwarz u. a. italienischen Einfluß nicht zu verläugnen, welchem jedoch die Niederländer in späterer Zeit sich wieder entziehen und eine fromme Nachbildung der Natur mit ebensoviel Religion behandeln, als ihre Vorgänger heilige Überlieferungen.

Er hofft hierauf sich an den Oberrhein begeben zu können, sich von den Vorzügen und Eigentümlichkeiten oberdeutscher Künstler zu durchdringen, wünscht, daß es ihm gelinge, den Unterschied, ja den Gegensatz beider Schulen herauszuheben, welche zusammen erst den Begriff von einem vollständigen Deutschtum zu erwecken im Stande sind. Hiedurch denkt er von seiner Seite jedem National- und Säkularzwiespalt zu begegnen und solchen, insofern er sich gezeigt haben sollte, glücklich zu beseitigen.

Ferner wünscht der Herausgeber auch die seit- und aufwärts liegenden Schätze mit Ruhe betrachten zu können. Er verbietet sich, jene würdige Männer voreilig zu benamsen, welche daselbst wirken; nur enthält er sich nicht, dem Oberrhein zu Herrn Hebel Glück zu wünschen, einem Provinzialdichter, der, von dem eigentlichen Sinne seiner Landesart durchdrungen, von der höchsten Stufe der Kultur herab seine Umgebungen überschauend, das Gewebe seiner Talente gleichsam wie ein Netz auswirft, um die Eigenheiten seiner Lands- und Zeitgenossen aufzufischen und die Menge ihr Selbst zu Belustigung und Belehrung vorzuwerfen.

Der nach Heidelberg zurückgelangten Manuskripte wird mit Bezug auf frühere Dichtkunst dankbar gedacht; ein neu aufgefundener Originaldomriß umständlich beschrieben, auch von der älteren Steinmetzenbrüderschaft vorläufige Nachricht gegeben, so wie denn der Schluß erfreulicher und hoffnungsvoller Ereignisse kurze Meldung thut.

Ein Umschlag auf den Inhalt bezüglich, schmückt das Ganze. Der Verfasser wünscht, daß eine freundliche Aufnahme des Gegebenen, welches eigentlich nur als ein fortwährender Dank des Reisenden für so vieles empfangene Gute anzusehen sei, die Fortsetzung befördern möge. Mitte März wird gedachtes Heft ausgegeben."

Es war ein glücklicher Griff, daß Goethe in einem vielgelesenen Blatte eine ausführliche Inhaltsangabe seines Heftes gab, wodurch so viele, die er rühmend oder anerkennend erwähnt hatte, schon vorher in weiteren Kreisen geehrt, auf die Erwähnung anderer an dem behandelten Orte hingedeutet, der verdienstvollen Bestrebungen für Kunst und Altertum, ja, da sich der ursprüngliche Plan erweitert hatte, auch für Natur und Wissenschaft mit echt vaterländischer Freude gedacht wurde. Und Goethe stellte sich hier, vielen unerwartet, als Verehrer deutscher Kunst am Rhein dar, deren Eigentümlichkeit er liebevoll zu erfassen gesucht, die er auch weiter verfolgen wollte, und er gab seine Absicht kund, sich auch der oberrheinischen, ja der gesamten älteren deutschen Kunst zuzuwenden, um mit Beseitigung aller eifersüchtigen landsmännischen Parteilichkeit die Vorzüge deutscher Kunst ins Licht zu setzen, welche überall eine von Ort und Zeit abhängige Eigentümlichkeit entwickelt habe, die man als solche zu würdigen habe. Hatte er in „Epimenides' Erwachen" seine Vaterlandsliebe durch ein freies Bekenntnis gerettet, so wollte er jetzt den Beweis liefern, daß er bei aller ihm so übel gedeuteten Vorliebe für die griechische Kunst auch der heimischen die gebührende Achtung keineswegs versage. Auf keinem anderen Wege hätte er die allgemeine Erwartung gleich wirksam zu spannen vermocht als durch eine solche in die weitesten Kreise dringende Voranzeige. Leider verspätete sich das Erscheinen des Heftes ganz unerwartet ein paar Monate.

Am 11. März schrieb Goethe an Zelter, das Heft werde nun bald in Berlin eintreffen. Mit dem dreizehnten Bogen habe er abgebrochen, wie Scheherazade ihre Märchen. „Wenn ich die Bedeutung solcher Blätter früher erkannt hätte," fügte er in Erinnerung an die Mühe, die ihm die Ausführung gemacht, mißmutig hinzu, „so würde ich das ganze Geschäftlein abgelehnt haben. Auch bin ich nur nach und nach hinein verführt worden [er hatte sich zunächst auf die Rheinlande und die Boisseréesche Sammlung beschränken wollen]; nun so mag es denn auch dahin fließen. Dagegen muß ich dankbar erkennen, daß ich ohne diese dringende Nötigung niemals weder dem wichtigen Punkt der Kunsterhaltung durch die barbarische Zeit hindurch noch auch den Eigentümlichkeiten nationeller und provinzieller Wiederherstellung Aufmerksamkeit hätte schenken können. Es ist da viel Zeug unserer geläuterten Sinnlichkeit zuwider, das man nur durch den Begriff zu etwas machen kann; denn das Absurde freut uns auch, wenn wir uns darüber aufklären." Einen halben Monat später meldete er, die Versendung des abgeschlossenen Heftes werde durch Zufälligkeiten aufgehalten. „Es ist redlich gemeint," bemerkte er, schon an der Wirkung halb verzweifelnd, „und wird am Ende mir am meisten nützen; denn es gibt mir einen Maßstab, was denn auch in diesem Falle von vernünftigen Wünschen und Vorsätzen zu stande komme. Ich fürchte, es wird nicht viel sein. Daß ich diese Arbeit übernommen, reut mich nicht, besonders da ich diese Tage manche frühere auf Reisen gesammelten Akten wiederfand [von der Reise nach Italien, der Campagne in Frankreich und der Schweizerreise von 1797]. Nur fand ich bei meiner Rückkehr niemals Muße zur Redaktion und auch diesmal nur mit größter Anstrengung. Der Hergang der Kunst durch das Mittelalter und gewisse Lichtpunkte bei der Wiedererscheinung reiner Naturtalente haben, hoffe ich, durch meine Darstellung gewonnen. Nur werden die schreibseligen Legionen Deutschlands meine Ernte, wie sie auch sein mag, sehr geschickt mitdreschen und mit den Strohbündeln als reifen Garben am patriotischen Erntefeste einherstolzieren." Als er am 2. Juni das Rhein- und Mainheft dem vertraut befreundeten Minister von Voigt zu geneigter Aufnahme sandte, äußerte er: „Ich bin neugierig, was von den darin enthaltenen frommen Wünschen sich nach und nach realisiert."

Es war, wie er gefürchtet hatte, im Grunde gar nichts. Was er besonders betont hatte, man solle jedem Orte seine Schätze lassen, Privatsammlungen, wenn die Besitzer sich ihrer entledigen wollten oder müßten, von seiten der Stadt oder des Staates zu gewinnen suchen, so lange sie noch in andern Händen seien, sie möglichst durch kluge Fürsorge vor Schaden bewahren, keine Kunstakademien stiften, sondern auf andere zweckmäßige Weise die Künstler und dadurch die Kunst unterstützen, nichts davon wurde befolgt. Auch die Ratschläge, die er auf Befragen von Minister Schuckmann erteilt hatte, blieben unbeachtet, selbst die Boisseréesche Sammlung ging, wie nahe auch der Abschluß ihrer Übernahme in Berlin geschienen, durch Einmischung persönlicher Rücksichten Preußen verloren. In Köln, wo die Partei Wallrafs durch das Urteil des Weimarischen Dichters über ihren Kunstnestor und durch die verdiente Anerkennung Boisserées als eines wahren Kunstkenners bitter verstimmt war, auch dadurch, daß Goethe in der Frage, ob Köln oder Bonn die Universität erhalten solle, sich mit Recht nicht entschieden hatte, wollte man nichts von dem alten Heiden wissen, der seine Unchristlichkeit wieder auf ärgerliche Weise verraten habe. In Frankfurt hatte man wohl Ursache mit Goethes liebevollem, ja zum Teil zu anerkennendem Urteile zufrieden zu sein, da dieser auch das bescheidenste Verdienst in der Kunst aufzumuntern suchte, und alles, was er riet, von ebenso großem Wohlwollen für seine Vaterstadt als von lebendiger Einsicht zeugte. Aber die Stadtverwaltung beschäftigten eben andere Fragen als Wissenschaft und Kunst und sie hielt sich für weise genug. Freund Gerning war mißstimmt, daß Goethe ihm nichts von seiner Absicht verraten, ihm auch das kleine Heft nicht geschenkt und ihn nicht genug herausgestrichen hatte. Im Jahre 1820, wo er sich auch sonst durch seinen Landsmann verletzt fühlte, schrieb er an Knebel: „Die leeren 'Kunst und Altertum am Rhein und Main' erstes und zweites Heft mußte ich teuer kaufen, die anderen mag ich nicht geschenkt. Er gedachte darin nicht einmal der Habelischen Antiken- und Mineraliensammlung zu Schierstein, kleinere Sammlungen erwähnend, obgleich er mit unersättlicher Habgier die besten Mineralien dem Besitzer ablockte." Schon ein Jahr vorher hatte er in seiner Schrift: „Die Rheingegenden von Mainz bis Köln" mehrfach in unverständiger Weise auf Goethes Bericht gestichelt. Er selbst glaubte es besser gemacht zu haben, ja dessen Versuch schien ihm gar ein Eingriff in sein eigenes Gebiet. Leider hatte Goethe manche, selbst Jakob Grimm, durch die nüchterne ungläubige Weise verletzt, wie er über die Dreieinigkeit, besonders über den heiligen Geist sprach. An eine dankbare, warme Aufnahme der liebevoll gebotenen, aus reinem Anteil geflossenen Gabe war nicht zu denken, wie viele sich auch der ehrenvollen Erwähnung in diesem Kunstberichte freuten, wogegen andere daran Anstoß nahmen, daß der große Dichter, dem es ernstlich um die Hebung der Kunst zu thun war, eine übergroße Milde in der Beurteilung lebender Künstler hatte walten lassen. Persönlich erlitt er gleich nach dem Erscheinen des Heftes einen schweren Verlust; seine Gattin starb nach längeren schweren Leiden, die ihm schon die Zeit nach dem Abschlusse des Heftes verbittert hatten. Aber bald stellte er sich so weit her, daß er, wenn er auch trotz des dringenden Wunsches von Zelter auf einen wiederholten Besuch Wiesbadens verzichtete, doch der Einladung Cottas und Boisserées folgte, das berühmte Baden-Baden zu besuchen, wo er die oberrheinische Kunst und Wissenschaft näher kennen lernen, auch sich zu der versprochenen Fortsetzung des Berichtes über die Boisseréesche Sammlung vorzubereiten gedachte.

Schon seit dem Anfange des Jahres hatte er die Erfüllung seines Gelübdes, ein Bild des heiligen Rochus in dessen Kapelle zu stiften, sich angelegen sein lassen; Meyer sollte nach seiner Idee und Skizze den Karton dazu machen, dessen Ausführung in Ölfarbe der jungen Malerin Luise Seidler, die er zu fördern gedachte, übertragen und das Gemälde schon vor dem nächsten Rochusfeste in der Kapelle aufgestellt werden. Zur Darstellung des Heiligen wählte er dessen völlige Entäußerung von allem Besitztum in dem Augenblicke, wo er seinen Palast verläßt, um sich dem Dienste Gottes zu widmen. Schon im Januar erhielt die Malerin den Auftrag; rasch schaffte sie die dazu nötige Leinwand an, aber weil diese nicht lang genug war, da das Bild acht Fuß hoch werden sollte, mußte eine andere gewählt werden. Und erst im April erhielt sie Meyers Karton, über den sie mit diesem verhandelte. Schon war das Gemälde der Vollendung nahe, als am 6. Juni den Dichter der Verlust seiner Gattin erschütterte. Sechs Tage später dankte er der Malerin für den Ausdruck ihrer innigen Teilnahme; er versprach mit Meyer nach Jena zu kommen, wenn es mit ihm wieder so weit sei, daß er über das Gemälde verhandeln könne. Die Malerin hatte sich einige Änderungen erlaubt, mit denen Goethe sich bei seinem Besuche am 30. im wesentlichen einverstanden erklärte; Frauengefühl treffe in solchen Dingen immer das Rechte; einige Einwendungen Meyers wolle er noch einmal bedenken. Am nächsten Morgen bat er sie nichts an dem Bilde zu ändern, bis sie die Sache noch einmal besprochen hätten; diese sei schwieriger als man denke. Die Entscheidung erfolgte sofort. Schon am 15. Juli traf das von Weimar gesandte Bild in der Pfarrei zu Bingen ein und es wurde auf die Ostseite der Kapelle neben dem Predigtstuhle aufgehangen. In „Kunst und Altertum“ I, 2, demselben Hefte, welches Goethes „Rochusfest“ und als Titelbild die hier folgende Abbildung des Gemäldes brachte, findet sich, ohne Zweifel von Goethes Hand, zwischen andern Kunstanzeigen auch die darauf bezügliche:

„Gemälde.

Das Bild des heiligen Rochus, wovon der Umriß gegenwärtigem Hefte vorsteht, ist von wohldenkenden Anwohnern des Rheins und Mains gestiftet in die Kapelle über Bingen zum Andenken der Feier jener friedlichen Wiederherstellung vom 16. August 1814.

Der Heilige ist darauf als Jüngling vorgestellt, der seinem verödeten Palast den Rücken wendet. Die Pilgerkleidung zeigt uns den Stand an, welchen er ergriffen. Zu seiner Rechten sehen wir ein Kind, das sich an Silbergeschirr und Perlen als einer Ausbeute frommer Güterspende freut, zur Linken ein zu spät gekommenes, unschuldig flehendes Geschöpf, dem er die letzten Goldstücke aus dem Beutel hinschüttet, ja den Beutel selbst nachzuwerfen scheint. Unten zur Rechten drängt sich ein Hündchen heraus, die Wanderung mit anzutreten bereit; es ist freilich nicht dasselbige, welches ihm in der Folgezeit so wunderbar hülfreich geworden, aber darauf deutet es, daß er, als freundlicher und frommer Mann, auch solchen Geschöpfen wohlthätig gewesen, und dadurch verdient von ihresgleichen künftighin unverhofft gerettet zu werden.

Hinten, über die mit Orangebäumchen gezierte Mauer sieht man in eine Wildnis, anzudeuten, daß der fromme Mann sich von der Welt gänzlich ablösen und in die Wüste ziehen werde. Eine durch die Lüfte sich im Bogen schwingende Kette von Zugvögeln deutet auf die Weite seiner Wanderschaft, indessen der Brunnen im Hofe immerfort läuft und auf die unabgeteilte Zeit hinweist, welche fließt und fließen wird, der Mensch mag wandern oder zurückkehren, geboren werden oder sterben.

Haben wir diesen Nebendingen zu viel Bedeutung beigelegt, so mag uns die Neigung des Jahrhunderts entschuldigen, welche überall Zusammenhang, Allegorie und Geheimnis, mit Recht oder Unrecht, aufzufinden Lust hat.“

Von der Legende weicht das Bild darin ab, daß diese den Heiligen nicht in die Wüste wandern, sondern in Italien weilen läßt, wo er den Pestkranken beisteht, dann in einem Walde längere Zeit mit Gotthardus ein Einsiedlerleben führt. Der Name der Malerin Louise Seidler mit einem P. pinxit) steht unten links, unter dem Heiligen die Gelübdeformel Ex voto. Die Ausführung „war gar nicht übel“; werde auch Boisserée es schwerlich dem Rochusberg für seine Sammlung entwenden, scherzte Goethe, so sei es doch an seinem Platze wirksam; und so sei es recht und gut. Die Farben waren seit 1816 zweimal verblichen; zuletzt wurden sie im Jahre 1882 wieder aufgefrischt. Ein in Bingen bei Jung erschienenes Lichtbild giebt nur die Seitenränder nicht genau wieder. Die Malerin wurde im Jahre 1817 vom Herzog zu einer Reise nach München unterstützt.

Als Goethe nach Erfüllung seines Gelübdes am 20. Juli mit seinem

Freunde Meyer nach Baden reiste, begleitete ihn der Entwurf seiner Schilderung des Rochusfestes. Aber schon nach kurzer Fahrt warf der Kutscher so unglücklich den Reisewagen um, daß Meyer eine anfangs nicht unbedeutlich scheinende Verwundung am Kopfe erlitt. Goethe betrachtete diesen Unfall als ein Anzeichen, daß er die Reise nach dem fernen Bade nicht machen solle, ja auch in Zukunft widerstand er infolge dieses Anzeichens jeder Einladung an den Rhein und Main, und so unterblieb denn auch die versprochene Fortsetzung des Berichtes über die Boisseréesche Gemäldesammlung. Das folgende Heft brachte nur kurze Nachträge zu der Rhein- und Mainreise, einen längeren über Frankfurt, auch die Anzeige des seit einem Jahre erfolgten Zuwachses der Boisseréeschen Sammlung, ohne irgend eine Andeutung der Absicht weiterer ausführlicher Besprechung derselben.

Hatte er der Weiterführung jenes mit vaterländischem Sinne begonnenen Kunstberichts entsagt, so widmete er sich um so liebevoller der Ausführung des „Rochusfestes". Schon am 7. August schrieb er vom Bade Tennstedt aus, wohin er sich nach jenem Unfalle begeben, an Freund Boisserée: „Das Rochusfest von 1814, von dem ich mich immer weggedrückt [weil er nur in besonders günstiger Stimmung es vollenden wollte], ist so gut als fertig. Ich darf eine heitere Wirkung hoffen." Zwei Tage später berichtet er dasselbe seinem Zelter, der an jenem Feste mit teilgenommen. „Es soll das zweite Heft beleben", bemerkte er. „Ich möchte dir es gern vorlegen, daß es recht vollständig würde; einiges mag mir entgangen sein.*) Daß du meine Ableitung der neuen Kunst aus der alten [in „Kunst und Altertum"] so freundlich aufnimmst, freut mich sehr. Ich bin mir überzeugt einen guten Grund gelegt zu haben. Dein Parallelism mit der Musik ist mir sehr willkommen. Schreibe mir ihn doch etwas ausführlicher fürs zweite Heft, damit das Fruchtbare solcher Ansichten erscheine. Denn die lieben Deutschen kenn' ich schon: erst schweigen sie, dann mäkeln sie, dann beseitigen, dann bestehlen und verschweigen sie. Mir ist es wundersam und rührend zu sehen, was wir für arme Narren sind, die wir es so bitter ernst nehmen, und doch sind wir im besten Sinne Narren in unseren Sack." Am Jahrestage des Rochusfestes wird er jener Feier freudig gedacht haben. Zwölf Tage später feierte er einsam seinen Geburtstag, da auch Meyer ihn nach vierwöchentlicher Anwesenheit verlassen hatte. Da schrieb er an Zelter: „St. Rochusfest ist in dieser meiner Reisekanzlei [sein Schreiber begleitete ihn] endlich auch zu einer dritten, recht reinlichen Abschrift gelangt [alle drei Abschriften waren in Tennstedt gemacht worden, da er immer wieder änderte und zusetzte]. Ich wiederhole, daß ich dir das Manuskript vorlegen möchte. Es ist zwar eigentlich keine dumpfe Stelle drinnen, aber manches könnte ausführlicher sein, ob ich gleich zufrieden bin, daß meine produktive Sinnlichkeit noch

*) Zelter wunderte sich später, daß Goethe zweier wunderschönen Mädchen der Gesellschaft nicht gedacht, aber es paßte wohl dem Dichter nicht, auch diese einzuführen.

soweit reichen konnte.“ Auch gegen Boisserée gedachte er gern dieser „heiteren, im Innern frommen Darstellung,“ da es ihm gelungen war, den doppelten Charakter dieses Festes lebendig hervortreten zu lassen.

Am 11. September kehrte er nach Weimar zurück. Zelter konnte leider seiner Einladung nicht folgen. Nach Beendigung des Drucks des ersten Bandes der „Italienischen Reise“ sollte das zweite Rhein- und Mainheft in die Druckerei. Da er das „Rochusfest“ dort an zweiter Stelle bringen wollte und er ihm die höchstmögliche Vollendung zu geben wünschte, nahm er es jetzt noch einmal vor. Den 7. November meldete er Zelter: „Das Rochusfest, abermals durchgearbeitet und nochmals abgeschrieben, hat an Bestimmtheit und Glanz gewonnen. Wenn man es nicht macht wie die Maler, die, je mehr sie ausführen, desto mehr auch wieder lasieren, um die Gegenstände auseinander und wieder zusammen zu bringen, so kann aus solchen Dingen nichts werden. Der erste Aufsatz des zweiten Hefts wird gewaltigen Lärm erregen; er heißt 'Neudeutsche fromme-patriotische Kunst'.“ Durch diesen von Meyer unter Goethes Beteiligung verfaßten, mit der Chiffre der Weimarer Kunstfreunde bezeichneten Aufsatz zerstörte Goethe fast mutwillig den guten Eindruck, den sein darauf folgendes „Rochusfest“ machen mußte. Am 26. November ging der Anfang des zweiten Heftes in die Druckerei, der Schluß erst am 18. März 1817. Das „Rochusfest“ stand zwischen dem gegen die neue Nazarenische Kunstrichtung Front machenden Aufsatze und den dazu gehörenden „Anmerkungen und Belegen“. Darauf folgte an vierter Stelle „Aus verschiedenen Fächern Bemerkenswertes“ (enthaltend Anzeigen von Kupferstichen, dem Rochusgemälde, einem Blumengemälde von Steiner aus Winterthur und einem geschnittenen Stein Pichlers), dann ein Bericht „Altdeutsche Baukunst“ über das Straßburger Münster und den Kölner Dom von Boisserée (durch Versehen war die Chiffre „B.“ am Ende ausgefallen), Nachträge zum Reisebericht des ersten Heftes, eine Nachricht über die Kunstakademie in Prag, eine Nachfrage, betreffend die gelegentlich erwähnten Blätter des Malers Runge (die beiden letzteren hatte Goethe auf den Wunsch des Buchdruckers eingeschoben, um den letzten halben Bogen zu füllen), endlich „Zum Schluß“ überschrieben die spöttisch in ein Rähmchen gefaßte Beschreibung eines von der Berliner Kunstausstellung zurückgewiesenen Gemäldes nach Dante, zum Beweise, daß die vor zwanzig Jahren von dem „kränklichen Klosterbruder“ Wackenroder empfohlene Grille bereits zum höchsten Unsinn geführt. Das Heft, das mit dem frommen Rochusbilde begann, um mit einer so gräßlichen Karikatur zu endigen, war wirklich, wie Goethe zu sagen pflegte, ein „Centaur“, aus zwei ganz verschiedenen, ja sich widersprechenden Teilen zusammengesetzt. Das „Rochusfest“ bildete ein Drittel des Ganzen. Alle Gemütlichkeit, alles reine Gefühl für das fromme und frohe rheinländische Volksleben, alle Kunst der wohlberechneten Anordnung und der lebendigen Ausführung halfen nichts gegen die scharfe Verurteilung der neuesten Kunstrichtung, da die meisten und begabtesten Künstler in derselben befangen waren, die Berechtigung des von reinem Gefühle eingegebenen Einspruches von wenigen begriffen wurde; selbst Freund Boisserée äußerte sich mißmutig und bedauerte, daß Goethe nicht selbst diesen Aufsatz übernommen habe, da nur er im stande gewesen wäre „zwischen zwei Ultrapunkten die wahrhaft beseligende Mitte zu zeigen“, während der Verfasser die Nachahmung der hellenischen Kunst als einzigen Kanon aufgestellt habe. Begegnete aber damals jene schöne Blüte eines liebevoll dem Volke zugewandten Dichterherzens ihrer Begleitung wegen einer höchst kalten Aufnahme, heute können wir uns derselben mit um so reinerem Verständnisse und vollem Kunstgenusse freuen. Besondere Sorgfalt hatte Goethe auf glückliche Verteilung des einzelnen und reiche Abwechselung verwandt. Man beachte die Unterbrechung der drei Teile der Predigt durch zwischentretende, das Bild der Zuhörer und der ganzen Umgebung gleichsam beleuchtende Bemerkungen, die Dachsverfolgung, durch welche das Vorüberziehen der Prozession gestört wird, die Mannigfaltigkeit des Gespräches an dem langen Tische, wo alles vorkommt, was die hier bunt von allen Seiten zusammengeströmte Gesellschaft anziehen kann, selbst die Mineralogie, welche schon am frühesten Morgen in Rüdesheim hervortrat und sich am Fuße des Festberges nicht zurückhalten ließ. Und wie glücklich ist die Rochuslegende eingeschoben, wenn wir es auch mit dem Dichter selbst bedauern, daß es ihm nicht gelungen, sie gesprächsweise, wie alle daran teilgenommen, wiederzugeben. Goethe begnügte sich aber nicht damit, alles, was er wirklich erlebt, wirksam einzufügen (manches ließ er absichtlich weg, wie z. B. das Heraufbringen der Reliquien, weil es ihm störend schien), er erfand auch manche einzelne Züge, wodurch seine Darstellung freilich an genauer geschichtlicher Treue einbüßte, aber das Ganze zu einer um so anschaulicheren Wiedergabe des Charakteristischen dieses frommen und frohen rheingauischen Heiligenfestes erhoben wurde. Auch der Rahmen, welcher das Fest umschließt, die Fahrt nach Rüdesheim mit dem dort verlebten Abende und die sachgemäß, aber auch mit weiser Berechnung kürzer gefaßte Rückkehr, wirkt äußerst günstig. So bildet denn das so anspruchslose „Rochusfest“ ein wahres Juwel der Dichtung, dessen Kostbarkeit man um so lebhafter empfindet, je genauer man es sich zueignet.

Für das dritte Heft lag schon vor Vollendung des zweiten der Anfang bereit: „Im Rheingau Herbsttage. Supplement des Rochusfestes 1814“. Am 18. März bei Übersendung der Korrektur des letzten halben Bogens schrieb Goethe dem Buchdrucker: „Da es mir jetzt unmöglich ist, auf irgend etwas meine Aufmerksamkeit zu konzentrieren, so schlage vor, daß wir gleich am dritten Rhein- und Mainheft anfangen, wozu schon Manuskript parat liegt. Wenn wir ja auch nur einige Bogen vorwärts kommen, so haben wir so viel Vorsprung und können zu Michael gewiß wieder ein Stück herausgeben. Einige freie Sommermonate helfen sodann wohl zu manchem wünschenswerten Übrigen.“ Dieses „Supplement“ ist eine bloß mit einer einfachen Einleitung versehene ausgeführte Bearbeitung des Tagebuches, welches er in Winkel vom 1. bis zum 6. September 1814 geführt; es ergänzt glücklich die im „Rochusfeste" gegebene Darstellung des Rheingaus und des jenseitigen Ufers, kann sich aber mit diesem nicht messen.

Mit dem Anfang des Frühlings kam Goethe auf längere Zeit nach Jena. Dort übergab er dem Buchdrucker die Einleitung des ersten Heftes „Zur Morphologie"; dieses ganze Heft, 6, mit der Einleitung 8 Bogen, war Ende Mai ausgedruckt, daneben auch die drei ersten Bogen des dritten Rhein- und Mainheftes, wie er am 29. Mai meldet. „Im Rheingau Herbsttage" (im Briefe nennt er sie „Erinnerungen der Folgetage des Rochusfestes") nimmt nur 32 Seiten ein (S. 5—36, da die beiden Titelblätter mitgezählt sind); auf sie folgt S. 37—51 „Deutsche Sprache", womit der zweite Abschnitt „Aus verschiedenen Fächern Bemerkenswertes" beginnt. Aber über dem zweiten Bande der Italienischen Reise blieb die Fortsetzung des Heftes liegen; erst im nächsten Jahre wurde daran fortgefahren. Den 20. Januar 1818 schrieb Goethe an Zelter: „Mein drittes Heft 'Kunst und Altertum' (denn so muß ich es nennen, da die Rhein- und Mainluft nach und nach darinnen verwehen wird) geht nun rasch vor sich, und es ist euch vor Ostern in die Hände zu bringen. O ihr Athenienser, seid ihr es wert, daß man sich um euretwillen solche Bemühung gibt! Ein gutes Wort findet eine gute Statt, aber ein vernünftiges keine." Den 16. Februar meldete er, in seiner nahezu absoluten Einsamkeit sei das dritte Heft „dem Drucke zugefertigt". Es wurde bald ausgedruckt (schon am 31. März sandte Goethe dem Drucker den Anfang des folgenden Heftes) und erschien zu Ostern. Von jetzt an war in den Heften „Kunst und Altertum" nur noch zufällig vom Rhein und Main die Rede. Goethe hatte seine vaterländische Pflicht treu erfüllt, aber man hatte es ihm wenig gedankt, auch seine Vaterstadt nicht, die es bitter empfand, daß er sich nicht mehr von ihr besteuern lassen wollte, die sich nicht zu dem Gedanken emporschwingen konnte, den selbst Gerning für selbstverständlich hielt, sich dadurch zu ehren, daß sie ihm das Ehrenbürgerrecht anbot.

Die Reisen in die Schweiz und am Rhein, Main und Neckar sind von Strehlke in der Hempelschen Sammlung mit Anmerkungen und Textrevision herausgegeben worden, die zu ihrer Zeit anerkennenswert waren. Beide forderten jetzt zahlreiche Ergänzungen und Berichtigungen, die manches zuerst ins Licht setzen. Auch der Text bedurfte noch der Nachbesserung. Von den verschiedenen Lesarten haben wir bloß die bedeutenderen angegeben, Ungleichheiten der Schreibung nur selten berücksichtigt. Schon im ersten Druck der Schweizerreise war die spätere Schreibweise, auch in Namen, obgleich nicht durchgehend, eingeführt, wie sie in der Ausgabe letzter Hand beabsichtigt war.

* * *

Zusatz.

Anfangs 1821 versprach Goethe in „Kunst und Altertum" IV. 3, 154 f., einer der drei neuen Bände seiner Werke solle „die im Jahre 1797 gemachte Reise nach Frankfurt, Stuttgart und der Schweiz enthalten und demnach einen schönen Punkt aus seinem Leben umfassen". Darauf hieß es: „Alles, was sich nun auf dieser Reise sowohl unterwegs in freier Natur als auch in den Städten, wo ich länger verweilte, mir Bemerkenswürdiges dargeboten und welche Ideen und Ansichten durch alle die mannigfaltigen Gegenstände der Natur und der menschlichen Beschäftigungen, Einrichtungen und vielfachen Künste in mir rege geworden, davon geben Tagebücher, Briefe und einzelne Abhandlungen kürzere oder ausführlichere Nachricht, je nachdem Zeit und Umstände mir günstig oder hinderlich waren und die Fülle der Gegenstände eine weitere Ausführung gestattete oder nicht. Entschieden auf die Gegenwart gerichtet, faßte ich alles augenblicklich auf und reihete das Geschriebene Tag für Tag aneinander; und so wird es nun auch wohl bleiben und zur Herausgabe kommen müssen, ohne an eine künstlerische Ordnung weiter zu denken, die auch in diesem Fall nicht einmal rätlich und thunlich wäre. Tägliche Bemerkungen, Briefe, Aufsätze, alles wechselt miteinander ab, und bildet so ein buntes, wunderliches, sehr verschiedenartiges Ganze. Auch kleine Gedichte stehen am gehörigen Ort und scheinen hier erst ihre volle Bedeutung zu gewinnen. Unter den manchen Briefen, die ich aus den Städten, wo ich auf einige Zeit bleibenden Fuß faßte, an meine Weimarischen Freunde zurückschrieb, werden besonders die Briefe an Schiller nicht unwillkommen sein. Die Poesie hatte uns für Nähe und Ferne miteinander verbunden, und so blieben wir im fortwährenden Austausch unserer neuesten Leistungen, Vorsätze und Ideen." Erst im folgenden Hefte von „Kunst und Altertum" begann Goethe Briefe zwischen ihm und Schiller (die vom Jahre 1802) mitzuteilen.

Heinrich Düntzer.

Aus einer Reise in die Schweiz

über

Frankfurt, Heidelberg, Stuttgart und Tübingen

im Jahre 1797.

Die von Eckermann bei der Bearbeitung gewählte Bezeichnung der Reise von Weimar über Frankfurt in die Schweiz und der Rückreise über Nürnberg ist nicht glücklich, ebenso wenig die ausgeführte Überschrift der nachfolgenden Einleitung.

Einleitendes.

Aus Briefen, wenige Zeit vor der Abreise an Meyer nach Florenz und Stäfa geschrieben.

Weimar den 28. April 1797.

Bisher habe ich immer, wenn ich ungeduldig werden wollte, Sie, mein wertester Freund, mir zum Muster vorgestellt; denn Ihre Lage, obgleich mitten unter den herrlichsten Kunstwerken, gewährte Ihnen doch keine Mitteilung und gemeinschaftlichen Genuß, wodurch alles, was unser ist, doch erst zum Leben kommt, dagegen ich, obgleich abgeschnitten von dem so sehr gewünschten Anschauen der bildenden Künste, doch in einem fortdauernden Austausch der Ideen lebte und in vielen Sachen, die mich interessierten, weiter kam.

Nun aber gesteh' ich Ihnen gern, daß meine Unruhe und mein Unmut auf einen hohen Grad zunimmt, da nicht allein alle Wege nach Italien für den Augenblick versperrt, sondern auch die Aussichten auf die nächste Zeit äußerst schlimm sind.

In Wien hat man alle Fremden ausgeboten; Graf Frieß, mit dem ich früher zu reisen hoffte, geht selbst erst im September

2. Den Maler Johann Heinrich **Meyer** aus Stäfa am Züricher See, den er in Rom kennen gelernt, hatte er Ende 1791 nach Weimar gezogen, wo er ihm ein lieber Hausgenosse wurde. Im Herbst 1795 war dieser nach Italien gegangen, wohin Goethe ihm nach einem Jahre zu folgen gedachte, da sie gemeinsam ein umfassendes Werk über Italien im Sinne hatten. Die politische Lage hatte Goethe zur Verschiebung seiner Reise genötigt. — 4. **Den 28.** Der Brief wurde mit Ausnahme der Nachschrift einige Tage früher geschrieben. — 8f. 13. Von dem dreimaligen **doch** könnte das erste und letzte wegfallen. — 17. **Ausgeboten**, den Befehl erlassen, daß sie die Stadt verlassen sollten. — **Graf Frieß**, Moritz, der jüngere Bruder des Grafen Johann, dessen Bekanntschaft Goethe in Italien gemacht hatte. Am 18. Januar hatte Goethe an Meyer geschrieben: „Der leidige Krieg scheint sich noch nicht endigen zu wollen, und in der Lombardei geht es wilder und konfuser zu als jemals. Ich habe daher den Gedanken gehabt, ob ich nicht über Wien und Triest suchen sollte direkt nach Ancona oder vielleicht gar nach Neapel zu kommen. Hierzu finde sich eine schöne Gelegenheit, indem der Graf Frieß auf Ostern von Leipzig abgeht, das ein sehr artiger junger Mann ist, und mit dessen Hofmeister (seinem Straßburger Genossen Lersé) ich als einem Jugendfreunde in Verbindung stehe." Sie hatten sich in Leipzig und Weimar besucht.

zurück; der Weg von da auf Triest ist für jetzt auch versperrt und für die Zukunft wie die übrigen verheert und unangenehm. In dem oberen Italien selbst, wie muß es da nicht aussehen, wenn außer den kriegführenden Heeren auch noch zwei Parteien gegen einander kämpfen! Und selbst nach einem Frieden, wie unsicher und zerrüttet muß es eine lange Zeit in einem Lande bleiben, wo keine Polizei ist, noch sein wird! Einige Personen, die jetzt über Mailand heraus sind, können nicht genug erzählen, wie gequält und gehindert man überall wegen der Pässe ist, wie man aufgehalten und herumgeschleppt wird, und was man sonst für Not des Fortkommens und übrigen Lebens zu erdulden hat.

Sie können leicht denken, daß unter diesen Umständen mich alles, was einigen Anteil an mir nimmt, von einer Reise abmahnt; und ob ich gleich recht gut weiß, daß man bei allen einigermaßen gewagten Unternehmungen auf die Negativen nicht achten soll, so ist doch der Fall von der Art, daß man selbst durch einiges Nachdenken das Unrätliche einer solchen Expedition sehr leicht einsehen kann.

Dieses alles zusammen drängt mir beinahe den Entschluß ab, diesen Sommer und vielleicht das ganze Jahr an eine solche Reise nicht weiter zu denken. Ich schreibe Ihnen dieses sogleich, um auf alle Fälle mich noch mit Ihnen darüber schriftlich unterhalten zu können. Denn was ich Ihnen raten soll, weiß ich wahrlich nicht. So sehr Sie mir auf allen Seiten fehlen, und so sehr ich durch Ihre Abwesenheit von allem Genuß der bildenden Kunst getrennt bin, so möchte ich doch Sie nicht gern so bald von der Nahrung Ihres Talentes, die Sie künftig in Deutschland wieder ganz vermissen werden, getrennt wissen. Wenn mein Plan durch die äußeren Umstände zum Scheitern gebracht wird, so wünschte ich doch den Ihrigen vollendet zu sehen.

Ich habe mir wieder eine eigene Welt gemacht, und das große Interesse, das ich an der epischen Dichtung gefaßt habe, wird mich schon eine Zeit lang hinhalten. Mein Gedicht ist fertig;

1. Zurück, nach Rom. — 23. Ihnen, nicht raten (Gegensatz zu unterhalten), gesperrt 1. Wir bezeichnen mit 1 die bedeutenderen Abweichungen des ersten Druckes. — 33. Mein Gedicht, „Hermann und Dorothea". Den Namen des Gedichts fügte die Redaktion hinzu; dieser hätte allenfalls statt Mein Gedicht eintreten können, aber nicht neben diesem. Goethe hatte über sein episches Gedicht, von dem zwei Drittel fertig seien, dem Freunde seit dem 5. Dezember 1796 berichtet, aber ohne Namen und Inhalt anzugeben. — Ist fertig. Aus Jena, wo er die letzten Gesänge ausführte, schrieb er am 21. März

es besteht aus 2000 Hexametern und ist in neun Gesänge geteilt, und ich sehe darin wenigstens einen Teil meiner Wünsche erfüllt. Meine hiesigen und benachbarten Freunde sind wohl damit zufrieden, und es kommt hauptsächlich nun darauf an, ob es auch vor Ihnen die Probe aushält. Denn die höchste Instanz, von der es gerichtet werden kann, ist die, vor welche der Menschenmaler seine Kompositionen bringt, und es wird die Frage sein, ob Sie unter dem modernen Kostüme die wahren, echten Menschenproportionen und Gliederformen anerkennen werden. Der Gegenstand selbst ist äußerst glücklich, ein Süjet, wie man es in seinem Leben vielleicht nicht zweimal findet. Wie denn überhaupt die Gegenstände zu wahren Kunstwerken seltener gefunden werden, als man denkt; deswegen auch die Alten beständig sich nur in einem gewissen Kreis bewegen.

In der Lage, in der ich mich befinde, habe ich mir zugeschworen, an nichts mehr teil zu nehmen als an dem, was ich so in meiner Gewalt habe wie ein Gedicht, wo man weiß, daß man zuletzt nur sich zu tadeln oder zu loben hat, an einem Werke, an dem man, wenn der Plan einmal gut ist, nicht das Schicksal des Penelopeischen Schleiers erlebt; denn leider in allen übrigen irdischen Dingen lösen einem die Menschen gewöhnlich wieder auf, was man mit großer Sorgfalt gewoben hat, und das Leben gleicht jener beschwerlichen Art zu wallfahrten, wo man drei Schritte vor und zwei zurück thun muß. Kommen Sie zurück, so wünschte ich, Sie könnten sich auch auf jene Weise zuschwören, daß Sie nur innerhalb einer bestimmten Fläche, ja ich möchte wohl sagen, inner=

1797: der Schatz sei gehoben, nur der Schluß fehle noch: in Weimar entwarf er diesen und reinigte die letzten Gesänge. Den Schluß konnte er erst am 15. Juni zum Drucke absenden.

3. Benachbarten Freunde, in Jena, Schiller, W. von Humboldt u. a. In Weimar hatte er das Gedicht Wieland, Knebel, Herder und Böttiger gelesen.
4. Statt nun steht in Riemers Abdruck des Briefes [„Briefe von und an Goethe"] noch. — 8f. die wahre echte Menschenproportionen Br. — 11. vielleicht fehlt 1. — 11f. Die Gegenstände. Am 15. September 1796 hatte er an Meyer geschrieben: „Wir [ich mit Schiller] sind diese Tage über die Wahl des Gegenstandes bei Kunstwerken sehr im Gespräch gewesen. Sammeln Sie doch ja auch auf diesen Punkt; es ist der [das?] erste und letzte, und da man die ganze Materie nicht dogmatisch, sondern kritisch behandeln könnte, da man überall glückliche und unglückliche Beispiele konnte reden lassen, so wäre es eine recht schöne Gelegenheit, in und mit dieser Frage so viele andere zur Sprache zu bringen." — seltner Br. 1. — 20. Schleiers, vielmehr Leichengewandes für den Laertes (Odyssee II. 97 ff.). Penelope wurde, da die Freier ihre List entdeckt hatten, zur Vollendung gezwungen. Der Ausdruck ist sprichwörtlich geworden: L'ouvrage de Pénélope. — 23. einer statt jener Br. Beschwerlichen Art zu wallfahrten, wie in der noch heute jährlich am dritten Pfingsttage zu Echternach an der Mosel stattfindenden sogenannten springenden Prozession. — 25. auch Br. fehlt 1.

halb eines Rahmens, wo Sie ganz Herr und Meister sind, Ihre Kunst ausüben wollen. Zwar ist, ich gestehe es, ein solcher Entschluß sehr illiberal, und nur Verzweiflung kann einen dazu bringen; es ist aber doch immer besser, ein- für allemal zu entsagen als immer einmal einen um den anderen Tag rasend zu werden.

Vorstehendes war schon vor einigen Tagen geschrieben, nicht im besten Humor, als auf einmal die Friedensnachricht von Frankfurt kam. Wir erwarten zwar noch die Bestätigung, und von den Bedingungen und Umständen ist uns noch nichts bekannt; ich will aber diesen Brief nicht aufhalten, damit Sie doch wieder etwas von mir vernehmen und Eingeschlossenes, das man mir an Sie gegeben hat, nicht liegen bleibe. Leben Sie wohl und lassen Sie mich bald wieder von sich hören. In weniger Zeit muß sich nun vieles aufklären, und ich hoffe, der Wunsch, uns in Italien zuerst wiederzusehen, soll uns doch noch endlich gewährt werden.

— —

Weimar den 8. Mai.

Am 28. April schrieb ich Ihnen einen Brief voll übler Laune; die Friedensnachrichten, die in dem Augenblick dazu kamen, rektifizierten den Inhalt. Seit der Zeit habe ich mir vorgesetzt, so sicher als ein Mensch sich etwas vorsetzen kann, daß ich anfangs Juli nach Frankfurt abreise, um mit meiner Mutter noch mancherlei zu arrangieren, und daß ich alsdann von da aus nach Italien gehen will, um Sie aufzusuchen.

Ich darf Sie also wohl bitten, in jenen Gegenden zu verweilen und, wenn Sie nicht thätig sein können, inzwischen zu

2. wollen Br. — 5. einen um statt über Br. — 6. Statt des Gedankenstriches steht ein Sternchen als Zeichen eines Absatzes. — 8. Die Friedensnachricht. Die Kunde vom Abschlusse der Friedenspräliminarien von Leoben traf am 18. ein. Am 25. frug Schiller an: „Was sagen Sie zu der Regensburger Friedensnachricht?" Goethe erwiderte, es habe damit seine Richtigkeit; ein Kurier habe sie nach Frankfurt gebracht, als die Franzosen (unter Hoche) wieder in die Stadt eingerückt seien. — 12. Man, wohl Meyers Schülerin, Amalie von Imhoff. — 17. Hier und im folgenden haben wir die Jahreszahl weggelassen. 18. Druckfehler war 8. — 19 f. Rektifizierten den Inhalt, da Österreich im Venezianischen sollte entschädigt werden und der Friede auch das deutsche Reich umfaßte. — 22 f. Mancherlei zu arrangieren. An den Herzog schrieb Goethe den 6. Juni: er wünsche doch in Frankfurt einmal die Lage ihres Vermögens kennen zu lernen; seine Mutter habe sich durch höhere Prozente und Vorteile verleiten lassen, manche Kapitalien in die auswärtigen Anleihen zu geben, was ihm bedenklich scheine. Aber er wollte ihr auch wohl seine Wünsche in Bezug auf Christianen und seinen August, falls er nicht zurückkehrte, mitteilen. Vor seiner wirklichen Abreise hinterlegte er in Weimar seinen letzten Willen.

vegetieren. Sollten Sie aber Ihrer Gesundheit wegen nach der Schweiz zurückgehen wollen, so schreiben Sie mir, wo ich Sie treffe. Ich kann rechnen, daß Sie diesen Brief Ende Mais erhalten; antworten Sie mir aber nur unter dem Einschluß von Frau Rat Goethe nach Frankfurt am Main, so finde ich Ihren Brief gewiß und werde mich darnach richten. In der Zwischenzeit erfahren wir die Verhältnisse des oberen Italiens und sehen uns mit Zufriedenheit, wo es auch sei, wieder. Ich wiederhole nur kürzlich, daß es mir ganz gleich ist, in welche Gegend ich mich von Frankfurt aus hinbewege, wenn ich nur erfahre, wo ich Sie am nächsten treffen kann. Leben Sie recht wohl! Mir geht alles recht gut, so daß ich nach dem erklärten Frieden hoffen kann, Sie auch auf einem befriedigten, obgleich sehr zerrütteten Boden wiederzusehen.

Jena den 6. Juni.

Ihren Brief vom 13. Mai habe ich gestern erhalten, woraus ich sehe, daß die Posten zwar noch nicht mit der alten Schnelligkeit, doch aber wieder ihren Gang gehen, und das macht mir Mut, Ihnen gleich wieder zu schreiben.

Seitdem ich die Nachricht erhielt, daß Sie sich nicht wohl befinden, bin ich unruhiger als jemals; denn ich kenne Ihre Natur, die sich kaum anders als in der vaterländischen Luft wiederherstellt. Sie haben indessen noch zwei Briefe von mir erhalten, einen vom 28. April und einen vom 8. Mai; möchten Sie doch auf den letzten diejenige Entschließung ergriffen haben, die zu Ihrem Besten dient! Ihre Antwort, die ich nach dem jetzigen Lauf der Posten in Frankfurt gewiß finden kann, wird meine Wege leiten. Selbst mit vielem Vergnügen würde ich Sie in Ihrem Vaterland aufsuchen und an dem Züricher See einige Zeit mit Ihnen verleben. Möge doch das Gute, das Ihnen aus unserem freundschaftlichen Verhältnis entspringen kann, Sie einigermaßen schadlos halten für die Leiden, die Sie in der Zwischenzeit ausgestanden haben, und die auch auf mich in der Ferne den unangenehmsten Einfluß hatten;

15. Mit der alten Schnelligkeit. Früher kam ein Brief aus Rom in 16 Tagen in Weimar an. — 22. Die sich kaum . . wiederherstellt. An demselben Tage schrieb Goethe dem Herzog: „Meyer ist in Florenz nicht wohl; ich erwarte, daß er nach der Schweiz zurückgeht, wo er schon einmal [ehe er nach Weimar kam] genas.“

denn noch niemals bin ich von einer solchen Ungewißheit hin und her gezerrt worden, noch niemals haben meine Plane und Entschließungen so von Woche zu Woche variiert. Ich ward des besten Lebensgenusses unter Freunden und Naheverbundenen nicht froh, indes ich Sie einsam wußte und mir einen Weg nach dem anderen abgeschnitten sah.

Nun mag denn Ihr nächster Brief entscheiden, und ich will mich darein finden und ergeben, was er auch ausspricht. Wo wir auch zusammenkommen, wird es eine unendliche Freude sein. Die Ausbildung, die uns indessen geworden ist, wird sich durch Mitteilung auf das Schönste vermehren.

Schiller lebt in seinem neuen Garten recht heiter und thätig; er hat zu seinem „Wallenstein“ sehr große Vorarbeiten gemacht. Wenn die alten Dichter ganz bekannte Mythen, und noch dazu teilweise, in ihren Dramen vortrugen, so hat ein neuerer Dichter, wie die Sachen stehen, immer den Nachteil, daß er erst die Exposition, die doch eigentlich nicht allein aufs Faktum, sondern auf die ganze Breite der Existenz und auf Stimmung geht, mit vortragen muß. Schiller hat deswegen einen sehr guten Gedanken gehabt, daß er ein kleines Stück, „Die Wallensteiner“, als Exposition vorausschickt, wo die Masse der Armee, gleichsam wie das Chor der Alten, sich mit Gewalt und Gewicht darstellt, weil am Ende des Hauptstücks doch alles darauf ankommt, daß die Masse nicht mehr bei ihm bleibt, sobald er die Formel des Diensts verändert. Es ist in einer viel pesanteren und also für die Kunst bedeutenderen Manier die Geschichte von Dumouriez.

Höchst verlangend bin ich, auch Ihre Ideen über das Darstellbare und Darzustellende zu vernehmen. Alles Glück eines Kunstwerks beruht auf dem prägnanten Stoffe, den es darzustellen unternimmt. Nun ist der ewige Irrtum, daß man bald etwas

12. Zu seinem neuen Garten, den nebst Gartenhaus er dieses Frühjahr angekauft hatte. — 13. Zu seinem „Wallenstein“. Schon am vorigen 3. Dezember hatte Goethe an Meyer geschrieben: Schiller mache einen Versuch, aus dem Philosophischen und Kritischen wieder ins Feld der Produktion zu gelangen; er arbeite an einer Tragödie „Wallenstein“, deren Entstehung und die Art, wie er sich dabei benehme, äußerst merkwürdig sei; was er davon wisse, lasse ihn viel Gutes hoffen. — Statt sehr große giebt Riemer größere. — 20 f. Prolog statt Exposition 1. „Prolog“ wird das Lager von Goethe schon im Briefe an Schiller vom 28. Mai genannt, „Die Wallensteiner“ am 5. Juli. Die Änderung ward wohl von Goethe gebilligt. — 23. Des Hauptstücks, das erst später in zwei Stücke sich teilte. — 26. als die Geschichte 1. — von Dumouriez, der vor zwei Jahren zum Feinde übergegangen war, um mit dessen Hülfe den konstitutionellen Thron herzustellen.

Bedeutendes, bald etwas Hübsches, Gutes, und Gott weiß was alles sich unterschiebt, wenn man doch einmal was machen will und muß.

Wir haben auch in diesen Tagen Gelegenheit gehabt, manches abzuhandeln über das, was in irgend einer prosodischen Form geht und nicht geht. Es ist wirklich beinahe magisch, daß etwas, was in dem einen Silbenmaße noch ganz gut und charakteristisch ist, in einem anderen leer und unerträglich scheint. Doch ebenso magisch sind ja die abwechselnden Tänze auf einer Redoute, wo Stimmung, Bewegung und alles durch das Nachfolgende gleich aufgehoben wird.

Da nun meine ganze Operation von Ihrer Antwort auf meinen Brief vom 8. Mai abhängt, so will ich nicht wieder schreiben, als bis ich diese erhalten habe, und Ihnen nachher gleich antworten, wo ich bin und wie ich gehe. Sollten Sie auch auf diesen noch irgend etwas zu vermelden haben, so schicken Sie es nur auf Frankfurt an meine Mutter, wo ich schon das Weitere besorgen will.

Weimar den 7. Juli.

Seien Sie mir bestens auf vaterländischem Grund und Boden gegrüßt! Ihr Brief vom 26. Juni, den ich heut erhalte, hat mir eine große Last vom Herzen gewälzt. Zwar konnt' ich hoffen, daß Sie auf meinen Brief vom 8. Mai gleich zurückkehren würden; allein bei meiner Liebe zu Ihnen, bei meiner Sorge für Ihre Gesundheit, bei dem Gefühl des Wertes, den ich auf unser einziges Verhältnis lege, war mir die Lage der Sache äußerst schmerzlich, und mein durch die Lähmung unsers Plans ohnehin schon sehr gekränktes Gemüt ward nun durch die Nachricht von Ihrem Zustande noch mehr angegriffen. Ich machte mir Vorwürfe, daß ich trotz der Umstände nicht früher gegangen sei, Sie aufzusuchen; ich stellte mir Ihr einsames Verhältnis und Ihre Empfindungen recht lebhaft vor und arbeitete ohne Trieb und

4. Wir, ich im Gespräch mit Schiller. — 5. eine prosodische Br. — 21 f. Ihr Brief vom 26. Juni. Goethe sandte Meyers „Briefchen" sofort an Schiller mit der Bemerkung: „Es war mein sehnlichster, und ich darf wohl sagen, in diesem Augenblick einziger Wunsch, ihn wieder in der Schweiz zu wissen, wo er sich das vorigemal so schön erholt hat, und sich diesmal gewiß auch erholen wird. Ich bereite mich nun zu meiner Abreise vor, damit ich nach der Ankunft des Herzogs [aus dem Bade] gleich hinweggehen kann." — heute und konnte Br.

Behaglichkeit, bloß um mich zu zerstreuen. Nun geht eine neue Epoche an, in welcher alles eine bessere Gestalt gewinnen wird. Aus unserem eigentlichen Unternehmen mag nun werden, was will, sorgen Sie einzig für Ihre Gesundheit und ordnen Sie das Gesammelte nach Lust und Belieben. Alles, was Sie thun, ist gut; denn alles hat einen Bezug auf ein Ganzes.

Ihr Brief hat mich noch in Weimar getroffen, wohin mir meine Mutter ihn schickte. Der Herzog ist schon einige Monate abwesend; er will mich vor meiner Abreise noch über manches sprechen, und ich erwarte ihn. Indessen habe ich alles geordnet und bin so los und ledig als jemals. Ich gehe sodann nach Frankfurt mit den Meinigen, um sie meiner Mutter vorzustellen, und nach einem kurzen Aufenthalte sende ich jene zurück und komme, Sie am schönen See zu finden. Welch eine angenehme Empfindung ist es mir, Sie bis auf jenen glücklichen Augenblick wohl aufgehoben und in einem verbesserten Zustande zu wissen!

Schreiben Sie mir nach dem Empfang dieses nur nach Frankfurt. Von mir erhalten Sie nun alle acht Tage Nachricht. Zum Willkomm auf deutschem Grund und Boden sende ich Ihnen etwas über die Hälfte meines neuen Gedichts. Möge Ihnen die Aura, die Ihnen daraus entgegenweht, angenehm und erquicklich sein. Weiter sage ich nichts. Da wir nun glücklicherweise wieder so viel näher gebracht worden, so sind nun unsere ersten Schritte bestimmt, und sind wir nur einmal erst wieder zusammen, so wollen wir fest an einander halten und unsere Wege weiter zusammen fortführen. Leben Sie tausendmal wohl!

Weimar den 14. Juli.

Seitdem ich Sie wieder in Ihr Vaterland gerettet weiß, sind meine Gedanken nun hauptsächlich darauf gerichtet, daß wir wechselseitig mit demjenigen bekannt werden, was jeder bisher einzeln für sich gethan hat. Sie haben durch Anschauung und Betrachtung ein unendliches Feld kennen gelernt, und ich habe

4. will. Sorgen Br. — 6 f Ein Ganzes, Vermehrung der Kunstanschauung. — 11. treffen statt finden 1. — 20. Über die Hälfte, sieben Bogen, welche bis an den sechsten Gesang reichten. Goethe hatte diese schon den 1. erhalten. — Aura. Das aus dem Griechischen herübergenommene lateinische aura, Hauch, bezeichnet hier die Seele der Dichtung

indessen von meiner Seite durch Nachdenken und Gespräch über Theorie und Methode mich weiter auszubilden nicht versäumt, so daß wir nun entweder unmittelbar mit unseren Arbeiten zusammentreffen oder uns wenigstens sehr leicht werden erklären und vereinigen können.

Ich schicke Ihnen hier einen Aufsatz, worin nach einigem Allgemeinen über Laokoon gehandelt ist. Die Veranlassung zu diesem Aufsatze sage ich hernach. Schiller ist mit der Methode und dem Sinn desselben zufrieden. Es ist nun die Frage, ob Sie mit dem Stoff einig sind, ob Sie glauben, daß ich das Kunstwerk richtig gefaßt und den eigentlichen Lebenspunkt des Dargestellten wahrhaft angegeben habe. Auf alle Fälle können wir uns künftig vereinigen, teils dieses Kunstwerk, teils andere in einer gewissen Folge dergestalt zu behandeln, daß wir nach unserem älteren Schema eine vollständige Entwickelung von der ersten poetischen Konzeption des Werks bis auf die letzte mechanische Ausführung zu liefern suchen, um dadurch uns und anderen mannigfaltig zu nutzen.

Hofrat Hirt ist hier, der in Berlin eine Existenz nach seinen Wünschen hat und sich auch bei uns ganz behaglich befindet. Seine Gegenwart hat uns sehr angenehm unterhalten, indem er bei der großen Masse von Erfahrung, die ihm zu Gebote steht, beinah alles in Anregung bringt, was in der Kunst interessant ist, und dadurch einen Zirkel von Freunden derselben, selbst durch Widerspruch, belebt. Er kommunizierte uns einen kleinen Aufsatz über Laokoon, den Sie vielleicht schon von früher kennen, und der das

6. Einen Aufsatz, später in die „Propyläen" aufgenommen und aus ihnen in die Werke übergegangen. — 8. Schiller. Er hatte ihn am 10. ein Muster genannt, wie man Kunstwerke ansehen und beurteilen, und ein Muster, wie man Grundsätze anwenden solle. — 9. nun. Br. nur. — 14. Älteren Schema, das sie vor Meyers letzter Reise nach Italien entworfen. — 18. Hofrat Hirt, den er schon in Rom kennen gelernt hatte; die Berliner Akademieen der Wissenschaft und der schönen Künste hatten ihn zu ihrem Mitglied erwählt. — 19. Bei uns. Seine Ankunft in Weimar meldet Goethe am 1. Juli. — 20. Im Briefe steht die unterdrückte Stelle: „Bis auf den Punkt, daß wir seine Verstandesdeduktionen nicht als das ultimum bei Hervorbringung und Hervorhebung der Kunstwerke wollen gelten lassen. Schiller ist seit einigen Tagen [dem 11.] auch hier und steht, bei seinem höchst beweglichen und zarten Idealismus, freilich am weitesten von diesem Dogmatiker ab. Es ist gut, daß dieses Zusammenbleiben nicht lange dauert; denn sonst würde die Kluft, die uns trennt, immer sichtbarer werden. Indessen hat", worauf „seine Gegenwart uns" u. s. w. folgt. Auf die hier ausgelassene Stelle über Schiller bezieht sich uns 11, 21. Ein unglückliches Mittel, die Erwähnung Schillers nachzubringen, war es, daß die Redaktion 12, 4 nach Schillern einschob, „der auch seit einigen Tagen hier ist". Schiller kam erst am 11. auf eine Woche nach Weimar, den Aufsatz von Hirt hatte Goethe ihm am 5. mitgeteilt. — 25 f. Beschränktheit und Widerspruch Br. Goethe mochte Hirt auch nach seinem Tode nicht verletzen und so strich er die beiden Worte. Im „Zweiten Aufenthalt in Rom" hatte er seiner sehr ehrenvoll gedacht. — 25. Wir haben das nötige von hinzugesetzt.

Verdienst hat, daß er den Kunstwerken auch das Charakteristische und Leidenschaftliche als Stoff vindiziert, welches durch den Mißverstand des Begriffs von Schönheit und göttlicher Ruhe allzu sehr verdrängt worden war. Schillern hatte von dieser Seite gedachter Aufsatz besonders gefallen, indem er selbst jetzt über die Tragödie denkt und arbeitet, wo eben diese Punkte zur Sprache kommen. Um mich nun aber hierüber am freiesten und vollständigsten zu erklären und zu weiteren Gesprächen Gelegenheit zu geben, sowie auch besonders in Rücksicht unserer nächsten gemeinschaftlichen Arbeiten, schrieb ich die Blätter, die ich Ihnen nun zur Prüfung überschicke.

Sorgen Sie vor allen Dingen für Ihre Gesundheit in der vaterländischen Luft und strengen sich, besonders durch Schreiben, ja nicht an! Disponieren Sie sich Ihr Schema im ganzen und rangieren Sie die Schätze Ihrer Kollektaneen und Ihres Gedächtnisses; warten Sie alsdann, bis wir wieder zusammenkommen, da Sie die Bequemlichkeit des Diktierens haben werden, indem ich einen Schreiber mitbringe, wodurch das Mechanische der Arbeit, welches für eine nicht ganz gesunde Person drückend ist, sehr erleichtert, ja gewissermaßen weggehoben wird.

Unser Herzog scheint sich auf seiner Reise zu gefallen; denn er läßt uns eine Woche nach der anderen warten. Doch beunruhigt mich seine verspätete Ankunft, die ich erwarten muß, gegenwärtig nicht, indem ich Sie in Sicherheit weiß. Ich hoffe, Sie haben meinen Brief vom 7. mit dem Anfange des Gedichtes richtig erhalten, und ich will es nunmehr so einrichten, daß ich alle Wochen

2. Statt vindiziert ließ Riemer zuschreibt drucken. Es wäre zu wünschen, daß Goethe häufiger unnötige Fremdwörter gestrichen hätte, wie er es 1806 in „Wilhelm Meister" begonnen hatte. — 4. Schillern. Dieser schrieb den 7. an Goethe: „Es wäre, däucht mir, jetzt gerade der rechte Moment, daß die griechischen Kunstwerke von seiten des Charakteristischen beleuchtet und durchgegangen würden: denn allgemein herrscht noch immer der Winckelmannische und Lessingische Begriff und unsere allerneuesten Ästhetiker sowohl über Poesie als Plastik lassen sichs recht sauer werden, das Schöne der Griechen von allem Charakteristischen zu befreien und dieses zum Merkzeichen des Modernen zu machen. . . . Den Hirtischen Aufsatz hätte ich recht gern in den „Horen". Sie und Meyer würden dann, wenn der Weg einmal offen ist, den Faden um so bequemer aufnehmen können und das Publikum auch schon mehr vorbereitet finden. Auch ich fände meine Rechnung dabei, wenn diese Materie über das Charakteristische und Leidenschaftliche in den griechischen Kunstwerken recht zur Sprache käme; denn ich sehe voraus, daß mich die Untersuchungen über das griechische Trauerspiel, die ich mir vorbehalten habe, auf den nämlichen Punkt führen werden." — 5 f. über Tragödie 1. — 7. nun eben 1. — freisten Br. 1. — 18. Einen Schreiber, seinen Diener Ludwig Geist, den er launig Spiritus nannte; er war Meyer bekannt. Gegen den Herzog scherzte er, daß er einen Geist zur rechten Hand habe, der mit der größten Leichtigkeit seine Gesinnungen und Einfälle zu Papier bringe. — 21. Unser Herzog. Er hatte zuletzt am 17. Juni von Teplitz aus geschrieben.

etwas an Sie absende. Schreiben Sie mir, wenn es auch nur wenig ist, unter der Adresse meiner Mutter nach Frankfurt! Ich hoffe Ihnen bald meine Abreise von hier und meine Ankunft dort melden zu können und wünsche, daß Sie sich recht bald erholen möchten, und daß ich die Freude habe, Sie, wo nicht völlig hergestellt, doch in einem recht leidlichen Zustande wiederzufinden. Leben Sie recht wohl, wertester Freund! Wie freue ich mich auf den Augenblick, in welchem ich Sie wiedersehen werde, um durch ein vereintes Leben uns für die bisherige Vereinzelung entschädigt zu sehen!

Schiller und die Hausfreunde grüßen; alles freut sich Ihrer Nähe und Besserung. Heut über acht Tage will ich verschiedene Gedichte beilegen. Wir haben uns vereinigt, in den diesjährigen Almanach mehrere Balladen zu geben und uns bei dieser Arbeit über Stoff und Behandlung dieser Dichtungsart selbst aufzuklären; ich hoffe, es sollen sich gute Resultate zeigen.

Humboldts werden nun auch von Dresden nach Wien abgehen. Gerning, der noch immerfort bei jedem Anlaß Verse macht, ist über Regensburg eben dahin abgegangen. Beide Partieen denken von jener Seite nach Italien vorzurücken; die Folge wird lehren, wie weit sie kommen.

Die Herzogin Mutter ist nach Kissingen. Wieland lebt in Oßmanstedt mit dem notdürftigen Selbstbetruge. Fräulein von

10. Die Hausfreunde, zu denen er auch seine kleine Familie und deren Bekannte rechnete. — 11f. Verschiedene Gedichte, aus Schillers „Musenalmanach" — 16. Humboldts. Am 6. Juni schrieb Goethe dem Herzog: „Oberbergrat von Humboldt ist nun auch mit der sämtlichen Karavane, bestehend aus zwei Müttern, zwei Männern, fünf Kindern, zwei Mägden und einem Bedienten, nach Dresden abgereist" — 17. Gerning, sein zwanzig Jahre jüngerer etwas wunderlicher Landsmann Johann Isaak Gerning, der ihm durch seinen Dilettantismus als Dichter oft lästig wurde. Dieser hatte gewünscht mit ihm die Reise nach Italien zu machen, was Goethe damit ablehnte, daß er den Tag seiner Abreise nicht bestimmen könne und wahrscheinlich Meyer in der Schweiz aufsuchen müsse. Am 6. Juni hatte er ihm geantwortet: „Nach Ihrem letzten Schreiben kann ich hoffen, daß Sie dieses Packet noch in Frankfurt antreffen wird. Reisen Sie glücklich und eilen Sie der vom Kriege unberührten Parthenope zu. Grüßen Sie alles daselbst und geben gefällig unterweges Inliegendes an Meyer ab. Ihre Gedichte sende ich hier zurück; ich habe davon eine Abschrift behalten und will sie Herrn Hofrat Schiller gelegentlich vorlegen. Er erklärt ohnehin nicht leicht zum voraus, was er in den Almanach aufnehmen will und bestimmt erst seine Wahl unmittelbar, wenn er an die Redaktion geht. Möge Ihnen die Muse eine recht freundliche Begleiterin bleiben." Schiller nahm von Gerning nichts auf; seine später von der Reise gesandte Ode diente den verbündeten Dichtern nur zur Heiterkeit. — 22. In Oßmanstedt. Das Gut daselbst hatte er gekauft und im April bezogen. Goethe, der ihn daselbst am 19. Juni besucht hatte, schrieb, das Haus sei sehr artig, geräumig und wohnhaft eingerichtet, aber die Gegend die traurigste von der Welt und der Weg dahin meistenteils sehr schlimm. Wieland aber befand sich, wie er am 17. Juli einem Freunde meldet, „in diesem so schönen, angenehmen und freundlichen Elysium und Sorgenfrei" so wohl, als ein alter deutscher Dichter es diesseit des Mondes nur immer wünschen könne. — 22f. Fräulein von Imhoff, Meyers Schülerin, die mit diesem in brieflicher Verbindung stand und kleine Aufträge für ihn besorgte.

Imhoff entwickelt ein recht schönes poetisches Talent; sie hat einige allerliebste Sachen zum Almanach gegeben. Wir erwarten in diesen Tagen den jungen Stein von Breslau, der sich im Weltwesen recht schön ausbildet. Und so hätten Sie denn auch einige Nachricht von dem Personal, das einen Teil des Weimarischen Kreises ausmacht. Bei Ihrer jetzt größeren Nähe scheint es mir, als ob man Ihnen auch hiervon etwas sagen könne und müsse. Knebel ist nach Baireuth gegangen; er macht Miene, in jenen Gegenden zu bleiben: nur fürchte ich, er wird nichts mehr am alten Platze finden; besonders ist Nürnberg, das er liebt, in dem jetzigen Augenblicke ein trauriger Aufenthalt. Nochmals ein herzliches Lebewohl.

— — —

Weimar den 21. Juli.

Hier ist, mein werter Freund, die dritte wöchentliche Sendung, mit der ich Ihnen zugleich ankündigen kann, daß mein Koffer mit dem Postwagen heute früh nach Frankfurt abgegangen und daß also schon ein Teil von mir nach Ihnen zu in Bewegung ist; der Körper wird nun auch wohl bald dem Geiste und den Kleidern nachfolgen.

Diesmal schicke ich Ihnen, damit Sie doch ja auch recht nordisch empfangen werden, ein paar Balladen, bei denen ich wohl nicht zu sagen brauche, daß die erste von Schillern, die zweite von mir ist. Sie werden daraus sehen, daß wir, indem wir Ton und Stimmung dieser Dichtart beizubehalten suchen, die Stoffe würdiger und mannigfaltiger zu wählen besorgt sind. Nächstens erhalten Sie noch mehr dergleichen.

Die Note von Böttiger über die zusammenschnürenden Schlangen

1 f. Einige allerliebste Sachen. Unter der Chiffre F. brachte der Musenalmanach von ihr ein Sonett, eine Romanze „Die Jungfrau des Schlosses", die Gedichte „Die Mode" und „An Daphne" in Distichen und zwei andere, „Der verlorene Maitag" und „Freuden der Gegenwart". — 3. Den jungen Stein, seinen Zögling Fritz von Stein, der im Begriffe stand, in preußische Dienste zu treten. Seine Ankunft erfolgte noch vor Goethes Abreise. — 7. Knebel. Ende Juni hatte er mit Matthisson Weimar verlassen. In Baireuth fand er seine Verwandten wohl. Weimar war ihm wieder einmal gründlich verleidet. Seine Absicht, sich mit der Sängerin Rudorf zu verheiraten und deshalb eine einsame Gegend, wo er billig leben könne, zu seinem Wohnsitze zu wählen, war damals Goethe noch unbekannt. — 10. Nürnberg, zur Zeit von den Preußen besetzt, die allgemein verhaßt waren. — 22. Die erste, „Der Taucher", die zweite, „Der Zauberlehrling". Am folgenden Tage äußerte Goethe gegen Schiller, er habe seine Abschriften des „Tauchers", des „Ringes des Polykrates" und des „Handschuhes" an Meyer gesandt.

ist meiner Hypothese über Laokoon sehr günstig; er hatte, als er sie schrieb, meine Abhandlung nicht gelesen.

Schiller war diese acht Tage bei mir, ziemlich gesund und sehr munter und thätig; Ihrer ist, ich darf wohl sagen, in jeder Stunde gedacht worden.

Unsere Freundin Amelie hat sich auch in der Dichtkunst wundersam ausgebildet und sehr artige Sachen gemacht, die mit einiger Nachhülfe recht gut erscheinen werden. Man merkt ihren Produktionen sehr deutlich die soliden Einsichten in eine andere Kunst an; wenn sie in beiden fortfährt, so kann sie auf einen bedeutenden Grad gelangen.

Heute nicht mehr. Nur noch den herzlichen Wunsch, daß Ihre Gesundheit sich immer verbessern möge! Schicken Sie Ihre Briefe nur an meine Mutter.

---

1. Meiner Hypothese, daß Laokoon nicht schreien könne. — 6. Amelie, die beliebte französische Namensform, der sich auch Schiller von der Imhoff bedient. Amalie 1. — 9. solidern Br. — 11. Hier ist ein Brief an Meyer aus Frankfurt vom 7. August nicht benutzt worden, der fast gleich dem folgenden an den Herzog gerichteten beginnt. Goethe spricht darin seine Freude über den unendlich schätzbaren Beifall aus, den er seinem Gedichte gebe, dessen folgende Bogen noch vor ihm selbst bei dem Freunde eintreffen würden. Weiter heißt es: „Ebenso freut es mich, daß ich Ihnen mit meinen Ideen über Laokoon entgegenkomme. Vielleicht schicke ich Ihnen noch einen Aufsatz über unvollkommene, in einem gewissen Sinne bedeutende und leider für unsere Zeit verführerische Kunstwerke; doch ich will darüber nichts sagen. Ich lege noch eine Arbeit vor, die für unsern diesjährigen Almanach bestimmt ist." Es war wohl „Die Braut von Korinth", welche der Almanach, wie auch den „Zauberlehrling", als Romanze bezeichnete

Frankfurt.

Frankfurt den 8. August.

Zum ersten mal habe ich die Reise aus Thüringen nach dem Mainstrome durchaus bei Tage, mit Ruhe und Bewußtsein gemacht, und das deutliche Bild der verschiedenen Gegenden, ihrer Charaktere und Übergänge war mir sehr lebhaft und angenehm. In der Nähe von Erfurt war mir der Kessel merkwürdig, worin diese Stadt liegt. Er scheint sich in der Urzeit gebildet zu haben, da noch Ebbe und Flut hinreichte und die Unstrut durch die Gera heraufwirkte. Der Moment wegen der heranreifenden Feldfrüchte war sehr bedeutend. In Thüringen stand alles zum Schönsten, im Fuldaischen fanden wir die Mandeln auf dem Felde und zwischen Hanau und Frankfurt nur noch die Stoppeln. Vom Wein verspricht man sich nicht viel, das Obst ist gut geraten.

Wir waren von Weimar bis hier vier Tage unterwegs und haben von der heißen Jahreszeit wenig oder gar nicht gelitten. Die Gewitter kühlten nachts und morgens die Atmosphäre aus; wir fuhren sehr früh, die heißesten Stunden des Tags fütterten wir, und wenn denn auch einige Stunden des Wegs bei warmer Tageszeit zurückgelegt wurden, so ist doch meist auf den Höhen und in den Thälern, wo Bäche fließen, ein Luftzug.

2. Frankfurt den 8. August. Diesem und dem folgenden Briefe liegen sechs an den Herzog mit den dazu gehörigen Aufzeichnungen und die an Schiller vom 9. und 13. zu Grunde. — 3—6. („Zum ersten mal" bis „angenehm") und 11—14 („In Thüringen" bis „geraten") aus dem Briefe an den Herzog. — 5. ihre 1. — Statt 7—10, die aus dem Tagebuch vom 30. stammen, steht dort: „Auch war die Witterung bis auf wenige heiße Stunden erwünscht", woran sich schließt: „und der Moment" u. s. w. — 12. Fuldaischen Br. — 15 u. S. 17,2 (angekommen). Der Brief an Schiller beginnt: „Ohne den mindesten Anstoß bin ich vergnügt und gesund nach Frankfurt gelangt", in Erwiderung der Äußerung des Freundes: „Wir sind recht verlangend, teurer Freund, wie Ihre Reise abgelaufen ist. Die drückende Hitze am Tage und die fast unaufhörlichen Gewitter des Nachts haben uns viel Sorge um Sie gemacht." Sie waren am 30. Juli nachmittags um 3 von Weimar abgefahren; er selbst kam am 3. August früh um 8 mit Extrapost, die Seinigen abends um 8 in Frankfurt an. — 17—21 ist aus dem Briefe an Schiller vom 13.

So bin ich denn vergnügt und gesund am 3. in Frankfurt angekommen und überlege in einer ruhigen und heiteren Wohnung nun erst, was es heiße, in meinen Jahren in die Welt zu gehen. In früherer Zeit imponieren und verwirren uns die Gegenstände mehr, weil wir sie nicht beurteilen noch zusammenfassen können, aber wir werden doch mit ihnen leichter fertig, weil wir nur aufnehmen, was in unserem Wege liegt, und rechts und links wenig achten. Später kennen wir die Dinge mehr, es interessiert uns deren eine größere Anzahl, und wir würden uns gar übel befinden, wenn uns nicht Gemütsruhe und Methode in diesen Fällen zu Hülfe käme. Ich will nun alles, was mir in diesen acht Tagen vorgekommen ist, so gut als möglich, zurecht stellen, an Frankfurt selbst als einer vielumfassenden Stadt meine Schemata probieren und mich dann zu meiner weiteren Reise vorbereiten.

Sehr merkwürdig ist mir aufgefallen, wie es eigentlich mit dem Publikum einer großen Stadt beschaffen ist. Es lebt in einem beständigen Taumel von Erwerben und Verzehren, und das, was wir Stimmung nennen, läßt sich weder hervorbringen noch mitteilen; alle Vergnügen, selbst das Theater, sollen nur zerstreuen, und die große Neigung des lesenden Publikums zu Journalen und Romanen entsteht eben daher, weil jene immer und diese meist Zerstreuung in die Zerstreuung bringen. Ich glaube sogar eine Art von Scheu gegen poetische Produktionen, oder wenigstens, insofern sie poetisch sind, bemerkt zu haben, die mir aus eben diesen Ursachen ganz natürlich vorkommt. Die Poesie verlangt, ja sie gebietet Sammlung, sie isoliert den Menschen wider seinen Willen, sie drängt sich wiederholt auf und ist in der breiten Welt, um nicht zu sagen in der großen, so unbequem wie eine treue Liebhaberin.

Ich gewöhne mich nun, alles, wie mir die Gegenstände vorkommen, und was ich über sie denke, aufzuschreiben, ohne die genauste Beobachtung und das reifste Urteil von mir zu fordern oder auch an einen künftigen Gebrauch zu denken. Wenn man den Weg einmal ganz zurückgelegt hat, so kann man mit besserer Übersicht das Vorrätige immer wieder als Stoff gebrauchen.

2. (und überlege) — 15–17. Aus dem Briefe an Schiller vom 9., wo nur Z. 16 Publico steht. Willkürliche Veränderungen in 1 sind 11 in diesen Tagen, 12 die Umstellung des ist nach möglich, 19 Vergnügungen und Theater soll, 25 ja gebietet. Durch Druckfehler steht 14 einer statt meiner. In der ersten Ausgabe der Briefe, die Eckermann benutzte, fehlte 12 ist, das 1 nach möglich setzte; das dort 11 stehende kämen und will nun alles hat 1 richtig verbessert.

Das Theater habe ich einigemal besucht und zu dessen Beurteilung mir auch einen methodischen Entwurf gemacht. Indem ich ihn nun nach und nach auszufüllen suche, so ist mir erst recht aufgefallen, daß man eigentlich nur von fremden Ländern, wo man mit niemand in Verhältnis steht, eine leidliche Reisebeschreibung machen könnte. Über den Ort, wo man gewöhnlich sich aufhält, wird niemand wagen etwas zu schreiben, es müßte denn von bloßer Aufzählung der vorhandenen Gegenstände die Rede sein. Ebenso geht es mit allem, was uns noch einigermaßen nah ist; man fühlt erst, daß es eine Impietät wäre, wenn man auch sein gerechtestes, mäßigstes Urteil über die Dinge öffentlich aussprechen wollte. Diese Betrachtungen führen auf artige Resultate und zeigen mir den Weg, der zu gehen ist. So vergleiche ich z. B. jetzt das hiesige Theater mit dem Weimarischen; habe ich noch das Stuttgarter gesehen, so läßt sich vielleicht über die drei etwas Allgemeines sagen, das bedeutend ist und das sich auch allenfalls öffentlich produzieren läßt.

Frankfurt den 8. August.

In Frankfurt ist alles thätig und lebhaft, und das vielfache Unglück scheint nur einen allgemeinen Leichtsinn bewirkt zu haben. Die Millionen Kriegskontribution, die man im vorigen Jahre den vorgedrungenen Franzosen hingeben mußte, sind so wie die Not jener Augenblicke vergessen, und jedermann findet es äußerst unbequem, daß er nun zu den Interessen und Abzahlungen auch das Seinige beitragen soll. Ein jeder beklagt sich über die äußerste Teuerung und fährt doch fort, Geld auszugeben und den Luxus zu vermehren, über den er sich beschwert. Doch habe ich auch schon einige wunderliche und unerwartete Ausnahmen bemerken können.

Gestern Abend entstand auf einmal ein lebhafter Friedensruf; inwiefern er gegründet sei, muß sich bald zeigen.

1—17. Auch im Briefe an Meyer vom 10., wo 5 im Verhältnis, 11 gerechtes, 16 und sich stehen. In der ersten Ausgabe der Schillerschen Briefe fehlte 3 so, 14 jetzt. 1 schrieb 6 machen statt schreiben. — 11. Öffentlich. Er denkt an einen Beitrag zu Schillers „Horen". — 18. Den 8. August. Das Datum ist wiederholt, weil „In Frankfurt" sich nicht wohl anschließt. Aber der Übelstand wäre leicht zu vermeiden gewesen bei der Änderung: „Alles ist hier." Der ganze Brief ist aus dem an den Herzog genommen, doch steht dort nach „lebhaft" (19) noch: „Ihre Zeit ist nur zwischen Erwerben und Verzehren geteilt". Vgl. S. 17, 16 f. — 21 fehlen „Kriegskontribution" und „im vorigen Jahre den vorgedrungenen Franzosen", 25 steht „jedermann", 19, 11 „entstunden". In 1 ist 19, 4 „und da" nach „hier" ausgefallen, 9 umgestellt „ist aber im ganzen".

Ich habe mich in diesen wenigen Tagen schon viel umgesehen, bin die Stadt umfahren und umgangen; außen und innen entsteht ein Gebäude nach dem anderen, und der bessere und größere Geschmack läßt sich bemerken, obgleich auch hier und da mancher Rückschritt geschieht. Gestern war ich im Schweitzerischen Hause, das auch inwendig viel Gutes enthält; besonders hat mir die Art der Fenster sehr wohl gefallen; ich werde ein kleines Modell davon an die Schloßbaukommission schicken.

Das hiesige Theater hat gute Subjekte, im ganzen ist es aber für eine so große Anstalt viel zu schwach besetzt; die Lücken, welche bei Ankunft der Franzosen entstanden, sind noch nicht wieder ausgefüllt. Auf den Sonntag wird „Palmira" gegeben, worauf ich sehr neugierig bin.

Ich lege eine Recension einiger italienischen Zeitungsblätter bei, die mich interessiert haben, weil sie einen Blick in jene Zustände thun lassen.

Beilage.

Italienische Zeitungen.

Es liegen verschiedene italienische Zeitungen vor mir, über deren Charakter und Inhalt ich einiges zu sagen gedenke. Die auswärtigen Nachrichten sämtlich sind aus fremden Zeitungen übersetzt; ich bemerke also nur das Eigene der inländischen.

L'Osservatore Triestino No. 58. 21. Juli 1797. Ein sehr gut geschriebener Brief über die Besitznehmung von Cherso vom 10. Juli. Dann einiges von Zara. Die Anhänge sind wie unsere Beilagen und Wochenblätter.

Gazzetta Universale No. 58. 22. Juli 1797. Florenz. Ein nachdrückliches Gesetz wegen Meldung des Ankommens, Bleibens und Abgehens der Fremden, im Florentinischen publiziert.

Notizie Universali No. 60. 28. Juli 1797. Roveredo. Ein Artikel aus Österreich macht auf die große bewaffnete Stärke des Kaisers aufmerksam.

5. Schweitzerischen (Schweizerschen 1), Schweitzer-Allesinaschen, auf der Zeil, dem jetzigen Hôtel de Russie. Vgl. den Brief vom 18. — 12. Palmira, Prinzessin von Persien mit Musik von Antonio Salieri. — 14. Im Briefe steht: „Politische Nachrichten wird Herr Riese [Johann Karl Philipp Riese war Weimarischer Resident in Frankfurt] geschwinder und geschäftiger als ich überschreiben; ich lege aber doch eine Recension ..." — 17. Die Überschrift Beilage fehlt 1.

Il Corriere Milanese No. 59. 24. Juli 1797. Die italienischen Angelegenheiten werden im republikanischen Sinne, aber mit großer Mäßigung, Feinheit und rhetorischer Stellung vorgetragen; es fällt einem dabei der Leydener Luzac ein.

In einer Buchhändlernachricht ist ein Werk: Memorie Storiche del Professore Giov. Battista Rottondo, nativo di Monza, nel Milanese, scritte da lui medesimo, angekündigt. Wahrscheinlich eine romanhafte Komposition, durch welche man, so viel sich aus der Anzeige erraten läßt, den Revolutionisten in Italien Mäßigkeit raten will.

Giornale degli Uomini Liberi. No. 5. Bergamo. 18. Juli 1797. Lebhaft demokratisch, welches sich in der Bergamaskenmanier sehr lustig ausnimmt; denn wer lacht nicht, wenn er liest: Non si dee defraudare il Popolo Sovrano Bergamasco di dargli notizia ꝛc. Für den Platz aber und für die Absicht scheint das Blatt sehr zweckmäßig zu sein, indem es hauptsächlich die Angelegenheiten der Stadt und des Bezirks behandelt. No. 6. Die Aufhebung eines Klosters durch die Mehrheit der Mönchsstimmen wird begehrt; die aristokratische Partei verlangt unanimia. Die Sprachwendungen haben etwas Originales, und der ganze Ausdruck ist lebhaft, treu, naiv, so daß man den Harlekin im besten Sinne zu hören glaubt.

Il Patriota Bergamasco No. 17. 18. Juli 1797. Ein Kompliment an die Bergamasker, daß ihre Nationalgarden bei dem großen Föderationsfest sich so ganz besonders ausgenommen haben: I segni da esse manifestati di patriotismo e di giocondità attrassero la comune meraviglia, e loro meritarono il vanto de' più energici republicani. Wenn man diese Stelle gehörig übersetzt, so wünschte man, die Bergamasker bei dieser Gelegenheit mit ihrer giocondità gesehen zu haben. Den Nachrichten aus dem Kirchenstaat sucht man durch Worte, die Schwabacher gedruckt sind, eine komische Tournüre zu geben. Ein Brief des Generals Buonaparte an den Astronomen Cagnoli in Verona, der bei den Unruhen viel gelitten und verloren hatte, soll den Gemütern Beruhigung einflößen, da dem Manne Ersatz und Sicherheit versprochen wird. No. 18 ist sehr merkwürdig; der Patriot beklagt sich, daß nach der Revolution noch keine Revolution sei, und daß

1. Luzac, der feine Journalist Jean Luzac.

gerade alles noch seinen alten aristokratischen Gang gehen wolle. Natürlicherweise hat wie überall die liebe Gewohnheit nach den ersten lebhaften Bewegungen wieder ihr Recht behauptet, und alles sucht sich wieder auf die Füße zu stellen, worüber sich denn der gute Patriot gar sehr beklagt.

Frankfurt den 9. August.

Das allgemeine Gespräch und Interesse ist heute die Feier des morgenden Tages, die in Wetzlar begangen werden soll. Man erzählt Wunderdinge davon. Zwanzig Generäle sollen derselben beiwohnen, von allen Regimentern sollen Truppen dazu gesammelt werden, militärische Evolutionen sollen geschehen. Gerüste sind aufgerichtet, und was dergleichen mehr ist. Indessen fürchten die

5. Die fehlende Fortsetzung der Beilage hat sich später in von Voigts Nachlaß gefunden. Sie lautet wörtlich: „Gazzetta Universale Nr. 59. 60. 61. Florenz. 25. 29. Juli, 1. Aug. 97. Enthalten nichts besonders Charakteristisches, außer daß diese Zeitung durchaus Begebenheiten mit Pünktlichkeit und Klarheit ohne die mindeste Absicht erzählt. Notizie Universali Nr. 61. 1. August. Nr. 62. 63. Roveredo. Erzählen absichtlich, doch mit Verstand und Mäßigung, die Besitznehmung von Dalmatien, machen auf den Wert dieser Acquisition, sowie abermals auf die große bewaffnete Macht des Kaisers aufmerksam. Die übrigen Angelegenheiten anderer Reiche erzählen sie mit Gelassenheit. Il Corriere Milanese Nr. 59. 60. 61. 62. Ende Juli, Anfang August. Fangen jederzeit mit dem Artikel England an, worauf denn Frankreich und nach Beschaffenheit die übrigen Reiche und zuletzt Italien folgt. Die französischen Angelegenheiten betreffend, sind Auszüge aus bedeutenden Schriften oder Reden abgedruckt, so auch Italien betreffend. Alles Übrige ist zwar hie und da zu Gunsten der republikanischen Denkart, aber ohne merkliche Leidenschaft [dar]gestellt. Giornale degli Uomini liberi Nr. 7. 8. 9. Bergamo. Ende Juli, Anfang August. Fährt fort mit Darstellungen des jetzigen Zustandes seiner Stadt und der Gegend in allerlei Formen; es wird mitunter sehr speziell, auch persönlich. Der Zustand und das Betragen der alten Familien, die öffentliche Erziehung, die verschiedenen Denkarten über die gegenwärtigen Umstände, Administrations-, Prozeß-, Gerichts-, Kriminal- und Polizeifälle bringt es mit mehr oder weniger Lebhaftigkeit vor, greift Geistliche wegen ihrer Predigten an und scheint sich mit ziemlicher Keckheit, doch nicht ohne eine gewisse italienische Urbanität als Stadt- und Volksblatt zu behaupten. Der Redakteur unterschreibt sich Muletti. Il Patriota Bergamasco Nr. 19. 20. 21. Ende Juli, Anfang August. Fängt mit den vaterländischen Sachen und Aufsätzen, die an die Patrioten gerichtet sind, an, spricht von der Verbesserung der Erziehung, besonders der Landschulen. Verteidigt durch Auszüge die Toleranz der cisalpinischen Republik gegen den Vorwurf der Irreligiosität. Gazzetta di Lugano Nr. 31. Ende Juli. Hat nichts Ausgezeichnetes. Giornale de' Patrioti d'Italia. Mailand. Nr. 86. 3. August. Hat Rubriken nicht allein der Länder, sondern auch der Materien, deren Übersicht zu Anfang beisammensteht; ist absichtlich und lebhaft geschrieben. Ein Stück eines historischen Versuchs über die Revolution von Italien, eine Darstellung des schwachen Anfangs der Marine der cisalpinischen Republik, eine mißbilligende und mit Repressalien drohende Erzählung der Art, wie man die Versuche des Volks, sich frei zu machen, in Piemont niedergedrückt und bestraft hat. Ebenso über die Überrumpelung von Asti. Über einen Abate Bocchetti, der wegen aristokratischen Gesinnungen deportirt worden. Ein Dialog zwischen einem Patrioten und einem Moderirten, wobei, wie natürlich, der Moderirte lächerlich und verdächtig gemacht wird. Durchaus mit lebhafter Absicht auf Wirkung geschrieben." — 6. Frankfurt den 19. August. Aus dem Briefe an den Herzog von diesem Tage, mit Ausnahme von S. 22, 12—26, die einem Briefe an Knebel vom 10. entnommen sind. — 8. Des morgenden Tages, zur Feier des Sturzes des Königtums. — 9. Generale 1.

Einwohner bei dieser Gelegenheit böse Scenen; mehrere haben sich entfernt. Man will heute Abend schon kanonieren gehört haben.

Indessen lebt man hier in vollkommener Sicherheit, und jeder treibt sein Handwerk, eben als wenn nichts gewesen wäre. Man hält den Frieden für gewiß und schmeichelt sich, daß der Kongreß hier sein werde, ob man gleich nicht weiß, wo man die Gesandtschaften unterbringen will. Wenn alles ruhig bleibt, so wird die nächste Messe über die Maßen voll und glänzend werden; es sind schon viele Quartiere bestellt, und die Gastwirte und andere Einwohner setzen unerhörte Preise auf ihre Zimmer.

Was mich betrifft, so sehe ich nur immer mehr ein, daß jeder nur sein Handwerk ernsthaft treiben und das übrige alles lustig nehmen soll. Ein paar Verse, die ich zu machen habe, interessieren mich mehr als sehr viel wichtigere Dinge, auf die mir kein Einfluß gestattet ist, und wenn ein jeder das gleiche thut, so wird es in der Stadt und im Hause wohl stehen. Die wenigen Tage, die ich hier bin, hat mich die Betrachtung so mancher Gegenstände schon sehr vergnügt und unterhalten, und ich habe für die nächste Zeit noch genug vor mir.

Ich will hernach unseren guten Meyer, der am Züricher See angekommen ist, aufsuchen und, ehe ich meinen Rückweg antrete, noch irgend eine kleine Tour mit ihm machen. Nach Italien habe ich keine Lust; ich mag die Raupen und Chrysaliden der Freiheit nicht beobachten; weit lieber möchte ich die ausgekrochenen französischen Schmetterlinge sehen.

Gestern war ich bei Herrn von Schwarzkopf, der mit seiner jungen Frau auf einem Bethmannischen Gute wohnt; es liegt sehr angenehm, eine starke halbe Stunde von der Stadt vor dem Eschenheimer Thore auf einer sanften Anhöhe, von der man vorwärts die Stadt und den ganzen Grund, worin sie liegt, und hinterwärts den Niddagrund bis an das Gebirg übersieht. Das Gut

4. Bei alle dem lebt 1. — 8. Gesandten 1. — 15. mich jetzt mehr als viel 1. — 17. In der Stadt ... stehen. Vgl. Bd. III, II, 119. — 21 f. Die Bemerkung, daß Meyer in seiner Heimat angekommen sei, ist hier störend, da wir dies schon aus der Einleitung wissen; die Worte der angekommen ist wären zu streichen gewesen und vielleicht die ganze eingeschobene Stelle des Briefes an Knebel besser weggeblieben. Sie enthält die erste bestimmte Andeutung, daß er schon auf Italien verzichtet und nur einen kleinen Ausflug in die Schweiz sich vorgesetzt hat. — 27. Gestern, am Abend. Vgl. Goethes Tagebuch. — Geheimer Legationsrat Joachim von Schwarzkopf war Braunschweigischer und Mecklenburg-Strelitzischer Ministerresident. — 28. Bethmannischen, des Bankierhauses der Gebrüder von Bethmann.

gehörte ehemals der Familie der von Riese und ist wegen der Steinbrüche bekannt, die sich in dem Bezirk desselben befinden. Der ganze Hügel besteht aus Basalt, und der Feldbau wird in einem Erdreiche getrieben, das aus Verwitterung dieser Gebirgsart sich gebildet hat; es ist auf der Höhe ein wenig steinig, aber Früchte und Obstbäume gedeihen vortrefflich. Bethmanns haben viel dazugekauft, und meine Mutter hat ihnen ein schönes Baumstück, das unmittelbar daranstößt, abgelassen.

Die Fruchtbarkeit des herrlichen Grundes um Frankfurt und die Mannigfaltigkeit seiner Erzeugnisse erregt Erstaunen, und an den neuen Zäunen, Staketen und Lusthäusern, die sich weit um die Stadt umher verbreiten, sieht man, wie viele wohlhabende Leute in der letzten Zeit nach größeren und kleineren Stücken eines fruchtbaren Bodens gegriffen haben. Das große Feld, worauf nur Gemüse gebaut wird, gewährt in der jetzigen Jahreszeit einen sehr angenehmen und mannigfaltigen Anblick.

Überhaupt ist die Lage, wie ich sie an einem schönen Morgen vom Turme wieder gesehen, ganz herrlich und zu einem heiteren und sinnlichen Genusse ausgestattet, deswegen sich die Menschen auch so zeitig hier angesiedelt und ausgebreitet haben. Merkwürdig war mir die frühe städtische Kultur, da ich gestern las, daß schon 1474 befohlen ward, die Schindeldächer wegzuthun, nachdem schon früher die Strohdächer abgeschafft waren. Es läßt sich denken, wie in dreihundert Jahren ein solches Beispiel auf die ganze Gegend gewirkt haben müsse.

Frankfurt den 14. August.

Gestern sah ich die Oper „Palmira“, die im ganzen genommen sehr gut und anständig gegeben ward. Ich habe auch dabei vor-

1. Der von Riese, die zur hochadligen Gesellschaft Frauenstein gehörten. — 4 f. Gebirgsart besteht Br. — 18. Vom Turme, dem sogenannten Pfarrturme, dem von 1415 bis 1509 gebauten Turme der Bartholomäuskirche, mit großartiger Aussicht, die er in seiner Jugend so oft genossen hatte. — 21. Las, in Fabers „Topographischer, politischer Beschreibung der Reichs-, Wahl- und Handelsstadt Frankfurth am Main“ (1788). — — 22 f. Schon früher, im Jahre 1466. — 24. In 1 steht „ein solches Beispiel“ nach „wie“. — 25. Der eigenhändige Schluß des Briefes lautet: „Leben Sie recht wohl und gedenken mein. Nehmen Sie diese unbedeutenden Blätter gütig auf. Wenn ich mich gewöhnen kann auf der Reise mich auch Abwesenden mitzuteilen, so giebt es auch wohl immer etwas Interessanteres. Empfehlen Sie mich Ihrer Frau Gemahlin zu Gnaden.“ — 26—25, 6. Aus dem Briefe an Schiller vom 14. August. Die Redaktion hat hier den Ausdruck mehrfach geändert. — 27. habe ich ... aufführen sehen, die Br. — 28. wird Br. — aber statt auch 1.

züglich die Freude gehabt, einen Teil ganz vollkommen zu sehen, nämlich die Dekorationen. Sie sind von einem Mailänder, Fuentes, der sich gegenwärtig hier befindet.

Bei der Theater-Architektur ist die große Schwierigkeit, daß man die Grundsätze der echten Baukunst einsehen und von ihnen doch wieder zweckmäßig abweichen soll. Die Baukunst im höheren Sinne soll ein ernstes, hohes, festes Dasein ausdrücken; sie kann sich, ohne schwach zu werden, kaum aufs Anmutige einlassen: auf dem Theater aber soll alles eine anmutige Erscheinung sein. Die theatralische Baukunst muß leicht, geputzt, mannigfaltig sein, und sie soll doch zugleich das Prächtige, Hohe, Edle darstellen. Die Dekorationen sollen überhaupt, besonders die Hintergründe, Tableaus machen. Der Dekorateur muß noch einen Schritt weiter thun als der Landschaftsmaler, der auch die Architektur nach seinem Bedürfnis zu modifizieren weiß.

Die Dekorationen zu „Palmira“ geben Beispiele, woraus man die Lehre der Theatermalerei abstrahieren könnte. Es sind sechs Dekorationen, die auf einander in zwei Akten folgen, ohne daß eine wiederkommt; sie sind mit sehr kluger Abwechselung und Gradation erfunden. Man sieht ihnen an, daß der Meister alle Moyens der ernsthaften Baukunst kennt; selbst da, wo er baut, wie man nicht bauen soll und würde, behält doch alles den Schein der Möglichkeit bei, und alle seine Konstruktionen gründen sich auf den Begriff dessen, was im Wirklichen gefordert wird. Seine Zieraten sind sehr reich, aber mit reinem Geschmack angebracht und verteilt; diesen sieht man die große Stukkaturschule an, die sich in Mailand befindet und die man aus den Kupferstichwerken des Albertolli kann kennen lernen. Alle Proportionen gehen ins Schlanke, alle Figuren, Statuen, Basreliefs, gemalte Zuschauer gleichfalls; aber die übermäßige Länge und die gewaltsamen Gebärden mancher Figuren sind nicht Manier, sondern die Notwendigkeit und der Geschmack haben sie so gefordert. Das Kolorit ist untadelhaft, und die Art zu malen äußerst frei und bestimmt. Alle die perspektivischen Kunststücke, alle die Reize der nach Direktionspunkten gerichteten Massen zeigen sich in diesen Werken; die Teile sind völlig deutlich und klar, ohne hart zu sein, und

8 f. aber vor auf Br. — 13. thun nach Landschaftsmaler Br. — 28. Giocondo Albertolli, 1744 geboren, war Maler, Bildhauer und Architekt. — 27 f. man kann und kaum [irrig] kann Br. — 30. die nach und fehlt Br.

das Ganze hat die lobenswürdigste Haltung. Man sieht die Studien einer großen Schule und die Überlieferungen mehrerer Menschenleben in dem unendlichen Detail, und man darf wohl sagen, daß diese Kunst hier auf dem höchsten Grade steht; nur schade, daß der Mann so kränklich ist, daß man an seinem Leben verzweifelt. Ich will sehen, daß ich das, was ich hier nur flüchtig hingeworfen habe, besser zusammenstelle und ausführe.

Beilagen.

Erste Dekoration der „Palmira".

Auf niedrigen, nicht zu starken, altdorischen blauen Säulen und ihren weißen Kapitälen ruht ein weißes einfaches Gesims, dessen mittlerer Teil der höchste ist; es könnte auch für einen eigens proportionierten Architrav gelten. Von diesen geht ein Tonnengewölb über das ganze Theater, das wegen seiner ungeheuren Höhe und Breite einen herrlichen Effekt macht. Da das Tonnengewölbe von den Kulissen nicht herüberlaufen kann, so scheint es oben durch blaue Vorhänge verdeckt, auf dem Hintergrunde aber erscheint es in seiner Vollkommenheit. Gleich wo das Gewölbe auf dem Gesimse ruht, sind Basreliefs angebracht; das übrige ist mit einfachen Steinen gewölbt. Das Tonnengewölbe läuft auf ein Kreisgebäude aus, das sich wieder im Kreuze am Tonnengewölbe anschließt, wie die Art der neueren Kirchen ist; nur trägt diese Rundung auf ihrem Kranze keine Kuppel, sondern eine Galerie, über die man hinaus einen gestirnten Himmel sieht.

Schilderung einiger Personen des Frankfurter Theaters.

Frauen.

Demoiselle Woralek. Frauenzimmerliche Mittelgröße; wohlgebaut, etwas stark von Gliedern, jung. Natürliche Bewegungen; mit den Armen gewisse Gesten, die nicht übel wären, wenn sie

3. den unendlichen Details 1. — 9—23, 18 ist aus Goethes Reisepapieren hinzugefügt. — 8 f. Der Abteilungsstrich, Beilagen und der Palmira fehlen 1. — 24. Die Beschreibung der folgenden Dekorationen war wohl verloren gegangen. Der Brief an Schiller hatte einen Schluß von Goethes eigener Hand, worin es hieß: „Nicht eher will ich wiederkommen, als bis ich wenigstens eine Sattheit der Empirie empfinde, da wir an eine Totalität nicht denken dürfen." — 12. konnte 1. — 14 f. ungeheuern 1. Wir geben überall die gangbarere Form, die im Drucke mit den auf ern, ja eren wechselt.

nicht immer wiederkämen. Ein zusammengefaßtes Gesicht, lebhafte schwarze Augen; ein lächelndes Verziehen des Mundes verstellt sie oft. Eine schöne und gut ausgebildete Stimme, im Dialog zu schnell; daher sie die meisten Stellen überhudelt.

Rollen. Erste Liebhaberin in der Oper. Konstanze, Pamina, die Müllerin.

Demoiselle Boudet. Weibliche Mittelgestalt; gutes lebhaftes Betragen, rasche Gebärden. Gewisse natürliche Rollen spielt sie gut, nur drücken ihre Mienen und Gesten zu oft Härte, Kälte, Stolz und Verachtung aus, wodurch sie unangenehm wird. Sie spricht deutlich und ist überhaupt eine energische Natur.

Rollen. Muntere, naive. Margarete in den „Hagestolzen", einen Savoyarden.

Madame Aschenbrenner. Nicht gar groß, sonst gut gebaut; ein artiges Gesicht, schwarze Augen. In ihrer Deklamation und Gebärden hat sie das Weinerlich-Angespannte, was man sonst für pathetisch hielt. Sie tanzt gut; es hat aber diese Kunst keine günstige Wirkung auf sie gehabt, indem sie in Gang und Gebärden manieriert ist.

Rollen. Affektuose, sentimentale Liebhaberinnen; singt auch ein wenig. Cora in der „Sonnenjungfrau", Ophelia in „Hamlet".

Madame Bulla. Mittelgröße, etwas größer als Madame Aschenbrenner. Gute Gesichtsbildung; ihre Aktion ein wenig zu ruhig, der Ton ihrer Stimme ein wenig zu hell und scharf.

Rollen. Edle Mütter, Frauen von Stande, heitere humoristische Rollen. Elvira in „Rollas Tod"; die Frau in dem „Ehepaar aus der Provinz"; Fräulein von Sachau in der „Entführung".

Madame Böttiger. Etwas über Mittelgröße; wohlgebaut, mäßig stark, angenehme Bildung; sieht für ihre Karikaturrollen etwas zu gut aus.

Rollen. Karikaturen, und was sich denen nähert: Oberhofmeisterin in „Elise von Valberg", Frau Schmalheim, Frau Griesgram.

---

6. Die Rollen sind aus Mozarts „Entführung" und „Zauberflöte" und Paisiellos „Müllerin". — 8. Hier und im folgenden Zwischensternchen nach jeder Beurteilung der einzelnen 1. — 12. Den Hagestolzen, von Iffland. — 13. Einen Savoyarden, in d'Allegraes „Die beiden Savoyarden". — 21. Der „Sonnenjungfrau" von Kotzebue. — 26 f. Die Stücke sind von Kotzebue. — 33. Elise von Valberg, von Iffland. — Der Abteilungsstrich fehlt 1.

Männer.

Herr Brandt. Wohlgebaut, nicht angenehm gebildet; lebhafte schwarze Augen, die er zu sehr rollt; sonore tiefe Stimme; gute Bewegungen.

Rollen. Helden, würdige Alte: Rolla, Zaar, Seekapitän im „Bruderzwist", Molay in den „Tempelherren".

Herr Schröder. Mittelgröße; wohlgestaltet, gute jugendliche Gesichtsbildung; lebhafte Bewegung; singt baritono, im Dialog tiefe, etwas schnarrende, heftige, rauhe Stimme.

Rollen. Erste Liebhaber in der Oper. Don Juan, Deserteur. Figurierende Rollen im Schauspiel. Fürst in „Dienstpflicht", Philipp der Schöne in den „Tempelherren".

Herr Lux. Gedrängte, gut gebildete Mittelgestalt; weiß seine Kleidung und Gebärden nach den Rollen zu motivieren; hat einen guten, doch nicht recht vollklingenden Baß; spielt zu sehr nach dem Souffleur.

Rollen. Erster Buffo in der Oper. Im Schauspiel ähnliche Rollen. Den Bedienten des Kapitäns im „Bruderzwist", den Amtmann in der „Aussteuer".

Herr Schlegel. Wohlgebaut, hat aber bei aller Beweglichkeit etwas Steifes. An der Bewegung seiner Beine sieht man, daß er ein Tänzer ist; singt als zweiter Baß noch gut genug. Es mag ihm an Geschmack und Gefühl fehlen; drum übertreibt er leicht.

Rollen. Zweite Buffos, auch zum Beispiel Knicker; sodann Sarastro und den Geist in „Don Juan".

Herr Demmer. Gut gebaut, oberwärts etwas dicklicht; vorstehendes Gesicht, blond und blaue Augen; hat was Meckerndes in der Stimme und einen leidlichen Humor.

Rollen. Erste Liebhaber in der Oper. Tamino, Infant. Karikaturrollen. Stöpsel in „Armut und Edelsinn", Posert im „Spieler".

Herr Schmidt. Hager, alt, schwächlich; übertreibt; man bemerkt an ihm weder Naturell noch Geschmack.

Rollen. Schwache, verliebte, humoristische Alte. Von Sachau in der „Entführung", Brandchen im „Räuschchen".

10 f. Deserteur, eine ältere französische Operette. — 11. Dienstpflicht, von Iffland. — 19. Die Aussteuer ist von Iffland. — 24. Das Singspiel Hieronymus Knicker war eins der beliebten Dittersdorfschen Stücke. — 26. Demmer, der einzige Schauspieler, der Goethe besuchte. — 31. „Spieler" von Iffland. — 35. „Räuschchen" von Bretzner.

Herr Dupré. Ziemliche Größe; hager, aber gut gebildet, starke Gesichtszüge; im ganzen steif.

Rollen. Launige Rollen, Halbkarikaturen, Bösewichter. Kerkermeister im „Deserteur“, Roffodei in den „Tempelherren“.

Herr Stentzsch. Jugendlich wohlgebildet. Figur und Wesen sind nicht durchgearbeitet; Sprache und Gebärden haben keinen Fluß; im ganzen ist er nicht unangenehm, aber er läßt den Zuschauer völlig kalt.

Rollen. Erste Liebhaber, junge Helden. Ludwig der Springer, Hamlet, Bruder des Mädchens von Marienburg.

*

Herr Grüner, von dessen Händeln mit der Königsberger Schauspieldirektion im dritten Stück des zweiten Bandes des „Hamburger Theaterjournals“ von 1797 viel erzählt wird, spielte hier einige Gastrollen. Er hat Gewandtheit auf dem Theater und eine leichte Kultur, ist aber nicht mehr jung und hat kein günstiges Gesicht. Seine Sprache ist äußerst Preußisch, und auch sein Spiel (ich sah ihn als Sichel) hat eine gewisse anmaßliche Gewandtheit; seine Stimme ist von keiner Bedeutung.

An Schiller.

Frankfurt den 15. August.

Über den eigentlichen Zustand eines aufmerksamen Reisenden habe ich eigne Erfahrungen gemacht, und eingesehen, worin sehr oft der Fehler der Reisebeschreibungen liegt. Man mag sich stellen, wie man will, so sieht man auf der Reise die Sache nur von einer Seite und übereilt sich im Urteil; dagegen sieht man aber auch die Sache von dieser Seite lebhaft, und das Urteil ist in gewissem Sinne richtig. Ich habe mir daher Akten gemacht, worin ich alle Arten von öffentlichen Papieren, die mir eben jetzt be-

9. Ludwig der Springer, in dem gleichnamigen Stücke von Hagemann. — 10. Das Mädchen von Marienburg hatte Kratter geschrieben. — 19. Die Überschrift: An Schiller fehlt, aber unsere Balladen S. 33, 4 deutet bestimmt auf diesen hin. — Den 15. August. Aus den Briefen an Schiller vom 22. und vom 13. August. — 21. Über den eigentlichen Zustand. Vorher gingen Bemerkungen über Schillers „Kraniche des Ibykus“. — 21. aufmerksam, 26f. im gewissen 1.

gegnen, Zeitungen, Wochenblätter, Predigtauszüge, Verordnungen, Komödienzettel, Preiscourante, einheften lasse und sodann auch sowohl das, was ich sehe und bemerke, als auch mein augenblickliches Urteil einschalte. Ich spreche nachher von diesen Dingen in Gesellschaft und bringe meine Meinung vor, da ich denn bald sehe, inwiefern ich gut unterrichtet bin, und inwiefern mein Urteil mit dem Urteil wohlunterrichteter Menschen übereintrifft. Sodann nehme ich die neue Erfahrung und Belehrung auch wieder zu den Akten, und so giebt es Materialien, die mir künftig als Geschichte des Äußeren und Inneren interessant genug bleiben müssen. Wenn ich bei meinen Vorkenntnissen und meiner Geistesgeübtheit Lust behalte, dieses Handwerk eine Weile fortzusetzen, so kann ich eine große Masse zusammenbringen.

Ein paar poetische Stoffe bin ich schon gewahr worden, die ich in einem feinen Herzen aufbewahren werde; und dann kann man niemals im ersten Augenblick wissen, was sich aus der rohen Erfahrung in der Folgezeit noch als wahrer Gehalt aussondert.

Bei dem allem leugne ich nicht, daß mich mehrmals eine Sehnsucht nach dem Saalgrunde wieder angewandelt, und würde ich heute dahin versetzt, so würde ich gleich ohne irgend einen Rückblick etwa meinen „Faust" oder sonst ein poetisches Werk anfangen können.

Hier möchte ich mich nun an ein großes Stadtleben wieder gewöhnen, mich gewöhnen, nicht nur zu reisen, sondern auch auf der Reise zu leben. Wenn mir nur dieses vom Schicksal nicht ganz versagt ist! denn ich fühle recht gut, daß meine Natur nur nach Sammlung und Stimmung strebt und an allem keinen Genuß hat, was diese hindert. Hätte ich nicht an meinem „Hermann und Dorothea" ein Beispiel, daß die modernen Gegenstände, in einem gewissen Sinne genommen, sich zum Epischen bequemten, so möchte ich von aller dieser empirischen Breite nichts mehr wissen. Auf dem Theater, sowie ich auch wieder hier sehe, wäre in dem gegenwärtigen Augen-

2. Preiscurrente 1. — 4. Im Briefe stand einhefte für einschalte, aber es wurde einfüge im Briefwechsel gedruckt. — spreche sodann Br. — 7 f. Ich nehme sodann Br. — 18. allem dem Br. — 19. anwandelt Br. — 22. Hieran schließt sich die Frage nach Schillers „Wallenstein", dann die Äußerung, das Frankfurter Theater sei zwar im gewissen Sinne nicht übel, aber so schwach besetzt, daß kein Stück von Wert und Würde jetzt leidlich gegeben werden könnte. — 23. Das Folgende ist aus dem Briefe vom 13., wo vorangeht: „Genug, ich bin mit geringer Unbequemlichkeit nach Frankfurt gekommen", als Schluß der S. 16 benutzten Stelle. Dort steht 23 nun mich. — 24. mehr statt nur Druckfehler 1.

blick manches zu thun, aber man müßte es leicht nehmen und in der Gozzischen Manier traktieren; doch es ist in keinem Sinne der Mühe wert.

Meyer hat unsere Balladen sehr gut aufgenommen. Ich habe nun, weil ich von Weimar aus nach Stäfa wöchentlich Briefe an ihn schrieb, schon mehrere Briefe von ihm hier erhalten. Es ist eine reine und treu fortschreitende Natur, unschätzbar in jedem Sinne. Ich will nur eilen, ihn wieder persönlich habhaft zu werden, und ihn dann nicht wieder von mir lassen.

Vor S. 31,1 ist der wichtige Brief an Schiller vom 16. ausgefallen: „Ich bin auf einen Gedanken gekommen, den ich Ihnen, weil er für meine übrige Reise bedeutend werden kann, sogleich mitteilen will, um Ihre Meinung zu vernehmen, inwiefern er richtig sein möchte und inwiefern ich wohl thue, mich seiner Leitung zu überlassen? Ich habe, indem ich meinen ruhigen und kalten Weg des Beobachtens, ja des bloßen Sehens ging, sehr bald bemerkt, daß die Rechenschaft, die ich mir von gewissen Dingen gab, eine Art von Sentimentalität hatte, die mir dergestalt auffiel, daß ich dem Grunde nachzudenken sogleich gereizt wurde, und ich habe folgendes gefunden. Das, was ich im allgemeinen sehe und erfahre, schließt sich recht gut an alles übrige an, was mir sonst bekannt ist, und ist mir nicht unangenehm, weil es in der ganzen Masse meiner Kenntnisse mitzählt und das Kapital vermehren hilft. Dagegen wüßte ich noch nichts, was mir auf der ganzen Reise nur irgend eine Art von Empfindung gegeben hätte, sondern ich bin heute so ruhig und unbewegt, als ich es jemals bei den gewöhnlichsten Umständen und Vorfällen gewesen. Woher denn also diese scheinbare Sentimentalität, die mir um so auffallender ist, weil ich seit langer Zeit in meinem Wesen gar keine Spur außer der poetischen Stimmung empfunden habe. Möchte nicht also hier selbst poetische Stimmung sein, bei einem Gegenstande, der nicht ganz poetisch ist, wodurch ein gewisser Mittelzustand hervorgebracht wird? Ich habe daher die Gegenstände, die einen solchen Effekt hervorbringen, genau betrachtet und zu meiner Verwunderung bemerkt, daß sie eigentlich symbolisch sind, das heißt, wie ich kaum zu sagen brauche, es sind eminente Fälle, die in einer charakteristischen Mannigfaltigkeit als Repräsentanten von vielen anderen da stehen, eine gewisse Totalität in sich schließen, eine gewisse Reihe fordern, Ähnliches und Fremdes in meinem Geiste aufregen und so von außen wie von innen an eine gewisse Einheit und Allheit Anspruch machen. Sie sind also, was ein glückliches Sujet dem *Dichter* ist, glückliche Gegenstände für den *Menschen*; und weil man, indem man sie mit sich selbst rekapituliert, ihnen keine *poetische* Form geben kann, so muß man ihnen doch eine *ideale* geben, eine *menschliche* im höheren Sinn, das man auch mit einem so sehr mißbrauchten Ausdruck *sentimental* nannte. Und Sie werden also wohl nicht lachen, sondern nur lächeln, wenn ich Ihnen hiermit zu meiner eigenen Verwunderung darlege, daß ich, wenn ich irgend von meinen Reisen etwas für Freunde oder fürs Publikum aufzeichnen soll, wahrscheinlich noch in Gefahr komme, *empfindsame* Reisen zu schreiben. Doch ich würde, wie Sie mich wohl kennen, kein Wort, auch das verrufenste nicht, fürchten, wenn die Behandlung mich rechtfertigen, ja wenn ich so glücklich sein könnte, einem verrufenen Namen seine Würde wiederzugeben. Ich berufe mich auf das, was Sie selbst so schön entwickelt haben, auf das, was zwischen uns Sprachgebrauch ist, und fahre fort. Wann ist eine sentimentale Erscheinung (die wir nicht verachten dürfen, wenn sie auch noch so lästig ist) unerträglich? Ich antworte: Wenn das Ideale unmittelbar mit dem Gemeinen verbunden wird. Es kann dies nur durch eine leere, gehalt- und formlose Manier geschehen: denn beide werden dadurch vernichtet, die Idee und der Gegenstand: jene, die nur bedeutend sein und sich nur mit dem Bedeutenden beschäftigen kann, und dieser, der recht wacker, brav und gut sein kann, ohne bedeutend zu sein.

Bis jetzt habe ich nur zwei solcher Gegenstände gefunden, den Platz, auf dem ich wohne, der in Absicht seiner Lage und alles dessen, was darauf vorgeht, in einem jeden Momente symbolisch ist, und den Raum meines großväterlichen Hauses, Hofes und Gartens, der aus dem beschränktesten patriarchalischen Zustande, in welchem ein alter

Frankfurt den 18. August.

Ich besuchte gestern den Theatermaler, dessen Werke mich so sehr entzückt hatten, und fand einen kleinen, wohlgebildeten, stillen, verständigen, bescheidenen Mann. Er ist in Mailand geboren, heißt Fuentes, und als ich ihm seine Arbeiten lobte, sagte er mir, er sei aus der Schule des Gonzaga, dem er, was er zu machen verstehe, zu verdanken habe. Er ließ mich die Zeichnungen zu jenen Dekorationen sehen, die, wie man erwarten kann, sehr sicher und charakteristisch mit wenigen Federzügen gemacht und auf denen die Massen mit Tusche leicht angegeben sind. Er zeigte mir noch verschiedene Entwürfe zu Dekorationen, die zunächst gemalt werden sollen, worunter einer zu einem gemeinen Zimmer mir besonders wohlgedacht erschien. Er ließ mich auch die Veränderungen bemerken, die zwischen den Zeichnungen und den ausgeführten Dekorationen zu „Palmira" sich fanden. Es ist eine Freude, einen Künstler zu sehen, der seiner Sache so gewiß ist, seine Kunst so genau kennt, so gut weiß, was sie leisten und was sie wirken kann. Er entschuldigte verschiedenes, das er an seinen

Schultheiß von Frankfurt lebte, durch klug unternehmende Menschen zum nützlichsten Waren- und Marktplatz verändert wurde. Die Anstalt ging durch sonderbare Zufälle bei dem Bombardement zu Grunde und ist jetzt, größtenteils als Schutthaufen, noch immer das Doppelte dessen wert, was vor elf Jahren von den gegenwärtigen Besitzern an die Meinigen bezahlt worden. Insofern sich nun denken läßt, daß das Ganze wieder von einem neuen Unternehmer gekauft und hergestellt werde, so sehen Sie leicht, daß es in mehr als **einem** Sinne als Symbol vieler tausend anderen Fälle in dieser gewerbreichen Stadt besonders vor meinem Anschauen da stehen muß.

Bei diesem Falle kommt denn freilich eine liebevolle Erinnerung dazu; wenn man aber, durch diese Fälle aufmerksam gemacht, künftig bei weiteren Fortschritten der Reise nicht sowohl aufs Merkwürdige, sondern aufs Bedeutende seine Aufmerksamkeit richtete, so müßte man für sich und andere doch zuletzt eine schöne Ernte gewinnen. Ich will es erst noch hier versuchen, was ich Symbolisches bemerken kann, besonders aber an fremden Orten, die ich zum erstenmal sehe, mich üben. Gelänge das, so müßte man, ohne die Erfahrung in die Breite verfolgen zu wollen, doch, wenn man auf jedem Platz, in jedem Moment, so weit es einem vergönnt wäre, in die Tiefe ginge, noch immer genug Beute aus bekannten Ländern und Gegenden davontragen.

Sagen Sie mir Ihre Gedanken hierüber in guter Stunde, damit ich erweitert, befestigt, bestärkt und erfreut werde. Die Sache ist wichtig; denn sie hebt den Widerspruch, der zwischen meiner Natur und der unmittelbaren Erfahrung lag, den in früherer Zeit ich niemals lösen konnte, sogleich auf und glücklich. Denn ich gestehe Ihnen, daß ich lieber gerad nach Hause zurückgekehrt wäre, um aus meinem Innersten Phantome jeder Art hervorzuarbeiten, als daß ich mich noch einmal wie sonst (da mir das Aufzählen eines Einzelnen nun einmal nicht gegeben ist) mit der millionfachen Hydra der Empirie herumgeschlagen hätte; denn wer bei ihr nicht Lust oder Vorteil zu suchen hat, der mag sich bei Zeiten zurückziehen."

1. **Den 18. August.** Dieser und die folgenden Berichte bis zum 23. einschließlich waren, mit Ausnahme einer Stelle, für den Herzog bestimmt, dem sie abschriftlich am 24. gesandt wurden. Das Datum des ersten wird durch das Tagebuch bestätigt, wonach Goethe am Nachmittag des 17. mit dem Syndikus Schmidt Fuentes besuchte. Danach muß es aber S. 32, 17 **Später am Tage** heißen statt des überlieferten **Den 18. August.** — 3. **wohlgebildeten**, von der Gestalt, wie **wohlgebaut**. — 6. **Gonzaga**, Landschafts-, Perspektiv- und Dekorationsmaler, damals schon seit drei Jahren in Petersburg.

Arbeiten selbst nicht billigte, durch die Forderungen des Poeten und des Schauspielers, die nicht immer mit den Gesetzen der guten Dekoration in Einstimmung zu bringen seien.

Bei Gelegenheit der Farbengebung, da bemerkt wurde, daß das Violette bei Nacht grau aussehe, sagte er, daß er deshalb das Violette, um ein gewisses leuchtendes und durchsichtiges Grau hervorzubringen, anwende. Ferner wie viel auf die Beleuchtung der Dekorationen ankomme.

Es ward bemerkt, welch eine große Praktik nötig sei, um mit Sicherheit einer studierten Manier die Farben aufzusetzen, und es kam nicht ohne Lächeln zur Sprache, daß es Menschen gebe, die von einem Studium, wodurch man zur Gewißheit gelangt, so wenig Begriff haben, daß sie die schnelle und leichte Methode des Meisters für nichts achten, vielmehr denjenigen rühmen, der sich bei der Arbeit besinnt und ändert und korrigiert. Man sieht die Freiheit des Meisters für Willkür und zufällige Arbeit an.

Später am Tage. Wenn man Frankfurt durchwandert und die öffentlichen Anstalten sieht, so drängt sich einem der Gedanke auf, daß die Stadt in früheren Zeiten von Menschen müsse regiert gewesen sein, die keinen liberalen Begriff von öffentlicher Verwaltung, keine Lust an Einrichtung zu besserer Bequemlichkeit des bürgerlichen Lebens gehabt, sondern die vielmehr nur so notdürftig hinregierten und alles gehen ließen, wie es konnte. Man hat aber bei dieser Betrachtung alle Ursache, billig zu sein. Wenn man bedenkt, was das heißen will, bis nur die nächsten Bedürfnisse einer Bürgergemeinde, die sich in trüben Zeiten zufällig zusammenfindet, nach und nach befriedigt, bis für ihre Sicherheit gesorgt und bis ihr nur das Leben, in dem sie sich zusammenfindet und vermehrt, möglich und leidlich gemacht wird: so sieht man, daß die Vorgesetzten zu thun genug haben, um nur von einem Tag zum anderen mit Rat und Wirkung auszulangen. Mißstände, wie das Überbauen der Häuser, die krummen Anlagen der Straßen, wo jeder nur sein Plätzchen und seine Bequemlichkeit im Auge hatte, fallen in einem dunklen, gewerbvollen Zustande nicht auf, und den düsteren Zustand der Gemüter kann man an den düsteren Kirchen und an den dunklen und traurigen Klöstern jener Zeit am besten erkennen. Das Gewerb ist so ängstlich und

28. indem 1.

emsig, daß es sich nicht nahe genug aneinander drängen kann; der Krämer liebt die engen Straßen, als wenn er den Käufer mit Händen greifen wollte. So sind alle die alten Städte gebaut, außer welche gänzlich umgeschaffen worden.

Die großen alten öffentlichen Gebäude sind Werke der Geistlichkeit und zeugen von ihrem Einfluß und erhöhteren Sinn. Der Dom mit seinem Turm ist ein großes Unternehmen; die übrigen Klöster in Absicht auf den Raum, den sie einschließen, sowohl als in Absicht auf ihre Gebäude sind bedeutende Werke und Besitztümer. Alles dieses ist durch den Geist einer dunklen Frömmigkeit und Wohlthätigkeit zusammengebracht und errichtet. Die Höfe und ehemaligen Burgen der Adeligen nehmen auch einen großen Raum ein, und man sieht in den Gegenden, wo diese geistlichen und weltlichen Besitzungen stehen, wie sie anfangs gleichsam als Inseln da lagen und die Bürger sich nur notdürftig dran herumbauten.

Die Fleischbänke sind das Häßlichste, was vielleicht dieser Art sich in der Welt befindet; sie sind auf keine Weise zu verbessern, weil der Fleischer seine Waren sowie ein anderer Krämer unten im Hause hat. Die Häuser stehen auf einem Klumpen beisammen und sind mehr durch Gänge als Gäßchen getrennt.

Der Markt ist klein und muß sich durch die benachbarten Straßen bis auf den Römerberg ausdehnen. Verlegung desselben auf den Hirschgraben zur Meßzeit.

Das Rathaus scheint früher ein großes Kaufhaus und Warenlager gewesen zu sein, wie es auch noch in seinen Gewölben für die Messe einen dunklen und dem Verkäufer fehlerhafter Waren günstigen Ort gewährt.

Die Häuser baute man in früheren Zeiten, um Raum zu gewinnen, in jedem Stockwerke über, doch sind die Straßen im ganzen gut angelegt, welches aber wohl dem Zufall zuzuschreiben ist; denn sie gehen entweder mit dem Flusse parallel, oder es sind Straßen, welche diese durchkreuzen und nach dem Lande zu gehen. Um das Ganze lief halbmondförmig ein Wall und Graben, der nachher ausgefüllt wurde. Doch auch in der neuen Stadt ist nichts Regelmäßiges und auf einander Passendes. Die Zeil geht

19. Seines Entsetzens vor den an den unreinlichen Marktplatz stoßenden engen und häßlichen Fleischbänken gedenkt auch das erste Buch von „Wahrheit und Dichtung“. — 25. Das Rathhaus, der sogenannte Römer. — 36. Überliefert ist hier und sonst die unrichtige Namensform Zeile.

krumm nach der Richtung des alten Grabens, und die großen Plätze der neuen Stadt ist man nur dem Unwerte des Raums zu jener Zeit schuldig. Die Festungswerke hat die Notwendigkeit hervorgebracht, und man kann fast sagen, daß die Mainbrücke das einzige schöne und einer so großen Stadt würdige Monument aus der früheren Zeit sei; auch ist die Hauptwache anständig gebaut und gut gelegen.

Es würde interessant sein, die Darstellung der verschiedenen Epochen der Aufklärung, Aufsicht und Wirksamkeit in Absicht solcher öffentlichen Anstalten zu versuchen, die Geschichte der Wasserleitungen, Kloaken, des Pflasters mehr auseinanderzusetzen und auf die Zeit und vorzüglichen Menschen, welche gewirkt, aufmerksam zu sein.

Schon frühe wurde festgesetzt, daß jemand, der ein neues Haus baut, nur in dem ersten Stock überbauen dürfe. Schon durch diesen Schritt war viel gewonnen. Mehrere schöne Häuser entstanden; das Auge gewöhnte sich nach und nach ans Senkrechte, und nunmehr sind viele hölzerne Häuser auch senkrecht aufgebaut. Was man aber den Gebäuden bis auf den neuesten Zeitpunkt und überhaupt manchem anderen ansieht, ist, daß die Stadt niemals einen Verkehr mit Italien gehabt hat. Alles, was Gutes dieser Art sich findet, ist aus Frankreich hergenommen.

Eine Hauptepoche macht denn nun zuletzt das Schweitzerische Haus auf der Zeil, das in einem echten, soliden und großen italienischen Stile gebaut ist und vielleicht lange das einzige bleiben wird. Denn obgleich noch einige von dieser Art sind gebaut worden, so hatten doch die Baumeister nicht Talent genug, mit dem ersten zu wetteifern, sondern sie verfielen, indem sie nur nicht ebendasselbe machen wollten, auf falsche Wege, und wenn es so fortgeht, so ist der Geschmack, nachdem ein einziges Haus nach richtigen Grundsätzen aufgestellt worden, schon wieder im Sinken.

Die beiden neuen reformierten Bethäuser sind in einem mittleren, nicht so strengen und ernsten, aber doch richtigen und heiteren

14. früher 1. Die Bauordnung vom 27. Juli 1719 hatte dies festgesetzt und es war diese Bestimmung am 6. Mai 1749 wieder eingeschärft worden. — 15. Das wiederholte schon sollte gestrichen sein, wie ähnliche Verbesserungen der raschen brieflichen Fassung sonst eingetreten sind. — 19. neusten 1. Wir haben hier regelmäßig die Bildung mit e eingeführt, wie sie sonst häufig steht. — 23. Schweizersche 1. — 32. Die beiden neuen reformierten Bethäuser, die deutsch- und die französisch-reformierte Kirche waren vor sieben Jahren gebaut worden.

Geschmack gebaut und bis auf wenige Mißgriffe in Nebendingen durchaus lobenswert.

Die neuerbaute Lutherische Hauptkirche giebt leider viel zu denken. Sie ist als Gebäude nicht verwerflich, ob sie gleich im allermodernsten Sinne gebaut ist; allein da kein Platz in der Stadt weder wirklich noch denkbar ist, auf dem sie eigentlich stehen könnte und sollte, so hat man wohl den größten Fehler begangen, daß man zu einem solchen Platz eine solche Form wählte. Die Kirche sollte von allen Seiten zu sehen sein, man sollte sie in großer Entfernung umgehen können, und sie steckt zwischen Gebäuden, die ihrer Natur und Kostbarkeit wegen unbeweglich sind und die man schwerlich wird abbrechen lassen. Sie verlangt um sich herum einen großen Raum und steht an einem Orte, wo der Raum äußerst kostbar ist. Um sie her ist das größte Gedräng und Bewegung der Messe, und es ist nicht daran gedacht, wie auch irgend nur ein Laden stattfinden könnte. Man wird also wenigstens in der Meßzeit hölzerne Buden an sie hinanschieben müssen, die vielleicht mit der Zeit unbeweglich werden, wie man an der Katharinenkirche noch sieht und ehemals um den Münster von Straßburg sah.

Nirgends wäre vielleicht ein schönerer Fall gewesen, in welchem man die Alten höchst zweckmäßig hätte nachahmen können, die, wenn sie einen Tempel mitten in ein lebhaftes Quartier setzen wollten, das Heiligtum durch eine Mauer vom Gemeinen absonderten, dem Gebäude einen würdigen Vorhof gaben und es nur von dieser Seite sehen ließen. Ein solcher Vorhof wäre hier möglich gewesen, dessen Raum für die Kutschen, dessen Arkaden zur Bequemlichkeit der Fußgänger und zugleich im Fall der Messe zum Ort des schönsten Verkehrs gedient hätten.

Es wäre ein philanthropisches Unternehmen, das freilich in diesem Falle von keinem Nutzen mehr sein könnte, vielleicht aber bei künftigen Unternehmungen wirken würde, wenn man noch selbst jetzt hinterdrein Plane und Risse von dem, was hätte geschehen sollen, darlegte; denn da eine öffentliche Anstalt so viel Tadel ertragen muß, wie man es nicht hätte machen sollen, so ist es

3. **Die neuerbaute Lutherische Hauptkirche**, an der Stelle der alten Barfüßerkirche, die berühmt gewordene Paulskirche, deren Bau 1786 begonnen hatte. — 10. Überliefert ist **stickt**, wie Goethe zu schreiben pflegte. — 12. **Schwerlich wird abbrechen lassen.** Jetzt erhebt sich neben ihr die großartige neue Börse. — 19. **Katharinenkirche**, deren Neubau 1680 vollendet worden. — 29. **hätte** 1.

wenigstens billiger, wenn man zu zeigen übernimmt, wie man es anders hätte machen sollen. Doch ist vielleicht überhaupt keine Zeit mehr, Kirchen und Paläste zu bauen; wenigstens würde ich in beiden Fällen immer raten, die Gemeinden in anständige Bethäuser und die großen Familien in bequeme und heitere Stadt- und Landhäuser zu teilen, und beides geschieht ja in unseren Tagen schon gewissermaßen von selbst.

Was die Bürgerhäuser betrifft, so würde ich überhaupt raten, der italienischen Manier nicht weiter zu folgen und selbst mit steinernen Gebäuden sparsamer zu sein. Häuser, deren erster Stock von Steinen, das übrige von Holz ist, wie mehrere jetzt sehr anständig gebaut sind, halte ich in jedem Sinn für Frankfurt für die schicklichsten; sie sind überhaupt trockner, die Zimmer werden größer und luftiger. Der Frankfurter, wie überhaupt der Nordländer, liebt viele Fenster und heitere Stuben, die bei einer Façade im höheren Geschmack nicht stattfinden können. Dann ist auch zu bedenken, daß ein steinernes, einem Palast ähnliches kostbares Haus nicht so leicht seinen Besitzer verändert als ein anderes, das für mehr denn einen Bewohner eingerichtet ist. Der Frankfurter, bei dem alles Ware ist, sollte sein Haus niemals anders als Ware betrachten. Ich würde daher vielmehr raten, auf die innere Einrichtung aufmerksam zu sein und hierin die Leipziger Bauart nachzuahmen, wo in einem Hause mehrere Familien wohnen können, ohne in dem mindesten Verhältnis zusammen zu stehen. Es ist aber sonderbar: noch jetzt baut der Mann, der bestimmt zum Vermieten baut, in Absicht auf Anlegung der Treppen, der offenen Vorsäle u. s. w. noch ebenso als jener, der vor Zeiten sein Haus, um es allein zu bewohnen, eingerichtet; und so muß zum Beispiel der Mietmann eines Stockwerks, wenn er ausgeht, dafür sorgen, daß ein Halbdutzend Thüren verschlossen werden. So mächtig ist die Gewohnheit und so selten das Urteil.

Die verschiedenen Epochen, in denen öffentliche heitere Anstalten, z. B. die Allee um die Stadt, angelegt wurden, und wie der öffentliche Geist mit dem Privatgeist sich verband, wodurch ganz allein ein echtes städtisches Wesen hervorgebracht wird, wären

23. Der Leipziger Bauart hatte Goethe schon 1769 zum Ärger des Vaters vor der in Frankfurt üblichen den Vorzug gegeben. — 33. Überliefert ist Stadt angelegt ward. Es sind die Anlagen gemeint, deren am Anfange des fünften Buches von „Wahrheit und Dichtung" gedacht wird.

näher zu betrachten. Die Erbauung des Schauspielhauses, die Pflasterung des Platzes vor demselben, die Ausfüllung der Pferdeschwemme auf dem Roßmarkt und vor allem das unschätzbare Unternehmen der neuen Straße an der Brücke wäre zu erwähnen, welches denen, die es angaben, anfingen, beförderten und, gebe der Himmel! in seinem ganzen Umfange ausführen werden, zur bleibenden Ehre gereichen wird. In früheren Zeiten das Abtragen der alten Pforten nicht zu vergessen.

Über die Judengasse, das Aufbauen des abgebrannten Teils und ihre etwaige Erweiterung nach dem Graben zu wäre zu denken und darüber auch allenfalls ein Gedanke zu äußern.

Eines ist zwar nicht auffallend, jedoch einem aufmerksamen Beobachter nicht verborgen, daß alles, was öffentliche Anstalt ist, in diesem Augenblicke still steht, dagegen sich die einzelnen unglaublich rühren und ihre Geschäfte fördern. Leider deutet diese Erscheinung auf ein Verhältnis, das nicht mit Augen gesehen werden kann, auf die Sorge und Enge, in welcher sich die Vorsteher des gemeinen Wesens befinden, wie die durch den Krieg ihnen aufgewälzte Schuldenlast getragen und mit der Zeit vermindert werden soll, indes der einzelne sich wenig um dieses allgemeine Übel bekümmert und nur seinen Privatvorteil lebhaft zu fördern bemüht ist.

Die Hauptursache von den in früherer Zeit vernachlässigten öffentlichen Anstalten ist wohl eben im Sinne der Unabhängigkeit der einzelnen Gilden, Handwerke, und dann weiter in fortdauernden Streitigkeiten und Anmaßungen der Klöster, Familien, Stiftungen u. s. w. zu suchen, ja in den von einer gewissen Seite lobenswürdigen Widerstrebungen der Bürgerschaft. Dadurch ward aber der Rat, er mochte sich betragen, wie er wollte, immer gehindert, und indem man über Befugnisse stritt, konnte ein gewisser liberaler Sinn des allgemein Vorteilhaften nicht stattfinden.

Es wäre vielleicht eine für die gegenwärtige Zeit interessante Untersuchung, darzustellen, wie das Volk den Regenten, die nicht ganz absolut regieren, von jeher das Leben und Regiment sauer gemacht. Es wäre dieses keineswegs eine aristokratische Schrift;

1. Die Erbauung des Schauspielhauses, 1780 bis 1782. — 4. Der neuen Straße, des Mainquais. — 9. Des abgebrannten Teils. Infolge der im Juli 1796 erfolgten Beschießung der Stadt durch die Franzosen waren 140 Häuser in der Judengasse verbrannt.

denn eben jetzt leiden alle Vorsteher der Republiken an diesen Hindernissen.

Ich habe in diesen Tagen darüber nachgedacht, wie spät sich ein Zug von Liberalität und Übersicht eben über das städtische Wesen in Frankfurt manifestieren konnte.

Was wäre nicht eine Straße, die vom Liebfrauenberg auf die Zeil durchgegangen wäre, für eine Wohlthat fürs Publikum gewesen! Eine Sache, die in früheren Zeiten mit sehr geringen Kosten, ja mit Vorteil abzuthun war.

Den 19. August. Die französische Revolution und ihre Wirkung sieht man hier viel näher und unmittelbarer, weil sie so große und wichtige Folgen auch für diese Stadt gehabt hat, und weil man mit der Nation in so vielfacher Verbindung steht. Bei uns sieht man Paris immer nur in einer Ferne, daß es wie ein blauer Berg aussieht, an dem das Auge wenig erkennt, dafür aber auch Imagination und Leidenschaft desto wirksamer sein kann. Hier unterscheidet man schon die einzelnen Teile und Lokalfarben.

Von dem großen Spiel, das die Zeit her hier gespielt worden, hört man überall reden. Es gehört diese Seuche mit unter die Begleiter des Kriegs; denn sie verbreitet sich am gewaltsamsten zu den Zeiten, wenn großes Glück und Unglück auf der allgemeinen Wagschale liegt, wenn die Glücksgüter ungewiß werden, wenn der Gang der öffentlichen Angelegenheiten schnellen Gewinnst und Verlust auch für Partikuliers erwarten läßt. Es ist fast in allen Wirtshäusern gespielt worden, außer im „Roten Hause". Die eine Bank hat für einen Monat nur fürs Zimmer 70 Karolin bezahlt. Einige Bankiers haben Frühstück und Abendessen aufs Anständigste für die Pointeurs auftragen lassen. Jetzt, da man nach und nach von seiten des Rats diesem Übel zu steuern sucht, denken die Liebhaber auf andere Auswege. Auf dem Sandhofe, auf deutschherrischem Grund und Boden, hat man

6. Vom Liebfrauenberg. Im ersten Buch von „Wahrheit und Dichtung" berichtet Goethe, wie es ihn als Knabe verdrossen, daß neben der Liebfrauenkirche nicht eine Straße nach der Zeil zu gegangen, so daß er immer den Umweg durch die Hasengasse oder die Katharinenpfort habe machen müssen. — 25 f. Das rote Haus war der größte Gasthof an der Zeil, dessen Schild ein rotes Haus mit zwei Flügeln zeigte, der jetzige Posthof. Der Wirt hieß Johann Adam Dick, sein Gasthaus war sehr berühmt, von den meisten vornehmen Fremden besucht; auch die Freitagkonzerte wurden dort gehalten. Karl August fand die Preise teuer und das Essen schlecht. — 31. Der Sandhof, eine halbe Stunde von Sachsenhausen auf dem Wege nach Niederrad. — Deutschherrischem. Schon Kaiser Friedrich II. hatte 1221 die Stiftung einer Kommende der Deutschordensritter bei Sachsenhausen bestätigt. Ein neues Ordenshaus wurde 1709 erbaut. Der Besitz des Ordens stieg infolge von Vermächtnissen immer höher.

eine kostbare Anstalt einer neuen Wirtschaft errichtet, die gestern mit 130 Couverts eröffnet worden. Die Möbeln sind aus der herzoglich Zweibrückischen Auktion, sowie die ganze Einrichtung überhaupt sehr elegant sein soll. Dabei ist alles zuletzt aufs Spielen angesehen.

Das Hauptinteresse sollte eigentlich gegenwärtig für die Frankfurter die Wiederbezahlung ihrer Kriegsschulden und die einstweilige Verinteressierung derselben sein; da aber die Gefahr vorbei ist, haben wenige Lust, thätig mitzuwirken. Der Rat ist hierüber in einer unangenehmen Lage; er und der wackere Teil der Bürger, der sein bares Geld, sein Silbergeschirr, seine Münzkabinette und was sonst noch des edlen Metalls vorrätig war, freiwillig hingab, hat nicht allein damals hierdurch und durch die persönlichen Leiden der weggeführten Geisel die Stadt und den egoistischen flüchtigen Teil der Reichen vertreten und gerettet, sondern ist auch gutmütig genug gewesen, für die Nicht-Schutzverwandten, als die Stifter, Klöster, den deutschen Orden u. s. w., die Kontributionen in der Masse mitzuerlegen. Da es nun zum Ersatz kommen soll, so existiert weder ein Fuß, wonach, noch ein Mittel, wodurch man eine so große Summe, als zu dem Interesse- und dem Amortisationsfond nötig ist, beibringen könnte. Der bisherige Schatzungsfuß ist schon für den ordinären Zustand völlig unpassend, geschweige für einen außerordentlichen Fall; jede Art von neuer Abgabe drückt irgendwohin, und unter den hundert und mehr Menschen, die mitzusprechen haben, findet sich immer ein- und der andere, der die Last von seiner Seite wegwälzen will. Die Vorschläge des Rats sind an das bürgerliche Kollegium gegangen; ich fürchte aber sehr, daß man nicht einig werden wird, und daß, wenn man einig wäre, der Reichshofrat doch wieder anders sentieren würde. Indessen bettelt man von Gutwilligen Beiträge, die künftig berechnet werden und, wenn man bei erfolgender Repartition zu viel gegeben hat, verinteressiert werden sollen, einstweilen zusammen, weil die Interessen

2. Meubles 1. — 3. Herzoglich Zweibrückischen. Herzog Karl Theodor hatte im vorigen Jahr beim Vordringen der Franzosen sein Schloß verlassen und sich nach Sachsen geflüchtet. — 14. Geisel. Custine ließ 1792 sieben reiche Frankfurter als Staatsgeisel für den nicht bezahlten Teil der harten Kriegssteuer nach Givet bringen, wo sie fünf Monate blieben. — 17. Klöster, den haben wir statt Klöster und gesetzt. — Unter „u. s. w." sind einzelne Privatleute und die Juden gemeint. — 27. Das bürgerliche Kollegium, den „Ausschuß Löblicher Bürgerschaft von 51 Personen" oder, wie man sie kurz nannte, „die Einundfunfziger". — 29. Der Reichshofrat, in Wien, die höchste Reichsbehörde.

doch bezahlt werden müssen. Ich wünsche, daß ich mich irre, aber ich fürchte, daß diese Angelegenheit so leicht nicht in Ordnung kommen wird.

Für einen Reisenden geziemt sich ein skeptischer Realism; was noch idealistisch an mir ist, wird in einem Schatullchen wohlverschlossen mitgeführt wie jenes Undenische Pygmäenweibchen. Sie werden also von dieser Seite Geduld mit mir haben. Wahrscheinlich werde ich jenes Reisegeschichtchen auf der Reise zusammenschreiben können. Übrigens will ich erst ein paar Monate abwarten; denn obgleich in der Empirie fast alles einzeln unangenehm auf mich wirkt, so thut doch das Ganze sehr wohl, wenn man endlich zum Bewußtsein seiner eigenen Besonnenheit kommt.

Ich denke, etwa in acht Tagen weiter zu gehen und mich bei dem herrlichen Wetter, das sich nun bald in den echten mäßigen Zustand des Nachsommers setzen wird, durch die schöne Bergstraße, das wohlbebaute gute Schwaben nach der Schweiz zu begeben, um auch einen Teil dieses einzigen Landes mir wieder zu vergegenwärtigen.

Den 20. August. Die hiesige Stadt mit ihrer Beweglichkeit und den Schauspielen verschiedener Art, die sich täglich erneuern, sowie die mannigfaltige Gesellschaft geben eine gar gute und angenehme Unterhaltung. Ein jeder hat zu erzählen, wie es ihm in jenen gefährlichen und kritischen Tagen ergangen, wobei denn manche lustige und abenteuerliche Geschichten vorkommen. Am liebsten aber höre ich diejenigen Personen sprechen, die ihrer Geschäfte und Verhältnisse wegen vielen der Hauptpersonen des gegenwärtigen Kriegsdramas näher gekommen, auch besonders mit den Franzosen mancherlei zu schaffen gehabt und das Betragen dieses sonderbaren Volkes von mehr als einer Seite kennen gelernt

2 f. In Ordnung kommen wird. Der festgesetzte „Repartitions-Modus" wurde vom Kaiser erst am 4. September 1798 genehmigt. — 4. Das Folgende bis 12 ist aus einem Briefe an Schiller vom 13. Eckermanns Redaktion läßt die Stelle so ohne weiteres Datum unmittelbar auf den Schluß des vorigen Berichts folgen. — 6. Undinische 1. — 8. Im Briefe steht „werde ich Ihnen". — Jenes Reisegeschichten, erst spät unter dem Titel: „Die neue Melusine" ausgeführt und in den Jahrgängen 1817 und 1819 des „Taschenbuchs für Damen" gedruckt, dann in die „Wanderjahre" eingefügt. — 13—18. Im Briefe an Schiller folgt an der Stelle dieses wohl später unglücklich zugesetzten Schlusses: „Leben Sie recht wohl und interpretieren Sie sich, da Sie mich kennen, meine oft wunderlichen Worte; denn es wäre mir unmöglich, mich selbst zu rektifizieren und diese rhapsodischen Grillen in einen Zusammenhang und Bestand zu bringen", denen eine Empfehlung an Schillers Gattin und die Mahnung folgen, die beiden Weimarischen Dichterinnen, seine Schwägerin und Amelie von Imhoff, recht wert zu halten. — 25 f. Jenen gefährlichen und kritischen Tagen. Seit 1792.

haben. Einige Details und Resultate verdienen aufgezeichnet zu werden.

Der Franzose ist nicht einen Augenblick still, er geht, schwatzt, springt, pfeift, singt und macht durchaus einen solchen Lärm, daß man in einer Stadt oder in einem Dorfe immer eine größere Anzahl zu sehen glaubt, als sich drin befinden, anstatt daß der Österreicher still, ruhig und ohne Äußerung irgend einer Leidenschaft gerade vor sich hinlebt. Wenn man ihre Sprache nicht versteht, werden sie unwillig (sie scheinen diese Forderung an die ganze Welt zu machen); sie erlauben sich alsdann manches, um sich selbst ihre Bedürfnisse zu verschaffen; weiß man aber mit ihnen zu reden und sie zu behandeln, so zeigen sie sich sogleich als bons enfans und setzen sehr selten Unart oder Brutalität fort. Dagegen erzählt man von ihnen manches Erpressungsgeschichtchen unter allerlei Vorwänden, wovon verschiedene lustig genug sind. So sollen sie an einem Ort, wo Kavallerie gelegen, beim Abzuge verlangt haben, daß man ihnen den Mist bezahle. Als man sich dessen geweigert, setzten sie so viel Wagen in Requisition, als nötig waren, um diesen Mist nach Frankreich zu führen; da man sich denn natürlich entschloß, lieber ihr erstes Verlangen zu befriedigen. An einigen anderen Orten behauptet man, der abreisende General lasse sich jederzeit bestehlen, um wegen Ersatz des Verlustes noch zuletzt von dem Orte eine Auflage fordern zu können. Bei einer Mahlzeit sind ihre Forderungen so bestimmt und umständlich, daß sogar die Zahnstocher nicht vergessen werden. Besonders ist jetzt der gemeine Mann, obgleich er genährt wird, sehr aufs Geld begierig, weil er keins erhält, und er sucht daher auch von seiner Seite etwas mit Façon zu erpressen und zu erschleichen. So hält z. B. auf dem Wege nach den Bädern jeder ausgestellte Posten die Reisenden an, untersucht die Pässe und ersinnt alle erdenklichen Schwierigkeiten, die man durch ein kleines Trinkgeld gar leicht hebt; man kommt aber auch, wenn man nur Zeit verlieren und sich mit ihnen herumdisputieren will, endlich ohne Geld durch. Als Einquartierung in der Stadt haben sie sowohl das erste- als das zweitemal gutes Lob; dagegen waren ihre Requi-

1. Einige Details und Resultate. In seinem Tagebuch schreibt Goethe am 11: „Herr Brevillier [wohl sein Jugendfreund Alexander Brevillier] erzählte viel und gut von dem Aufenthalte der Franzosen und ihrem Betragen in Frankfurt, ihrem Charakter, den leidlichen und unleidlichen Zeiten, von mancherlei unverschämten Konkussionen." — 3. Franzos und schwätzt 1. — 29. hält z. E. 1.

sitionen unendlich und oft lächerlich, da sie wie Kinder oder wahre Naturmenschen alles, was sie sahen, zu haben wünschten.

In den Kanzleien ihrer Generäle wird die große Ordnung und Thätigkeit gerühmt, so auch der Gemeingeist ihrer Soldaten und die lebhafte Richtung aller nach einem Zweck. Ihre Generäle, obgleich meist junge Leute, sind ernsthaft und verschlossen, gebieterisch gegen ihre Untergebenen und in manchen Fällen heftig und grob gegen Landsleute und Fremde. Sie haben den Duell für abgeschafft erklärt, weil eine Probe der Tapferkeit bei Leuten, die so oft Gelegenheit hätten, sie abzulegen, auf eine solche Weise nicht nötig sei. In Wiesbaden forderte ein Trierischer Offizier einen französischen General heraus; dieser ließ ihn sogleich arretieren und über die Grenze bringen.

Aus diesen wenigen Zügen läßt sich doch gleich übersehen, daß in Armeen von dieser Art eine ganz eigene Energie und eine sonderbare Kraft wirken müsse, und daß eine solche Nation in mehr als einem Sinne furchtbar sei.

Die Stadt kann von Glück sagen, daß sie nicht wieder in ihre Hände gekommen ist, weil sonst der Requisitionen ungeachtet des Friedens kein Ende gewesen wäre. Die Dörfer, in denen sie liegen, werden alle ruiniert; jede Gemeinde ist verschuldet, und in den Wochenblättern stehen mehrere, welche Kapitalien suchen. Dadurch ist auch die Teuerung in der Stadt sehr groß. Ich werde ehestens eine Liste der verschiedenen Preise überschicken. Ein Hase z. B. kostet 2 Gulden und ist doch für dieses Geld nicht einmal zu haben.

Den 21. August. Es liegen drei Bataillons des Regiments Manfredini hier, unter denen sich, wie man an gar mancherlei Symptomen bemerken kann, sehr viele Rekruten befinden. Die Leute sind fast durchaus von einerlei Größe, eine kleine, aber derbe und wohlgebaute Art. Verwundersam ist die Gleichheit der Größe, aber noch mehr die Ähnlichkeit der Gesichter; es sind, so viel ich weiß, Böhmen. Sie haben meist lang geschlitzte, kleine Augen, die etwas nach der ganzen Physiognomie zurück, aber nicht tief liegen, enggefaßte Stirnen, kurze Nasen, die doch keine Stumpf-

3. 5. Generale 1. — 18 f. Nicht wieder in ihre Hände gekommen, infolge der eingetroffenen Kunde von den Friedenspräliminarien. — Goethe schrieb ohneraachtet. — 20. Kein Ende gewesen wäre. Leider wurde die Stadt von 1799 an noch ein paarmal von französischen Generälen gebrandschatzt. — 28. Manfredini, eines kaiserlichen Regiments.

nasen sind, mit breiten, scharf eingeschnittenen Nasenflügeln; die Oberwange ist etwas stark und nach der Seite stehend, der Mund lang, die Mittellinie fast ganz gerad, die Lippen flach; bei vielen hat der Mund einen verständig ruhigen Ausdruck; die Hinterköpfe scheinen klein, wenigstens macht das kleine und enge Kaskett das Ansehen. Sie sind knapp und gut gekleidet; ein lebendiger grüner Busch von allerlei täglich frischem Laub auf dem Kaskette giebt ein gutes Ansehen, wenn sie beisammen sind. Sie machen die Handgriffe, so weit ich sie auf der Parade gesehen, rasch und gut; am Deployieren und Marschieren allein spürt man mitunter das Rekrutenhafte. Übrigens sind sie sowohl einzeln als im ganzen ruhig und gesetzt.

Die Franzosen dagegen, die manchmal einzeln in der Stadt erscheinen, sind gerade das Gegenteil. Wenn die Kleidung der Österreicher bloß aus dem Notwendigen und Nützlichen zusammengesetzt ist, so ist die der Franzosen reichlich, überflüssig, ja beinahe wunderlich und seltsam. Lange blaue Beinkleider sitzen knapp am Fuße, an deren Seite unzählige Knöpfe auf roten Streifen sich zeigen. Die Weste ist verschieden, der blaue lange Rock hat einen weißen artigen Vorstoß. Der große Hut, der in der Quere aufgesetzt wird, ist mit sehr langen Litzen aufgeheftet und entweder mit dem dreifarbigen Büschel oder mit einem brennend roten Federbusch geziert. Ihr Gang und Betragen ist sehr sicher und freimütig, doch durchaus ernsthaft und gefaßt, wie es sich in einer fremden, noch nicht ganz befreundeten Stadt geziemt. Unter denen, die ich sah, waren keine kleinen, und eher große als mittelgroße.

Den 23. August. Noch etwas von den Franzosen und ihrem Betragen.

Als bei Custines Einfall der General Neuwinger die Thore von Sachsenhausen besetzen ließ, hatten die Truppen kaum ihre Tornister abgelegt, als sie sogleich ihre Angeln hervorrafften und die Fische aus dem Stadtgraben herausfischten.

In den Ortschaften, die sie noch jetzt besetzen, findet man unter den Offizieren sehr verständige, mäßige und gesittete Leute, die Gemeinen aber haben nicht einen Augenblick Ruh' und fechten besonders sehr viel in den Scheunen. Sie haben bei ihren Com-

9. Parade, der er am 6. mit den Seinigen beigewohnt hatte. — 13. Die Franzosen, die nach den Friedenspräliminarien benachbarte Ortschaften noch besetzt hielten.

pagnieen und Regimentern Fechtmeister, und es kam vor kurzem darüber, welcher der beste Fechtmeister sei, unter ihren Schülern zu großen Mißhelligkeiten. Es scheint im kleinen wie im großen: wenn der Franzose Ruhe nach außen hat, so ist der häusliche Krieg unvermeidlich.

2. seinen Schülern 1. — 5. Am 21. schrieb Goethe dem Herzog: „Mein Bündel ist nun auch wieder geschnürt, um hier wegzuwandern. Ich werde vorerst auf Stuttgart und sodann auf Tübingen und Schaffhausen gehen. Hier habe ich vieles gesehen, bemerkt und aufgezeichnet. Einiges lege ich abschriftlich bei. [Am 15. hatte er bei Übersendung ihm zugekommener Briefe an den Herzog auch ein diktiertes Blatt beigelegt.] Es ist mir von Anfange mehr um Übung als um das Bedeutende des Gegenstandes zu thun [gewesen]. Da mein Gedächtnis dem Siebe [Eimer] der Danaiden gleicht, so verliere ich gar zu viel, wenn ich nicht gleich schreibe oder diktiere. Hoffentlich kann ich künftig mit bedeutenderen Aufsätzen aufwarten. Krieg und Friede schweben noch immer auf ungewissen Schalen. Wenn nur nicht die Kabinette ebenso unsicher wie wir anderen darüber sind! Geheimrat Voigt habe einen Preiszettel von allerlei Bedürfnissen beigelegt. Sie werden sich über die Höhe mancher verwundern. Ich wünsche, daß die Verlöbnisfeste [der junge König von Schweden hatte sich zu Erfurt mit der Prinzessin Friederike von Baden verlobt] mögen fröhlich und glücklich vorbeigegangen sein, und bitte mir ein gnädiges Andenken zu erhalten." Der gleichzeitige Brief an Voigt begann: „Für das mir gezeigte freundschaftliche Andenken und die erteilten Nachrichten danke zum schönsten. So viel Interessantes uns auch in der Fremde umgibt, so behalten doch die Verhältnisse von zu Hause immer eine größere Nähe, in die man sich am besten und am liebsten hinein denkt und fühlt. Ich sende hier die Preise, wie ich sie teils aus dem Wochenblatt teils durch einige Nachfragen erhalten habe. Sie werden daraus sehen, daß gewisse Viktualien in einem sehr hohen Preise stehen; wegen der Früchte wird eine Reduktion auf unser Maß die richtige Belehrung geben. Die Ernte will man hier nicht loben; es soll in den Bunden an Maß und Gewicht fehlen, und sie soll daher höchstens für eine halbe Ernte zu halten sein. Aus der Gegend von Heidelberg aber sind bessere Nachrichten. Der Gerstenpreis auf der Tabelle steht wohl nur so hoch, weil es noch alte Gerste ist. Was man überhaupt von Krieg und Frieden denken soll, weiß niemand. Im ganzen scheint es wohl, daß sich alles entweder zugleich lösen oder zugleich wieder verwirren wird. Österreich setzt sich in einen formidabeln Zustand. Die Not der Ortschaften, in welchen die Franzosen gegenwärtig noch liegen, geht über alle Begriffe. Die Gemeinden der Städte und Dörfer verschulden sich dergestalt, daß sie auf ewige Zeiten keine Rettung sehen, indem sich jede nur in dem Taumel der Bedrückung für den Augenblick retten will. Man sagt, mehrere wünschten auszuwandern und alles Gegenwärtige zurückzulassen, um sich nur auf die Zukunft nicht zu verbürgen." Der Schluß des Briefes betrifft Persönliches und Geschäftliches, die Bitte, die Briefe für ihn an Cotta in Tübingen zu richten, und einen Gruß seiner Mutter, die nur wünsche, einen so werten Freund ihres Sohnes auch einmal auf ihrem heiteren Zimmer bewirten zu können. An Schiller hatte er den 23. über den Besuch von Hölderlin, wie vorher am 9. über den des ihm gleichfalls empfohlenen Dichters Siegfried Schmidt von Friedberg berichtet, von dem Schiller Gutes hoffte. Am 24. schrieb er dem Verbündeten in Jena: „Ich will Ihnen doch von einer Arbeit sagen, die ich angefangen habe und die doch wohl für die Horen sein wird. Ich habe gegen 200 satirische Kupfer vor mir; ich habe sie gleich schematisiert und finde sie gerichtet: I. Gegen Fremde. a) England. b) Den Papst. c) Österreich. II. Gegen Einheimische. a) Das alte Schreckensreich. b) Modefratzen. 1. In ihrer Übertriebenheit dargestellt. 2. In Verhältnissen untereinander. 3. In Verhältnissen zu veralteten Fratzen. 4. In Finanz- oder anderen politischen Verhältnissen. Ich fange an, sie nun einzeln zu beschreiben und es geht recht gut: denn da sie meist dem Gedanken etwas sagen, witzig, symbolisch, allegorisch sind, so stellen sie sich der Imagination oft ebenso gut und noch besser dar als dem Auge, und wenn man eine so große Masse übersehen kann, so lassen sich über französischen Geist und Kunst im allgemeinen recht artige Bemerkungen machen, und das einzelne, wenn man nicht lichtenbergisieren [mit Bezug auf Lichtenbergs witzige und ausführliche Erklärung der Hogarthschen Kupferstiche] kann noch will, läßt sich doch immer heiter und munter genug stellen, daß man es gerne lesen wird. In der Schweiz finde ich gewiß noch mehr und vielleicht auch die früheren. Es würde daraus

Von Frankfurt nach Heidelberg.

Den 25. August. Bei neblichtem, bedecktem, aber angenehmem Wetter früh nach 7 Uhr von Frankfurt ab. Hinter der Warte war mir ein Kletterer merkwürdig, der mit Hülfe eines Strickes und zweier Eisen an den Schuhen auf die starken und hohen Buchen stieg. Auf der Chaussee von Sprendlingen bis Langen findet sich viel Basalt, der sehr häufig in dieser flach erhobenen Gegend brechen muß; weiterhin sandiges flaches Land, viel Feldbau, aber mager. Ich sah seit Neapel zum erstenmal wieder die Kinder auf der Straße die Pferde-Exkremente in Körbchen sammeln.

Um 12 in Darmstadt, wo wir in einer Viertelstunde expediert wurden. Auf der Chaussee finden sich nun Steine des Grundgebirges, Syenite, Porphyre, Thonschiefer und andere Steinarten dieser Epoche. Darmstadt hat eine artige Lage vor dem Gebirge und ist wahrscheinlich durch die Fortsetzung des Wegs aus der Bergstraße nach Frankfurt in früheren Zeiten entstanden. In der Gegend von Fechenbach liegen sandige Hügel, gleichsam alte Dünen,

ein ganz artiger Aufsatz entstehen, durch welchen das Oktoberstück einen ziemlichen Beitrag erhalten könnte. Im Merkur und Modejournal und anderswo sind schon einige angeführt, die ich nun ins Ganze mit hereinnehme. Ich hoffe, daß sich von dieser oder ähnlicher Art noch manches auf der Reise finden wird und daß ich vom Oktober an wieder mit tüchtigen Beiträgen werde dienen können; denn eigentlich muß man sichs nur vornehmen, so geht es auch. Der gegenwärtige Almanach macht mir doppelt Freude, weil wir ihn doch eigentlich durch Willen und Vorsatz zustande gebracht. Wenn Sie Ihre dichterischen Freunde und Freundinnen nur immerfort aufmuntern und in Bewegung erhalten, so dürfen wir uns künftiges Frühjahr nur wieder vier Wochen zusammensetzen und der nächste ist auch wieder fertig. Leben Sie recht wohl und schreiben mir oft und viel. Mein Koffer ist nach Stuttgart fort, und wenn das Wetter, das diese letzte Zeit regnigt, kalt und trüb war, sich wie es scheint, aufheitert, so lasse ich gleich anspannen. Durch die Bergstraße möchte ich freilich an einem recht heiteren Tag." Freund Meyer kündigte er den 25. seine morgige Abreise an.

2. Den 25. August. Nach dem jetzt gedruckten Tagebuchbericht bearbeitet. — 3. Der Warte, der Galgenwarte. 6. Sprenglingen Tb. 1. — Langen, wo er vor fünfundzwanzig Jahren zuweilen mit Merck zusammengetroffen war. Das Tagebuch gedenkt auch der halben Station Eberbach.

gegen den Rhein vor, und hinterwärts gegen das Gebirg ist eine kleine Vertiefung, wo sehr schöner Feldbau getrieben wird. Bis Zwingenberg bleibt der Melibokus sichtbar, und das schöne, wohlgebaute Thal dauert fort. Die Weinberge fangen an sich über die Hügel bis an das Gebirge auszubreiten. In der Gegend von Heppenheim ist man mit der Ernte wohl zufrieden. Zwei schöne Ochsen, die ich beim Postmeister sah, hatte er im Frühjahr für 23 Karolin gekauft, jetzt würden sie für 18 zu haben sein. Die Kühe sind im Preise nicht gefallen. Wegen Pferdemangel fuhren wir erst halb 6 von Heppenheim weiter. Beim Purpurlichte des Abends waren die Schatten, besonders auf dem grünen Grase, wundersam smaragdgrün. Man passiert zum erstenmal wieder ein Wasser von einiger Bedeutung, die Weschnitz, die bei Gewittern sehr stark anschwillt. Schöne Lage von Weinheim. Abends halb 10 Uhr erreichten wir Heidelberg und kehrten, da der „Goldene Hecht" besetzt war, in den „Drei Königen" ein.

10. Vor Heppenheim gedenkt das Tagebuch der halben Station Bentzheim, hinter Heppenheim, vor „Beim Purpurlichte" steht: „Hemsbach. Die Birnbäume hingen unglaublich voll." — 14. Weinheim, wo er auf dem Wege nach Italien am Abend des 30. Oktober 1775 den merkwürdigen weinseligen Brief geschrieben hatte. — 15. Wir, ich mit Geist. — 16. Hier folgt im Tagebuch noch: „Den 26. August. Man lobt hier die Ernte; sie soll, besonders im Spelz, beinah doppelt ausgefallen sein."

Heidelberg.

Heidelberg, den 26. August. Ich sah Heidelberg an einem völlig klaren Morgen, der durch eine angenehme Luft zugleich kühl und erquicklich war. Die Stadt in ihrer Lage und mit ihrer ganzen Umgebung hat, man darf sagen, etwas Ideales, das man sich erst recht deutlich machen kann, wenn man mit der Landschaftsmalerei bekannt ist, und wenn man weiß, was denkende Künstler aus der Natur genommen und in die Natur hineingelegt haben. Ich ging in Erinnerung früherer Zeiten über die schöne Brücke und am rechten Ufer des Neckars hinauf. Etwas weiter oben, wenn man zurücksieht, hat man die Stadt und die ganze Lage in ihrem schönsten Verhältnisse vor sich. Sie ist in der Länge auf einem schmalen Raum zwischen den Bergen und dem Flusse gebaut; das obere Thor schließt sich unmittelbar an die Felsen an, an deren Fuß die Landstraße nach Neckargemünd nur die nötige Breite hat. Über dem Thore steht das alte verfallene Schloß in seinen großen und ernsten Halbruinen. Den Weg hinauf bezeichnet, durch Bäume und Büsche blickend, eine Straße kleiner Häuser, die einen sehr angenehmen Anblick gewährt, indem man die Verbindung des alten Schlosses und der Stadt bewohnt und belebt sieht. Darunter zeigt sich die Masse einer wohlgebauten Kirche und so weiter die Stadt mit ihren Häusern und Türmen, über die sich ein völlig bewachsener Berg erhebt, höher als der Schloßberg, indem er in großen Partieen den roten Felsen, aus dem er besteht, sehen läßt. Wirft man den Blick auf den Fluß

2. Den 26. August. Nach dem Tagebuch, wo 12 vor sich fehlt, 15 nur nach Fuß steht, 23 erhebt fehlt, 25 nach läßt noch folgt hinabwärts fort. — 9. Früherer Zeiten, der Jahre 1771 und 1775. 14. gebauet Tb. 1. — Das obere Thor, das Karlsthor. — 17. Hinauf, stromaufwärts. — 21 f. Einer wohlgebauten Kirche, der Heiligengeistkirche. — 23. Ein völlig bewachsener Berg, der Gaisberg.

hinaufwärts, so sieht man einen großen Teil des Wassers zu Gunsten einer Mühle, die gleich unter dem unteren Thore liegt, zu einer schönen Fläche gestemmt, indessen der übrige Strom über abgerundete Granitbänke in dieser Jahreszeit seicht dahin und nach der Brücke zu fließt, welche, im echten guten Sinne gebaut, dem Ganzen eine edle Würde verleiht, besonders in den Augen desjenigen, der sich noch der alten hölzernen Brücke erinnert. Die Statue des Kurfürsten, die hier mit doppeltem Rechte steht, sowie die Statue der Minerva von der anderen Seite wünscht man um einen Bogen weiter nach der Mitte zu, wo sie, am Anfang der horizontalen Brücke um so viel höher, sich viel besser und freier in der Luft zeigen würden. Allein bei näherer Betrachtung der Konstruktion möchte sich finden, daß die starken Pfeiler, auf welchen die Statuen stehen, hier zur Festigkeit der Brücke nötig sind; da denn die Schönheit, wie billig, der Notwendigkeit weichen mußte.

Der Granit, der an dem Wege heraussteht, machte mir mit seinen Feldspathkrystallen einen angenehmen Eindruck. Wenn man diese Steinarten an so ganz entfernten Orten gekannt hat und wiederfindet, so geben sie uns eine erfreuliche Andeutung des stillen und großen Verhältnisses der Grundlagen unserer bewohnten Welt gegen einander. Daß der Granit noch so ganz kurz an einer großen Plaine hervorspringt und spätere Gebirgsarten im Rücken hat, ist ein Fall, der mehr vorkommt; besonders ist der von der Roßtrappe merkwürdig. Zwischen dem Brocken und den ebengenannten ungeheuren Granitfelsen, die so weit vorliegen, finden sich verschiedene Arten Porphyre, Kieselschiefer u. s. w. Doch ich kehre vom rauhen Harz in diese heitere Gegend gern und geschwind zurück und sehe durch diesen Granit eine schöne Straße geebnet; ich sehe hohe Mauern aufgeführt, um das Erdreich der untersten Weinberge zusammenzuhalten, die sich auf dieser rechten Seite des Flusses den Berg hinauf, gegen die Sonne gekehrt, verbreiten.

Ich ging in die Stadt zurück, eine Freundin zu besuchen, und sodann zum Oberthore hinaus. Hier hat die Lage und Ge-

Das Tagebuch hat 1 man eine große Fläche davon zu, 19 so machen sie einen angenehmen Eindruck, 24 vom Roßtrab, 21 f. Brocken und zwischen diesen ungeheuern, 28 diese Granitfelsen. — 8. Des Kurfürsten, Karl Theodor, der Erbauers der Brücke nach dem Eisgange von 1784. — 18. An so ganz entfernten Orten. Goethe hatte sie an vielen Punkten Deutschlands, auf dem Brenner und in Italien gefunden. — 33. Eine Freundin, die weiter unten genannte Fräulein Helene Dorothea Delph, die er zuletzt vor vier Jahren besucht hatte.

gend keinen malerischen, aber einen sehr natürlich schönen Anblick. Gegenüber sieht man nun die hohen, gut gebauten Weinberge, an deren Mauer man erst hinging, in ihrer ganzen Ausdehnung. Die kleinen Häuser darin machen mit ihren Lauben sehr artige Partieen, und es sind einige, die als die schönsten malerischen Studien gelten könnten. Die Sonne machte Licht und Schatten sowie die Farben deutlich; wenige Wolken stiegen auf.

Die Brücke zeigt sich von hier aus in einer Schönheit wie vielleicht keine Brücke der Welt; durch die Bogen sieht man den Neckar nach den flachen Rheingegenden fließen und über ihr die lichtblauen Gebirge jenseit des Rheins in der Ferne. An der rechten Seite schließt ein bewachsener Fels mit rötlichen Seiten, der sich mit der Region der Weinberge verbindet, die Aussicht.

Gegen Abend ging ich mit Demoiselle Delph nach der Plaine, zuerst an den Weinbergen hin, dann auf die große Chaussee herunter bis dahin, wo man Rohrbach sehen kann. Hier wird die Lage von Heidelberg doppelt interessant, da man, die wohlgebauten Weinberge im Rücken, die herrliche fruchtbare Plaine bis gegen den Rhein und dann die überrheinischen blauen Gebirge in ihrer ganzen Reihe vor sich sieht. Abends besuchten wir Frau von Cathcart und ihre Tochter, zwei sehr gebildete und würdige Personen, die im Elsaß und Zweibrücken großen Verlust erlitten. Sie empfahl mir ihren Sohn, der gegenwärtig in Jena studiert.

An der Table d'hôte waren gute Bemerkungen zu machen. Eine Gesellschaft österreichischer Offiziere, teils von der Armee, teils von der Verpflegung, gewöhnliche Gäste, unterhielten sich heiter und in ihren verschiedenen Verhältnissen des Alters und der Grade ganz artig. Sie lasen in einem Briefe, worin einem neuen Eskadronchef von einem humoristischen Kameraden und Untergebenen zu seiner neuen Stelle Glück gewünscht wird. Unter anderen sehr leidlichen Bonmots war mir das eindrücklichste: „Offiziere und Gemeine gratulieren sich, endlich aus den Klauen der Demoiselle Rosine erlöst zu sein." Andere brachten gelegentlich Eigenheiten und Unerträglichkeiten verschiedener Chefs aus eigener Erfahrung zur Sprache. Einer fand grüne Schabracken

3. Tb. *hingehen*, Schreibfehler. — 20 f. *Frau von Cathcart*, aus einer schottischen Familie. Lord William Cathcart hatte bis Ende 1795 sich als Generalmajor in Norddeutschland ausgezeichnet. — 21. Vorher Abteilungsstrich nebst dem wiederholten Datum des 26. 1. — 31. Tb. *Unerträglichkeiten der Proprietaires* (Regimentsinhaber).

mit roten Borten bei seiner Eskadron und erklärte diese Farben für ganz abscheulich; er befahl also in Gefolg dieses Geschmacksurteils sogleich, daß man rote Schabracken mit grünen Borten anschaffen sollte. Ebenso befahl er auch, daß die Offiziere Hals- und Hosenschnallen völlig überein tragen sollten und daß der Obrist alle Monate genau darnach zu sehen habe.

Überhaupt bemerkte ich, daß sie sämtlich sehr geschickt und sogar mit Geist und Verwegenheit, mit mehr oder weniger Geschmack, die richtige und komische Seite der Sachen auffanden; doch zuletzt war das Sonderbare, daß ein einziges vernünftiges Wort die ganze Gesellschaft aus der Fassung brachte. Einer erzählte nämlich von dem Einschlagen eines Gewitters und sagte bezüglich auf den alten Aberglauben, daß so ein Haus eben immer abbrenne. Einer von den Freunden, der, wie ich wohl nachher merkte, ein wenig in Naturwissenschaften gepfuscht haben mochte, versetzte sogleich: „Ja, wenn es nicht gelöscht wird!" worin er zwar ganz recht hatte, allein zugleich zu vielem Hin- und Wiederreden Anlaß gab, bei dem der ganze Diskurs in Konfusion geriet, unangenehm wurde und zuletzt sich in ein allgemeines Stillschweigen verlor.

Unter anderen skizzierten sie auch einen Charakter, der wohl irgendwo zu brauchen wäre: ein schweigender, allenfalls trockenhumoristischer Mensch, der aber, wenn er erzählt und schwört, gewiß eine Lüge sagt, sie aber ohne Zweifel selbst glaubt.

Geschichten vom General W. und seinem Sohne, der im Elsaß zuerst zu plündern und zu vexieren anfing. Überhaupt von der seltsamen Konstitution der Armee. Ein Wunsch des Gemeinen nach Krieg, des Offiziers nach Frieden.

2. Im Tb. fehlt für, darauf steht und befahl in. — 4. Tb. hier und 49, 32 Officiers. — 8. Tb. mitunter statt sogar. — 16. Tb woran. — 22. irgendswo Tb.

Von Heidelberg über Heilbronn und Ludwigsburg nach Stuttgart.

Den 27. August. Aus Heidelberg um 6 Uhr, an einem kühlen und heiteren Morgen. Der Weg geht am linken Ufer des Neckars hinaus zwischen Granitfelsen und Nußbäumen. Drüben liegt ein Stift und Spital sehr anmutig. Rechts am Wege stehen kleine Häuser mit ihren Besitzungen, die sich den Berg hinauf erstrecken. Über dem Wasser am Ende der Weinbergshöhe, die sich von Heidelberg heraufzieht, liegt Ziegelhausen. Es legen sich neue Gebirge und Thäler an; man fährt durch Schlierbach. Über dem Wasser sieht man Sandsteinfelsen in horizontalen Lagen, diesseits am linken Ufer Frucht- und Weinbau. Man fährt an Sandsteinfelsen vorbei; es zeigt sich über dem Wasser eine schöne, sanft ablaufende wohlgebaute Erdspitze, um die der Neckar herumkommt. Der Blick auf Neckargemünd ist sehr schön; die Gegend erweitert sich und ist fruchtbar.

Neckargemünd ist eine artige, reinliche Stadt. Das obere Thor ist neu und gut gebaut; ein scheinbarer Fallgatter schließt den oberen Halbzirkel. Man hat hier den Neckar verlassen; man findet Maulbeerbäume, dann neben einer geraden Chaussee durch ein sanftes, nicht breites Thal an beiden Seiten Feld-, Obst- und Gartenbau; die gleichen Höhen sind an beiden Seiten mit Wald bedeckt; man sieht kein Wasser. Der Wald verliert sich, die Höhen werden mannigfaltiger, man findet nur Fruchtbau; die Gegend sieht einer thüringischen ähnlich.

1. Von Heidelberg. In den folgenden Berichten hat Eckermann, wohl mit Goethes Bewilligung, den Ausdruck vielfach geglättet, manche Schreibfehler und falsche Namensformen verbessert. Wir gehen darauf nur ausnahmsweis ein. — 3. Zinsheim, den Tb. 1. — 6. Stift, Neuburg, das aber kein Spital hatte. — 8. Weinbergshöhe, wofür Weinhöhe schon im „Götz".

Wiesenbach, sauberes Dorf, alles mit Ziegeln gedeckt. Die Männer tragen blaue Röcke und mit gewirkten Blumen gezierte weiße Westen. Hier fließt wenig Wasser. Der Hafer war eben geschnitten und das Feld fast leer. Der Boden ist lehmig, der Weg geht bergauf, man sieht wenig Bäume; die Wege sind leidlich repariert.

Mauer liegt freundlich; eine artige Pappelallee führt vom Dorfe nach einem Lusthause. Die Weiber haben eine katholische, nicht unangenehme Bildung. Die Männer sind höflich, keine Spur von Roheit; man bemerkt eher eine sittliche Stille. Hinter dem Orte findet man eine Allee von Kirschbäumen an der Chaussee, die durch feuchte Wiesen erhöht durchgeht; sie wird mit Kalkstein gebessert.

Meckesheim liegt artig an einem Kalksteinhügel, der mit Wein bebaut ist; es hat Wiesen und Feldbau. Zutzenhausen, auf Lehmhügeln; guter Fruchtbau an der rechten Seite, links Wiesen und anmutige waldige Hügel. Hoffenheim. Von da geht eine schöne alte Pappelallee bis Sinsheim, wo wir ein Viertel nach 10 Uhr ankamen und in den „Drei Königen“ einkehrten.

Sinsheim hat das Ansehen eines nach der Landesart heiteren Landstädtchens. Das gut angelegte Pflaster ist nach dem Kriege nicht repariert worden. Ich bemerkte eine Anstalt, die ich in dem sehr reinlichen Neckargemünd auch schon, doch in einem sehr viel geringeren Grade, gesehen hatte, daß nämlich Mist und Gassenkot mehr oder weniger an die Häuser angedrückt war. Der Hauptweg in der Mitte, die Gossen an beiden Seiten und die Pflasterwege vor den Häusern bleiben dadurch ziemlich rein. Der Bürger, der gelegentlich seinen Dung auf die Felder schaffen will, ist nicht durch eine allzu ängstliche Polizei gequält, und wenn er den Unrat sich häufen läßt, so muß er ihn unter seinen Fenstern dulden; das Publikum aber ist auf der Straße wenig oder gar nicht inkommodiert.

Sinsheim hat schöne Wiesen und Felder, viel Kleebau, und die Stallfütterung ist hier allgemein. Sie haben auch von der Viehseuche viel gelitten, die noch in der Nachbarschaft grassiert. Die Gemeinde hat das Recht, zusammen 1000 Schafe zu halten, welches mit einer Anzahl Wiesen, diese zu überwintern, verpachtet

6. Repariert, nach dem Kriege. — 10. Tb. hat nach Stille noch: „Runkelrüben und Hanf standen allein noch auf den Feldern.“ — 11. Tb. „Feldbau vor sich“. — 35. Gemeine Tb. 1.

ist. Die Schafe werden auf Stoppeln und Brache getrieben. Sobald das Grummet von den Wiesen ist, kommt erst das Rindvieh drauf; die Schafe nicht eher, als bis es gefroren hat.

Es ist eine Administration hier, welche die ehemaligen Kirchgüter verwaltet, an denen Katholiken und Lutheraner in gewissen Proportionen teilnehmen.

Eine Klafter Holz, 6 Fuß breit, 6 Fuß hoch und die Scheite 4 Fuß lang, kostet bis ans Haus 18 Florin; das Pfund Butter kostet gegenwärtig 30 Kreuzer, in Heidelberg 48 Kreuzer.

Um 2 Uhr von Sinsheim ab. Draußen links liegt ein ansehnliches Kloster; eine alte schöne Pappelallee begleitet die Straße. Vorwärts und weiter rechts sieht man an einem schönen Wiesengrund Rohrbach und Steinfurt liegen, durch welche man nachher durchkommt. Die Pappeln dauern fort; wo sie auf der Höhe aufhören, fangen Kirschbäume an, die aber traurig stehen. Der Feldbau ist auf den Höhen und den sanften Gründen wie bisher; der Weg steigt sanft aufwärts. Die Kirschbäume zeigen sich schöner gewachsen. Flötzkalk in schmalen, horizontalen, sehr zerklüfteten Schichten. Über der Höhe gehen die Pappeln wieder an.

Kirchhard. Der Weg geht wieder auf- und absteigend. Der horizontale Kalk dauert fort. Gerade Chausseen und schöner Fruchtbau bis Fürfeld. Geringer Landort. Weiter dauern die Fruchtbäume fort. Auf dieser ganzen Fahrt sieht man wenig oder gar kein Wasser. Man erblickt nun die Berge des Neckarthals.

Kirchhausen liegt zwischen anmutigen Gärten und Baumanlagen; dahinter ist eine schöne Aussicht nach den Gebirgen des Neckars. Man kommt durch ein artiges Wäldchen und durch eine Pappelallee bis Frankenbach. Die Kieshügel an der Chaussee erleichtern sehr die Erhaltung derselben. Schöne Pappelallee bis Heilbronn, die hie und da, wahrscheinlich vom Fuhrwerk, im Kriege gelitten hat, und deren baldige Rekrutierung nach dem Frieden jeder Reisende zum Vergnügen seiner Nachfolger wünschen muß. Überhaupt sind von Heidelberg hierher die Chausseen meist mit mehr oder weniger Sorgfalt gebessert.

Abends um 6 Uhr erreichten wir Heilbronn und stiegen in der „Sonne", einem schönen und, wenn er fertig sein wird, bequemen Gasthofe ab.

10 f. ein artiges 1. — 17. sanft fehlt 1.

Heilbronn, den 28. August. Wenn man sich einen günstigen Begriff von Heilbronn machen will, so muß man um die Stadt gehen. Die Mauern und Gräben sind ein wichtiges Denkmal der vorigen Zeiten. Die Gräben sind sehr tief und fast bis herauf gemauert, die Mauern hoch und aus Quaderstücken gut gefugt und in den neueren Zeiten genau verstrichen. Die Steine waren als Rustika gehauen, doch sind die Vorsprünge jetzt meistens verwittert. Das geringe Bedürfnis der alten Defension kann man hier recht sehen. Hier ist bloß auf Tiefe und Höhe gerechnet, die freilich kein Mensch leicht übersteigen wird; aber die Mauer geht in geraden Linien, und die Türme springen nicht einmal vor, so daß kein Teil der Mauer von der Seite verteidigt ist. Man sieht recht, daß man das Sturmlaufen bei der Anlage dieses großen Werks für unmöglich gehalten hat; denn jede Schießscharte verteidigt eigentlich geradeaus nur sich selbst. Die Türme sind viereckt und hoch; unten an der Mauer her geht ein gemauerter, bedeckter Weg. Die Türme an den Thoren springen vor, und es sind daselbst die nötigen Außenwerke angebracht; nirgends ist ein Versuch einer Befestigung nach neuer Art sichtbar. Unterhalb des bedeckten Weges und an dessen Stelle sind an einigen Orten Baumschulen und andere Pflanzungen angelegt.

Eine schöne Allee führt um den größten Teil des Grabens. Sie besteht aus Linden und Kastanien, die als Gewölbe gehauen und gezogen sind; die Gärten stoßen gleich daran als größere und kleinere Besitzungen.

Die Stadt ist ihrer glücklichen Lage, ihrer schönen und fruchtbaren Gegend nach auf Garten-, Frucht- und Weinbau gegründet, und man sieht, wie sie zu einer gewissen Zeit der Unruhe sich entschließen mußte, die sämtlichen Bewohner, sowohl die gewerbetreibenden als ackerbauenden, in ihre Mauern einzuschließen. Da sie ziemlich auf der Plaine liegt, sind ihre Straßen nicht ängstlich, aber meist alt, mit überhängenden Giebeln. Auf die Straße gehen große hölzerne Rinnen, die das Wasser über die Seitenwege, welche an den Häusern her größtenteils erhöht gepflastert sind, hinwegführen. Die Hauptstraßen sind meistens rein, aber die kleineren, besonders nach den Mauern zu, scheinen hauptsächlich von Gärtnern und Ackerleuten bewohnt zu sein. Die Straße dient

1. 28. August. Es war sein Geburtstag. — 4. Zeit Tb. 1. — 21 f. Tb. in größern und kleinern. — 29. Tb. alle sämtlichen.

jedem kleinen Hausbesitzer zum Misthof; Ställe und Scheune, alles ist dort, jedoch nur klein und von jedem einzelnen Besitzer zusammengedrängt. Ein einziges großes steinernes Gebäude zu Aufbewahrung der Frucht bemerkte ich, das einen reichen Besitzer ankündigte. Man sieht nicht wie an anderen Orten verschiedene Epochen der Bauart, besonders keine Ämulation, die solche Epochen mit sich führen. Ein einziges Gebäude zeichnet sich aus, das durch die Bildsäule des Äskulap und durch die Basreliefs von zwei Einhörnern sich als Apotheke ankündigt. Noch einige neue steinerne, aber ganz schlichte Häuser finden sich auch; das Übrige ist alles von altem Schlag, doch wird sich das Gasthaus der Sonne durch einen Sprung, wenn es fertig ist, auszeichnen. Es ist ganz von Stein und im guten, wenn schon nicht im besten Geschmack, ungefähr wie das Sarasinische auf dem Kornmarkt zu Frankfurt. Das Untergeschoß hat recht wohnbare Mezzaninen, darüber folgen noch zwei Geschosse. Die Zimmer, so weit sie fertig, sind geschmackvoll und sehr artig mit französischem Papier ausgeschmückt.

Was öffentliche Gemeindeanstalten betrifft, so scheint man in einer sehr frühen Zeit mit Mäßigkeit darauf bedacht gewesen zu sein. Die alten Kirchen sind nicht groß, von außen einfach und ohne Zierat. Der Markt mäßig, das Rathaus nicht groß, aber schicklich. Die Fleischbänke, ein uraltes, ringsum frei auf Säulen stehendes, mit einer hölzernen Decke bedecktes Gebäude. Sie sind wenigstens viel löblicher als die Frankfurter, scheinen aber für die gegenwärtige Zeit zu klein oder aus sonst einer Ursache verlassen. Ich fand wenig Fleischer darin; hingegen haben die Metzger an ihren in der Stadt zerstreuten Häusern ihre Ware aufgelegt und ausgehängt: ein böser und unreinlicher Mißbrauch. Das weiße Brot ist hier sehr schön. Männer und Frauenzimmer gehen ordentlich, aber nicht sehr modisch gekleidet. Es werden keine Juden hier gelitten. Eine Beschreibung oder Plan konnte ich von Heilbronn nicht erhalten.

Was ich aus dem Erzählten und anderen Symptomen durch das bloße Anschauen schließen kann, ist, daß die Stadt durch den Grund und Boden, den sie besitzt, mehr als durch etwas anderes

8. Aeskulaps Tb. 1. — 11. Tb. zur Sonne. — 14. Sarasinische. Die Familie Sarasin oder Saraisin gehörte zur reformierten französischen Gemeinde. — 15. Mezzaninen, Zwischengeschosse. — 30 f. Das Tb. giebt „Es werden … gelitten“ erst S. 56, 14 nach Denkart.

wohlhabend ist; daß die Glücksgüter ziemlich gleich ausgeteilt sind; daß jeder still in seinem Einzelnen vor sich hinlebt, ohne gerade viel auf seine Umgebungen und aufs Äußere verwenden zu wollen; daß die Stadt übrigens eine gute Gewerbsnahrung, aber keinen ansehnlichen Handel hat; daß sie auf gemeine bürgerliche Gleichheit fundiert ist; daß weder Geistlichkeit noch Edelleute in früheren Zeiten großen Fuß in der Stadt gefaßt hatten; daß das öffentliche Wesen reich und mächtig war und daß es bis jetzt noch an einer guten, mäßigen Verwaltung nicht fehlen mag. Der Umstand, daß der neuerbaute Gasthof auf einmal über alle Stufen der Architektur wegsprang, mag ein Zeugnis sein, wie viel die Bürgerklasse in diesen Zeiten gewonnen hat.

Die Menschen sind durchaus höflich und zeigen in ihrem Betragen eine gute, natürliche, stille, bürgerliche Denkart. Die Mägde sind meist schöne, stark und fein gebildete Mädchen und geben einen Begriff von der Bildung des Landvolks; sie gehen aber meistenteils schmutzig, weil sie mit zu dem Feldbau der Familien gebraucht werden.

Der Neckar ist oberhalb und unterhalb der Stadt zum Behufe verschiedener Mühlen durch Wehre gedämmt; die Schiffahrt von unten herauf geht also nur bis hierher, wo ausgeladen werden muß; man lädt oberhalb wieder ein und kann bis Cannstatt fahren. Diese Schiffe tragen bei hohem Wasser ungefähr 800 Zentner. Auch wird hier viel ausgeladen und weiter ins Land hinein zur Achse transportiert.

Vor dem Thor steht ein großes Gebäude, das ehemals ein Waisenhaus war; die Waisen sind aber gegenwärtig nach den bekannten Beispielen auf Dörfer verteilt.

Das Wirtshausgebäude ist von einem Zweibrücker Baumeister, der sich in Paris aufgehalten, gebaut und von ihm sowohl das Ganze als das Einzelne angegeben. Daß die Handwerker ihn nicht völlig sekundierten, sieht man am einzelnen.

An den Fensterscheiben fand ich eine Sonderbarkeit. Es sind länglich viereckte Tafeln, die in der Quere stehen und unten eingebogen sind, so daß man von dem Fenster und dem Rahmen

2. Es soll wohl Eigenen heißen. — 8. Nach Wesen haben wir in früheren Zeiten gestrichen, was Eckermann versäumt hatte, obgleich die Wiederholung auf Versehen beruhen muß. — 11. Tb. diese statt die. — 27 f. Nach den bekannten Beispielen. Auch in Weimar wurden sie schon seit 1784 in Bürgerhäusern erzogen, während in Frankfurt die Waisenhauserziehung (das Haus war 1675 erbaut worden) sich erhalten hatte.

etwas abnehmen müßte. Der Hausherr sagte mir nur, daß der Glaser sich nach den Tafeln habe richten müssen; er glaubt, daß sie sich, wenn sie noch biegsam sind, so werfen. Ich kann auch nichts Zweckmäßiges darin finden. Übrigens ist es Lohrer Glas.

An der Wirtstafel speiste außer der Hausfamilie noch der Oberamtmann von Möckmühl und die Seinen.

Abends um 6 Uhr fuhr ich mit dem Bruder des Wirtes auf den Wartberg. Es ist, weil Heilbronn in der Tiefe liegt, eigentlich die Warte und dient anstatt eines Hauptturms. Die wesentliche Einrichtung oben aber ist eine Glocke, wodurch den Ackerleuten und besonders Weingärtnern ihre Feierstunde angekündigt wird. Der Turm liegt ungefähr eine halbe Stunde von der Stadt auf einer mit buschigem Holz oben bewachsenen Höhe, an deren Fuß Weinberge sich hinunterziehen. In der Nähe des Turmes steht ein artiges Gebäude mit einem großen Saale und einigen Nebenzimmern, wo die Woche einigemal getanzt wird. Wir fanden eben die Sonne als eine blutrote Scheibe in einem wahren Sciroccoduft rechts von Wimpfen untergehen. Der Neckar schlängelt sich ruhig durch die Gegend, die von beiden Seiten des Flusses sanft aufsteigt. Heilbronn liegt am Flusse, und das Erdreich erhöht sich nach und nach bis gegen die Hügel in Norden und Nordosten. Alles, was man übersieht, ist fruchtbar; das Nächste sind Weinberge, und die Stadt selbst liegt in einer großen grünen Masse von Gärten. Der Anblick erweckt das Gefühl von einem ruhigen, breiten, hinreichenden Genuß. Es sollen 12000 Morgen Weinberge um die Stadt liegen; die Gärten sind sehr teuer, so daß wohl 1500 Florin für einen Morgen gegeben werden.

Ich hatte sehr schönes Vieh gesehen und fragte darnach. Man sagte mir, daß vor dem Kriege 2000 Stück in der Stadt gewesen, die man aber aus Sorge vor der Viehseuche nach und nach abgeschafft und erst wieder herbeischaffen werde; eine Kuh könne immer 12 bis 18 Karolin kosten und wert sein. Viele halten sie auf Stallfütterung; geringe Leute haben Gelegenheit, sie auf die Weide zu schicken, wozu die Gemeinde schöne Wiesen besitzt.

Ich fragte nach dem Bauwesen. Der Stadtrat hat es vor

4. **Lohrer**, von dem Fabrikstädtchen Lohr am Main. — 6. Th. und **seine Frauenzimmer**. — 7. **Wirths** l. — 7—17. Vor **Abends** um 6 **Uhr** Zwischenraum und in der Mitte ein Sternchen — 9 f. **Die eigentliche**. — 12. **Ungefähr eine halbe**, drei Viertel Neuerdings ist der Wartberg auch durch seine glänzende Feier der Weinlese, seine „Herbste“ berühmt.

dem Kriege sehr zu befördern gesucht; besonders wird der Burgemeister gerühmt, der schöne Kenntnisse besessen und sich dieses Teils sehr angenommen. Vor dem Kriege hat man von seiten der Stadt demjenigen, der nach Vorschrift von Stein baute, die Steine umsonst angefahren und ihm leicht verzinslichen Vorschuß gegeben. Was diese Vorsorge gefruchtet und warum sich die Baulust nicht mehr ausgebreitet, verdient einer näheren Untersuchung.

Die Obrigkeit besteht aus lauter Protestanten und Studierten. Sie scheint sehr gut haus zu halten; denn sie hat die bisherigen Kriegslasten ohne Aufborgung oder neue Auflagen bestritten. Einer Kontribution der Franzosen ist die Stadt glücklich entgangen. Sie war auf 140 000 Gulden angesetzt, die auch schon parat lagen. Jetzt werden alle Vorspanne, welche die Österreicher verlangen, aus dem Ärarium bezahlt, und die Bürger verdienen dabei. Das beste Zeichen einer guten Wirtschaft ist, daß die Stadt fortfährt, Grundstücke zu kaufen, besonders von fremden Besitzern in der Nachbarschaft. Hätten die Reichsstädte in früherer Zeit diesen großen Grundsatz von den Klöstern gelernt, so hätten sie sich sehr erweitern und zum Teil manchen Verdruß ersparen können, wenn sie fremde Besitzer mitunter in ihr Territorium einkaufen ließen.

Die Stadt hat eine Schneidemühle mit dem Rechte, allein Bauholz und Bretter zu verkaufen. Diese Befugnisse sind auf 30 Jahre verpachtet. Der Einwohner kann zwar von einem vorbeifahrenden Flößer auch kaufen, muß aber dem Monopolisten einen Batzen vom Gulden abgeben, so wie der Flößer diesem auch eine Abgabe zahlen muß. Da nun der Pachter, indem er Holz im großen kauft und selbst flößt, das Holz so wohlfeil als der Flößer geben kann, so kann er sich einen guten Vorteil machen. Dagegen wird er, wenn er es zu hoch treiben wollte, wieder durch die Konkurrenz des Flößers balanciert. Unter diesen Umständen scheint also nicht, wie ich anfangs glaubte, diese Art von bedingtem Alleinhandel dem Bauen hinderlich zu sein.

Was die Abgaben betrifft, so sollen die Grundstücke sehr gering, das bare Vermögen hingegen und die Kapitalien hoch belegt sein.

1 f. Bürgermeister 1. Goethe brauchte regelmäßig Burgemeister. — 12. sie für die Stadt Tb. — 28. bezahlen und Absatz vor Da 1.

Bei Erzählung von der Warte habe ich einer artigen alten Einrichtung zu erwähnen vergessen. Oben auf dem Turm steht ein hohler, mit Kupferblech beschlagener großer Knopf, der 12 bis 16 Personen zur Not fassen könnte. Diesen konnte man ehemals mannshoch in die Höhe winden und ebenso unmittelbar wieder auf das Dach herablassen. So lang der Knopf in der Höhe stand, mußten die Arbeiter ihr Tagewerk verrichten; sobald er niedergelassen ward, war Mittagsruhe oder Feierabend. Seiner Größe wegen konnte man ihn überall erkennen, und dieses dauernde sichtbare Zeichen war zuverlässiger als das Zeichen der Glocke, das doch verhört werden kann. Schade, daß dieses Denkmal alter Sinnlichkeit außer Gebrauch gekommen ist.

In dem Hinfahren sah ich auch Weinsberg liegen, nach dem man wohl, wie Bürger thut, fragen muß, da es sehr zwischen Hügel hineingedrückt ist, am Fuße des Berges, auf dem das durch Frauentreue berühmte, jetzt zerstörte Schloß liegt, dessen Ruinen ich denn auch, wie billig, begrüßt habe.

Auch hier ist man mit der Ernte sehr zufrieden. Sie kam, wie überall, sehr lebhaft hintereinander, so daß die Winterfrüchte zugleich mit den Sommerfrüchten reif wurden. Der Feldbau ist auch hier in drei Jahresabteilungen eingeteilt, obgleich kein Feld brach liegt, sondern im dritten Jahre mit Hafer bestellt wird. Außerdem benutzt ein jeder, insofern er es mit der Düngung zwingen kann, seinen Boden in der Zwischenzeit, wie es angeht, z. B. mit Sommerrüben.

Ludwigsburg den 29. August. Von Heilbronn gegen 5 Uhr, vor Sonnenaufgang, fort. Der Weg führt erst durch schöne Gärtnerei, verläßt dann die Allee, und man kommt auf die alte Ludwigsburger Straße. Nebel bezeichneten den Gang des Neckars. Böckingen lag rechts im Nebel des Neckarthales; links auf der Fläche sah man Feldbau. Man kommt durch Sontheim, das deutschherrisch ist, und sieht in der Ebene eine immer abwechselnde Fruchtbarkeit,

9. Tb. Größe nach. — 10. Tb. ist sichrer — 14. Wie Bürger thut. Seine Ballade beginnt: „Wer sagt mir an, wo Weinsberg liegt?“ — 18. Vor Sie kam, nicht vor Auch hier, Absatz 1. — 29. Bockingen Tb 1. — 31. Deutschherrisch ist, dem deutschen Orden, den sogenannten deutschen Herren, gehört, deren durch ganz Deutschland zerstreute Besitzungen in 11 Balleien geteilt waren. Vgl S. 58, 31.

bald Wein, bald Feldbau. Wir fuhren quer durch den oberen Teil eines artigen Wiesenthals, an dem weiter unten Schloß und Dorf Thalheim liegt. Hier wird der horizontale Kalkstein wieder angetroffen.

Lauffen hat eine artige Lage, teils auf der Höhe, teils am Wasser. Die Weinberge sind wieder häufig, und der Boden ist so gut, daß sie nach der Ernte noch Türkisch Korn gesät hatten, das grün abgehauen und verfüttert wird. Durch eine schöne Allee von Obstbäumen fahrend, sahen wir bald den Neckar wieder und kamen durch Kirchheim, genannt am Neckar. Wir ließen den Fluß links im Rücken, der zwischen engeren Hügeln durchgeht, aber hie und da an den ausspringenden Winkeln schöne flache Rücken läßt zum Frucht- und Weinbau.

Halb 7 Uhr kamen wir nach Besigheim, wo wir ein wenig fütterten. Die Enz und der Neckar fließen hier zusammen, und die horizontalen Kalkfelsen, mit Mauerwerk artig zu Terrassen verbunden und mit Wein bepflanzt, gewähren einen erfreulichen Anblick. Brücke über die Enz. Hinter Bietigheim fuhren wir an mächtigen Kalklagern vorbei durch eine schöne Allee von Fruchtbäumen. Man sah ferne und nahe Wäldchen durch Alleen verbunden und hatte den Asperg und bald Ludwigsburg vor Augen, wo wir, da der Tag sehr heiß war, bis gegen Abend verweilten.

Das bekannte geräumige Schloß in Ludwigsburg ist sehr wohnbar, aber sowohl das alte als das neue in verhältnismäßig bösem Geschmack ausgeziert und möbliert. Im neuen gefielen mir die egalen Parketts von eichenem Holze, die sich sehr gut gehalten hatten. Wahrscheinlich waren sie nicht gerissen, weil die Etage an den Garten stößt und nur wenig über ihn erhoben ist. Auf einer Galerie waren alte schlichte Gemälde von Venetianischen Lustbarkeiten, worunter auch die berühmte Brückenschlacht von Pisa. Diese Bilder, besonders dies eine, ob es gleich gar kein Kunstverdienst hat, ist dennoch sehr merkwürdig; denn man sieht, wie der unsinnigste Streich zum Spaß der ganzen Welt gereicht, die alle Balkone füllt und mit Zujauchzen, Schnupftuchwinken und

5. Tb. Laufen. Eine. — 7. gesäet Tb. 1. — 21. Den Asperg, den Hohenasperg. — 23. Ludwigsburg hatte Goethe schon 1779 mit dem Herzog und dem mittlerweile verstorbenen Herzog Karl Eugen von Württemberg besucht. Diesmal weilte er dort von 9 Uhr bis 5 Uhr abends. — 25. meubliert Tb. 1. — 30. Brückenschlacht von Pisa, gegen die Florentiner. — 33. Tb. Streich gleich einen ... [Zwischenraum] an dem Schiffe steht zum, offenbar vom Schreiber verhört. — gereicht fehlt Tb.

sonstigem Anteil lebhaft ergötzt ist. Das Bild ist nicht übel, zwar nach Art der Dutzendbilder, fabrikmäßig, aber doch charakteristisch gemalt.

Das große Operntheater ist ein merkwürdiges Gebäude, aus Holz und leichten Brettern zusammengeschlagen, und zeugt von dem Geiste des Erbauers, der viele und hohe Gäste würdig und bequem unterhalten wollte. Das Theater ist 80 Schritte breit, auch ungeheuer hoch, indem das Haus vier Logen enthält; in seiner möglichen Länge hat es 76 Schritt. Das Proscenium und das Orchester ist sehr groß, das Parterre dagegen sehr klein. Man konnte überall gut sehen und höchst wahrscheinlich auch gut hören. Gegenwärtig ist es seit der Anwesenheit des Großfürsten zu einem Tanzsaale eingerichtet.

Von Ludwigsburg um 5 Uhr abgefahren. Herrliche Allee vom Schloßweg an der langen Straße des Orts hin. Jede Seite der Allee vor dem Ort ist mit einer doppelten Reihe Bäume besetzt; links sieht man die Neckargebirge. Man kommt nach Kornwestheim; von da stehen Fruchtbäume an der Chaussee, die anfangs vertieft liegt, so daß die Aussicht wenig Abwechselung gewährt. Die Solitude sieht man in der Ferne. Herrlicher Fruchtbau. Der Weg geht über manche Hügel; ein Kalksteinbruch zum Behuf der Chaussee liegt ganz nahe an der Straße.

Nach Zuffenhausen hinabfahrend, sahen wir Feuerbach rechts in einem schönen Wiesengrunde. Ein Bauer, der eine Querpfeife auf dem Jahrmarkt gekauft hatte, spielte darauf im Nachhausegehen. Fast das einzige Zeichen von Fröhlichkeit, das uns auf dem Wege begegnet war. Nach Sonnenuntergang sah man Stuttgart. Seine Lage in einem Kreise von sanften Gebirgen machte in dieser Tageszeit einen ernsten Eindruck.

6. *Des Erbauers*, Karl Eugen. — 7. 18 Tb. 1. — 11. Tb. beidemal *sehr gut*. — 12. *Des Großfürsten*, Alexander, Enkel des regierenden Herzogs Friedrich Eugen, dessen Tochter 1776 mit dem Großfürsten Paul vermählt worden war. — Nach 13 Tb.: „Der Tag war sehr heiß und ich verweilte bis gegen Abend." — 20. *Die Solitude*, auf der Höhe, mit dem 1763—1767 von Karl Eugen erbauten Schlosse. Bis zum vergangenen Jahre hatten dort Schillers Eltern gewohnt; der Vater war gestorben, die Mutter nach Leonberg gezogen.

Stuttgart.

Stuttgart den 30. August.

Ich machte meine erste gewöhnliche Tour früh um 6 Uhr allein und rekognoszierte die Stadt mit ihren Umgebungen. Eine Seite hat eine Befestigung nach der Heilbronner Art, nur nicht so stattlich; die Gräben sind auch in Weinberge und Gartenpflanzungen verwandelt. Bald nachher findet man die schönsten Alleen von mehreren Baumreihen und ganz beschattete Plätze. Zwischen diesen und einer Art von Vorstadt liegt eine schöne Wiese. Durch die Vorstadt kommt man bald auf den Platz vor das Schloß oder vielmehr vor die Schlösser. Der Platz ist seit der Anwesenheit des Großfürsten schön planiert, und die teils auf Rasen in großen regelmäßigen Partieen, teils als Alleen gepflanzten Kastanienbäume sind sehr gut gediehen. Das Schloß selbst ist von dem Geschmack der Hälfte dieses Jahrhunderts, das Ganze aber anständig frei und breit. Das alte Schloß wäre jetzt kaum zu einer Theaterdekoration gut. Die alte Stadt gleicht Frankfurt in ihren alten Teilen; sie liegt in der Tiefe, nach dem kleinen Wasser

1. Die Überschrift **Stuttgart** fehlt Tb. 1. Bis S. 33, 13 (Schlosse) ist das Tagebuch gegeben, von da an aber seltsam daran gerückt der Schluß des Briefes an Schiller vom 30, wo es heißt: „Wir gingen gleich zu Professor Dannecker, bei dem ich einen Hektor, der ... Modell, fand.“ Im Tagebuch folgt nach Schlosse: „Eine kleine Figur auf einem Trauermonument von weißem Marmor ist sehr gut gestellt und zum Teil schon recht gut ausgeführt. Das Modell einer Büste des regierenden Herzogs, deren Ausführung in Marmor soll sehr gut gewesen sein.“ Dann aber wird auf den Brief von Schiller verwiesen. Dieser beginnt: „Nachdem ich Sie heute Nacht als den Heiligen aller am schlaflosen Zustande leidenden Menschenkinder öfters um Ihren Beistand angerufen und mich auch wirklich durch Ihr Beispiel gestärkt gefühlt habe, eines der schlimmsten Wanzenabenteuer im Bauche des 'Römischen Kaisers' zu überstehen, so ist es nunmehr meinem Gelübde gemäß, Ihnen sogleich eine Nachricht von meinen Zuständen zu erteilen.“ Nach kurzer Angabe seiner Reiseroute seit dem 25. bemerkt er, mit Sonnenuntergang sei er nach Stuttgart gekommen, das in seinem Kreise von Bergen sehr ernst in der Abenddämmerung da gelegen habe. — 16. **Das alte Schloß**, von 1553—1570 erbaut.

zu. Die neue Stadt ist in entschiedenen Richtungen meist gradlinig und rechtwinkelig gebaut, ohne Ängstlichkeit in der Ausführung. Man sieht Häuser mit mehr oder weniger Überhängen, ganz perpendikulär, von verschiedener Art und Größe; und so bemerkt man, daß die Anlage nach einem allgemeinen Gesetz und doch nach einer gewissen bürgerlichen Willkür gemacht wird.

Nachdem ich mich umgekleidet, besuchte ich nach 10 Uhr Herrn Handelsmann Rapp und fand an ihm einen wohlunterrichteten, verständigen Kunstfreund. Er zeigte mir eine schöne Landschaft von Both; er selbst zeichnet als Liebhaber landschaftliche Gegenstände recht glücklich.

Wir besuchten Professor Dannecker in seinem Studium im Schlosse und fanden bei ihm einen Hektor, der den Paris schilt, ein etwas über Lebensgröße in Gips ausgeführtes Modell, sowie auch eine ruhende nackte weibliche Figur im Charakter der sehnsuchtsvollen Sappho, in Gips fertig und in Marmor angefangen; desgleichen eine kleine trauernd sitzende Figur zu einem Zimmermonument. Ich sah ferner bei ihm das Gipsmodell eines Kopfes vom gegenwärtigen Herzog, der besonders in Marmor sehr gut gelungen sein soll, sowie auch seine eigene Büste, die ohne Übertreibung geistreich und lebhaft ist. Was mich aber besonders frappierte, war der Originalausguß von Ihrer Büste, der eine solche Wahrheit und Ausführlichkeit hat, daß er wirklich Erstaunen erregt. Ich sah noch kleine Modelle bei ihm, recht artig gedacht und angegeben; nur leidet er daran, woran wir Modernen alle leiden, an der Wahl des Gegenstandes. Diese Materie, die wir bisher so oft und zuletzt wieder bei Gelegenheit der Abhandlung über den Laokoon besprochen haben, erscheint mir immer in ihrer höheren Wichtigkeit. Wann werden wir armen Künstler dieser letzten Zeiten uns zu diesem Hauptbegriff erheben können! Auch

2. Tb. gebaut, nach einer allgemeinen Anlage. — 7–11. Im Briefe an Schiller steht: „An Herrn Rapp fand ich einen sehr gefälligen Mann und schätzbaren Kunstliebhaber; er hat zur Landschaftskomposition ein hübsches Talent, gute Kenntnis und Übung." Der Kaufmann Georg Heinrich Rapp, Danneckers Schwager, war Goethe auch durch seine Beiträge zum Hirschfeldischen „Gartenkalender" bekannt, den Schiller öffentlich beurteilt hatte. Dieser hatte ihn auch durch ein Brieſchen an Rapp empfohlen. — 18. ferner statt desgleichen 1. — 22. Statt Ihrer schrieb 1 Schillers, obgleich Z. 26 wir und S. 61, 2 uns auf Schiller und ihn hindeuten. — 24. Nach erregt steht im Briefe noch: „Der Ausguß, den Sie besitzen, läßt diese Arbeit wirklich nicht ahnen. Der Marmor ist darnach angelegt, und wenn die Ausführung so gerät, so giebt es ein sehr bedeutendes Bild." Dannecker, Schillers Jugendfreund, hatte das Modell bei dessen Anwesenheit im Jahre 1794 gemacht. — 28. Es sollte wohl heißen mir in immer höherer Wichtigkeit.

sah ich bei ihm eine Vase aus graugestreiftem Alabaster von Isopi, von dem uns Wolzogen so viel erzählte. Es geht aber über alle Beschreibung, und niemand kann sich ohne Anschauung einen Begriff von dieser Vollkommenheit der Arbeit machen. Der Stein, was seine Farbe betrifft, ist nicht günstig, aber seiner Materie nach desto mehr. Da er sich leichter behandeln läßt als der Marmor, so werden hier Dinge möglich, wozu sich der Marmor nicht darbieten würde. Wenn Cellini, wie sich glauben läßt, seine Blätter und Zieraten in Gold und Silber ebenso gedacht und vollendet hat, so kann man ihm nicht übel nehmen, wenn er selbst mit Entzücken von seiner Arbeit spricht.

Man fängt an, den Teil des Schlosses, der unter Herzog Karl, eben als er geendigt war, abbrannte, wieder auszubauen, und man ist eben mit den Gesimsen und Decken beschäftigt. Isopi modelliert die Teile, die alsdann von anderen Stukkatoren ausgegossen und eingesetzt werden. Seine Verzierungen sind sehr geistreich und geschmackvoll; er hat eine besondere Liebhaberei zu Vögeln, die er sehr gut modelliert und mit anderen Zieraten angenehm zusammenstellt. Die Komposition des Ganzen hat etwas Originelles und Leichtes.

In Professor Scheffauers Werkstatt fand ich eine schlafende Venus mit einem Amor, der sie aufdeckt, von weißem Marmor, wohl gearbeitet und gelegt; nur wollte der Arm, den sie rückwärts unter den Kopf gebracht hatte, gerade an der Stelle der Hauptansicht keine gute Wirkung thun. Einige Basreliefs antiken Inhalts, ferner die Modelle zu dem Monument, welches die Gemahlin des jetzigen Herzogs auf die durch Gebete des Volks und der Familie wieder erlangte Genesung des Fürsten aufrichten läßt. Der Obelisk steht schon auf dem Schloßplatze, mit den Gipsmodellen geziert.

In Abwesenheit des Professor Hetsch ließ uns seine Gattin seinen Arbeitssaal sehen. Sein Familienbild in ganzen, lebens-

1. eine Vase bei ihm 1. — 2. Antonio Isopi, in Rom geboren, war Maler und Hofbildhauer. Herzog Karl Eugen hatte ihn erst in letzter Zeit von Rom berufen. — Wilhelm Ernst Friedrich von Wolzogen war Schillers Schwager; da er in Stuttgart, wo er sich besonders mit der Architektur beschäftigte, keine genügende Stellung fand, war er im vorigen Jahre nach Weimar gekommen. Durch Goethes Vermittelung erhielt er eine Stelle im Konseil. — 8. Wie sich glauben läßt, da sehr weniges davon sich erhalten hat. — 10. ebenso nach der Ausgabe des Briefwechsels. — 13. aufzubauen Br. — 21. Professor Scheffhauers 1. Auch Philipp Jakob Scheffhauer und Philipp Friedrich Hetsch (30) waren Schillers Jugendfreunde. — Nach Werkstatt steht im Briefe noch: („ihn selbst traf ich nicht an“), das kaum fehlen darf. — 28. Genesung, vom Schlaganfalle im Juni 1796.

großen Figuren hat viel Verdienst; besonders ist seine eigene höchst wahr und natürlich. Es ist in Rom gemalt. Seine Porträte sind sehr gut und lebhaft und sollen sehr ähnlich sein. Er hat ein historisches Bild vor aus der Messiade, da Maria sich mit Portia, der Frau des Pilatus, von der Glückseligkeit des ewigen Lebens unterhält und sie davon überzeugt. Was läßt sich über die Wahl eines solchen Gegenstandes sagen? Und was kann ein schönes Gesicht ausdrücken, das die Entzückung des Himmels vorausfühlen soll? Überdies hat er zu dem Kopf der Portia zwei Studien nach der Natur gemacht, das eine nach einer Römerin, einer geist- und gefühlvollen herrlichen Brünette, und das andere nach einer blonden, guten, weichen Deutschen. Der Ausdruck von beiden Gesichtern ist, wie sich's versteht, nichts weniger als überirdisch, und wenn so ein Bild auch gemacht werden könnte, so dürften keine individuellen Züge darin erscheinen. Indessen möchte man den Kopf der Römerin immer vor Augen haben. Es hat mich so ein erzdeutscher Einfall ganz verdrießlich gemacht. Daß doch der gute bildende Künstler mit dem Poeten wetteifern will, da er doch eigentlich durch das, was er allein machen kann und zu machen hätte, den Dichter zur Verzweiflung bringen könnte!

Professor Müller fand ich an dem Graffischen Porträt, das Graff selbst gemalt hat. Der Kopf ist ganz vortrefflich, das künstlerische Auge hat den höchsten Glanz; nur will mir die Stellung, da er über einen Stuhlrücken sich herüberlehnt, nicht gefallen, um so weniger, da dieser Rücken durchbrochen ist und das Bild also unten durchlöchert erscheint. Das Kupfer ist übrigens auf dem Wege, gleichfalls sehr vollkommen zu werden. Sodann ist er an „Auch einem Tod eines Generals" beschäftigt, und zwar eines amerikanischen, eines jungen Mannes, der bei Bunkershill blieb. Das Gemälde ist von einem Amerikaner Trumbul und hat Vorzüge des Künstlers und Fehler des Liebhabers. Die Vorzüge sind sehr charakteristische und vortrefflich tockierte Porträtgesichter;

5. 9. Porcia Br. 1. — 6. Und sie davon überzeugt. Der Inhalt der Unterredung (VII. 457—482) ist ungenau angegeben. — Statt „läßt—sagen" Br. „sagen Sie zu dieser Wahl überhaupt". — 13. sich Br. — 15. Indeß Br. — 21. Müllern Br. 1. Den Kupferstecher Johann Gotthard Müller hatte Karl Eugen für seine Kunst gewonnen; 1770 war er mit seiner Unterstützung nach Paris gegangen, 1776 als Professor nach Stutlgart berufen worden. — 22. Graff, der Hofmaler Anton Graff in Dresden. — fürtrefflich Br. — 24. herüberlehnet Br. — 27. gleichfalls fürtrefflich Br. — 29. Bei Bunkershill, am 17. Juni 1774. — 30. Trombul Br. 1. Der Maler hieß John Trumbul. — 32. Tockierte, entworfene.

die Fehler: Disproportionen der Körper unter einander und ihrer Teile. Komponiert ist es verhältnismäßig zum Gegenstande recht gut, und für ein Bild, auf dem so viele rote Uniformen erscheinen müssen, ganz verständig gefärbt; doch macht es im ersten Anblick immer eine grelle Wirkung, bis man sich mit ihm wegen seiner Verdienste versöhnt. Das Kupfer thut im ganzen sehr gut und ist in seinen Teilen vortrefflich gestochen. Ich sah auch das bewundernswürdige Kupfer des letzten Königs von Frankreich in einem vorzüglichen Abdruck aufgestellt.

Gegen Abend besuchten wir Herrn Konsistorialrat Ruoff, welcher eine treffliche Sammlung von Zeichnungen und Kupfern besitzt, wovon ein Teil zur Freude und Bequemlichkeit der Liebhaber unter Glas aufgehängt ist. Sodann gingen wir in Rapps Garten, und ich hatte abermals das Vergnügen, mich an den verständigen und wohlgefühlten Urteilen dieses Mannes über manche Gegenstände der Kunst sowie über Danneckers Lebhaftigkeit zu erfreuen.

Den 31. August. Über das, was ich gestern gesehen, wären noch manche Bemerkungen zu machen. Besonders traurig für die Baukunst war die Betrachtung, was Herzog Karl bei seinem Streben nach einer gewissen Größe hätte hinstellen können, wenn ihm der wahre Sinn dieser Kunst aufgegangen und er so glücklich gewesen wäre, tüchtige Künstler zu seinen Anlagen zu finden. Allein man sieht wohl, er hatte nur eine gewisse vornehme Prachtrichtung ohne Geschmack, und in seiner früheren Zeit war die Baukunst in Frankreich, woher er seine Muster nahm, selbst verfallen. Ich bin gegenwärtig voll Verlangen, Hohenheim zu sehen.

Nach allem diesem muß ich noch sagen, daß ich unterwegs auf ein poetisches Genre gefallen bin, in welchem wir künftig mehr machen müssen. Es sind Gespräche in Liedern. Wir haben in einer gewissen älteren deutschen Zeit ähnliche recht artige Sachen, und es läßt sich in dieser Form manches sagen; man muß nur

5. immer fehlt Br. — 7. fürtrefflich Br. — 8. Königs in Frankreich Br. — 9. einem fürtrefflichen Br. — 10. Rueff Br. 1. — 13. Herrn Rapp's Br. — Die folgende Fortsetzung des Briefs an Schiller beginnt auf demselben Briefbogen: „Hier haben Sie ohngefähr den Inhalt meines gestrigen Tages, den ich, wie Sie sehen, recht gut zugebracht habe. Übrigens wären.“ — 18. Stuttgart, den 1. — 27. Br.: „diesem, was ich niedergeschrieben habe, als wenn Ihnen nicht selbst schon ein großer Teil bekannt wäre, muß ich Ihnen sagen.“ — unterweges Br. 1. — 30. Br. „müssen, und das vielleicht dem folgenden Almanach gut thun wird“. — Schon wir (29) deutet auf Schiller. — 31. In einer gewissen älteren deutschen Zeit, im deutschen Volksliede. — Zeit recht artige Sachen dieser Art Br.

erst hineinkommen und dieser Art ihr Eigentümliches abgewinnen. Ich habe so ein Gespräch zwischen einem Knaben, der in eine Müllerin verliebt ist, und dem Mühlbach angefangen, und hoffe es bald zu überschicken. Das Poetisch-Tropisch-Allegorische wird durch diese Wendung lebendig, und besonders auf der Reise, wo einen so viel Gegenstände ansprechen, ist es ein recht gutes Genre.

Auch bei dieser Gelegenheit ist merkwürdig zu betrachten, was für Gegenstände sich zu dieser besonderen Behandlungsart bequemen. Ich kann Ihnen nicht sagen, um meine obigen Klagelieder zu wiederholen, wie sehr mich jetzt, besonders um der Bildhauer willen, die Mißgriffe im Gegenstand beunruhigen; denn diese Künstler büßen offenbar den Fehler und den Unbegriff der Zeit am schwersten. Sobald ich mit Meyer zusammenkomme und seine Überlegungen, die er mir angekündigt, nutzen kann, will ich gleich mich daran machen und wenigstens die Hauptmomente zusammenschreiben.

Über das Theatralisch-Komische habe ich auch verschiedenemal zu denken Gelegenheit gehabt. Das Resultat ist, daß man es nur in einer großen, mehr oder weniger rohen Menschenmasse gewahr werden kann, und daß wir leider ein Kapital dieser Art, womit wir poetisch wuchern könnten, bei uns gar nicht finden.

Übrigens hat man vom Kriege hier viel gelitten und leidet immerfort. Wenn die Franzosen dem Lande 5 Millionen abnahmen, so sollen die Kaiserlichen nun schon an 16 Millionen verzehrt haben. Dagegen erstaunt man denn freilich als Fremder über die ungeheure Fruchtbarkeit dieses Landes und begreift die Möglichkeit, solche Lasten zu tragen.

Cotta hat mich freundlich eingeladen, in Tübingen bei ihm zu logieren; ich habe es mit Dank angenommen, da ich bisher, besonders bei dem heißen Wetter, in den Wirtshäusern mehr als auf dem Wege gelitten.

Ich habe nun auch die Vasen von Hopi gesehen, von welchen Wolzogen nicht zu viel erzählt hat. Der Einfall, den Henkel

2. **So ein Gespräch.** Die bekannte Ballade findet sich in Abschrift des Schreibers Geist mit dem Datum des 1. Septembers. — 6. **einem** 1. — 13. **Meyern** Br. 1. — 14. **angekündigt hat** Br. — **so will** Br. — 15f. Br. „zusammenschreiben. Denken Sie doch auch indes immer weiter über die poetischen Formen und Stoffe nach." — 23f. **abnehmen** Br. — 28. Vor **Cotta** hat der Brief: „Ihrer und der Ihrigen erinnert man sich mit viel Liebe und Freude, ja ich darf wohl sagen mit Enthusiasmus. Und so sei Ihnen heute ein Lebewohl gesagt." — **in Tübingen** fehlt 1. — 31. **gelitten habe** Br. — 32. **Ich habe nun.** Das Folgende bis zum Schlusse des Briefes fehlt im Goethe-Schillerschen Briefwechsel, findet sich auch nicht im Tagebuch. — 33. **auch nicht** 1.

und die Schnauze der Kanne durch Tiere vorzustellen, ist sehr artig und sehr gut angebracht, besonders an der einen, da der Kranich, der aus dem Gefäße trinkt, den Henkel, und der betrübte Fuchs die Schnauze macht. Die Arbeit aber in Hinsicht ihrer Feinheit und Zierlichkeit geht über alle Begriffe. Er verlangt für die beiden großen und noch 3 oder 4 kleinere 500 Dukaten. Man muß bei der Arbeit wie bei dem Menschen immer an Cellini denken. Obgleich Isopi keine Spur von jener Roheit hat, so ist er doch ein ebenso fürchterlich passionierter Italiener. Die Art, wie er die Franzosen haßt und wie er sie schildert, ist einzig, so wie er überhaupt eine höchst interessante Natur ist.

Als die Franzosen nach Stuttgart kamen, fürchtete man eine Plünderung. Er hatte seine Vasen wohl eingepackt im Danneckerischen Hause stehen. Heimlich kauft er sich ein paar Taschenpistolen, Pulver und Blei und trägt die Gewehre geladen mit sich herum, und da man in der ersten Nacht unvorsichtigerweise einige Franzosen ins Haus läßt, die nach der gewöhnlichen Marodeursmanier zu trinken forderten, sich aber nachher ziemlich unartig bezeigten, stand er immer dabei und hatte die Hände in der Tasche, entschlossen, dem ersten, der sich seinem Zimmer und dem Kasten genähert hätte, eine Kugel durch den Leib zu jagen und neben seinen Arbeiten zu sterben.

Stuttgart den 1. September. Gestern nachmittag war ich beim Mechanikus Tiedemann, einem unschätzbaren Arbeiter, der sich selbst gebildet hat. Mehrere Gesellen arbeiten unter ihm, und er ist eigentlich nur beschäftigt, seine Ferngläser zusammenzusetzen: eine Bemühung, die wegen der Objektivgläser viel Zeit erfordert, indem diejenigen Gläser, die eigentlich zusammengehören, jedesmal durch die Erfahrung zusammengesucht werden müssen. Ein Perspektiv, dessen erstes Rohr ungefähr 18 Zoll lang ist und durch das man eine Schrift von ungefähr 1 Zoll hoch auf 600 Fuß sehr deutlich lesen, ja auf einer weißen Tafel kleine Punkte recht deutlich unterscheiden kann, verkauft er für $7\frac{1}{2}$ Karolin.

Wir besuchten Obristlieutenant Wing, der recht gute Gemälde besitzt. Wir sahen eins von Franz Floris, mehrere Frauen mit

3f. Kranich und Fuchs nach der auch von Goethe behandelten Fabel. — 23. Dieser und die folgenden nur zuweilen im Ausdruck geglätteten Berichte bis zum 4. einschließlich sind dem Tagebuch entnommen; eine Abschrift hatte er den 11. dem Herzog gesandt — 24. Tb. schätzbaren. — 32f. Statt des wiederholten deutlich sollte einmal gut stehen. — 34. Herrn Obristlieutenant Tb. 1. — 35. Floris, de Vries, genannt Floris.

Säuglingen beschäftigt, ein besonders in einzelnen Teilen sehr gutes Bild. Ein anderes von Hetsch, Achill, von dem man die Briseïs wegführt, würde vorzüglicher sein, wenn die Figur des Achill nicht in der Ecke zu sehr allein säße. Überhaupt haben die Hetschischen Bilder, so viel ich ihrer gesehen, bei ihren übrigen Verdiensten und bei glücklichen Aperçus immer etwas, daß man sie noch einmal durchgearbeitet wünscht. Auch sah ich eine Landschaft mit Räubern, die für Rubens gegeben wird, die ich ihm aber nicht zuschreiben würde, ob sie gleich in ihrer natürlichen Behandlungsart vortrefflich ist. Ferner sah ich einige andere mehr oder weniger kleine ausgeführte Bilder von Rubens.

Darauf besuchten wir Professor Harper, einen gebornen Landschaftsmaler. Die Begebenheiten und Bewegungen der Natur, indem sie Gegenden zusammensetzt, sind ihm sehr gegenwärtig, so daß er mit vielem Geschmack landschaftliche Gemälde hervorbringt. Freilich sind es alles nur imaginierte Bilder, und seine Farbe ist hart und roh; allein er malt so aus Grundsätzen, indem er behauptet, daß sein Kolorit mit der Zeit Ton und Harmonie bekomme, wie denn auch einige dreißig- bis vierzigjährige Bilder von ihm zu beweisen scheinen. Er ist ein gar guter, allgemein beliebter, wohlerhaltener Mann in den Sechzigen und wird von hier bald nach Berlin abgehen.

Wir sahen die Aloë, die in einem herrschaftlichen Garten seit drei Monaten der Blüte sich nähert. Der Stengel ist jetzt 23 Fuß hoch. Die Knospen sind noch geschlossen und brauchen allenfalls noch vierzehn Tage zur völligen Entwickelung. Sie ist auch zufällig, indem man sie in ein engeres Gefäß gesetzt, zu dieser Blüte genötigt worden.

Hierauf gingen wir ein wenig spazieren und dann in das Schauspiel. Es ward „Don Karlos“ von Schiller gegeben. Ich habe nicht leicht ein Ganzes gesehen, das sich so sehr dem Marionettentheater nähert als dieses. Eine Steifheit, eine Kälte, eine Geschmacklosigkeit, ein Ungeschick, die Möbeln auf dem Theater zu stellen, ein Mangel an richtiger Sprache und Deklamation in jeder Art Ausdruck irgend eines Gefühls oder höheren Gedankens, daß man sich eben 20 Jahre und länger zurückversetzt fühlt. Und was am merkwürdigsten ist, kein einziger findet sich unter ihnen,

12. Herrn Professor Tb. 1. — 19. und statt bis 1. — 33. Meubles Tb. 1.

der auch nur irgend zu seinem Vorteil sich auszeichnete; sie passen alle auf das beste zusammen. Ein paar junge wohlgewachsene Leute sind dabei, die weder übel sprechen noch agieren, und doch wüßte ich nicht zu sagen, ob von einem irgend für die Zukunft etwas zu hoffen wäre. Der Entrepreneur Mihule wird abgehen und ein neuer antreten, der aber die Obliegenheit hat, sowohl Schauspieler als Tänzer, die sich von dem alten Theater des Herzogs Karl herschreiben und auf zeitlebens pensioniert sind, beizubehalten. Da er nun zugleich seinen Vorteil sucht und sich durch Abschaffung untauglicher Subjekte nicht Luft machen kann, so ist nicht zu denken, daß dieses Theater leicht verbessert werden könnte. Doch wird es besucht, getadelt, gelobt und ertragen.

Den 2. September. Gestern war ich mit Professor Dannecker in Hohenheim. Gleich vor dem Thore begegneten wir Österreichern, die ins Lager zogen. Heßlach liegt rechts der Straße in einem schön bebauten und waldigen Grunde. Wenn man höher kommt, sieht man Stuttgart sehr zu seinem Vorteil liegen.

Hohenheim selbst, der Garten sowohl als das Schloß, ist eine merkwürdige Erscheinung. Der ganze Garten ist mit kleinen und größeren Gebäuden übersät, die mehr oder weniger teils einen engen, teils einen Repräsentationsgeist verraten. Die wenigsten von diesen Gebäuden sind auch nur für den kürzesten Aufenthalt angenehm oder brauchbar. Sie stecken in der Erde, indem man den allgemeinen Fehler derer, die an Berge bauen, durchaus begangen hat, daß man den vorderen oder unteren Sockel zuerst bestimmt und sodann das Gebäude hinten in den Berg gesteckt hat, anstatt daß, wenn man nicht planieren will noch kann, man den hinteren Sockel zuerst bestimmen muß, der vordere mag alsdann so hoch werden, als er will.

Da alle diese Anlagen teils im „Gartenkalender“, teils in einem eigenen Werke beschrieben worden, so sind sie weiter nicht

5. Mihole Tb. Miholé 1. Der Schauspieldirektor Mihule von Nürnberg hatte am 23. Dezember 1796 das Theater auf sechs Jahre übernommen, aber wegen Mißhelligkeiten und der Unzufriedenheit mit seinen Leistungen gekündigt. Eben am 27. August hatte der Hof mit dem Auditor Haselmeier wegen des Theaters abgeschlossen. — 11. Tb. „ertragen. Italienisches Sprichwort: Geld ist das zweite Blut des Menschen.“ — 13. Herrn Professor Tb. 1. — 15. Geiseburg Tb. Gaisburg 1. Gaisburg mit schöner Aussicht liegt weiter links. — 20. übersäet Tb. 1. — 21. am 1. — 30. „Gartenkalender“, „Taschenkalender auf das Jahr 1795 für Natur- und Gartenfreunde“, der den Anfang einer Beschreibung von Hohenheim enthält. Professor Christian Cay Lorenz Hirschfeld hatte von 1782 bis 1789 einen „Gartenkalender“ herausgegeben, woran sich dieser bei Cotta erschienene neue Gartenkalender anschloß, zu welchem Rapp die meisten Beiträge, auch die Beschreibung von Hohenheim, lieferte.

zu recensieren; doch wäre künftig bei einer Abhandlung über die Gärten überhaupt dieser in seiner Art als Beispiel aufzustellen. Bei diesen vielen kleinen Partieen ist merkwürdig, daß fast keine darunter ist, die nicht ein jeder wohlhabende Partikulier ebenso gut und besser besitzen könnte. Nur machen viele kleine Dinge zusammen leider kein großes. Der Wassermangel, dem man durch gepflasterte schmale Bachbetten und durch kleine Bassins und Teiche abhelfen wollen, giebt dem Ganzen ein kümmerliches Ansehen, besonders da auch die Pappeln nur ärmlich da stehen. Schöne gemalte Fensterscheiben an einigen Orten sowie eine starke Sammlung Majolika ist für den Liebhaber dieser Art von Kunstwerken interessant. Ich erinnerte mich dabei verschiedener Bemerkungen, die ich über Glasmalerei gemacht hatte, und nahm mir vor, sie zusammenzustellen und nach und nach zu komplettieren; denn da wir alle Glasfritten so gut und besser als die Alten machen können, so käme es bloß auf uns an, wenn wir nur genau den übrigen Mechanismus beobachteten, in Scherz und Ernst ähnliche Bilder hervorzubringen.

Außer einigen Bemerkungen in diesem Fache fand ich nichts Wissens- und Nachahmungswertes in diesem Garten. Eine einzige altgotisch gebaute, aber auch kleine und in der Erde steckende Kapelle wird jetzt von Thouret, der sich lange in Paris und Rom aufgehalten und die Dekoration studiert hat, mit sehr vielem Geschmack ausgeführt; nur schade, daß alles bald wieder beschlagen und vermodern muß und der Aufenthalt feucht und ungenießbar ist!

Das Schloß, das mit seinen Nebengebäuden ein ausgebreitetes Werk darstellt, gewährt den gleichgültigsten Anblick von der Welt, sowie auch sämtliche Gebäude ganz weiß angestrichen sind. Man kann vom Äußeren der Gebäude sagen, daß sie in gar keinem Geschmack gebaut sind, indem sie nicht die geringste Empfindung weder von Neigung noch Widerwillen erregen. Eher ist das völlig Charakterlose einer bloßen, beinahe nur handwerksmäßigen Bauart auffallend.

Der Haupteingang ist zu breit gegen seine Höhe, wie überhaupt der ganze Stock zu niedrig ist. Die Treppen sind gut angelegt, die Stufen jedoch gegen ihre geringe Höhe zu schmal.

3. Statt diesen soll wohl den stehen. — 15. Glasfritten, den glühenden Glassatz. — 17. Mechanismen Tb. — 22. Der Ludwigsburger Nikolaus Friedrich Thouret war nach seiner Rückkehr aus Italien zum Hofbaumeister ernannt worden.

Der Hauptsaal, leider mit Marmor dekoriert, ist ein Beispiel einer bis zum Unsinn ungeschickten Architektur. In den Zimmern sind mitunter angenehme Verzierungen, die aber doch einen unsicheren und umherschweifenden Geschmack verraten. Einige sind Nachzeichnungen, die aus Paris gesendet worden, in denen mehr Harmonie ist. Ein artiger Einfall von kleinen seidnen Vorhängen, die mit Fransen verbrämt und, in ungleichen Wolken aufgezogen, von den Gesimsen herunterhängen, verdient mit Geschmack nachgeahmt zu werden. Die Stukkaturarbeit ist meistens höchst schlecht.

Da ein Teil des Schlosses noch nicht ausgebaut ist, so läßt sich hoffen, daß durch ein paar geschickte Leute, die gegenwärtig hier sind, die Dekorationen sehr gewinnen werden. Ein Saal, der auch schon wieder auf dem Wege war, in schlechtem Geschmack verziert zu werden, ist wieder abgeschlagen worden und wird nach einer Zeichnung von Thouret durch Isopi ausgeführt.

Die Gipsarbeit des Isopi und seiner Untergebenen zu sehen, ist höchst merkwürdig, besonders wie die freistehenden Blätter der Rosen und die hohlen Kronen ausgearbeitet und aus Teilen zusammengesetzt werden, wodurch sehr schöne und durch Schatten wirksame Vertiefungen entstehen. Auch war mir sehr merkwürdig, wie er Dinge, die nicht gegossen werden können, z. B. die Verzierungen einer ovalen Einfassung, deren Linien alle nach einem Mittelpunkte gehen sollen, durch einen jungen Knaben sehr geschickt ausschneiden ließ. Die Leute arbeiten außer mit kleinen Federmessern, Flach- und Hohlmeißeln auch mit großen Nägeln, die sie sich selbst unten zuschleifen und oben mit einem Läppchen, um sie bequemer anzufassen, umwickeln. Von den größeren Rosen bringt ein geschickter Arbeiter nur eine den Tag zustande. Sie arbeiten seit Isopis Direktion mit großem Vergnügen, weil sie sehen, wie sehr sie in ihrer Geschicklichkeit zunehmen. Isopi macht, wie sich's versteht, die Modelle, die alsdann geformt und ausgegossen werden. Das Charakteristische von Isopis Arbeit scheint mir zu sein, daß er, wie oben bemerkt, hauptsächlich auf die Vertiefungen denkt. So werden z. B. die Eier in der bekannten architektonischen Zierat besonders gegossen und in die Vertiefungen eingesetzt.

Ein Hauptfehler der alten Deckendekoration ist, daß sie gleich-

4 Einiges 1. — 7. Franzen Th. 1. — 37. Deckendekorationen Th. 1.

sam für sich allein steht und mit dem unteren nicht rein korrespondiert, welches daher rühren mag, daß alles zu hastig und zufällig gearbeitet worden, das nun bei Thouret und Isopi nicht mehr vorkommen kann. Hier ward ich auch durch die Ausführung in einem Gedanken bestärkt, daß man nämlich bei Säulendekorationen, die in Zimmern angebracht werden, nur den Architrav und nicht das ganze Gebälke anbringen dürfe. Die Ordnung wird dadurch höher, das Ganze leichter und ist dem Begriffe der Konstruktion gemäß. Isopi will niemals eine Corniche unmittelbar an der Decke haben; es soll immer noch eine leichte Wölbung vorhergehen, die der Geschmack des Architekten nach der Länge und Breite des Zimmers als das Verhältnis, in dem sie gesehen wird, bestimmen soll.

Die rote Damastfarbe sah ich nirgends als in kleinen Kabinetten, wo sie nur in schmalen Panneaus oder sonst unterbrochen vorkam. Die größeren Zimmer waren alle mit sanfteren Farben dekoriert, und zwar so, daß das Seidenzeug heller gefärbtes Laub als der Grund hatte. Die Parkets sind sämtlich von Eichenholz, unabwechselnd wie die in Ludwigsburg, aber sehr gut gearbeitet.

Auf dem Hause steht eine Kuppel, die aber nur eine Treppe enthält, um auf den oberen Altan zu kommen.

Im Garten ist ein Häuschen, von den drei Kuppeln genannt, auch merkwürdig, das inwendig ganz flache Decken hat, so daß die Kuppeln eigentlich nur Dekorationen nach außen sind.

Ich fand die Amaryllis Belladonna blühen, sowie in dem eisernen Hause manche schöne auswärtige Pflanze.

Artig nahm sich zu Fußdecken kleiner Kabinette ein bunter Flanell aus.

In den unteren Zimmern des Schlosses ist eine Gemäldesammlung, worunter sich manches Gute befindet. Ein Frauenbild von Holbein, besonders aber eine alte Mutter, die mit Einfädelung der Nadel beschäftigt ist, indes die Tochter sehr emsig näht und ein Liebhaber, der bei ihr steht, ihr in dem Augenblick seine Wünsche zu offenbaren scheint, ist vortrefflich gedacht, komponiert und gemalt. Das Bild hat halbe Figuren von fast Lebensgröße.

1 f. stehen und correspondiren Tb. correspondiret 1. — 10. Im Tb. hat der Schreiber das nicht recht gehörte Wort nach Wölbung durch Punkte angedeutet. — wie der Tb. — 12. Es sollte wohl und dem statt als das heißen. Im Tb. steht „als das . . . wird“ parenthetisch. — 30. Von Holbein, dem Jüngeren. — 33. fürtrefflich Tb. 1. — 34 Statt des Zwischenstriches drei Sternchen 1.

Einiges über Glasmalerei.[1]

Bei der Glasmalerei ist vor allem das Clairobscur und die Farbengebung zu betrachten.

Das Clairobscur ist an der vorderen Seite, d. h. nach dem Gebäude zu, eingeschmolzen, es mögen nun mit dem Pinsel die Umrisse aufgetragen oder Licht und Schatten in breiten Flächen angegeben sein. Das Zweite geschah dergestalt, daß man die Platte mit dem ganzen chemischen Grunde überdeckte und mit einer Nadel die Lichter herausriß; es ist also, wenn man will, eine Art schwarzer Kunst, oder besser, es ward gearbeitet, wie man auf dunklem Grunde die Lichter aufhöht. Dieses geschah mit der größten Feinheit und Akkuratesse. Ob sie nun diesen Grund zuerst einschmolzen und die Farben auf die andere Seite brachten und nochmals einschmolzen, oder ob alles zugleich geschah, weiß ich noch nicht.

Es giebt, in Absicht auf Färbung, auf Glas gemalte und aus Glas zusammengesetzte Bilder. Die ersten haben nur gewisse Farben; Gelb bis ins Gelbrote, Blau, Violett und Grün kommen darauf vor, aber niemals ein Purpur. Wahrscheinlich braucht der Goldlack ein stärkeres Feuer, um in Fluß zu geraten, als die übrigen und konnte daher nicht mit jenen Farben zugleich eingeschmolzen werden.

War also Zeichnung und Clairobscur eines Bildes fertig, so wurden auf der Rückseite die Farben aufgetragen und eingeschmolzen. Merkwürdig ist die gelbe Farbe, die sie durch ein trübes Mittel nach dem bekannten optischen Gesetz hervorbrachten; der Teil der Scheibe, welcher inwendig herrlich gelb aussieht, erscheint von außen als ein schmutziges Hellblau, das ins Grünliche oder Violette spielt. Wenn sie Schwarz hervorbringen wollten, so ließen sie den chemischen Grund auf dem Glase unberührt. Weil derselbe aber doch noch durchscheinend und braun gewesen wäre, so bedeckten sie ihn hinten mit irgend einem undurchsichtigen Schmelzwerk, wodurch das Schwarze ganz vollkommen wurde.

Bei der größeren Unschmelzbarkeit des roten Glases wurde es, wie so viele Fälle zeigen, nur in einzelnen Stücken eingesetzt. Bei dem artigen Fall, daß ein weißer Steinbock auf rotem Grunde

1. Die Bemerkungen über Glasmalerei (vgl. S. 71, 12 ff.) fehlen im Tb. hier und weiter unten.

erscheinen sollte, verfuhr man folgendermaßen. Man schmolz zuerst einen purpurnen Überzug auf weißes Glas, so daß die ganze Tafel schön purpurn erschien. Sodann brannte man die Figur nach Zeichnung und Schattierung auf die weiße Seite ein und schliff zuletzt von der Hinterseite die rote Lage des Glases weg, so weit sie die Figur des Steinbocks bedeckte, wodurch dieser blendend weiß auf dem farbigen Grunde erschien.

Sobald ich wieder eine Anzahl solcher Scheiben antreffe, werde ich meine Bemerkungen komplettieren und zusammenstellen.

Stuttgart den 3. September. Gestern besuchte ich die Bibliothek, die ein ungeheures hölzernes Gebäude, das ehemals ein Kaufhaus war, einnimmt. Es steht am gewerbreichsten Teile der Stadt, zwar rings herum frei, jedoch nicht so, daß es vor aller Feuergefahr sicher wäre. Die Sammlung zum Kunst-, Antiquitäten- und Natursach ist besonders schön, sowie auch die Sammlung der Dichter und des statutarischen Rechtes von Deutschland. Bibliothekare sind Petersen und Hofrat Schott.

Vorher besuchten wir den Professor Thouret, bei dem ich verschiedene gute Sachen sah. Eine Allegorie auf die Wiedergenesung des Herzogs ist ihm besonders wohl gelungen. Diese sowohl als eine Allegorie auf die französische Republik, sowie Elektra mit Orest und Pylades zeugen von seiner Einsicht in die einfachen symmetrischen und kontrastierenden Kompositionen, sowie die Risse zu einem fürstlichen Grabe und zu einem Stadtthor sein solides Studium der Architektur beurkunden. Ich werde nach diesem und nach der Zeichnung, die ich in Hohenheim von ihm gesehen, raten, daß man bei Dekorierung unsers Schlosses auch sein Gutachten einhole.

Nach Tische ging ich zu dem preußischen Gesandten von Madeweiß, der mich mit seiner Gemahlin sehr freundlich empfing. Ich fand daselbst die Gräfin Königseck, Herrn und Frau von Barchimont und einen Herrn von Wimpfen. Man zeigte mir

10. Die Berichte bis S. 86 nach dem Tb. — 11. Bibliothek. Erst seit 1820 findet sich die frühere Bibliothek mit der aus Ludwigsburg übergesiedelten Staatsbibliothek in einem neuen Gebäude. — 17. Johann Wilhelm Petersen, Schillers Jugendgenosse, seit 1779 Unterbibliothekar, 1789 Professor der Diplomatik und Heraldik, seit 1791 Bibliothekar, obgleich er dem Trunke (die Geschichte der deutschen Nationalneigung zu diesem hatte er 1782 herausgegeben) ergeben war. — Hofrat (Johann Georg) Schott war Oberbibliothekar. — 19. Eine Allegorie. Vgl. S. 61, 26—30 — 30. Johann Georg Madeweiß, 1786 geadelt.

ein paar vortreffliche Gemälde, die dem Legationsrat Abel gehören. Zunächst eine Schlacht von Wouverman. Die Kavallerie hat schon einen Teil der Infanterie überritten und ist im Begriff, ein zweites Glied, das eben abfeuert, anzugreifen. Ein Trompeter auf seinem hageren Schimmel sprengt rückwärts, um Sukkurs herbeizublasen. Das andere Bild ist ein Claude Lorrain von Mittelgröße und besonderer Schönheit, ein Sonnenuntergang, den er auch selbst radiert hat. Es ist fast keine Vegetation auf dem Bilde, sondern nur Architektur, Schiffe, Meer und Himmel.

Abends bei Kapellmeister Zumsteeg, wo ich verschiedene gute Musik hörte. Er hat die „Colma" nach meiner Übersetzung als Kantate, doch nur mit Begleitung des Klaviers, komponiert. Sie thut sehr gute Wirkung und wird vielleicht für das Theater zu arrangieren sein, worüber ich nach meiner Rückkunft denken muß. Wenn man Fingaln und seine Helden sich in der Halle versammeln ließe, Minona singend und Ossian sie auf der Harfe akkompagnierend vorstellte und das Pianoforte auf dem Theater versteckte, so müßte die Aufführung nicht ohne Effekt sein.

Heute fuhren wir ins kaiserliche Lager. Wir kamen durch Berg, worauf die Hauptattake von Moreau gerichtet war, dann auf Cannstatt; Münster sahen wir im Grunde liegen. Wir kamen durch Schmieden und fingen an das Lager zu übersehen. Der linke Flügel lehnt sich an Mühlhausen, alsdann zieht es sich über Aldingen bis gegen Hochberg. In Neckarrems wurden wir vom Hauptmann Jakardowsky vom Generalstabe gut aufgenommen, der uns erst früh das Lager überhaupt von dem Berge bei Hochberg zeigte und uns gegen Abend an der ganzen Fronte bis gegen Mühlhausen hinführte. Wir nahmen den Weg nach Kornwestheim, da wir denn auf die Ludwigsburger Chaussee kamen und so nach der Stadt zurückfuhren.

Im Lager mögen etwa 25 000 Mann stehen; das Hauptquartier des Erzherzogs wird in Hochberg sein.

Der Pfarrer in Neckarrems heißt Zeller, der Oberamtmann von Cannstatt Seyffer, und ist ein Bruder des Professors in Göttingen.

---

1. Abel, Conradinus Abel in Paris, der seine dort erworbene Gemäldesammlung zu Stuttgart in verschiedenen Häusern untergebracht hatte. Vgl. den Brief an den Herzog vom 11. September. — 2. Philipp Wouverman (Wouvermann Tb. 1) aus Harlem, war 1668 gestorben. — 10. Herrn Kapellmeister Tb. 1. — Johann Rudolf Zumsteeg, Schillers Jugendgenosse. — 11. „Colma", Ossians. — In meiner Übersetzung, in „Werthers Leiden". — 20. Von Moreau, am 21. Juli 1796. — 22. Schmiedheim 1. — 31. Seyfahrt Tb. 1.

Den 4. September. Nachdem ich früh Verschiedenes zu Papiere gebracht und einige Briefe besorgt hatte, ging ich mit Professor Dannecker spazieren und beredete hauptsächlich mit ihm meine Absichten, wie Isopi und Thouret auch für unsere Weimarischen Verhältnisse zu nutzen sein möchten.

Zu Mittag speiste ich an der Table d'hôte, wo sich ein junger Herr von Lieven, der sich hier bei der russischen Gesandtschaft befindet, als ein Sohn eines alten akademischen Freundes mir zu erkennen gab.

Hernach besuchte ich Herrn Beiling, dessen Frau sehr schön Klavier spielte. Er ist ein sehr passionierter Liebhaber der Musik, besonders des Gesanges Aus den brillanten Zeiten des Herzogs Karl, wo Jomelli die Oper dirigierte, ist der Eindruck und die Liebe zur italienischen Musik bei älteren Personen hier noch lebhaft verblieben. Man sieht, wie sehr sich etwas im Publikum erhält, das einmal solid gepflanzt ist. Leider dienen die Zeitumstände den Oberen zu einer Art von Rechtfertigung, daß man die Künste, die mit wenigem hier zu erhalten und zu beleben wären, nach und nach ganz sinken und verklingen läßt.

Von da zur Frau Legationsrat Abel, wo ich die beiden schönen Bilder, die ich bei Herrn von Madeweiß gesehen, nochmals wiederfand. Außer diesen zeigte man mir noch eine vortreffliche und wohlerhaltene Landschaft von Nikolaus Poussin und noch einen anderen Claude aus einer früheren Zeit, aber unendlich lieblich.

Wir machten darauf einen Spaziergang auf die Weinbergshöhen, wo man Stuttgart in seinem Umfange und seinen ver-

1. Stuttgart, den Tb. 1. — 3. Herrn Professor Tb. 1. — 7. Liven 1. — 8. Eines alten akademischen Freundes. Friedrich Georg von Lieven, ein Jahr älter als Goethe, kam erst in dessen drittem akademischen Jahre nach Leipzig, wo er mit ihm Oesers Zeichenunterricht genoß. — 13. Der Tonsetzer Nicolo Jomelli war vom Herzoge, der ihn in Rom kennen gelernt hatte, nach Stuttgart berufen worden, wo er seit 1748 zehn Jahre der Oper vorstand. — 17. Den Oberen. Der Herzog hatte einen ungünstigen Frieden mit Frankreich schließen müssen; jetzt litt das Land unter den Österreichern. — 20. Frau Legationsrat Abel. Vgl. S 76, 1 ff. — 22 f. fürtreffliche Tb. — 24. Einen andern Claude. Diese Landschaft scheint es gewesen zu sein, die Goethe später durch Dannecker für 21 oder 22 neue Louisdor ankaufen ließ, wie Dannecker selbst am 27. Oktober an Frau von Wolzogen meldete. Sonderbar ist es, daß weder in Goethes Sammlung noch in denen des Großherzogs sich ein Gemälde von Claude Lorrain findet, auch keine sonstige Erwähnung eines solchen in den Briefen steht. Auf diesen Ankauf bezieht sich Goethes Äußerung an Schiller vom 22. November: er habe für das, was ihm die Beiträge im Musenalmanach eingebracht, sich ein Kunstwerk angeschafft, das auch dem Freunde Freude machen und ihre gemeinschaftlichen Genüsse und Kenntnisse erhöhen und beleben solle. 26 f. Auf die Weinbergshöhen. Der höchste Punkt in der Nähe der Stadt ist der Bopser.

schiedenen Teilen liegen sieht. Stuttgart hat eigentlich drei Regionen und Charaktere: unten sieht es einer Landstadt, in der Mitte einer Handelsstadt und oben einer Hof- und wohlhabenden Partikulierstadt ähnlich.

Wir gingen ins Theater, wo man „Ludwig den Springer“ gab. Das Ballett, diesmal ein bloßes Divertissement, war ganz heiter und artig. Madame Pauli, erst kurz verheiratet, zeigte sich als sehr hübsche und anmutige Tänzerin.

Die Stuttgarter sind überhaupt mit ihrem Theater nicht übel zufrieden, ob man gleich auch hier und da darauf schilt. Merkwürdig war mir's auch heute, daß das Publikum, wenn es beisammen ist, es mag sein, wie es will, durch sein Schweigen und seinen Beifall immer ein richtiges Gefühl verrät. Sowohl im heutigen Stücke als neulich im „Karlos“ wurden die Schauspieler fast nie, einigemal aber das Stück applaudiert; kaum aber trat diesen Abend die Tänzerin mit ihren wirklich reizenden Bewegungen auf, so war der Beifall gleich da.

---

5. „Ludwig den Springer“, damals beliebtes Schauspiel von Hagemann, das Goethe auch in Frankfurt gesehen hatte. — 6. Das Ballet. Im Tb. gehen die Charakteristiken von vier Schauspielern vorher, die wir S. 86 nachtragen. — 17. An demselben Tage sandte Goethe seine Berichte an Schiller vom 30. und 31. August mit folgendem Zusatze ab: „Dieser Brief mag nun endlich abgehen; hoffentlich finde ich einen von Ihnen in Tübingen, wohin ich nun bald zu gelangen gedenke. Hier ist es mir sehr wohl ergangen, und ich habe in der Gesellschaft, in welche mich Ihr kleines Blatt [an Rapp] eingeführt, mich sehr wohl befunden: man hat mich auf alle Weise zu unterhalten, mir alles zu zeigen gesucht und mir mehrere Bekanntschaften gemacht. Wenn Meyer hier wäre, könnte ich mich wohl entschließen, noch länger zu bleiben. Es ist natürlich, daß ich in der Masse von Kunst und Wissenschaft nun erst manches gewahr werde, das ich noch wohl zu meinem Vorteil gebrauchen könnte; denn es ist wirklich merkwürdig, was für ein Streben unter den Menschen lebt. Was mich aber besonders erfreut und eigentlich mir einen längeren Aufenthalt angenehm macht, ist, daß ich in der kurzen Zeit mit denen Personen, die ich hier gesehen habe, durch Mitteilung der Ideen wirklich weiter komme, so daß der Umgang für beide Teile fruchtbar ist. Über einige Hauptpunkte habe ich mich mit Dannecker wirklich verständigt und in einige andere scheint Rapp zu entrieren, der eine gar behagliche, heitere und liberale Existenz hat. Noch sind zwar seine Grundsätze die Grundsätze eines Liebhabers, die, wie bekannt, eine ganz eigene, der soliden Kunst nicht eben sehr günstige Tournüre haben, doch fühlt er natürlich und lebhaft, und faßt die Motive eines Kunsturteiles bald, wenn es auch von dem seinigen abweicht. Ich denke übermorgen von hier wegzugehen und hoffe in Tübingen einen Brief von Ihnen zu finden. Außerdem daß ich das, was mir begegnet, so ziemlich fleißig zu den Akten nehme, habe ich verschiedenes, das durch Gespräch und Umstände bei mir rege wurde, aufgesetzt, wodurch nach und nach kleine Abhandlungen entstehen, die sich vielleicht zuletzt aneinander schließen werden.“ Denselben 4. September schrieb er an Meyer, dem er über seine baldige Ankunft und seine bevorstehende Abreise berichtete. „Künstler und Kunstwerke giebt es hier von verschiedenen Graden,“ äußerte er, „und ich habe Gelegenheit zu mancher interessanten Unterhaltung gefunden. Da ich fleißig aufgeschrieben habe, so werden wir aus meinen Akten manchen Anlaß zum Gespräche nehmen können, der uns überhaupt nicht fehlen wird. Mehr sage ich für heute nicht, aber von Tübingen hören Sie nochmals von mir. Wie sehr freue ich mich, meine erste Reiseepoche an Ihrem freundschaftlichen Herzen zu schließen.“

Den 5. September. Früh im großen Theater. Ich sah daselbst verschiedene Dekorationen, welche sich noch von Colomba herschreiben. Sie müssen sich auf dem Theater sehr gut ausnehmen; denn es ist alles sehr faßlich und in großen Partieen ausgeteilt und gemalt. Die Frankfurter Dekorationen haben aber doch darin den Vorzug, daß ihnen eine solidere Baukunst zum Grunde liegt und daß sie reicher sind, ohne überladen zu sein, da hingegen die hiesigen in einem gewissen Sinne leer genannt werden können, ob sie gleich wegen der Größe des Theaters und wegen ihrer eigenen Grandiosität sehr guten Effekt thun müssen.

Sodann bei Herrn Meyer, der verschiedene gute Gemälde hat. Er zeigte mir Blumen- und Fruchtstücke von einem gewissen Wolffermann, der erst mit naturhistorischen Arbeiten angefangen, sich aber darauf nach de Heem und Huysum gebildet und sowohl in Wasser- als Ölfarbe Früchte und Insekten außerordentlich gut macht. Da er arm ist und sich hier kaum erhält, so würde er leicht zu haben sein und bei künftigen Dekorationen vortrefflich dienen, um die Früchte, Insekten, Gefäße und was sonst noch der Art vorkäme, zu malen und anderen den rechten Weg zu zeigen. Auch könnte man ihn zu der neuen Marmormalerei brauchen, wenn ihn Professor Thouret vorher darin unterrichten wollte.

Ich sah bei dem Hoftapezierer Stühle von Mahagoniholz gearbeitet; sie waren mit schwarzem gestreiftem Seidenzeug überzogen, das Pequin satiné heißt und eine sehr gute Wirkung thut. Besonders artig nehmen sich daran hochrote seidene Litzen aus, mit denen die Kanten der Kissen bezeichnet sind.

Nachmittags war ich bei Regierungsrat Frommann, der mir einige schöne eigene sowie andere, dem Legationsrat Abel gehörige Gemälde vorzeigte. Unter den letzteren zeichnete sich besonders ein Faun aus, der eine am Baum gebundene Nymphe peitscht. Dieselbe Idee ist in den Scherzi d'amore von Carracci vorgestellt, und mag dieses Bild, das vortrefflich gemalt ist, wohl von Lodo-

2. Giovanni Baptista Innocenzio Colomba war Baumeister und Dekorationsmaler gewesen. — Nach 10 hat Tb. noch: „Prof. Heideloff besorgt gegenwärtig die Theatermalerei. Maschine, um das Parterre in die Höhe zu heben." — 14. Jean David de (van) Heem (Hem 1) aus Utrecht starb 1644. Bedeutender war der von Goethe hochgehaltene Jan van Huysum aus Amsterdam († 1749). Vgl. Goethes Aufsätze: Einfache Nachahmung und Blumenmalerei im dreißigsten Bande. — 24 Pekin Tb. 1 — 31. Carracci Hier ist der besonders als Kupferstecher ausgezeichnete Agostino Carraccio gemeint, dessen üppige Scherzi d'amore in dreizehn Bänden erschienen; sein Vetter ist der darauf genannte Lodovico, das Haupt dieser berühmten Malerschule.

vico sein. Auch dieser Liebhaber hat manches aus den französischen Auktionen für einen sehr billigen Preis erhalten.

Abends bei Rapp. Vorlesung des „Hermann und Dorothea“.

Den 6. September. Früh besuchte mich Professor Thouret, mit dem ich über die architektonischen Dekorationen sprach. Dazu kam Professor Heideloff, der leider sehr an den Augen leidet; ferner ein Oberlieutenant von Koudelka von den Österreichern, ein wohlgebildeter junger Mann und großer Liebhaber der Musik. Darauf ging ich mit Thouret, sein Modell zum Ovalsaal in Stuttgart zu sehen, das im ganzen gut gedacht ist; nur wäre die Frage, ob man den Übergang von den langen perpendikularen Banden, der mir zu arm scheint, nicht reicher und anmutiger machen könnte.

Ich ging alsdann mit ihm, Scheffauer und einem Württembergischen Offizier, der ganz artig malt, das Schloß zu besehen, wo ich nichts Nachahmungswertes fand, vielmehr unzählige Beispiele dessen, was man vermeiden soll. Die Marmore, besonders aber die Alabaster (Kalkspathe) des Landes, nehmen sich sehr gut aus, sind aber nicht zur glücklichsten Dekoration verwendet. Übrigens sind die Zimmer, man möchte sagen, gemein vornehm; so z. B. sieht man auf einem gemein angestrichenen weißen Gipsgrunde viele vergoldete Architektur, die Thüren bei ihren schnörkelhaften Vergoldungen mit Leimfarbe angestrichen, die Guibalischen Plafonds nach der bekannten Art.

In dem Wohnzimmer des jetzigen Herzogs sah ich eine halbe Figur, die auf Guercin hindeutet, einige Landschaften aus Biermanns früherer Zeit, ein gutes Bild von Hetsch, die Mutter der Grachen im Gegensatz mit der eitlen Römerin vorstellend.

3. „Hermann und Dorothea“. Einen vollständigen Abdruck besaß er nicht; er las aus einer mitgenommenen Abschrift. Besonders freute es ihn, daß ein fünfjähriges Mädchen Rapps, nachdem er geendigt hatte, den Wunsch äußerte, der Herr möge doch fortlesen. Vgl. den Brief an Schiller vom 14. — 4. Herr Professor Th. 1. — 6. Der Hof- und Theatermaler Viktor Peter Heideloff (Heidlof Th. Heidloff 1) gehörte zu Schillers vertrauten Jugendgenossen. — 18. Kalkspäthe Th. 1. — 23. Der Hofmaler Nicolaus Guibal aus Luneville hatte für Herzog Karl Eugen zahlreiche Plafonds in den Schlössern gemalt. — 26. Quercin 1. Des Francesco Barbieri genannt Guercino da Cento Verdienste hatte Goethe in dessen Vaterstadt kennen gelernt. Vgl. den Brief vom 17. Oktober 1786. — 26f. Peter Biermann, der geschickteste Aquarellmaler, lebte noch in seiner Vaterstadt Basel. — 27f. Die Mutter der Grachen. Denselben Gegenstand hatte Angelika Kauffmann gemalt. Vgl. Goethes Brief vom 28. August 1787.

Ich ging mit Professor Thouret die verschiedenen Dekorationen durch, die bei Verzierungen eines Schlosses vorkommen können, und bemerkte hiervon folgendes.

Das erste, worin wir übereinkamen, war, daß man sich, um eine Reihe von Zimmern zu dekorieren, vor allen Dingen über das Ganze bestimmen solle, man möge es nun einem einzelnen Künstler übertragen oder aus den Vorschlägen mehrerer nach eigenem Geschmacke für die verschiedenen Zimmer eine Wahl anstellen. Da ohnehin ein solches Unternehmen jederzeit großes Geld koste, so sei der Hauptpunkt, daß man stufenweis verfahre, das Kostbare nicht am unrechten Platze anbringe und sich nicht selbst nötige, mehr, als man sich vorgesetzt, zu thun.

So sei z. B. bei dem Appartement unserer Herzogin, dessen Lage ich ihm bezeichnete, es hauptsächlich darum zu thun, aus dem Anständigen eines Vorsaals in das Würdigere der Vorzimmer, in das Prächtigere des Audienzzimmers überzugehen, das Rundel des Eckes und das darauf folgende Zimmer heiter und doch prächtig zu einer inneren Konversation anzulegen, von da ins Stille und Angenehme der Wohn- und Schlafzimmer überzugehen und die daran stoßenden Kabinette und Bibliothek mannigfaltig, zierlich und mit Anstand vergnüglich zu machen.

Wir sprachen über die Möglichkeit, sowohl durch das anzuwendende Material als durch die zu bestimmenden Formen einem jeden dieser Zimmer einen eigenen Charakter und dem Ganzen eine Folge durch Übergänge und Kontraste zu geben. Er erbot sich, wenn man ihm die Risse und Maße der Zimmer schickte, einen ersten Vorschlag dieser Art zu thun, den man zur Grundlage bei der künftigen Arbeit brauchen könnte.

Decken und Gesimse sind das erste, an deren Bestimmung und Fertigung man zu denken hat; allein diese hängen von der Dekoration des Zimmers sowohl in Proportionen als Ornamenten ab.

Die Gesimse oder den Übergang von der Wand zur Decke kann man auf zweierlei Art machen: einmal, daß man ein mehr oder weniger vorspringendes Gesims in die Ecke anbringt und die Decke unmittelbar darauf ruhen läßt, oder auch, daß man durch eine größere oder kleinere Hohlkehle die Wand und Decke sanft

1. Der folgende, besonders für den Herzog bestimmte Bericht bis S. 84, 24 fehlt im Tagebuch. — Herrn Professor 1. — 10. stufenweise 1.

verbindet. Jene Art würde in ihrer größeren Einfachheit sich wohl für die Vorzimmer schicken und, wenn man Glieder und Teile mehr zusammensetzt, auch wohl den prächtigen Zimmern gemäß sein. Doch haben die Hohlkehlen immer etwas Heiteres und sind mannigfaltiger Verzierungen fähig. Isopi will selbst über dem architektonischen Gesims noch jederzeit eine Hohlkehle haben, um dem Ganzen mehr Freiheit und Ansehen zu geben. Eine Meinung, die sich noch prüfen läßt.

Gesimse und Decken stehen in einer beständigen Korrelation; die Einfalt des einen bestimmt die Einfalt des anderen, und so teilen sie einander auch ihre mannigfaltigen Charaktere mit. Stuck, Vergoldung und Malerei können miteinander hier wetteifern und sich steigern. Wir haben hiervon in dem Römischen Hause schon sehr schöne Beispiele.

Was die Wände selbst betrifft, so leiden sie die mannigfaltigsten Veränderungen. Eine sauber abgetünchte Wand, auf welcher die angebrachte Stukkatur durch einen leichten Ton abgesetzt wird, giebt für Vorsäle die angenehmste und heiterste Verzierung.

Sehr wichtig aber ist für Dekoration die Kenntnis, Granit, Porphyr und Marmor auf verschiedene Weise nachzuahmen. Die bekannte Art des sogenannten Gipsmarmors thut zwar nächst dem natürlichen Stein den schönsten und herrlichsten Effekt, allein sie ist sehr kostbar, und die Arbeit geht langsam; hingegen bedient man sich in Italien außerdem noch dreier anderer Arten, welche nach dem verschiedenen Gebrauch und Würde der Zimmer anzuwenden sind und alle drei sehr guten Effekt machen.

Die erste wird auf nassen Kalk gemalt und hinterdrein vom Maurer verglichen und von dem Maler wieder übergangen, so daß beide immer zusammen arbeiten; sie können auf diese Weise des Tages 6 Quadratschuh fertig machen. Der neue Saal von Hohenheim wird auf diese Weise dekoriert, und man könnte daselbst im Frühjahre schon die Resultate sehen.

Die zweite ist, was die Italiener Scajola nennen, eine Art von nassem Mosaik. Der Pilaster oder die Füllung, die auf diese Art bearbeitet werden soll, wird mit einem einfärbigen beliebigen Gipsgrunde angelegt. Wenn er trocken ist, sticht der Künstler, der

13. Dem Römischen Hause, im Park zu Weimar. — 17. Thon 1. — 31 f. Vgl. S. 72, 12—15. — 34. Scajola, richtiger scagliuola.

freilich darin Praktik haben muß, mit Eisen die Adern, oder was man für Zufälligkeiten anbringen will, heraus und füllt und streicht die entstandenen Vertiefungen mit einer anderen Farbe wieder aus, wozu er sich kleiner Spateln bedient. Wenn dieses wieder trocken ist, übergeht er es abermals, und das so lange, bis der Effekt erreicht ist, da denn das Ganze abgeschliffen wird. Man kann durch diese Art weit mehr als durch das Mischen des Marmors die Natur erreichen, und es soll bei gehöriger Praktik um einen großen Teil geschwinder gehen.

Die dritte Art ist für Vorsäle und Zimmer, die man leicht behandeln will; sie soll sich aber auch sehr gut ausnehmen. Der Marmor wird nämlich mit Leimfarbe auf die abgetünchte Wand gemalt und mit einem Spiritusfirniß überstrichen.

Alle drei Arten offeriert Thouret durch Beschreibung, noch lieber aber durch persönliche Anleitung mitzuteilen. Er widerrät das Malen des Marmors mit Öl auf die abgetünchte Wand, weil die Arbeit eine unangenehme, der Natur widersprechende Bräune nach und nach erhält.

Der Gebrauch der Seide zur Verzierung der Wände ist auch wohl zu überlegen. Ganze Wände damit zu überziehen, hat immer etwas Eintöniges, man müßte ihnen denn nach Größe und Verhältnis der Zimmer starke Borduren geben und auf die großen Räume wenigstens einige würdige Gemälde anbringen. Übrigens aber sind die kleineren seidnen Abteilungen, mit Stukkatur und Marmor verbunden, immer das angenehmste und reichste, wie wir das Beispiel auch im Römischen Hause sehen.

Da die Spiegel nunmehr jederzeit als ein Teil der Architektur angesehen, in die Wand eingelassen und niemals in mehr oder weniger barbarischen Rahmen aufgehängt werden, so fallen die Rahmen dazu meist in das Feld des Stukkaturers; wenigstens hat der Bildschnitzer nicht viel daran zu thun. Dagegen ist zu wünschen, daß das Schnitzwerk an den Thüren, die im ganzen einerlei Form haben können, nach Verhältnis angebracht werde; wie sie denn überhaupt nur immer Holzfarbe sein sollten, um so mehr, da man durch Fournierung verschiedener Hölzer, Schnitzwerk, Bronze, Vergoldung ihre Mannigfaltigkeit sehr hoch treiben kann und eine weiße Thür immer etwas Albernes hat. Statt des kost-

14. Herr Thouret l.

baren Schnitzwerks lassen sich auch bei Tapetenleisten die vom Karton ausgedruckten vergoldeten Zieraten sehr gut brauchen.

Wegen der Lambris hielt man dafür, daß bei hohen Zimmern allenfalls die Höhe der Fensterbrüstung beibehalten werden könne, sonst aber sehe ein niedriger, sockelartiger Lambris immer besser aus, indem er die Wand niemals gedrückt erscheinen lasse.

Wegen der Fußböden kamen auch sehr gute Vorschläge zur Sprache, die nächstens im weiteren Umfang zu Papiere zu bringen sind.

Einer von den Hauptfehlern bei der Dekoration der Zimmer, der auch bei der früheren Konstruktion der Gebäude begangen wird, ist, daß man die Massen, die man haben kann oder hat, trennt und zerschneidet, wodurch das Große selbst kleinlich wird.

Wenn man z. B. in einem Saal eine Säulenordnung, die nur einen Teil der Höhe einnimmt, anbringt und über derselben gleichsam noch eine Attike bis an die Decke macht. Dieser Fall ist noch in dem ausgebrannten Schlosse zu Stuttgart zu sehen. Oder wenn man die Lambris verhältnismäßig zu hoch macht oder die Gesimse oder Friesen oben zu breit. Durch solche Operationen kann man ein hohes Zimmer niedrig erscheinen machen, wie durch die umgekehrte richtige Behandlung ein niedriges hoch erscheint. Diesem Fehler sind alle diejenigen ausgesetzt, welche nur immer an mannigfaltige Verzierungen denken, ohne die Hauptbegriffe der Massen, der Einheit und der Proportionen vor Augen zu haben.

Nach Tische ging ich mit Dannecker zu Rapp, wo ich ein sehr merkwürdiges osteologisches Präparat fand.

Ein Frauenzimmer, deren Geschwister schon an Knochenkrankheiten gelitten hatten, empfand in früher Jugend einen heftigen Schmerz, wenn die obere Kinnlade unter dem linken Auge berührt wurde. Dieser erstreckte sich nach und nach abwärts bis in die Hälfte des Gaumens; es entstand daselbst ein Geschwür, in welchem man etwas Hartes spüren konnte. Sie lebte 19 Jahre und starb an der Auszehrung. Der Teil des Schädels, den man, nachdem sie anatomiert worden, zurückbehalten, zeigt folgende Merkwürdigkeiten. Die linke Hälfte des Ossis intermaxillaris enthält zwei

1. von 1. — 6. gedruckt 1. — Vor 10 Abteilungssternchen. — 17. Dem ausgebrannten Schlosse. Im Residenzschlosse zu Stuttgart brannte 1762 der rechte Flügel ab. — Vor 25 Abteilungsstrich und das wiederholte Datum. — 31. worden fehlt 1. — 35. Ossis intermaxillaris, des Zwischenknochens, den Goethe beim Menschen nachgewiesen hatte.

gute Schneidezähne; der Eckzahn fehlt, und nach der kleinen Alveole sieht man, daß er bald nach der zweiten Zahnung ausgefallen sein müsse; dann folgt ein Backzahn, dann eine kleine Lücke, jedoch ohne Alveole, sondern mit dem scharfen Rand, dann ein starker Backzahn, darauf ein noch nicht ganz ausgebildeter sogenannter Weisheitszahn. Betrachtet man nun die Nasenhöhle des Präparats, so findet man eine große Merkwürdigkeit: es sitzt nämlich ein Zahn unter dem Augenrande mit seiner Wurzel an einer kleinen runden, faltigen Knochenmasse fest; er erstreckt sich in seiner Lage schief herab nach hinten zu und hat den Gaumenteil der oberen Maxille gleich hinter den Canalibus incisivis gleichsam durchbohrt, oder vielmehr es ist durch die widernatürliche Berührung der Teil kariös geworden, und eine Öffnung, die größer als seine Krone, findet sich ausgefressen. Die Krone steht nur wenig vor der Gaumenfläche vor. Der Zahn ist nicht völlig wie andere Backzähne gebildet; seine Wurzel ist einfach und lang und seine Krone nicht völlig breit. Es scheint nach allem diesem ein gesunder Zahn mit lebhaftem Wachstum zu sein, dem aber der Weg nach seinem rechten Platze durch ein ungleiches und schnelleres Wachstum der Nachbarzähne versperrt worden, so daß er sich hinterwärts entwickelt und das Unglück angerichtet hat. Wahrscheinlich ist es der fehlende Backzahn, von dessen Alveole keine Spur zu sehen ist. Im Anfange glaubte ich fast, es sei der Eckzahn.

Wenn man diesen Fall hätte vermuten können, so bin ich überzeugt, daß diese Person leicht zu operieren und der Zahn herauszuziehen gewesen wäre; ob man aber bei ihrer übrigen unglücklichen Konstitution ihr das Leben dadurch gefristet hätte, ist fast zu zweifeln.

Schade, daß man nur das interessante Stück ausgeschnitten und nicht die andere Hälfte der Maxille, ja den ganzen Schädel verwahrt hat, damit man den Knochenbau noch an den Teilen, welche keine auffallende Unregelmäßigkeit zeigen, hätte beobachten können.

Abends im Theater wurden die Due Litiganti von Sarti gegeben. Die Vorstellung war äußerst schwach und unbedeutend.

6. man die 1. — Vor 32 Abteilungsstrich und das Datum des 6. — An den Due Litiganti hatte Goethe in Rom sich erfreut — 32. Im Tb. folgt nach S. 80, 21: „In den Wohnzimmern bleiben die Fußdecken das ganze Jahr liegen, nur daß sie von Zeit zu Zeit ausgestäubt werden. Darauf an die Table d'hote, alsdann zu Dannecker mit Rapp, wo ich das merkwürdige osteologische Präparat [das er auf einem besonderen Blatte beschrieben habe. Vgl. S. 84, 27—85, 31] fand. Abends in die Komödie, wo die Due Litiganti von Sarti gegeben wurden.

Aufführung der Due Litiganti.

Äußerst schwach und unbedeutend."

Herr Brand gar nichts. Demoiselle Bambus unangenehme Nullität. Madame Kaufmann, kleine hagere Figur, steife Bewegung, angenehme, gebildete, aber schwache Stimme. Demoiselle Ferber nichts. Herr Krebs angenehmer Tenor, ohne Ausdruck und Aktion. Herr Reuter unbedeutend. Herr Weberling, eine gewisse Art von drolligem Humor, den man leiden mag, aber auch weiter nichts.

Ich habe mehrere, die das Theater öfters besuchen, darüber sprechen hören, und da kommt es denn meist auf eine gewisse Toleranz hinaus, die aus der Notwendigkeit entspringt, diese Leute zu sehen, wo denn doch jeder in einer gewissen Rolle sich die Gunst des Publikums zu verschaffen weiß.

Übrigens hat das Theater eine so seltsame Konstitution, daß eine Verbesserung desselben unmöglich wird.

---

1. Herr fehlt Tb. — 4. Färber Tb. — 4 f. fehlt das dreimalige Herr Tb. — 7. Die Redaktion hätte oben S. 78, 6 die Beurteilung der Schauspieler nicht weglassen dürfen. Sie lautete: „Madame Spalding, eine gute Figur, aber kalt und steif. Pauli, trocken und steif. Vincenz, eine gute, rundliche Jugendfigur, braves Theaterbetragen, eine volle, deutliche, tiefe Stimme, im ganzen ein wenig roh, wird aber immer zu zweiten Stellen ein brauchbares und auf dem Theater leidliches Subjekt bleiben. Gley, nicht übel gewachsen, aber, wie die meisten seiner Kollegen, kalt und ohne eigentliche Energie oder Anmut." — 13. Eine so (so eine Tb. 1) seltsame Konstitution, durch die Abhängigkeit vom Hofe und die Übernahme des Theaterpersonals unter den früheren Bedingungen, obgleich der herzogliche Zuschuß um 9000 Fl. geschmälert worden war. Vgl. S. 70, 5—12. — 13. Daß er in Stuttgart vom 4. bis zum 6. drei neue Balladen von der Müllerin zu der in Heidelberg entworfenen sich ausgedacht, wird übergangen.

Tübingen.

Den 7. September. Früh 5½ Uhr von Stuttgart abgefahren. Auf der Höhe hinter Hohenheim ging der Weg durch eine schöne Allee von Obstbäumen, wo man einer weiten Aussicht nach den Neckarbergen genießt. Man kommt durch Echterdingen, ein wohlgebautes, heiteres Dorf, und die Straße geht sodann auf und ab quer durch die Thäler, welche das Wasser nach dem Neckar zu schicken.

Über Waldenbuch, das im Thale liegt, und wo wir um 8½ Uhr ankamen, hat man eine schöne Aussicht auf eine fruchtbare, doch hügelige und rauhere Gegend mit mehreren Dörfern, Feldbau, Wiesen und Wald. Waldenbuch selbst ist ein artiger, zwischen Hügeln gelegener Ort mit Wiesen, Feld, Weinbergen und Wald und einem herrschaftlichen Schloß, der Wohnung des Oberforstmeisters.

Eine ähnliche Kultur dauert bis Dettenhausen fort, doch ist die Gegend rauher und ohne Weinberg. Wir sahen Weiber und Kinder Flachs brechen. Weiterhin wird es etwas flächer. Einzelne Eichbäume stehen hie und da auf der Trift, und man hat die schöne Ansicht der nunmehr näheren Neckarberge sowie einen Blick ins mannigfaltige Neckarthal. Wir sahen bald das Tübinger Schloß und fuhren durch eine anmutige Aue nach Tübingen hinein, wo wir bei Cotta einkehrten.

Ich machte bei ihm die Bekanntschaft mit Dr. Gmelin und ging gegen Abend mit beiden, die Gegend zu sehen. Aus dem

1. Von Stuttgart nach Tübingen 1. Die folgenden Berichte bis zum Briefe des Herzogs vom 11. sind nach dem Tagebuch bearbeitet. Wir haben die Ortsangaben bei den einzelnen Berichten weggelassen, welche das Tb. am 7., C am 7. und 8. hat. — 20. Nach Neckarthal hat Tb noch: „Lustenau, gemischte Kultur, Wiese, Wald, Dorf, Garten, Weinberg." — 23. Herrn Dr. Gmelin 1. Es ist der Dr. med. Apotheker Christian Gottlob Gmelin gemeint, der mit Cotta verwandt war. Im Tb. steht Herrn Apotheker Dr. Gmelin. — 24. beiden, Cotta und Gmelin.

Garten des Dr. Gmelin hatte man die Aussicht auf das Ammerthal und Neckarthal zugleich. Der Rücken eines schön bebauten Sandsteingebirges trennt beide Thäler. Tübingen liegt auf einem kleinen Einschnitte dieses Rückens wie auf einem Sattel und macht Face gegen beide Thäler. Oberhalb liegt das Schloß, unterhalb ist der Berg durchgraben, um die Ammer auf die Mühlen und durch einen Teil der Stadt zu leiten. Der größte Teil des Wassers ist zu diesem Behuf weit über der Stadt in einen Graben gefaßt; das übrige Wasser im ordentlichen Bette sowie die Gewitterwasser laufen noch eine weite Strecke, bis sie sich mit dem Neckar vereinigen.

Die Existenz der Stadt gründet sich auf die Akademie und die großen Stiftungen; der Boden umher liefert den geringsten Teil ihrer Bedürfnisse.

Die Stadt an sich selbst hat drei verschiedene Charaktere. Der Abhang nach der Morgenseite gegen den Neckar zu zeigt die großen Schul-, Kloster- und Seminariengebäude. Die mittlere Stadt sieht einer alten, zufällig zusammengebauten Gewerbstadt ähnlich. Der Abhang gegen Abend nach der Ammer zu sowie der untere flache Teil der Stadt wird von Gärtnern und Feldleuten bewohnt; er ist äußerst schlecht, bloß notdürftig gebaut, und die Straßen sind von dem vielen Mist äußerst unsauber.

Den 8. September. Mittags lernte ich die Herren Ploucquet, die beiden Gmelin und Schott kennen. In dem Ploucquetischen Garten, der auf der unterhalb der Stadt wieder aufsteigenden Berghöhe liegt, ist die Aussicht sehr angenehm: man sieht in beide Thäler, indem man die Stadt vor sich hat; an der Gegenseite des Neckarthals zeigen sich die höheren Berge nach der Donau zu in einer ernsthaften Reihe.

Den 9. September. Gegen Abend mit Cotta auf dem Schlosse. In den Zimmern finden sich sowohl an Decken als an Wänden und Fenstern artige Beispiele der alten Ver-

3. **Thäler und** 1. — 12. **Die Akademie**, die 1477 gegründete Karl-Eberhards-Universität. — 12. **Die großen Stiftungen**, des Stifts und der Ritterakademie. — 20. **gebauet** Tb. 1. — 23. Vorangeht Tb.: „Früh diktiert. Zu Tische waren gegenwärtig: Kielmeyer, Professor. Zahn, Herrn Cottas Associé [Kanzleiadvokat Dr. Christian Jakob Zahn]. Zahn, Pfarrer zu Schafhausen zwischen Stuttgard und Calw. Hasenmeyer, Bankier. Weber, Sekretär." — 25 f. Die Genannten waren alle Universitätsprofessoren, Wilhelm Gottfried **Ploucquet** an der medizinischen, Hofrat Christian und Christian Gottlieb **Gmelin** an der juristischen, Andreas Heinrich **Schott**, zugleich Bibliothekar, an der philosophischen Fakultät.

zierungsmanier oder vielmehr jener Art, die Teile des inneren Ausbaues nach gewissen Bedürfnissen oder Begriffen zu bestimmen. Da man denn doch bei einem Baumeister manchmal solche Angabe fordert, so wird er hier verschiedene Studien machen können, die, mit Geschmack gebraucht, gute Wirkung thun würden.

Abends die kleine Kantische Schrift gegen Schlosser sowie den „Gartenkalender“ und die württembergische kleine Geographie durchgelesen und angesehen.

Den 10. September. Früh mit Professor Kielmeyer, der mich besuchte, verschiedenes über Anatomie und Physiologie organischer Naturen durchgesprochen. Sein Programm zum Behuf seiner Vorlesungen wird ehestens gedruckt werden. Er trug mir seine Gedanken vor, wie er die Gesetze der organischen Natur an allgemeine physische Gesetze anzuknüpfen geneigt sei, z. B. der Polarität, der wechselseitigen Stimmung und Korrelation der Extreme, der Ausdehnungskraft expansibler Flüssigkeiten. Er zeigte mir meisterhafte naturhistorische und anatomische Zeichnungen, die nur des leichtern Verständnisses halber in Briefe eingezeichnet waren, von George Cuvier von Mömpelgard, der gegenwärtig Professor der vergleichenden Anatomie am Nationalinstitut in Paris ist. Wir sprachen verschiedenes über seine Studien, Lebensweise und Arbeiten. Er scheint durch seine Gemütsart und seine Lage nicht der völligen Freiheit zu genießen, die einem Mann von seinen Talenten zu wünschen wäre. Über die Idee, daß die höheren organischen Naturen in ihrer Entwickelung einige Stufen vorwärts machen, auf denen die anderen hinter ihnen zurückbleiben. Über die wichtige Betrachtung der Häutung, der Anastomosen, des Systems der blinden Därme, der simultanen und successiven Entwickelung.

7. Kantische Schrift, „Verkündigung des nahen Abschlusses eines Traktats eines ewigen Friedens in der Philosophie“. Vgl. den Brief vom 14. — Schlosser, seinen Schwager Johann Georg. — 8. Den „Gartenkalender“, den neuen Jahrgang. — Th. wirtenbergische. — 10. Karl Friedrich Kielmeyer, Professor der Chemie, hatte vor vier Jahren eine treffliche Schrift: „Über Verhältnisse der organischen Kräfte untereinander“ geschrieben, die auch Herder mit Vorteil las. Vgl. Virchow „Goethe als Naturforscher“. — 16 ff. Aus Goethes erstem Aufsatze über Geoffroys de St. Hilaire Principes de Philosophie zoologique (1830) ersehen wir, daß in den Briefen an Kielmeyer „charakteristisch und meisterhaft eingezeichnete Anatomien von durchforschten niederen Organisationen“ sich fanden. — 20. Von Mömpelgard (Mümpelgard Th. 1), das bei seiner Geburt (1769) noch Württembergisch war, aber im Pariser Frieden von 1796 an Frankreich fiel. — Gegenwärtig. Seit zwei Jahren war er Professor am Jardin des plantes, seit dem vorigen Mitglied des Nationalinstituts.

Den 11. September. Diktiert an verschiedenen Aufsätzen, nach Weimar bestimmt. In der Kirche Besichtigung der farbigen Fenster im Chor. Aufsatz darüber. Mittags Professor Schnurrer, nach Tische Visiten bei den Herren, die ich hier im Hause hatte kennen lernen, sowie bei Professor Majer. Abends die Nachricht von der erklärten Fehde des Direktoriums mit dem Rate der Fünfhundert. Regnichter Tag.

An den Herzog von Weimar.

Tübingen den 11. September.

Vom 25. August an, da ich von Frankfurt abreiste, habe ich langsam meinen Weg hierher genommen. Ich bin nur bei Tage gereist und habe nun, vom schönen Wetter begünstigt, einen deutlichen Begriff von den Gegenden, die ich durchwandert, ihren Lagen, Verhältnissen, Ansichten und Fruchtbarkeit. Durch die Gelassenheit, womit ich meinen Weg mache, lerne ich, freilich etwas spät, noch reisen. Es giebt eine Methode, durch die man überhaupt in einer gewissen Zeit die Verhältnisse eines Orts und einer Gegend und die Existenz einzelner vorzüglicher Menschen gewahr werden kann. Ich sage gewahr werden, weil der Reisende kaum mehr von sich fordern darf; es ist schon genug, wenn er einen sauberen Umriß nach der Natur machen lernt und allenfalls die großen Partieen von Licht und Schatten anzulegen weiß; an das Ausführen muß er nicht denken.

Der Genuß der schönen Stunden, die mich durch die Bergstraße führten, ward durch die sehr ausgefahrnen Wege einigermaßen unterbrochen. Heidelberg und seine Gegend betrachtete ich in zwei völlig heiteren Tagen mit Verwunderung und ich darf wohl sagen mit Erstaunen. Die Ansichten nähern sich von mehreren Seiten dem Ideal, das der Landschaftsmaler aus mehreren glück-

2. Nach Weimar, an den Herzog. — Der Kirche, der Stiftskirche. Der Chor ist vom Jahre 1420. — 3. Christian Friedrich Schnurrer, Professor der orientalischen Sprachen, war der Lehrer des 1789 nach Jena berufenen Paulus. — 4. Hier im Hause, bei Cotta. — 5. Johann Christian Majer (Meyer Tb. 1) war Professor des Staatsrechts. — 6. Der erklärten Fehde, des Staatsstreichs vom 4. September, dem 18. Fruktidor. — 8. An den Herzog von Weimar. Hier zum erstenmal nennt 1 die Person, an welche der Brief gerichtet ist. Es ist der erste eigentliche Brief, den Goethe seit Frankfurt dem Herzog schrieb — 27. Zwei Tagen. Am Abend kam er an, in der Frühe des zweitfolgenden Morgens verließ er die Stadt. — 29. Statt des wiederholten mehreren hätte die Redaktion etwa verschiedenen setzen sollen.

lichen Naturlagen sich in seiner schaffenden Phantasie zusammenbildet. Der Weg von da nach Heilbronn ist teils fürs Auge sehr reizend, teils durch den Anblick von Fruchtbarkeit vergnüglich.

Heilbronn hat mich sehr interessiert, sowohl wegen seiner offenen, fruchtbaren, wohlgebauten Lage als auch wegen des Wohlstandes der Bürger und der guten Administration ihrer Vorgesetzten. Ich hätte gewünscht, diesen kleinen Kreis näher kennen zu lernen.

Von da nach Stuttgart wird man von der Einförmigkeit einer glücklichen Kultur beinah trunken und ermüdet. In Ludwigsburg besah ich das einsame Schloß und bewunderte die herrlichen Alleenpflanzungen, die sich durch die Hauptstraßen des ganzen Ortes erstrecken.

In Stuttgart blieb ich neun Tage. Es liegt in seinem ernsthaften, wohlgebauten Thal sehr anmutig, und seine Umgebungen sowohl nach den Höhen als nach dem Neckar zu sind auf mannigfaltige Weise charakteristisch.

Es ist sehr interessant zu beobachten, auf welchem Punkt die Künste gegenwärtig in Stuttgart stehen. Herzog Karl, dem man bei seinen Unternehmungen eine gewisse Großheit nicht absprechen kann, wirkte doch nur zu Befriedigung seiner augenblicklichen Leidenschaften und zur Realisierung abwechselnder Phantasieen. Indem er aber auf Schein, Repräsentation, Effekt arbeitete, so bedurfte er besonders der Künstler, und indem er nur den niederen Zweck im Auge hatte, mußte er doch die höheren befördern.

In früherer Zeit begünstigte er das lyrische Schauspiel und die großen Feste; er suchte sich die Meister zu verschaffen, um diese Erscheinungen in größter Vollkommenheit darzustellen. Diese Epoche ging vorbei, allein es blieb eine Anzahl von Liebhabern zurück, und zur Vollständigkeit seiner Akademie gehörte auch der Unterricht in Musik, Gesang, Schauspiel und Tanzkunst. Das alles erhält sich noch, aber nicht als ein lebendiges, fortschreitendes, sondern als ein stillstehendes und abnehmendes Institut.

Musik kann sich am längsten erhalten. Dieses Talent kann mit Glück bis in ein höheres Alter geübt werden; auch ist es, was einzelne Instrumente betrifft, allgemeiner und von jungen

10f. In Ludwigsburg. Merkwürdig gedenkt er nicht seines Besuches der Stadt in Begleitung des Herzogs vor achtzehn Jahren, wogegen er seine Verwunderung ausspricht, daß ihm von dem damaligen Tübingen gar kein Bild geblieben sei — 30. zu Nr. 1.

Leuten erreichbar. Das Theater dagegen ist viel schnelleren Abwechselungen unterworfen, und es ist gewissermaßen ein Unglück, wenn das Personal einer besonderen Bühne sich lange nebeneinander erhält; ein gewisser Ton und Schlendrian pflanzt sich leicht fort, sowie man z. B. dem Stuttgarter Theater an einer gewissen Steifheit und Trockenheit seinen akademischen Ursprung gar leicht abmerken kann. Wird, wie gesagt, ein Theater nicht oft genug durch neue Subjekte angefrischt, so muß es allen Reiz verlieren. Singstimmen dauern nur eine gewisse Zeit; die Jugend, die zu gewissen Rollen erforderlich ist, geht vorüber, und so hat ein Publikum nur eine Art von kümmerlicher Freude durch Gewohnheit und hergebrachte Nachsicht. Dies ist gegenwärtig der Fall in Stuttgart und wird es lange bleiben, weil eine wunderliche Konstitution der Theateraufsicht jede Verbesserung sehr schwierig macht.

Mihule ist abgegangen, und nun ist ein anderer Entrepreneur angestellt, der die Beiträge des Hofes und Publikums einnimmt und darüber sowie über die Ausgaben Rechnung ablegt. Sollte ein Schaden entstehen, so muß er ihn allein tragen; sein Vorteil hingegen darf nur bis zu einer bestimmten Summe steigen; was darüber gewonnen wird, muß er mit der herzoglichen Theaterdirektion teilen. Man sieht, wie sehr durch eine solche Einrichtung alles, was zu einer Verbesserung des Theaters geschehen könnte, paralysiert wird. Ein Teil der älteren Akteurs darf nicht abgedankt werden.

Das Ballett verhält sich überhaupt ungefähr wie die Musik. Figuranten dauern lange wie Instrumentalisten und sind nicht schwer zu ersetzen; so können auch Tänzer und Tänzerinnen in einem höheren Alter noch reizend sein; unterdessen findet sich immer wieder ein junger Nachwuchs. Dieses ist auch der Stuttgarter Fall. Das Ballett geht überhaupt seinen alten Gang, und sie haben eine junge, sehr reizende Tänzerin, der nur eine gewisse Mannigfaltigkeit der Bewegungen und mehr Charakteristisches in ihrem Thun und Lassen fehlt, um sehr interessant zu sein. Ich habe nur einige Divertissements gesehen.

Unter den Partikuliers hat sich viel Liebe zur Musik erhalten, und es ist manche Familie, die sich im Stillen mit Klavier

13f. Vgl. S. 86, 12f. — 15. Miholé Br. 1. Vgl. S. 70, 5. — 31. Eine junge, sehr reizende Tänzerin. Vgl. S. 78, 7f. 15f. — 35. Unter den Partikuliers. Vgl. S. 77, 10—16.

und Gesang sehr gut unterhält. Alle sprechen mit Entzücken von jenen brillanten Zeiten, in denen sich ihr Geschmack zuerst gebildet, und verabscheuen deutsche Musik und Gesang.

Bildhauer und Maler schickte der Herzog, wenn sie gewissermaßen vorbereitet waren, nach Paris und Rom. Es haben sich vorzügliche Männer gebildet, die zum Teil hier sind, zum Teil sich noch auswärts befinden. Auch unter Liebhaber hat sich die Lust des Zeichnens, Malens und Bossierens verbreitet; mehr oder weniger bedeutende Sammlungen von Gemälden und Kupferstichen sind entstanden, die ihren Besitzern eine angenehme Unterhaltung sowie eine geistreiche Kommunikation mit anderen Freunden gewähren.

Sehr auffallend ist es, daß der Herzog gerade die Kunst, die er am meisten brauchte, die Baukunst, nicht auf eben die Weise in jungen Leuten beförderte und sich die so nötigen Organe bildete; denn es ist mir keiner bekannt, der auf Baukunst gereist wäre. Wahrscheinlich begnügte er sich mit Subjekten, die er um sich hatte und gewohnt war, und mochte durch sie seine eigenen Ideen gern mehr oder weniger ausgeführt sehen. Dafür kann man aber auch bei allem, was in Ludwigsburg, Stuttgart und Hohenheim geschehen ist, nur das Material, das Geld, die Zeit sowie die verlorne Kraft und Gelegenheit, was Gutes zu machen, bedauern. Ein Saal, der jetzt in Arbeit ist, verspricht endlich einmal geschmackvoll verziert zu werden. Isopi, ein trefflicher Ornamentist, den der Herzog kurz vor seinem Tode von Rom verschrieb, führt die Arbeit nach Zeichnungen von Thouret aus. Dieses ist ein junger lebhafter Maler, der sich aber mit viel Lust auf Architektur gelegt hat.

Das Kupferstechen steht wirklich hier auf einem hohen Punkte; Professor Müller ist einer der ersten Künstler in dieser Art und hat eine ausgebreitete Schule, die, indem er nur große Arbeiten unternimmt, die geringeren buchhändlerischen Bedürfnisse unter seiner Aufsicht befriedigt. Professor Leybold, sein Schüler, arbeitet gleichfalls nur an größeren Platten und würde an einem anderen Orte in Absicht der Wirkung auf eine Schule das bald leisten, was Professor Müller hier thut.

Übersieht man nun mit einem Blicke alle diese erwähnten

23. Ein Saal. Vgl. S. 72, 10—15. — in der Arbeit 1. — 33. Johann Friedrich Leybold war Hofkupferstecher seit 1781. — arbeitete Br. 1.

Zweige der Kunst und andere, die sich noch weiter verbreiten, so überzeugt man sich leicht, daß nur bei einer so langen Regierung, durch eine eigene Richtung eines Fürsten diese Ernte gepflanzt und ausgesät werden konnte; ja, man kann wohl sagen, daß die späteren und besseren Früchte jetzt erst zu reifen anfangen. Wie schade ist es daher, daß man gegenwärtig nicht einsieht, welch ein großes Kapital man daran besitzt, mit wie mäßigen Kosten es zu erhalten und weit höher zu treiben sei. Aber es scheint niemand einzusehen, welchen hohen Grad von Wirkung die Künste in Verbindung mit den Wissenschaften, Handwerk und Gewerbe in einem Staate hervorbringen. Die Einschränkungen, die der Augenblick gebietet, hat man von dieser Seite angefangen und dadurch mehrere gute Leute mißmutig und zum Auswandern geneigt gemacht. Vielleicht nutzt man an anderen Orten diese Epoche und eignet sich um einen leidlichen Preis einen Teil der Kultur zu, die hier durch Zeit, Umstände und große Kosten sich entwickelt hat.

Eigentlich wissenschaftliche Richtung bemerkt man in Stuttgart wenig; sie scheint mit der Karlsakademie, wo nicht verschwunden, doch sehr vereinzelt worden zu sein.

Den preußischen Gesandten von Madeweiß besuchte ich und sah bei ihm ein paar sehr schöne Bilder, die dem Legationsrat Abel, der gegenwärtig in Paris ist, gehören. Die Sammlung dieses Mannes, der für sich und seine Freunde sehr schätzbare Gemälde aus dem französischen Schiffbruch zu retten gewußt hat, ist aus Furcht vor den Franzosen in den Häusern seiner Freunde zerstreut, wo ich sie nach und nach aufgesucht habe.

Den sehr korpulenten Erbprinzen sah ich in der Komödie; eine schwarze Binde, in der er den vor kurzem auf der Jagd gebrochnen Arm trug, vermehrte noch sein Volumen. Die Erbprinzeß ist wohlgebaut und hat ein verständiges, gefälliges Ansehen; ihr Betragen sowohl nach innen als nach außen muß, wie ich aus den Resultaten bemerken konnte, äußerst klug und den Umständen gemäß sein. Der regierende Herzog scheint nach dem Schlagflusse, der ihn im Juni des vorigen Jahres traf, nur noch

4. ausgesäet Br. 1. — 5. jetzo Br. 1. — 19. Mit der Karlsakademie, die mit dem Tode ihres Gründers (1793) eingegangen war. — 28. Erbprinzen, Friedrich Wilhelm Karl, den später als König der Witz für die gewichtigste Person des Wiener Kongresses erklärte. — 30 f. Die Erbprinzeß. Der Erbprinz hatte sich vor kurzem in zweiter Ehe mit der englischen Prinzessin Charlotte Auguste Mathilde verbunden.

so leidlich hinzuleben. Die Wogen des Landtags haben sich gelegt, und man erwartet nun, was aus der Infusion sich nach und nach präzipitieren wird.

Ich machte in guter Gesellschaft den Weg nach Cannstatt und Neckarrems, um das Lager von den ungefähr 25 000 Mann Österreicher zu sehen, das zwischen Hochberg und Mühlhausen steht und den Neckar im Rücken hat; es geht darin, wie natürlich, alles sauber und ordentlich zu.

Darauf sah ich auch Hohenheim mit Aufmerksamkeit, indem ich einen ganzen Tag dazu anwendete. Das mit seinen Seitengebäuden äußerst weitläufige Schloß und der mit unzähligen Ausgeburten einer unruhigen und kleinlichen Phantasie übersäte Garten gewähren selbst im einzelnen wenig Befriedigendes; nur hier und da findet man etwas, das, besser behandelt, eine gute Wirkung hervorgebracht haben würde.

Einen thätigen Handelsmann, gefälligen Wirt und wohl unterrichteten Kunstfreund, der viel Talent in eigenen Arbeiten zeigt und den Namen Rapp führt, fand ich in Stuttgart und bin ihm manchen Genuß und Belehrung schuldig geworden. Professor Dannecker ist als Künstler und Mensch eine herrliche Natur und würde in einem reicheren Kunstelemente noch mehr leisten als hier, wo er zu viel aus sich selbst nehmen muß.

So ging ich denn endlich von Stuttgart ab durch eine zwar noch fruchtbare, doch um vieles rauhere Gegend und bin nun am Fuße der höheren Berge angelangt, welche schon verkündigen, was weiterhin bevorsteht. Ich habe hier schon den größeren Teil der Professoren kennen gelernt und mich auch in der schönen Gegend umgesehen, die einen doppelten Charakter hat, da Tübingen auf einem Bergrücken zwischen zwei Thälern liegt, in deren einem der Neckar, in dem anderen die Ammer fließt.

Wie auslöschlich die Züge der Gegenstände im Gedächtnis seien, bemerkte ich hier mit Verwunderung, indem mir doch auch keine Spur vom Bilde Tübingens geblieben ist, das wir doch auch auf jener sonderbaren und angenehmen ritterlichen Expedition vor so viel Jahren berührten.

1. Des Landtags, zu dessen Berufung die Not des Landes den Herzog gezwungen hatte. Seit dem Erbvergleiche vom 27. Februar 1770 hatte er nicht mehr getagt. — 6. Österreichern Br., Östreichern 1. — 9. Darauf, vielmehr den Tag vorher. — 12. übersäete Br. 1. — 26f. Teil von Professoren Br. 1. — 35. Vor so viel Jahren, im Dezember 1779, wo sie auf der Reise von Schaffhausen nach Stuttgart durch Tübingen gekommen. — 32ff. Das erste doch auch hätte die Redaktion streichen sollen.

Die Akademie hier ist sehr schwach, ob sie gleich verdienstvolle Leute besitzt und ein ungeheures Geld auf die verschiedenen Anstalten verwendet wird; allein die alte Form widerspricht jedem fortschreitenden Leben, die Wirkungen greifen nicht in einander, und über der Sorge, wie die verschiedenen Einrichtungen im alten Gleise zu erhalten seien, kann man nicht zur Betrachtung kommen, was man ehemals dadurch bewirkte und jetzt auf andere Weise bewirken könnte und sollte. Der Hauptsinn einer Verfassung wie die württembergische bleibt nur immer, die Mittel zum Zwecke recht fest und gewiß zu halten, und eben deswegen kann der Zweck, der selbst beweglich ist, nicht wohl erreicht werden.

Über Glasmalerei. Fortsetzung.

In dem Chor der Tübinger Kirche befinden sich bunte Fenster, welche ich beobachtete und folgende Bemerkungen machte.

Den Grund betreffend

Derselbe ist bräunlich, scheint gleich aufgetragen zu sein und in einem trockenen Zustande mit Radeln ausgerissen. Bei den hohen Lichtern ist der Grund scharf weggenommen, die übrige Haltung aber mit kleinen Strichlein hervorgebracht, wie man auf einem dunklen Grund mit Kreide höhen würde. Auf diese Weise ist die Haltung bewirkt, und das Bild befindet sich auf der Seite, die nach innen gekehrt ist. Der Grund ist rauh und unschmelzbar und muß durch ein großes Feuer in das Glas gebrannt sein; die feinsten Radelzüge stehen in ihrer völligen Schärfe da; es konnte damit auf weißen und allen anderen Gläsern operiert werden. Hier sind Vögel und Tierarten auf gelbem Grunde mit unglaublicher Geschicklichkeit radiert; sowohl die Umrisse als die tiefsten Schatten scheinen mit dem Pinsel gemacht zu sein, so daß der erste Grund doch gleichsam schon als eine starke Mitteltinte anzusehen ist.

Die Färbung betreffend.

Man kann hierüber bei den Tübinger Scheiben wenig lernen, weil sie äußerst zusammengesetzt sind. Sie haben zwar sehr ge-

1. ist hier Br. 1. — 6. kann nicht Br. 1. — 12. Fortsetzung. Vgl. S. 74 f. Sie findet sich ebenso wenig wie der Anfang in dem gedruckten Tagebuch. — 13. Vor In dem Chor steht wieder das vorige Datum 1. — 20. dunkeln 1.

litten und sind mitunter höchst ungeschickt geflickt; aber man sieht doch, daß sie gleich von Anfang aus sehr kleinen Stücken zusammengesetzt waren, z. B. selbst die einzelnen Teile eines Harnisches, der doch völlig einfärbig ist.

Wenn hier auf einem Glas zwei, ja drei Farben vorkommen, so ist es durch das Ausschleifen geleistet. Es sieht sehr gut aus, wenn eine weiße Stickerei auf einem farbigen Kleide ausgeschliffen ist. Dieses Ausschleifen ist vorzüglich bei Wappen gebraucht. Die weiße Wäsche neben den Gewändern so auszuschleifen, würde einen sehr guten Effekt thun. Durch dieses Mittel können z. B. viererlei Farben auf einmal dargestellt werden, ja mehrere. Eine Purpurschicht wird auf ein weißes Glas geschmolzen, das Schwarze wird auf den Purpur gemalt, das übrige wird herausgeschliffen, und man kann auf der Rückseite des Weißen wieder Farben anbringen, welche man will. Sehr dünner Purpur thut einen herrlichen Effekt und würde bei dem geschmackvollsten Kolorit seinen Platz gehörig einnehmen. Ebenso könnte Gelb auf Purpur geschmolzen und eine Farbe ausgeschliffen werden. Das Schwarze habe ich hier auf der inneren Seite sehr dicht aufgemalt gesehen. Es sind auf diese Weise teils die schwarzen Teile der Wappen, teils große Zieraten auf farbige Scheiben aufgetragen.

Zu Holz, Stein und anderem Nebenwesen giebt es sehr artige Töne, die aus dem Grünen, Roten, Gelben und Violetten ins Braune spielen. Man müßte damit bei geschmackvollerer Malerei seine Gründe sehr sanft halten können.

Die Fleischfarbe ist nun freilich am wenigsten gut; sie steigt vom Gelben bis zum Rotgelben, ja ich habe an Nebenfiguren ein violettlich Braun bemerkt. Wollte man überhaupt wieder etwas in dieser Art versuchen, so müßte man sich einen gewissen Stil machen und nach den mechanischen Möglichkeiten die Arbeiten behandeln.

Die Hauptfarben sind alle da, und zwar in ihrer höchsten Energie und Sattheit. Ein Dunkelblau ist vortrefflich; ein Hellblau scheint neuer; eine Art von Stahlblau, vielleicht von hinten durch eine graue Schmelzfarbe hervorgebracht. Gelb vom hellsten bis ins Orange, ja Ziegelrot, Smaragdgrün, Gelbgrün, Violett, und zwar ein bläuliches und ein rötliches, beides sehr schön.

37. blaulich es 1.

Purpur in allen Tönen, des hellen und dunklen, von der größten Herrlichkeit.

Diese Hauptfarben können, wie schon oben gesagt, wenn man wollte, getötet werden, und man müßte nicht allein diese lebhafte und heftige, sondern auch eine angenehme Harmonie hervorbringen können.

Den 12. September. Früh Expedition nach Weimar. Machten mir Prof. Plouquet und Majer den Besuch. Mittags Prof. Abel. Regnichter Tag. Nach Tische auf der Bibliothek. Fand den Antonius de Dominis. Sodann zu Prof. Schnurrer. Abends bei Prof. Majer, wo gegenwärtig waren: Herr und Frau Geh. Legationsrat Kaufmann, wegen des Erzherzogs hier. Herr Kammerherr von

1. dunkeln 1. — 6. An demselben Tage, dem 11., schrieb Goethe an Meyer: „Es geht nun jetzo schon ganz anders, da ich Ihre Briefe den dritten oder vierten Tag erhalte und mir also denke, daß eine kurze Reise mich zu Ihnen führen wird. Hier bin ich bei Herrn Cotta ganz bequem einlogiert und werde noch einige Tage hier verweilen, umsomehr als Regenwetter eingefallen ist. Durch die Gelassenheit ... denken [wörtlich die Stelle des Briefes an den Herzog S. 90, 15—23]. Wenn ich in Zürich anlange, so will ich nach Zeit und Umständen, entweder Ihnen meine Ankunft melden oder ein Gefährt nehmen und gerade zu Ihnen herauskommen. Wie werden wir beide des langersehnten Augenblicks genießen! Die Versicherung, daß Sie sich wohl befinden, giebt mir Ruhe und Heiterkeit auf meinen Wegen, und die beste Hoffnung, daß wir künftig noch manches zusammen erfahren und bearbeiten werden. Leben Sie recht wohl und grüßen Sie Frau Schultheß [in Zürich] zum schönsten, wenn Sie Gelegenheit haben." Goethe hatte Frau Barbara Schultheß, geb. Wolf schon 1775 im Lavaterschen Kreise als dreißigjährige Frau kennen gelernt. Die vertraute Freundschaft zu dieser stillen, tief fühlenden Frau (Lavater nannte sie die Immergleiche) überdauerte das schon 1786 gelöste Verhältnis zu Lavater selbst. Am 12. schrieb er einen nicht in die Briefsammlung aufgenommenen Brief an den Herzog, der sich im Nachlasse von Voigt befand, worin er das Schreiben des Herzogs vom 30. August beantwortete. Hier heißt es: „Von meiner Reise und der Stuttgarter Kunstepoche lege ich ein paar Extrablätter [vgl. S. 67—86] bei. Nächstens werde ich einige Vorschläge thun, wie wir, sowohl für den Schloßbau als die Zeichenschule, die jetzigen Talente und Stimmungen des Kunstpersonals in gedachter Richtung nutzen könnten. [Vgl. S. 94]. Die Absendung des kleinen Jagemanns [des Bruders der Sängerin] nach Wien wird gewiß auch guten Effekt thun. Er wird daselbst auf eine eigene, uns noch unbekannte Art gebildet, und indem wir jene Akademie dadurch näher kennen lernen, so eignet sich einer der Unseren von ihren Vorzügen hoffentlich einen wichtigen Teil zu. Ich freue mich innig, so oft ich sehe, daß Sie in der Überzeugung verharren, wie löblich und in einem höheren Sinne nützlich es ist, junge Leute durch Absendung in fremde Gegenden sich bilden zu lassen, und sich dadurch die mannigfaltige Kultur, die in der Welt ausgesät ist, mehr oder weniger zuzueignen und bei sich fortwachsen zu sehen. Um desto unangenehmer ist mirs, daß Sie an Stein Ihre Hoffnungen nicht erfüllt sehen ... Von hier denke ich nun auch bald aufzubrechen. Sobald ich am Züricher See angelangt bin, melde ich mich wieder. Wahrscheinlich wird mich alsdann das Heimweh wieder ergreifen und ich werde vor eintretendem Winter wieder suchen mein ruhiges und bequemes Haus zu erreichen. Durch Natur und Neigung, Gewohnheit und Überzeugung bin ich nur in dem Ihrigen zu Hause. Von Frankfurt fühlte ich mich bald wieder abgelöst und seitdem habe ich in einer fremden Welt nur gesucht, Fäden anzuknüpfen, durch die wir künftig mit mancherlei Nützlichem zusammenhängen können. Leben Sie recht wohl, empfehlen mich Ihrer Frau Gemahlin zu Gnaden und bleiben beide meiner eingedenk." — 6. Die Berichte vom 12. bis zum 15. waren von Eckermann aus Versehen weggelassen. — 7. Prof. Abel. Jakob Friedrich Abel, Schillers Lehrer, seit 1790 Professor in Tübingen, Schillers Freund, der ihn nach Tübingen ziehen wollte. — 9. Antonius de Dominis. Aus der Schrift De radiis visus et lucis in vitris perspectivis et iride tractatus Marci Antonii de Dominis (Venedig 1611) gab Goethe in der „Geschichte der Farbenlehre" einen Auszug, nach seinen in Tübingen gemachten Aufzeichnungen. — 11. Des Erzherzogs, Karl Ludwig. Vgl. S. 76, 31 f.

der Lühe, Herr von Reischach wegen des Hofgerichts, Herr Oberlieutenant . . . blessiert. War eine bestimmtere Nachricht von den Veränderungen in Paris vom 4. September angekommen.

Den 13. September. Früh die Souvenirs de mon Voyage à Paris von Meister hinausgelesen. Auszug aus dem Antonius de Dominis. Dann mit Prof. Schnurrer im Seminarium. Zu Mittag Herr Zahn. Nach Tisch kamen Hofrat Gmelin und Prof. Tafinger, auch Dr. Gmelin. Ich ging den Erzherzog ankommen zu sehen, der im Collegio Illustri abstieg. Graf Bellegarde war bei ihm. Mit Herrn Cotta nachher spazieren an dem Mühlbache im Ammerthale hinauf, dann über die Weinbergshöhen und wieder zurück.

Den 14. September. Früh den Auszug de Dominis geendigt. Ordnung gemacht. Zu Geheimerat von Seckendorff. Prof. Kielmeyer traf ich nicht an. Mittag speiste Sekretär Weber mit. Nach Tische kamen Prof. Majer und Gmelin. Sodann ging ich mit Herrn Cotta zu Prof. Storr, der uns sein Naturalienkabinett, welches im Institut steht, sehen ließ. Er hat durch den Ankauf des Pasquaytischen Kabinetts in Frankfurt vor ungefähr 16 Jahren eine große Acquisition gemacht und ist besonders an Madreporen, Milleporen, Muscheln und anderen Seeprodukten reich. Auf seiner Schweizerreise hat er schöne Mineralien gesammelt und durch seine Konnexionen in Norden, besonders mit Spengler in Kopenhagen, der auch Pasquay viel verschafft hatte, wichtig vermehrt. Das Mineralienkabinett steht in einem Türmchen des Gebäudes und [ist] nicht so gut als der zoologische Teil.

Den 15. September. Früh Absendung nach Weimar. Überlegung, ob nicht die Lieder von der Müllerin zu einer Operette Anlaß geben könnten. Promenade ins Neckarthal. Mittags Prof. Majer. Verschiedenes über die Thüringischen, Kielischen, Württembergischen Verhältnisse. Nach Tische Spittlers Nebeninstruktion gelesen, dann auf den Turm, die Gegend auch einmal zu übersehen.

1. Heinrich Otto von der Lühe war Regierungsrat. — Th. Reuschach. Karl Friedrich Philipp Heinrich Freiherr von Reischach war ebenfalls Regierungsrat. — 5. Meister, dem vielseitigen Schriftsteller Leonhard Meister in Zürich, seit 1791 Pfarrer. — 6. Th. Seminario. — 7. Mittag, bei Cotta. — 8. Tafinger. Prof. Wilhelm Gottlieb Tafinger hatte bei Cotta 1795 „Grundsätze des Naturrechts“ herausgegeben. — 13. Johann Karl Christian von Seckendorff leitete das Kabinett. — 14. Speiste, bei Cotta. — 16. Gottlieb Konrad Christian Storr war Professor der Medizin und Naturgeschichte. — 18. Pasquaytischen, das der Arzt Peter Pasquay gesammelt hatte. — 30. Spittlers, des von Göttingen nach Tübingen zurückgekehrten Ludwig Timotheus Spittler. Seine Nebeninstruktion bezog sich auf die Akademie. — Mittag, bei Cotta. — 31. Turm, der Stiftskirche, auf die sich auch S. 96 f die Fortsetzung über Glasmalerei bezieht.

Gelegentlich durchzudenken und aufzusetzen. 1) Schema von einer vollständigen und doch im Personal eingeschränkten Kunstakademie. 2) Schema von Kunst und Handwerk, bezüglich auf die innere Dekoration eines Schlosses. 3) Über das Darzustellende oder über die Gegenstände, welche die verschiedenen Künste bearbeiten können und sollen. 4) Über die Behandlung der verschiedenen Gegenstände durch die verschiedenen Künste, je nachdem die Mittel und Zwecke dieser letzten verschieden sind. 5) Von der sinnlichen Stellung oder Zusammenstellung der Teile. 6) Von den verschiedenen Darstellungen bezüglich auf ihren tieferen Gehalt und Wirkung. Nackte Darstellungen Repräsentative. Symbolische. Allegorische.

An Schiller.

Tübingen, den 14. September.

Seit dem 4. September, an dem ich meinen letzten Brief abschickte, ist es mir durchaus recht gut gegangen. Ich blieb in Stuttgart noch drei Tage, in denen ich noch manche Personen kennen lernte und manches Interessante beobachtete. Als ich bemerken konnte, daß mein Verhältnis zu Rapp und Dannecker im Wachsen war und beide manchen Grundsatz, an dem mir theoretisch so viel gelegen ist, aufzufassen nicht abgeneigt waren, auch von ihrer Seite sie mir manches Angenehme, Gute und Brauchbare mitteilten, so entschloß ich mich, ihnen den „Hermann“ vorzulesen, das ich denn auch in einem Abend vollbrachte. Ich hatte alle Ursache, mich des Effekts zu erfreuen, den er hervorbrachte, und es sind uns allen diese Stunden fruchtbar geworden.

Nun bin ich seit dem 7. in Tübingen, dessen Umgebungen ich die ersten Tage bei schönem Wetter mit Vergnügen betrachtete und nun eine traurige Regenzeit durch geselligen Umgang um

15. Seit dem 4. September. Vorher geht die Bemerkung, daß er bisher vergebens auf den am 30. August in nächste Aussicht gestellten Brief gewartet, und nun fürchte, das Unwohlsein des Freundes habe die Verspätung veranlaßt, dann der Ausdruck der Freude über seine Aufnahme der in Betreff der „Kraniche des Ibykus“ gemachten Äußerungen, endlich die Hoffnung, Schiller bringe für den Almanach noch „das Lied von der Glocke“ zustande, das eine der vornehmsten und besonderen Zierden desselben sein werde. — 22. Nach dem von der wirklichen Fassung abweichenden Drucke des Briefwechsels Gute, Angenehme 1.

ihren Einfluß betrüge. Bei Cotta habe ich ein heiteres Zimmer und zwischen der alten Kirche und dem akademischen Gebäude einen freundlichen, obgleich schmalen Ausblick ins Neckarthal. Indessen bereite ich mich zur Abreise, und meinen nächsten Brief erhalten Sie von Stäfa. Meyer ist sehr wohl und erwartet mich mit Verlangen. Es läßt sich gar nicht berechnen, was beiden unsere Zusammenkunft sein und werden kann.

Je näher ich Cotta kennen lerne, desto besser gefällt er mir. Für einen Mann von strebender Denkart und unternehmender Handelsweise hat er so viel Mäßiges, Sanftes und Gefaßtes, so viel Klarheit und Beharrlichkeit, daß er mir eine seltene Erscheinung ist. Ich habe mehrere von den hiesigen Professoren kennen lernen, in ihren Fächern, Denkungsart und Lebensweise sehr schätzbare Männer, die sich alle in ihrer Lage gut zu befinden scheinen, ohne daß sie gerade einer bewegten akademischen Zirkulation nötig hätten. Die großen Stiftungen scheinen den großen Gebäuden gleich, in die sie eingeschlossen sind; sie stehen wie ruhige Kolossen auf sich selbst gegründet und bringen keine lebhafte Thätigkeit hervor, die sie zu ihrer Erhaltung nicht bedürfen.

Sonderbar hat mich hier eine kleine Schrift von Kant überrascht, die Sie gewiß auch kennen werden: „Verkündigung des nahen Abschlusses eines Traktats zum ewigen Frieden in der Philosophie", ein sehr schätzbares Produkt seiner bekannten Denkart, das, so wie alles, was von ihm kommt, die herrlichsten Stellen enthält, aber auch in Komposition und Stil Kantischer als Kantisch ist. Mir macht es großes Vergnügen, daß ihn die vornehmen Philosophen und die Prediger des Vorurteils so ärgern konnten, daß er sich mit aller Gewalt gegen sie stemmt. Indessen thut er doch, wie mir scheint, Schlosser unrecht, daß er ihn einer Unredlichkeit, wenigstens indirekt beschuldigen will. Wenn Schlosser fehlt, so ist es wohl darin, daß er seiner inneren Überzeugung eine Realität nach außen zuschreibt und kraft seines Charakters und seiner Denkweise zuschreiben muß: und wer ist in Theorie und Praxis ganz frei von dieser Anmaßung?

Zum Schlusse lasse ich Ihnen noch einen kleinen Scherz ab-

1. und 8. Herrn Cotta Br. Cotta war Hof- und Kanzleibuchdrucker, und stand mit der Akademie in nächster Beziehung. — 2. Der alten Kirche, der Stiftskirche. Vgl. S. 99, 31. — 16. Den großen Gebäuden, der Akademie und des Stiftes. — 26. ist fehlt im Br. — 29. Schlossern Br. 1.

schreiben; machen Sie aber noch keinen Gebrauch davon. Es folgen auf diese Introduktion noch drei Lieder in deutscher, französischer und spanischer Art, die zusammen einen kleinen Roman ausmachen.

Der Edelknabe und die Müllerin.

Nach dem Altenglischen.

Edelknabe.

Wohin? wohin?
Schöne Müllerin!
Wie heißt du?

Müllerin.

Liese.

Edelknabe.

Wohin denn? Wohin
Mit dem Rechen in der Hand?

Müllerin.

Auf des Vaters Land,
Auf des Vaters Wiese!

Edelknabe.

Und gehst so allein?

Müllerin.

Das Heu soll herein;
Das bedeutet der Rechen.
Und im Garten daran
Fangen die Birn zu reifen an;
Die will ich brechen.

Edelknabe.

Ist nicht eine stille Laube dabei?

Müllerin.

Sogar ihrer zwei,
An beiden Ecken.

5. Der Edelknabe und die Müllerin. Der Entwurf der Ballade trägt in einer früheren Abschrift das Datum „Heidelberg 26. August“. Dort findet sich statt Edelknabe Fremde und später die Bezeichnung Fremder. — 25. Birn, Goethes gangbare Form des Volksmundes für Birnen. Birn' ist falsche Schreibung.

Edelknabe.

Ich komme dir nach,
Und am heißen Mittag
Wollen wir uns drein verstecken.
Nicht wahr, im grünen vertraulichen Haus

Müllerin.

Das gäbe Geschichten.

Edelknabe.

Ruhst du in meinen Armen aus?

Müllerin.

Mit nichten!
Denn wer die artige Müllerin küßt,
Auf der Stelle verraten ist.
Euer schönes dunkles Kleid
Thät' mir leid
So weiß zu färben.
Gleich und gleich! so allein ist's recht!
Ich liebe mir den Müllerknecht;
An dem ist nichts zu verderben.

Ich muß nicht vergessen zu dem glücklichen Fortschritt des Almanachs und zu „Ritter Toggenburg" zu gratulieren.

20 f. fehlen 1.

Von Tübingen nach Schaffhausen.

Den 16. September. Früh 4 Uhr aus Tübingen abgefahren. Sobald man aus dem Württembergischen kommt, wird der Weg schlecht. Zur Linken hat man Berge, an deren Fuß sich ein Thal bildet, in welchem die Steinlach fließt.

Wir erreichten Hechingen 7½ Uhr. Es liegt zum Teil im Grunde, zum Teil mit dem Schlosse auf der Anhöhe, und man hat bei der Einfahrt eine sehr schöne Ansicht. Unten zwischen Wiesen und Feldern liegt ein Kloster und dahinter Hohenzollern auf dem Berge. Auf der Brücke traf ich seit langer Zeit den ersten heiligen Nepomuk, der aber auch wegen der schlechten Wege nötig war. Sehr schöne Kirche. Betrachtung über die Klarheit der Pfaffen in ihren eigenen Angelegenheiten und die Dumpfheit, die sie verbreiten. Von Philosophen könnte man beinahe das Umgekehrte sagen.

Hinter Hechingen schöne Gärten und Baumstücke, schöne Pappelanlagen, abhängige Wiesen und freundliches Thal. Nach dem Schloß Hohenzollern zu schöne, weite Aussicht. Die Berge links gehen immer fort so wie das Thal zu ihren Füßen.

Wessingen. Auf der Chaussee, wie auch schon eine Weile vorher, sehr dichter, inwendig blauer Kalkstein mit splitterig muscheligem Bruche, fast wie der Feuerstein.

Steinhofen. Eine hübsche Kirche auf der Höhe. Hier und in einigen Dörfern vorher war bei dem Dorfbrunnen eine Art

1. Von Tübingen nach Schaffhausen. Tb. Reise von Tübingen nach Stäfe, aber auch nach der Ankunft in Stäfa tritt keine entsprechende Überschrift ein. Nach 2 heißt es im Tb.: „Im Grunde der [die] Steinlach, welche rechts blieb. Tulfingen im Grunde, auf den Höhen Feldbau. Durch ein Ende von Tulfingen geht die Chaussee, links Nehren, rechts Ofterdingen, in einiger Entfernung links höhere, mit Wald bewachsene Berge, mehr Wiesewachs. Links ein altes Schloß, Wiesen und Weide." — 15. Tb. „sagen, die einzige richtige Wirkung des Verbreitungsgewerbes."

von Herd eingerichtet, auf dem das Wasser zum Waschen auf der Stelle heiß gemacht wird. Der Feldbau ist der einer rauheren Gegend; man sah Wiesen und Triften und noch viel Kartoffeln und Hanf.

Engschlatt, zwischen angenehmen Hügeln im Grunde, seitwärts Berge.

Balingen. Gleichfalls eine schöne Gegend; links in einiger Entfernung hohe, waldige Berge, bis an deren steileren Fuß sich fruchtbare Hügel hinauf erstrecken. Wir kamen um 10 Uhr an. Der Ort liegt zwischen fruchtbaren, mehr oder weniger steilen, zum Teil mit Holz bewachsenen Hügeln und hat in einiger Entfernung gegen Südost hohe, holzbewachsene Berge. Die Eyach fließt durch schöne Wiesen. Diese erst beschriebene Gegend sah ich auf einem Spaziergange hinter Balingen. Hohenzollern ist rückwärts noch sichtbar. Die Eyach läuft über Kalkfelsen, unter denen große Bänke von Versteinerungen sind. Der Ort selbst wäre nicht übel, er ist fast nur eine lange und breite Straße; das Wasser läuft durch und stehen hin und wieder gute Brunnen: aber die Nachbarn haben ihre Misthaufen in der Mitte der Straße am Bach, woraus doch gewaschen und zu manchen Bedürfnissen unmittelbar geschöpft wird. An beiden Seiten an den Häusern bleibt ein notdürftiger Platz zum Fahren und Gehen. Beim Regenwetter muß es abscheulich sein. Überdies legen die Leute wegen Mangel an Raum hinter den Häusern ihren Vorrat von Brennholz gleichfalls auf die Straße, und das schlimmste ist, daß nach Beschaffenheit der Umstände fast durch keine Anstalt dem Übel zu helfen wäre.

Endingen. Man behält die Berge noch immer links.

Dotternhausen. Bis dahin schöne schwarze Felder, die aber feucht und quellig scheinen.

Schemberg. Starker Stieg, den vor einigen Jahren ein Postwagen hinunterrutschte. Der Ort ist schmutzig und voller Mist; er ist wie Balingen als Städtchen enge gebaut und in Mauern gezwängt und wird von Güterbesitzern bewohnt, die nun keine Höfe haben. Man findet auf der Höhe wieder eine ziemliche Fläche, wo Acker und Weide ist; der Hafer ward hier erst hineingeschafft. Der Weg steigt immer höher; es zeigen sich Fichten, große flache Weideplätze, dazwischen Feldbau. Oben ein-

5. Engstlatt Tb. — 7. Bahlingen Tb. 1. — 20. Tb. „in den doch alle Jauche fließt und woraus“. — 28 Ausgefallen ist in 1: „Erzingen. Feldbau.“

zelner Hof. Das Terrain fällt gegen Mittag, die Wasser fließen aber noch immer nach dem Neckar zu; es kommen mehr Fichtenwäldchen.

Um 3 Uhr in Wellendingen, wo wir anhielten. Gegen Friedingen geht es wieder stark bergauf. Boden und Kultur wird etwas besser. Links liegt Aldingen. Auch die undankbarsten Bergrücken und ehemaligen Triften findet man kultiviert. Man kommt auf eine schöne Fläche und fühlt, daß man hoch ist. Die Straße wendet sich durch Aldingen, einen heiteren, weitläufig gebauten Ort; links Gebirgshöhen, worauf ein Schlößchen liegt.

Hofen, Spaichingen, Balgheim, wo die höchste Höhe erreicht ist. Von Riedheim an fallen die Wasser der Donau zu.

Wurmlingen. Wir fuhren durch ein enges Thal hinabwärts nach Tuttlingen, wo wir abends halb 9 Uhr ankamen.

Den 17. September. Von Tuttlingen um 7 Uhr; der Nebel war sehr stark. Ich ging noch vorher, die Donau zu sehen; sie scheint schon breit, weil sie durch ein großes Wehr gedämmt ist. Die Brücke ist von Holz und, ohne bedeckt zu sein, mit Verstand auf die Dauer konstruiert; die Tragewerke liegen in den Lehnen, und die Lehnen sind mit Brettern verschlagen und mit Schindeln gedeckt. Hinter Tuttlingen geht es gleich anhaltend bergauf; man trifft wieder Kalkstein mit Versteinerungen. Ich bemerkte eine gute und wohlfeile Art einer Lehne am Wege: in starke Hölzer waren viereckt längliche Löcher eingeschnitten und lange dünne Stämme getrennt und durchgeschoben; wo sich zwei einander mit dem oberen und unteren Ende berührten, waren sie verkeilt. Überhaupt muß man alle württembergischen Anstalten von Chausseen und Brücken durchaus loben.

Der Nebel sank in das Donauthal, das wie ein großer See, wie eine überschneite Fläche aussah, indem die Masse ganz horizontal und mit fast unmerklichen Erhöhungen niedersank. Oben war der Himmel völlig rein.

Man steigt so hoch, daß man mit dem Rücken der sämtlichen Kalkgebirge, zwischen denen man bisher durchfuhr, beinahe gleich zu sein scheint. Die Donau kommt von Abend her geflossen;

1. Tb. hat nach anhielten: „Muschelbankbänke mit Versteinerungen." — 6. Nach Aldingen Tb.: „Roter Thon, darunter Sandstein von dem weißen mit der Porzellanerde." — 7. Tb. Felder, Bergrücken. — 10. Gebürg-Höhen Tb. Gebirge. Höhen 1. — 13. Tb. Horningen. — 35. vom 1.

man sieht weit in ihr Thal hinauf, und wie es von beiden Seiten eingeschlossen ist, so begreift man, wie ihr Wasser weder südwärts nach dem Rhein noch nordwärts nach dem Neckar fallen könne. Man sieht auch ganz hinten im Grunde des Donauthals die Berge quer vorliegen, die sich an der rechten Seite des Rheins bei Freiburg hinziehen und den Fall der Wasser nach Abend gegen den Rhein zu verhindern.

Die neue Saat des Dinkels stand schon sehr schön; man sät hier früh, weil es auf den Höhen zeitig einwintert.

Es thut sich die Aussicht auf, links nach dem Bodensee und nach den Bergen von Graubündten, vorwärts nach Hohentwiel, Thayngen und dem Fürstenbergischen. Man hat das Donauthal nunmehr rechts und sieht jenseits desselben die Schlucht, durch die man heruntergekommen; man erkennt sie leicht an dem Schlößchen, das über Aldingen liegt.

Die Straße wendet sich gegen Abend. Nachdem man lange kein Dorf gesehen, sieht man in einem breiten, fruchtbaren Thal, dessen Wasser nach dem kleineren Bodensee zu fallen, Haltingen liegen, einen Ort, zu dem man sich denn auch südwärts wieder hinunterwendet. Die Ansicht ist sehr interessant und vorschweizerisch. Hinten charakteristische, mit Wald bewachsene Berge, an deren sanfteren Abhängen Fruchtbau sich zeigt; dann im Mittelgrunde lange, über Hügel und Thäler sich erstreckende Waldungen; zunächst wieder wohlgebautes Feld.

Hier, sowie schon drüben über der Donau, sieht man viele abgerundete Geschiebe, aber alles Kalk wie die Felsen selbst. Man denkt sich, wie durch die ehemaligen Brandungen, Meerströme und Strudel die los gewordenen Teile der Gebirge an ihrem Fuße abgerundet worden.

Hinter Haltingen guter Boden, anfangs stark mit Steinen gemischt, nachher weniger und dann meist rein. Einiges schien Neubruch und war es auch; denn die Äcker bleiben 9 Jahre als Wiese liegen und werden dann wieder andere 9 Jahre benutzt. Einige Steinbrüche zum Behuf der Chaussee zeigen, daß der Kalkfels nicht tief unter der fruchtbaren Erde liegt.

Man kommt durch gemischte Waldungen über Hügel und

8. säet Tb. 1. — 12 und 109, 26 Tb. Thängen, Thayingen, 1 Thaingen. — 14. Dem Schlößchen, vielmehr einer Kirche. — 18. 30. Tb. Hattingen.

Thäler; es geht einen starken Stieg hinunter, und angenehme Waldthäler setzen fort. Wir fanden eine Pflanze, bei der außer ihrer Gestalt merkwürdig ist, daß viele Insekten aller Art sich in ihren Samenkapseln nähren. Attich mit reifen Früchten zeigte sich auch. Ein Holzschlag. Kohlenmeiler. Gentianen. Das waldige Thal geht neben einem Wiesengrunde angenehm fort. Schneidemühlen. Einiger Fruchtbau. Astrantia, Epilobium, Gentianen in ganzen Massen, Kampaneln dazwischen, Antirrhinum. Frage, ob die Gentianen und andere Blumen nicht auch schon im Frühjahr geblüht haben.

Kleines, ziemlich steiles ehemaliges Waldamphitheater, auf dem die Stöcke der abgehauenen Bäume noch stehen, zum Kartoffelfelde mühsam umgearbeitet. Das Thal verbreitet sich, und alle Lehden sind wo möglich zum Feldbau umgearbeitet.

Man nähert sich Engen. Ein charakteristischer, obgleich ganz bewachsener Berg mit einem alten Schlosse zeigt sich rechts; ein kleiner Ort, der unmittelbar vor Engen liegt, ist den 8. Oktober 1796 von den Franzosen zum Teil abgebrannt worden. Das Städtchen selbst liegt auf einem Hügel, gedachtem Berg gegenüber. Wir kamen um 11 Uhr an und rasteten.

Von Morgen her gesehen, giebt Engen ein artig topographisches Bild, wie es unter dem bedeutenden Berge auf einem Hügel sich ins Thal verliert. Die Bürger des Orts thaten auf dem Rückzuge in Verbindung mit den Kaiserlichen den Franzosen Abbruch; diese letzteren, als sie doch die Oberhand behielten, verbrannten mehrere Häuser vor der Stadt und bedrohten die Stadt selbst mit einem gleichen Schicksal. Ich sah daselbst eine sehr gut gekleidete kaiserliche Garnison, in der Nähe ein starkes aufgefahrenes Proviantfuhrwesen und erbärmlich gekleidete Kranke.

Um 12 Uhr fuhren wir ab. Vor der Stadt erschien wieder Weinbau. Schon oben bei dem Städtchen hatte ich die ersten Geschiebe des Gesteins von Quarz und Hornblende gefunden. Nußbäume zeigen sich wieder, schöne Wiesen und Baumstücke. Links ein artig Dorf an einer Höhe hinter einer flachen Wiese. Es öffnet sich eine schöne, fruchtbare Fläche im Thal; die höheren Felsen scheinen nunmehr eine andere Steinart zu sein, um die sich der Kalkstein herumlegt. Viel weiße Rüben werden gebaut.

2. Tb. hat hinter Pflanze einen leeren Raum zur Eintragung des Namens. — 12. Tb. verbreitert. — 13. Lehden, Heideland. — 36. Viele 1.

Man kommt nach Welschingen, einem leidlichen Ort. Man steigt wieder stark bis gegen Weiterdingen. Es finden sich hier viel Geschiebe von farbigem Quarz mit weißen Adern, roter Jaspis, Hornblende in Quarz.

Man übersieht nunmehr von Engen das schöne Thal rückwärts. In den fruchtbaren Feldern liegen weitläufige Dörfer, und jener steile Berg zeigt sich nun in seiner Würde an der linken Seite. Vorwärts liegt Hohentwiel, hinten die Graubündtner Berge, in Dünsten am Horizonte, kaum bemerklich.

Man kommt durch Weiterdingen. Links ein sehr schönes Wiesenthal, über demselben Weinbau. Auf eben der Seite liegt Hohentwiel; man ist nunmehr mit dieser Festung in gleicher Linie und sieht die große Kette der Schweizergebirge vor sich.

Hilzingen liegt in einem weiten Thale zwischen fruchtbaren Hügeln; Feldbau, Wiesewachs und Weinberg umher.

Die Pässe wurden daselbst von einem österreichischen Wachtmeister unterzeichnet, und der Amtsschreiber stellte einen Kautionsschein aus, daß die Pferde wiederkommen würden.

Man steigt lange und sieht immer das Thal von Hilzingen hinter und neben sich sowie Hohentwiel. Sie nennen hier zu Lande einen Hemmschuh nicht ungeschickt einen Schleiftrog.

Eberingen. Nun geht es weiter über verschiedene fruchtbare Hügel; die höheren Berge sind mit Wald und Büschen besetzt. Viel Weinbau am Fuße eines Kalkfelsens; meist blaue Trauben, sehr voll hängend.

Thayngen, der erste schweizerische Ort. Guter Wein. Müller, Gastwirt zum Adler.

Herblingen. Starker Weinbau. Fruchtfeld. Wald links. Kalkstein mit einem muscheligen Bruche, fast feuersteinartig.

Vor Schaffhausen ist alles umzäunt; die Besitzungen sind immer abgeteilt und gesichert; alles scheint Gartenrecht zu haben und hat es auch. Die Stadt selbst liegt in der Tiefe, ein schmaler, angenehmer Wiesengrund zieht sich hinab; man fährt rechts und hat auf derselben Hand Gartenhäuser und Weinberge neben sich. Links ist der Abhang mehr oder weniger steil. Bei einem großen

9. Tb. im Dunste. — 11. 19. Holzingen 1. — 17. Amtschreiber Tb. 1

35. In dem an Schiller gesandten Auszuge des Tagebuchs heißt es, nachdem des Fallens des Nebels gedacht ist: „Indem man die Höhe befährt, welche die Rhein- und die Donauregion trennt, hat man eine bedeutende Aussicht, sowohl rück- als seitwärts, indem man das Donauthal bis Donaueschingen und weiter überschaut. Besonders aber ist vorwärts

Hause, das unten steht, geht man durch eine Brücke zum Dach hinein. Höchst anmutige Abwechselung von großen und kleinen Gärten und Höfen. Man sieht das Schloß vor sich. Die Gartenhäuser vermehren sich und werden ansehnlicher. Nach der Stadt zu steigen die Weinberge weit hinauf; links wird der Abhang nach dem kleinen Thale zu sanfter.

---

der Anblick herrlich; man sieht den Bodensee und die Graubündner Gebirge in der Ferne, näher Hohentwiel und einige charakteristische Basaltfelsen. Man fährt durch waldige Hügel und Thäler bis Engen, von wo sich südwärts eine schöne und fruchtbare Fläche öffnet; darauf kommt man Hohentwiel und die anderen Berge, die man erst von ferne sah, vorbei und gelangt endlich in das wohlgebaute und reinliche Schweizerland. Vor Schaffhausen wird alles zum Garten. Ich kam abends bei schönem Sonnenschein daselbst an." Zuletzt war er hier vor achtzehn Jahren mit dem Herzog und Lavater gewesen.

Schaffhausen und der Rheinfall.

In der menschlichen Natur liegt ein heftiges Verlangen, zu allem, was wir sehen, Worte zu finden, und fast noch lebhafter ist die Begierde, dasjenige mit Augen zu sehen, was wir beschreiben hören. Zu beidem wird in der neueren Zeit besonders der Engländer und der Deutsche hingezogen. Jeder bildende Künstler ist uns willkommen, der eine beschriebene Gegend uns vor Augen stellt, der die handelnden Personen eines Romans oder eines Gedichtes, so gut oder so schlecht er es vermag, sichtlich vor uns handeln läßt. Ebenso willkommen ist aber auch der Dichter oder Redner, der durch Beschreibung in eine Gegend uns versetzt, er mag nun unsere Erinnerung wiederbeleben oder unsere Phantasie aufregen: ja, wir erfreuen uns sogar, mit dem Buch in der Hand eine wohlbeschriebene Gegend zu durchlaufen; unserer Bequemlichkeit wird nachgeholfen, unsere Aufmerksamkeit wird erregt, und wir vollbringen unsere Reise in Begleitung eines unterhaltenden und unterrichtenden Gesellschafters. Kein Wunder also, daß in einer Zeit, da so viel geschrieben wird, auch so manche Schrift dieser Art erscheint; kein Wunder, daß Künstler und Dilettanten in einem Fache sich üben, dem das Publikum geneigt ist.

Als eine solche Übung setzen wir die Beschreibung des Wasserfalls von Schaffhausen hierher, freilich nur skizzenhaft und ohne sie von den kleinen Bemerkungen eines Tagebuchs zu trennen. Jenes Naturphänomen wird noch oft genug gemalt und beschrieben werden, es wird jeden Beschauer in Erstaunen setzen, manchen zu einem Versuch reizen, seine Anschauung, seine Empfindung mitzuteilen, und von keinem wird es fixiert, noch weniger erschöpft werden.

1. Schaffhausen und der Rheinfall. Die Überschrift und die Einleitung zu den folgenden Tagebuchbemerkungen gehören der Redaktion an. — 5. Beidem, dem Beschreiben und dem Zeichnen (Malen).

Schaffhausen den 17. September abends. Im Gasthof „Zur Krone" abgestiegen. Mein Zimmer war mit Kupferstichen geziert, welche die Geschichte der traurigen Epoche Ludwigs XVI. darstellten. Ich hatte dabei mancherlei Betrachtungen, die ich mir vornahm weiter auszuführen. Abends an der Table d'hôte verschiedene Emigrierte. Eine Gräfin, Condésche Offiziere, Pfaffen, Oberst Landolt.

Den 18. September. Früh um $6\frac{1}{2}$ Uhr ausgefahren, um den Rheinfall zu sehen. Grüne Wasserfarbe. Ursache derselben. Die Höhen waren mit Nebel bedeckt, die Tiefe war klar, und man sah das Schloß Laufen halb im Nebel. Der Dampf des Rheinfalls, den man recht gut unterscheiden konnte, vermischte sich mit dem Nebel und stieg mit ihm auf. Gedanke an Ossian. Liebe zum Nebel bei heftigen inneren Empfindungen.

Man kommt über Uwiesen, ein Dorf, das oben Weinberge, unten Feldbau hat. Der Himmel klärte sich langsam auf, die Nebel lagen noch auf den Höhen.

Laufen. Man steigt hinab und steht auf Kalkfelsen. Teile der sinnlichen Erscheinung des Rheinfalls, vom hölzernen Vorbau gesehen. Felsen, in der Mitte stehende, von dem höheren Wasser ausgeschliffene, gegen die das Wasser herabschießt. Ihr Widerstand; einer oben, der andere unten, werden völlig überströmt. Schnelle Wellen, Lakengischt im Sturz, Gischt unten im Kessel, siedende Strudel im Kessel. Der Vers legitimiert sich:

Es wallet und siedet und brauset und zischt u. s. w.

Wenn die strömenden Stellen grün aussehen, so erscheint der nächste Gischt leise purpurgefärbt. Unten strömen die Wellen schäumend ab, schlagen hüben und drüben ans Ufer, die Bewegung verklingt weiter hinab, und das Wasser zeigt im Fortfließen seine grüne Farbe wieder.

2. „Zur Krone". Im Jahre 1780 empfahl der Herzog Knebel diesen noch jetzt bestehenden Gasthof, dessen Wirt damals ein früherer Sardinischer Major war. — 2—5. Tb. „Krone gutes Zimmer. Kupfer, Geschichte ... XVI. Betrachtung dabei weiter auszuführen." — 6. Tb. Emigranten (ohne verschiedene), Dame, Gräfin. — Condésche Offiziere, von dem Emigrantenkorps unter dem Prinzen von Condé. Die Gräfin und die Pfaffen gehörten wohl zu Condés Umgebung. Condés Gattin lebte noch. — 7. Der Züricher Salomon Landolt, geboren am 10. Dezember 1741, seit 1770 Kapitän der von ihm eingeführten Scharfschützen zu Pferde, 1778 Oberstlieutenant, war damals Landvogt zu Eglisau. Goethe gedenkt dieser merkwürdigen Bekanntschaft in den „Tag- und Jahresheften" unter dem Jahre 1820, wo irrig 1779 steht. Nach Landolt Tb.: „Bemerkung eines gewissen stieren Blicks der Schweizer, besonders der Zürcher." — 16. Tb. „Oben klärte sich der". — 21. Der Vers, Strophe 6 von Schillers in diesem Jahre gedichtetem „Taucher".

Erregte Ideen über die Gewalt des Sturzes. Unerschöpfbarkeit als wie ein Unnachlassen der Kraft. Zerstörung, Bleiben, Dauern, Bewegung, unmittelbare Ruhe nach dem Fall.

Beschränkung durch Mühlen drüben, durch einen Vorbau hüben. Ja, es war möglich, die schönste Ansicht dieses herrlichen Naturphänomens wirklich zu verschließen. Umgebung: Weinberge, Feld, Wäldchen.

Bisher war Nebel, zu besonderem Glück und Bemerkung des Details; die Sonne trat hervor und beleuchtete auf das Schönste schief von der Hinterseite das Ganze. Das Sonnenlicht teilte nun die Massen ab, bezeichnete alles Vor- und Zurückstehende und verkörperte die ungeheure Bewegung. Das Streben der Ströme gegen einander schien gewaltsamer zu werden, weil man ihre Richtungen und Abteilungen deutlicher sah. Stark spritzende Massen aus der Tiefe zeichneten sich nun beleuchtet vor dem feineren Dunst aus; ein halber Regenbogen erschien im Dunste.

Bei längerer Betrachtung scheint die Bewegung zuzunehmen. Das dauernde Ungeheure muß uns immer wachsend erscheinen; das Vollkommene muß uns erst stimmen und uns nach und nach zu sich hinaufheben. So erscheinen uns schöne Personen immer schöner, verständige immer verständiger. Das Meer gebiert das Meer. Wenn man sich die Quellen des Oceans dichten wollte, so müßte man sie so darstellen. Nach einiger Beruhigung des Gemüts verfolgt man den Strom in Gedanken bis zu seinem Ursprung und begleitet ihn wieder hinab.

Beim Hinabsteigen nach dem flächeren Ufer Gedanken an die neumodische Parksucht. Der Natur nachzuhelfen, wenn man schöne Motive hat, ist in jeder Gegend lobenswürdig; aber es ist bedenklich, gewisse Imaginationen realisieren zu wollen, da die größten Phänomene der Natur selbst hinter der Idee zurückbleiben.

Wir fuhren über. Der Rheinfall von vorn, wo er faßlich ist, bleibt noch herrlich, man kann ihn auch schön nennen. Man sieht schon mehr den stufenweisen Fall und die Mannigfaltigkeit

1. Tb. Erregte Ideen [als Überschrift]. Gewalt. Im Jahre 1780 schrieb der Herzog, der im vorhergehenden Dezember den Rheinfall gesehen hatte, an Knebel: „Mich freuts sehr, daß das giltige Schicksal dich an des Vater Rheins große Epopée geführt hat. Im Fischhause hielt Goethe und Lavater ein traité du sublime, das nicht gering war." — 13. gewaltsam Tb. 1. — 15. Dunste 1. — 26f. Die neumodische Parksucht. Am 25. Oktober dieses Jahres schrieb er an Voigt: „Wenn man einen rechten Park sehen will, so muß man nur vier Wochen in der Schweiz umherziehen." — 32. schon schön Tb.

in seiner Breite; man kann die verschiedenen Wirkungen vergleichen, vom Unbändigsten rechts bis zum Nützlichverwendeten links.

Über dem Sturz sieht man die schöne Felsenwand, an der man das Hergleiten des Stromes ahnen kann, rechts das Schloß Laufen. Ich stand so, daß das Schlößchen Wörth und der Damm den linken Vordergrund machten. Auch auf dieser Seite sind Kalkfelsen, und wahrscheinlich sind auch die Felsen in der Mitte des Sturzes Kalk.

Schlößchen Wörth. Ich ging hinein, um ein Glas Wein zu trinken. Alter Eindruck bei Erblickung des Mannes. Ich sah Trippels Bild an der Wand und fragte, ob er etwa zur Verwandtschaft gehöre. Der Hausherr, Namens Gelzer, war mit Trippel verwandt, durch Mütter Geschwisterkind. Er hat das Schlößchen mit dem Lachsfang, Zoll, Weinberg, Holz u. s. w. von seinen Voreltern her im Besitz, doch als Schupflehn, wie sie es heißen. Er muß nämlich dem Kloster oder dessen jetzigen Successoren die Zolleinkünfte berechnen, zwei Drittel des gefangenen Lachses einliefern, auf die Waldung Aufsicht führen und daraus nur zu seiner Notdurft schlagen und nehmen; er hat die Nutzung des Weinberges und der Felder und gibt jährlich überhaupt nur 30 Thaler ab. Und so ist er eine Art von Lehnmann und zugleich Verwalter. Das Lehn heißt Schupflehn deswegen, weil man ihn, wenn er seine Pflichten nicht erfüllt, aus dem Lehn herausschieben oder schuppen kann. Er zeigte mir seinen Lehnbrief von Anno 1762, der alle Bedingungen mit großer Einfalt und Klarheit enthält. Ein solches Lehn geht auf die Söhne über, wie der gegenwärtige Besitzer die älteren Briefe auch noch aufbewahrt. Allein im Briefe selbst steht nichts davon, obwohl von einem Regreß an die Erben darin die Rede ist.

Um 10 Uhr fuhr ich bei schönem Sonnenschein wieder herüber. Der Rheinfall war noch immer seitwärts von hinten erleuchtet; schöne Licht- und Schattenmassen zeigten sich sowohl von dem Laufenschen Felsen als von den Felsen in der Mitte.

Ich trat wieder auf die Bühne an den Sturz heran und fühlte, daß der vorige Eindruck schon verwischt war; denn es schien

5. Tb. „Damm, der von [davon] ausgeht“. — 10. Alter Eindruck, von 1779. — 11. Trippels, des vor vier Jahren vorstorbenen berühmten Bildhauers aus Schaffhausen, den Goethe in Rom kennen gelernt hatte. — 13. Mutter 1. — 15. Schupflehn, gewöhnlich Falllehn. — 24. Schuppen, wie man sagt, einen aus dem Amte schuppen (absetzen). — 27. aufbewahret 1. — 32. Licht 1. — 33. in fehlt Tb.

gewaltsamer als vorher zu stürmen, wobei ich zu bemerken hatte, wie schnell die Nerve in ihren alten Zustand sich wiederherstellt. Der Regenbogen erschien in seiner größten Schönheit; er stand mit seinem ruhigen Fuß in dem ungeheuren Gischt und Schaum, der, indem er ihn gewaltsam zu zerstören droht, ihn jeden Augenblick neu hervorbringen muß. Betrachtungen über die Sicherheit neben der entsetzlichen Gewalt.

Durch das Rücken der Sonne entstanden noch größere Massen von Licht und Schatten, und da nun kein Nebel war, so erschien der Gischt gewaltiger, wenn er über der reinen Erde gegen den reinen Himmel hinauffuhr. Die dunkle grüne Farbe des abströmenden Flusses ward auffallender.

Wir fuhren zurück. Wenn man nun den Fluß nach dem Falle hinabgleiten sieht, so ist er ruhig, seicht und unbedeutend. Alle Kräfte, die sich gelassen successiv einer ungeheuren Wirkung nähern, sind ebenso anzusehen. Mir fielen die Kolonnen ein, wenn sie auf dem Marsche sind.

Man sieht nun links über die bebaute Gegend und Weinhügel, mit Dörfern und Höfen belebt und mit Häusern wie besät. Ein wenig vorwärts zeigen sich Hohentwiel und, wenn ich nicht irre, die vorstehenden Felsen bei Engen und weiter herwärts; rechts die hohen Gebirge der Schweiz in weiter Ferne hinter den mannigfaltigsten Mittelgründen. Auch bemerkt man hinterwärts gar wohl an der Gestalt der Berge den Weg, den der Rhein nimmt.

In dem Dorf Uwiesen fand ich in der Zimmerarbeit Nachahmung der Maurerarbeit. Was sollen wir zu dieser Erscheinung sagen, da das Gegenteil der Grund aller Schönheit unserer Baukunst ist! Auch sah ich wieder Mangold und nahm mir vor, Samen davon mitzunehmen und künftigen Sommer unseren Wieland damit zu traktieren.

Ich wurde abermals daran erinnert, wie eine sentimentale Stimmung das Ideale auf einen einzelnen Fall anwendet, wo es denn meistens schief ist.

Schaffhausen lag mit seiner Dächermasse links im Thale. Die Schaffhäuser Brücke ist schön gezimmert und wird höchst reinlich

6. Tb. Beobachtungen und Betrachtungen (als Überschrift). Sicherheit. — 18. zieht 1, Druckfehler. — 19. besäet Tb. 1. — 30. Unseren Wieland, damit er ihn in seinem Garten zu Oßmanstedt säe. Er liebte Mangold und hatte wahrscheinlich im vorigen Jahre sich Samen davon aus der Schweiz mitgebracht. — 32. dran Tb. 1.

gehalten. In der Mitte sind einige Sitze angebracht, hinter denen die Öffnungen mit Glasfenstern zugeschlossen sind, damit man nicht im Zuge sitze.

Unterm Thore des Wirtshauses fand ich ein paar Franzosen wieder, die ich auch am Rheinfall gesehen hatte. Der eine schien wohl damit zufrieden, der andere aber sagte: „C'est assez joli, mais pas si joli que l'on me l'avait dit.“ Ich möchte die Ideen des Mannes und seinen Maßstab kennen.

Bei Tische saß ich neben einem Manne, der aus Italien kam und ein Mädchen von ungefähr 14 Jahren, eine Engländerin Namens Dillon, nach England zurückführte, deren Mutter, eine geborne d'Alston, in Padua gestorben war. Er konnte von der Teuerung in Italien nicht genug sagen. Ein Pfund Brot kostet 20 französische Sous und ein paar Tauben einen kleinen Thaler.

Makaronische Uniform französischer edlen Kavalleristen. Fürchterliches Zeichen der drei schwarzen Lilien auf der weißen Binde am Arm.

Nachmittags 3 Uhr fuhr ich wieder nach dem Rheinfall. Mir fiel die Art wieder auf, an den Häusern Erker und Fensterchen zu haben. Sogar besitzen sie ein besonderes Geschick, solche Guckscharten durch die Mauern zu bohren und sich eine Aussicht zu verschaffen, die niemand erwartet. Wie nun dieses die Lust anzeigt, unbemerkt zu sehen und zu beobachten, so zeugen dagegen die vielen Bänke an den Häusern, welche an den vornehmen geschnitzt, aufgeschlagen und zugeschlossen sind, von einer zutraulichen Art nachbarlichen Zusammenseins, wenigstens voriger Zeit.

Viele Häuser haben bezeichnende Inschriften, auch wohl manche selbst ein Zeichen, ohne gerade ein Wirtshaus zu sein.

Ich fuhr am rechten Rheinufer hin; rechts sind schöne Weinberge und Gärten, der Fluß strömt über Felsbänke mit mehr oder weniger Rauschen.

Man fährt weiter hinauf. Schaffhausen hat man nun in der Tiefe, und man sieht die Mühlen, die vor der Stadt den Fluß herabwärts liegen. Die Stadt selbst liegt wie eine Brücke

15. Makaronische, durch Spielerei entstellte. Das Zeichen des französischen Königtums, die drei Lilien, trug die Trauerfarbe zur Andeutung des Schmerzes über den Sturz des Thrones. — Französischer edlen Kavalleristen, des Condéschen Korps (S. 112, 6). — 18. Vor Nachmittags Zwischenraum mit einem Sternchen 1. — 24. Tb. vornehmern. — 25. aufgeschlagen, befestigt. — 27. Bedeutende Inschriften. Solche fehlen auch in alten deutschen Städten nicht, wo sie aber Goethe weniger aufgefallen waren. — 33. und fehlt Tb.

zwischen Deutschland und der Schweiz. Sie ist wahrscheinlich in dieser Gegend durch die Hemmung der Schiffahrt durch den Rheinfall entstanden. Ich habe in ihr nichts Geschmackvolles und nichts Abgeschmacktes bemerkt, weder an Häusern, Gärten, Menschen noch Betragen.

Der Kalkstein, an dem man vorbeifährt, ist sehr klüftig sowie auch der drüben bei Laufen. Das wunderbarste Phänomen beim Rheinfall sind mir daher die Felsen, welche sich in dessen Mitte so lange erhalten, da sie doch wahrscheinlich von derselben Gebirgsart sind.

Da sich der Fluß wendet, so kommen nun die Weinberge an das entgegengesetzte Ufer, und man fährt diesseits zwischen Wiesen und Baumstücken durch. Sodann erscheinen drüben steile Felsen und hüben die schönste Kultur.

Bei der Abendsonne sah ich noch den Rheinfall von oben und hinten, die Mühlen rechts, unter mir das Schloß Laufen, im Angesicht eine große, herrliche, aber faßliche, in allen Teilen interessante, aber begreifliche Naturscene; man sieht den Fluß heranströmen und rauschen und sieht, wie er fällt.

Man geht durch die Mühlen durch in der kleinen Bucht. Bei den in der Höhe hervorstehenden mancherlei Gebäuden wird selbst der kleine Abfall eines Mühlwassers interessant, und die letzten diesseitigen Ströme des Rheinfalls schießen aus grünen Büschen hervor.

Wir gingen weiter um das Schlößchen Wörth herum. Der Sturz war zu seinem Vorteil und Nachteil von der Abendsonne gerade beleuchtet; das Grün der tieferen Strömungen war lebhaft wie heute früh, der Purpur aber des Schaumes und Staubes viel lebhafter.

Wir fuhren näher an ihn heran. Es ist ein herrlicher Anblick, aber man fühlt wohl, daß man keinen Kampf mit diesem Ungeheuer bestehen kann.

Wir bestiegen wieder das kleine Gerüste, und es war eben wieder, als wenn man das Schauspiel zum erstenmal sähe. In dem ungeheuren Gewühle war das Farbenspiel herrlich. Von dem großen überströmten Felsen schien sich der Regenbogen immer-

1 f. **in dieser Gegend** steht nach Rheinfall Tb. — 19. **Heranströmen und rauschen**, rauschend heranströmen, wie in Goethes „Zigeunerlied“ steht „liefen und heulten davon“. — 28. **Staubes**, wie in Staubbach, Wasserstaub.

fort herabzuwälzen, indem er in dem Dunst des herunterstürzenden Schaumes entstand. Die untergehende Sonne färbte einen Teil der beweglichen Massen gelb, die tiefen Strömungen erschienen grün und aller Schaum und Dunst war lichtpurpur; auf allen Tiefen und Höhen erwartete man die Entwickelung eines neuen Regenbogens.

Herrlicher war das Farbenspiel in dem Augenblick der sinkenden Sonne, aber auch alle Bewegung schien schneller, wilder und sprühender zu werden. Leichte Windstöße kräuselten lebhafter die Säume des stürzenden Schaumes, Dunst schien mit Dunst gewaltsamer zu kämpfen, und indem die ungeheure Erscheinung immer sich selbst gleich blieb, fürchtete der Zuschauer dem Übermaß zu unterliegen und erwartete als Mensch jeden Augenblick eine Katastrophe.

---

1. Tb. licht purpur gefärbt. — 11. Im Tb. folgt noch: „Im Zurückgehen legitimierte sich bei mir Denfelo, ein Schwede, durch einen Brief von Kosegarten [dem mit Schiller in Verbindung stehenden Dichter]. Er ist auf einer sogenannten genialischen Fußreise begriffen.“ — Der Auszug, den Goethe über den ganz dem Rheinfall gewidmeten Tag an Schiller sandte, giebt keinen neuen Zug, sogar die Beziehung auf den Vers des „Tauchers“ fehlt.

Von Schaffhausen nach Stäfa.

Den 19. September. Früh 6½ Uhr fuhren wir aus Schaffhausen. Berge und Thäler waren klar, der Morgenhimmel leicht gewölkt; im Abend zeigten sich dichtere Wolken.

Wir fuhren einen Teil des gestrigen Wegs. Ein Apfelbaum, mit Ephen umwunden, gab Anlaß zur Elegie „Amyntas“. Man sah die ganze Bergreihe der Schweiz mit ihren Schneegebirgen, schönes Fruchtfeld, bewachsene Berge rechts und links.

Jestetten, mit fruchtbarer Umgebung. Hanf, Klee und Weinbau machten das Feld noch lebendig. Nach verschiedenen Hügeln und Thälern kam man auf eine schöne, fruchtbare Fläche gegen den Rhein zu, hinten mit herrlichen Vorbergen.

In Rafz ward den Pferden Brot gegeben, und wir fuhren hinab nach Eglisau über die zierliche Brücke, die sehr reinlich gehalten war. Ein paar Mädchen von 12 bis 14 Jahren saßen am Zoll in einem artigen Kabinette und nahmen das Weggeld ein. Die jüngere nahm das Geld und überreichte den Zettel, indes die andere Buch hielt. Schöne, fruchtbare Fläche zwischen waldbewachsenen Bergen. Vorwärts Plaine und ein Eichenwald, durch welchen die gerade Straße hindurchging.

Um 11 Uhr kamen wir nach Bülach, wo wir während der warmen Tageszeit ein paar Stunden verweilten. Ich hatte die Freude, wieder gemalte Fenster zu treffen, wo ich das Ausschleifen auch bei anderen Farben als der Purpurfarbe angewendet fand. Ich sah eine sehr lichte eigentliche Purpurfarbe, die ins Violettliche

1. Von Schaffhausen nach Stäfa. Im Tagebuch fehlt die Überschrift, es steht blos das Datum. — 3. Berg Tb. 1. — 5 f. Tb. „Der Baum und der Ephen Anlaß zur Elegie.“ Der Name der Elegie fehlt. Vgl. S. 125 f. — 9. Tb. „Hanf und Klee, Erdäpfel, Rüben, Bohnen, Möhren, Weinbau.“ — Nach lebendig Tb.: „Das frisch umgerißne Erdreich sah sehr sauber aus. Nußbäume. — 13. Nach gegeben Tb.: „Viel Hanf, zum erstenmal nach langer Zeit Flachs.“ — 11. Fläche, wofür sonst meist, in unserer Reise, wie auch in der Reise nach Italien, das Fremdwort Plaine beibehalten ist: selbst in unserm kurzen Berichte steht neben zweimaligem Fläche noch einmal Plaine. — 21 und 120, 17. Bulach 1. — 20. ging fehlt Tb. — 22 f. Tb. statt: Ich ... treffen: „Glasfenster. Nichts Neues als das schon Bekannte.“ — Gemalte Fenster, wohl in der Kirche.

fällt. Auch fand ich auf die farbige Scheibe hinten eine andere Farbe zur Mischung gebracht, als Gelb und Blau, wodurch ein Grün entsteht; besonders nimmt sich das Gelbe auf dem erstgedachten lichten Purpur sehr schön aus. Übrigens sind die Scheiben oft auf eine sehr wunderbare und unnötig scheinende Weise zusammengesetzt; doch findet man bei näherer Betrachtung die Ursache. Auch sind sie oft und schlimm genug repariert. Sie sind sämtlich von 1570; aber an der starken Stellung der gerüsteten Männer, an der Gewalt der heraldischen Tiere, an den tüchtigen Körpern der Zieraten, an der Lebhaftigkeit der Farben sieht man den Kerngeist der Zeit, wie wacker jene Künstler waren und wie derbständig und bürgerlich vornehm sie sich ihre Zeitgenossen und die Welt dachten. Eine Scheibe mit dem doppelten Wappen der Stadt Schaffhausen, über dem der kaiserliche Adler in einem Schilde steht, ist vortrefflich gemacht, und an der Krone ist der herrlichen Zieraten kein Ende.

Von Bülach, wo es kühl und anmutig gewesen, fuhren wir um halb 2 Uhr weiter.

Betrachtung, daß der Mensch die Rede eigentlich für die höchste Handlung hält, so wie man vieles thun darf, was man nicht sagen soll.

Die Gegend hat im ganzen nichts sonderlich Charakteristisches, links fruchtbare Plaine, vorwärts die Gebirge; der Boden ist fruchtbar und gut gearbeitet, an verschiedenen Orten sehr kiesig und mit unzähligen Geschieben übersät.

Gegen 6 Uhr kamen wir nach Zürich bei sehr schönem Wetter und kehrten ein bei Herrn Ott im „Schwert". Einen Brief an Meyer schickte ich ab zu Frau Schultheß. Abends an der Table d'hôte mit Herrn Landvogt Imthurn von Schaffhausen, der vom Syndikate aus Lavis zurückkehrte, und einem anderen Züricher

1. Tb.: „fällt. Ich habe nämlich ein Stück Glas zu Hause" — 15. fürtrefflich Tb. — 18. Tb. nach weiter: Die Flachs- und Hanfbrechen sind hier wieder anders als in Schwaben und bei uns." — 25. übersäet 1. Im Auszug aus dem Tagebuche heißt es: „Den 19. fuhr ich bei schönem Wetter über Eglisau nach Zürich, die große Kette der Schweizergebirge immer vor mir, durch eine angenehme, abwechselnde und mit Sorgfalt kultivierte Gegend." — Nach 25 hat Tb. noch „Kloten." — 27. Den Wirt Rittmeister Anton Ott kannte Goethe schon vom Jahre 1775 an, wenn er auch damals, wie 1779, selbst bei Lavater einkehrte. Der Gasthof lag an der Limmat. Den Wirt ließ der Herzog Karl August durch Knebel auf das schönste grüßen. Fichte war anderthalb Jahr Hauslehrer bei ihm gewesen. — 29. An den Junker Landvogt) Georg Friedrich Imthurn (de Giersberg) in Schaffhausen, einen Freund Lavaters, gab der Herzog im Jahre 1780 Knebel einen Empfehlungsbrief. — 30. Lavis (deutscher Name von Lugano) bildete mit Locarno, Mendrisio und Valmaggia eine „gemeine Herrschaft", die von den übrigen

Herrn, der gleichfalls aus Italien kam. Beide erzählten wenig Gutes von den jetzigen Umständen daselbst.

Den 20. September. Früh bei schönem Wetter oberhalb der Stadt an den See gegangen. Auf dem Rückweg sah ich die Geistlichen zu und von einem Verbrecher hinüber und herüber fahren. Dann brachte ich den Morgen unter den hohen Linden auf dem ehemaligen Burgplatze zu.

Wenn nach gehaltenem Blutgerichte die gewöhnliche Elfuhr-Glocke geläutet wird, so ist es ein Zeichen, daß der Verbrecher begnadigt worden; hält aber die Glocke inne, so ist das Todesurteil gesprochen, und sie gibt um halb 12 Uhr das Zeichen zu seiner Hinausführung. Diesmal ward er begnadigt. Der Verbrecher war ein falscher Münzer, der schon vorher wegen Diebstähle war gebrandmarkt worden.

Mittags bei Tische lernte ich Herrn Hauptmann Bürkli kennen. Das Wetter war sehr trüb; dessenungeachtet ging ich nach Tisch ein wenig über die neuen Anlagen nach dem Schonehof spazieren.

Gegen 4 Uhr kam Meyer; es fiel ein starker Regen. Abends bei Tische fand ich Herrn Hofrat Müller von Wien.

Den 21. September. Wir fuhren zu Schiffe gegen 8 Uhr ab und bei heiterem Wetter den See hinaufwärts. Zu Mittag wurden wir von Herrn Escher auf seinem Gute bei Herrliberg am See freundlich bewirtet und gelangten abends nach Stäfa.

Kantonen verwaltet wurde. Diese wählten gewöhnlich auf zwei Jahre einen Landvogt; damals war der regierende Ort Schaffhausen, dessen Vertreter Imthurn eben von dort kam.

4 f. Die Geistlichen, Kandidaten, die der Reihe nach diesen Dienst versehen mußten. — 5. Hinüber und herüber fahren. Die Verbrecher saßen in einem am Ausfluß der Limmat im See stehenden Turme, dem sogenannten Wellenberg. Derselbe bestand bis 1838. — 8. Dem ehemaligen Burgplatze, dem Lindenhofe, auf einem Hügel am linken Ufer der Limmat. Hier stand zur Römerzeit ein Kastell, im Mittelalter die kaiserliche Pfalz. — 15. Der Hauptmann Johann Heinrich Bürkli war Buchdrucker, auch Schriftsteller. — 16. Tb. dem ohngeachtet. — 17. Schonehof, eigentlich Schönenhof in der Vorstadt Stadelhofen am linken Ufer der Limmat. Dort wohnte Goethes langjährige Freundin, Frau Barbara Schultheß. — 19. Hofrat Müller, den berühmten Geschichtschreiber der Schweiz, der zufällig in seiner Vaterstadt war. Im Auszug aus dem Tagebuch heißt es: „Den 20., einen sehr heiteren Vormittag, brachte ich auf den Züricher Spaziergängen zu. Nachmittags veränderte sich das Wetter. Prof. Meyer kam und weil es regnete und stürmte, brachten wir die Nacht in Zürich zu. — 21 ff. Nach dem Tb., aber mit Benutzung des Auszuges im Briefe an Schiller. Tb.: „Wir kehrten bei Herrn . . . Herrliberg zu Mittage ein und kamen". — Den Kaufmann Hauptmann Hans Escher zum Felsenhof hatte Cotta im September 1796 im Auftrage Goethes gebeten, 200 Laubthaler an Meyer zu zahlen. Sein Gut bei Herrliberg, an der rechten Seite des Sees, lag in der sogenannten Schipf. Als Goethe den großen oberen Saal des Hauses betrat, der mit einer Orgel versehen war, soll er der Sage nach mit den Worten: „Hier muß man tanzen", den weiten Raum im Tanzschritte durchmessen haben. — 23 Stäfe Tb. immer statt Stäfa.

Stäfa.

Den 22. September. Einen trüben Tag brachten wir mit Betrachtung der von Meyer verfertigten und angeschafften Kunstwerke zu, so wie wir auch einander verschiedene Ideen und Aufsätze mitteilten. Abends machten wir noch einen großen Spaziergang den Ort hinaufwärts, welcher von der schönsten und höchsten Kultur einen reizenden und idealen Begriff giebt. Die Gebäude stehen weit auseinander; Weinberge, Felder, Gärten, Obstanlagen breiten sich zwischen ihnen aus, und so erstreckt sich der Ort wohl eine Stunde am See hin und eine halbe bis nach dem Hügel ostwärts, dessen ganze Seite die Kultur auch schon erobert hat.

Sonnabend den 23. September. Früh Meyers mitgebrachte Arbeiten nochmals durchgesehen. Bekanntschaft mit Maler Diogg und mit Bannerherr Zwicki von Glarus. Abends auf den Berg zu dem sogenannten Philosophen, die Anlagen seiner Kultivation zu sehen.

Sonntag den 24. September. Gespräch mit Meyer über die vorhabende rhetorische Reisebeschreibung. Wechselseitige Teilnahme. Über die Notwendigkeit, die Terminologie zuerst fest-

1. Stäfa. Die Überschrift fehlt Tb. Stäfa steht hier, 12 und 17 vor dem Datum. — 3. Herrn Meyer 1 und im Auszuge, der 4 f. hat: „wir nicht unterließen, uns unsere Beobachtungen und Erfahrungen aufs neue mitzuteilen." — 6. („welcher") — 11 („erobert hat") sind aus dem Auszuge hinzugefügt, der schließt: „Nun bereiten wir uns zu einer kleinen Reise vor, die wir nach Einsiedeln, Schwyz und den Gegenden um den Vierwaldstätter See vorzunehmen gedenken." — 12. Herrn Meyers Tb. — 13. Der Porträtmaler Felix Maria Diogg stammte aus Urseren im Kanton Uri. — 15. Dem sogenannten Philosophen, dem Ratsherrn Rebmann von Uetikon, einem Verwandten Meyers. — 17. Sonntags Tb. 1. — Im Tb. fehlt mit Meyer.

zusetzen, wornach man Kunstwerke beschreiben und beurteilen will. Zu Mittag kamen Herr Horner und Escher der Sohn von Zürich. Abends fuhren wir auf die kleine Insel Ufnau und kamen mit einbrechender Nacht zurück.

Montag den 25. September. Früh Briefe nach Hause.

An Herrn Geheimerat Voigt.

Stäfa den 25. September.

Sie erhalten hiebei, wertester Freund, eine kurze Nachricht, wie es mir seit Tübingen ergangen, welche ich dem Herzog mitzuteilen und mich auf das beste dabei zu empfehlen bitte.

Etwa übermorgen denke ich mit Professor Meyer eine kleine Gebirgsreise anzutreten. Man kann sich nicht verwehren, wenn man so nahe ist, sich auch wieder unter diese ungeheuren Naturphänomene zu begeben. Die mineralogische und geognostische Liebhaberei ist auch erleichtert, seitdem so manche Schweizer sich mit diesem Studium abgegeben und durch ihre Reisen, die sie so leicht wiederholen können, den Fremden den Vorteil verschafft haben, sich leichter zu orientieren. Die Aufsätze eines Herrn Escher von Zürich haben mir eine geschwinde Übersicht gegeben dessen, was ich auf meiner kleinen vorgenommenen Tour zu erwarten habe. Das Neueste in diesem Fache ist ein biegsamer Stein, nach der Beschreibung jenem Dantzischen ähnlich, wovon ich etwas mitzubringen hoffe.

Die öffentlichen Angelegenheiten sehen in diesem Lande

2. Dr. Jakob Horner war damals vierundzwanzig Jahre alt; er wurde Bibliothekar und lehrte am Gymnasium Philosophie und Ästhetik. — Escher der Sohn, Hans Kaspar, der in Rom, wo er Architektur studierte, mit Meyer und Goethe bekannt geworden; später gründete er die große Maschinenfabrik Escher, Wyß u. Comp in Zürich. — 3. Tb. auf die Ufenau. Ufnau, Eigentum des Klosters Einsiedeln, mit einer Pächterwohnung, Kirche und Kapelle. Hier starb Ulrich von Hutten; die Stätte, wo er auf dem Kirchhofe ruht, ist unbekannt. — 5. Tb. Montags. — 7. Der Brief trägt das Datum des 26. — 8. Eine kurze Nachricht, der auch Schiller mitgeteilte Auszug. — 9. ich Serenissimo Br. — 11. Professor. Meyer war Professor an der herzoglichen Zeichenschule. — 12. Man kann sich nicht verwehren. Die kleine Reise in der Schweiz hatte er sich schon vorgenommen, ehe er in Stäfa ankam. — 16. Studio Br. — 18. Eines Herrn Escher, Johann Konrad Eschers „Geognostische Übersicht der Alpen in Helvetien." — 21 Fach Br. — 22 Dantzischen, den Baron von Dietrich durch den Mineralienhändler Danz in Nürnberg erhalten hatte. Die Beschreibung desselben kannte Goethe aus Lichtenbergs „Magazin für das Neueste aus der Physik" oder schon aus dessen Quelle, dem Journal de Physique von 1784 Der bei Villa Rica in Brasilien gebrochene Stein war fast überall biegsam und schnellte zurück, wenn man das eine Ende erhob.

wunderlich aus. Da ein Teil der ganzen Masse schon völlig demokratisch regiert wird, so haben die Unterthanen der mehr oder weniger aristokratischen Kantone an ihren Nachbarn schon ein Beispiel dessen, was jetzt der allgemeine Wunsch des Volks ist; an vielen Orten herrscht Unzufriedenheit, die sich hie und da in kleinen Unruhen zeigt. Über alles dies kommt in dem gegenwärtigen Augenblicke noch eine Sorge und Furcht vor den Franzosen. Man will behaupten, daß mehrere Schweizer bei der letzten Unternehmung gegen die Republik Partei gemacht und sich mit in der sogenannten Verschwörung befunden haben, und man erwartet nunmehr, daß die Franzosen sich deshalb an die einzelnen, vielleicht gar ans Ganze halten möchten. Die Lage ist äußerst gefährlich, und es übersieht niemand, was daraus entstehen kann.

Bei diesen selbst für die ruhige Schweiz so wunderbaren Aussichten werde ich um desto eher meinen Rückweg baldmöglichst antreten und geschwinder, als ich hergegangen bin, wieder in jene Gegenden zurückkehren, wo ich mir eine ruhigere Zeit unter geprüften Freunden versprechen kann.

Soeben erhalte ich Ihr wertes Schreiben vom 11. September und werde Ihnen dadurch abermals so wie in der Gegenwart auch in der Abwesenheit unendlich viel schuldig. Daß ich meinen August wieder gesund und froh bei Ihnen denken kann, wie Sie die Güte haben, seine Reiseerinnerungen rege zu machen und ihm so zu einer weiteren Ausbildung zu verhelfen, ist mir unschätzbar, und diese Vorstellung wird mich auf meiner kleinen Reise in die rauhen Gebirge begleiten.

Schon in Frankfurt schrieb ich auf einen erhaltenen Brief von Böckmann ein Blatt, wodurch ich Sie bat, das bewußte Kästchen der Überbringerin, welches Fräulein Staff sein würde, zu übergeben, und wodurch ich sogleich jenen bei mir zu Hause

9 f. der sogenannten Verschwörung, des Auftretens der königlich Gesinnten in beiden Räten gegen das Direktorium, dem dieses ein gewaltsames Ende gemacht hatte. Vgl. den Bericht vom 11. — 18. Im Briefe heißt es weiter: „Wie mir Schiller schreibt, so ist mein Kleiner wieder auf recht guten Wegen.“ Vgl. S. 128, 5. Dann folgt eine auch im folgenden Briefe an Schiller sich findende Stelle und zum Schlusse ein herzliches Lebewohl mit der Bemerkung: „Wenn ich im Geiste nach Weimar zurückkehre, so ist einer meiner gewöhnlichsten Wege, Sie in Ihrer Wohnung aufzusuchen.“ — 19 Unmittelbar nach der Unterschrift (G.), wohl am 26. geschrieben „Später“ setzte 1 als Datierung. — 20. als auch statt auch Br. aus offenbarem Versehen. Es könnte aber so auch stehen. — 21. ich den Kleinen Br. Eine Änderung war hier nicht nötig. — 28. Kirchenrat Prof Johann Lorenz Böckmann in Karlsruhe war ein alter Bekannter Goethes. — 29. Fräulein Albertine Auguste von Staff aus Weimar war schon 1779 als Hofdame nach Karlsruhe gekommen.

aufgehobenen Archivschein amortisiere, und vergaß, so oft ich an Sie schrieb, davon den schuldigen Avis zu geben. Ich danke, daß Sie mir ein Wort davon sagen; wahrscheinlich ist dieses Depositum nun schon in Karlsruhe glücklich angelangt. Dem Herzog bezeigen Sie mein Beileid und zugleich meinen Glückwunsch, daß der Unfall noch in Grenzen geblieben. Viel Glück zu allen Unternehmungen und Geduld mit dem Bergbau als dem ungezogensten Kinde in der Geschäftsfamilie.

Amyntas.

Elegie.

Nikias, trefflicher Mann, du Arzt des Leibs und der Seele!
Krank, ich bin es fürwahr; aber dein Mittel ist hart.
Ach, die Kraft schon schwand mir dahin, dem Rate zu folgen,
Ja, und es scheinet der Freund schon mir ein Gegner zu sein.
Widerlegen kann ich dich nicht; ich sage mir alles,
Sage das härtere Wort, das du verschweigest, mir auch.
Aber, ach! das Wasser entstürzt der Steile des Felsens
Rasch, und die Welle des Bachs halten Gesänge nicht auf.
Rast nicht unaufhaltsam der Sturm? und wälzet die Sonne
Sich von dem Gipfel des Tags nicht in die Wellen hinab?
Und so spricht mir rings die Natur: „Auch du bist, Amyntas,
Unter das strenge Gesetz eh'rner Gewalten gebeugt."
Runzle die Stirne nicht tiefer, mein Freund, und höre gefällig,
Was mich gestern ein Baum dort an dem Bache gelehrt!

2. denke l. — 3 f. Dieses Depositum. Sie hatte zur Zeit, wo der Westen Deutschlands durch den Krieg arg bedroht war, ihre Wertsachen an Goethe gesandt, um sie auf dem Weimarischen Archiv niederzulegen, war aber wohl durch die Nachricht von Goethes Reise nach Italien beunruhigt worden. — 4. Dem Herzog, Serenissimo Br. — 6. Der Unfall, ein Brand auf dem Schweinemarkt, dem jetzigen Karlsplatze. — Nach 8 ist die Nachschrift weggelassen worden: „Graf Purgstall [Goethe schrieb „Burgstall"], dessen Sie sich vielleicht und seiner Verhältnisse zu Reinhold und Wieland erinnern, hat mich heute hier unvermutet besucht; er geht aus England durch Frankreich über die Schweiz nach Wien. Haben Sie Gelegenheit, Wielanden von ihm aufs beste zu grüßen, so thun Sie es ja; er gedenkt unsers lieben alten Herrn und Freundes mit warmer Neigung." Graf Purgstall war aus Kopenhagen Ende 1795, „mit mächtigen Empfehlungen versehen", zu Schiller in Jena gekommen und hatte auch Goethes Bekanntschaft gemacht. Vgl. die Nachschrift des Briefes an Schiller vom 26. Noch im Jahre 1808 erinnerte sich Goethe der mit ihm genossenen „angenehmen Stunden auf dem Altane zu Stäfa". — 9. Amyntas. Daß das am 19. vgl. S. 119,6) entworfene Gedicht irrig hier eingefügt wurde, hatte Goethe wohl selbst bestimmt. Es war noch nicht ganz vollendet, als er am 20. November auf der Rückreise durch Jena kam, erst am 24. sandte er Schiller die vollendete Dichtung. Im Tagebuch findet sich eine Abschrift beim 19, deren von den Gedichten abweichende Lesarten beim Abdrucke V. 7, 20 und 34, nicht V. 3 und 15 f. benutzt sind.

Wenig Äpfel trägt er mir nur, der sonst so beladne;
Sieh, der Epheu ist schuld, der ihn gewaltig umgiebt.
Und ich faßte das Messer, das krummgebogene, scharfe,
Trennte schneidend und riß Ranke nach Ranken herab;
Aber ich schauderte gleich, als, tief erseufzend und kläglich,
Aus den Wipfeln zu mir lispelnd die Klage sich goß:
„O, verletze mich nicht, den treuen Gartengenossen,
Dem du als Knabe schon früh manche Genüsse verdankt!
O, verletze mich nicht! du reißest mit diesem Geflechte,
Das du gewaltig zerstörst, grausam das Leben mir aus.
Hab' ich nicht selbst sie genährt und sanft sie herauf mir erzogen?
Ist, wie mein eigenes Laub, mir nicht das ihre verwandt?
Soll ich nicht lieben die Pflanze, die, meiner einzig bedürftig,
Still, mit begieriger Kraft mir um die Seite sich schlingt?
Tausend Ranken wurzelten an, mit tausend und tausend
Fasern senket sie fest mir in das Leben sich ein.
Nahrung nimmt sie von mir; was ich bedürfte, genießt sie,
Und so saugt sie das Mark, sauget die Seele mir aus.
Nur vergebens nähr' ich mich noch; die gewaltige Wurzel
Sendet lebendigen Saft, ach, nur zur Hälfte hinauf!
Denn der gefährliche Gast, der geliebte, maßet behende
Unterweges die Kraft herbstlicher Früchte sich an.
Nichts gelangt zur Krone hinauf; die äußersten Wipfel
Dorren, es dorret der Ast über dem Bache schon hin.
Ja, die Verräterin ist's! sie schmeichelt mir Leben und Güter,
Schmeichelt die strebende Kraft, schmeichelt die Hoffnung mir ab.
Sie nur fühl' ich, nur sie, die umschlingende, freue der Fesseln,
Freue des tötenden Schmucks fremder Umlaubung mich nur."
Halte das Messer zurück, o Nikias, schone den Armen,
Der sich in liebender Lust, willig gezwungen, verzehrt!
Süß ist jede Verschwendung; o laß mich der schönsten genießen!
Wer sich der Liebe vertraut, hält er sein Leben zu Rat?

An Schiller.

Stäfa den 25. September.

Ihren erfreulichen Brief vom 7. September habe ich vorgestern hier erhalten. Da er länger ausblieb, als ich hoffte, so mußte ich befürchten, daß Ihr Übel sich vermehrt habe, wie ich denn nun auch aus Ihrem Briefe leider erfahre. Möchten Sie doch in Ihrer Stille einer so guten Gesundheit genießen als ich bei meiner Bewegung! Ein Blatt, das beiliegt, sagt Ihnen, wie es mir seit Tübingen ergangen ist. Meyer, den ich nun zu unserer wechselseitigen Freude wiedergefunden habe, befindet sich so wohl als jemals, und wir haben schon was Ehrliches zusammen durchgeschwatzt. Er kommt mit trefflichen Kunstschätzen und mit Schätzen einer sehr genauen Beobachtung wieder zurück. Wir wollen nun überlegen, in was für Formen wir einen Teil brauchen und zu welchen Absichten wir den anderen aufheben wollen.

Nun soll es in einigen Tagen nach dem Vierwaldstätter See gehen. Die großen Naturscenen, die ihn umgeben, muß ich mir, da wir so nahe sind, wieder zum Anschauen bringen; denn die Rubrik dieser ungeheuren Felsen darf mir unter meinen Reisekapiteln nicht fehlen. Ich habe schon ein paar tüchtige Aktenfaszikel gesammelt, in die alles, was ich erfahren habe oder was mir sonst vorgekommen ist, sich eingeschrieben oder eingeheftet befindet, bis jetzt noch der bunteste Stoff von der Welt, aus dem ich auch nicht einmal, wie ich früher hoffte, etwas für die „Horen" herausheben könnte.

Ich hoffe, diese Reisesammlung noch um vieles zu vermehren, und kann mich dabei an so mancherlei Gegenständen prüfen. Man genießt doch zuletzt, wenn man fühlt, daß man so manches subsumieren kann, die Früchte der großen und anfangs unfruchtbar scheinenden Arbeiten, mit denen man sich in seinem Leben geplagt hat.

Da Italien durch seine früheren Unruhen und Frankreich durch seine neuesten den Fremden mehr oder weniger versperrt ist, so werden wir wohl vom Gipfel der Alpen wieder zurück dem Falle des Wassers folgen und den Rhein hinab uns wieder gegen Norden bewegen, ehe die schlimme Witterung einfällt. Wahrscheinlich werden wir diesen Winter am Fuße des Fuchsturms vergnügt zusammen wohnen; ja, ich vermute sogar, daß Humboldt uns Gesellschaft leisten wird. Die sämtliche Karawane hat, wie mir sein Brief sagt, den ich in Zürich fand, die Reise nach Italien

1. **Ein Blatt**, die „Kurze Nachricht von meiner Reise von Tübingen nach Stäfa", der mehrfach von uns erwähnte Auszug aus dem Tagebuche. Die Erwähnung desselben hätte gestrichen werden sollen, da sie nicht in unsere Beschreibung der Reise übergegangen. — 4f. **durchgeschwätzt** Br. 1. — 15. und statt **oder** 1. — 17 **Wie ich früher hoffte.** Vgl S. 41 Anm. — 30. **Des Fuchsturms**, auf dem Hausberge bei Jena. — 31. **Humboldt**, der ältere Bruder, dessen Ansichten über Kunst und Dichtung zu so manchen anziehenden Unterhaltungen geführt hatten. — 32f. **Wie mir sein Brief sagt.** An Schiller hatte Humboldt kurz vorher dasselbe geschrieben.

gleichfalls aufgegeben; sie werden sämtlich nach der Schweiz kommen. Der jüngere hat die Absicht, sich in diesem für ihn in mehreren Rücksichten so interessanten Lande umzusehen, und der ältere wird wahrscheinlich eine Reise nach Frankreich, die er projektiert hatte, unter den jetzigen Umständen aufgeben müssen. Sie gehen den 1. Oktober von Wien ab; vielleicht erwarte ich sie noch in diesen Gegenden.

Aus meinen früheren Briefen werden Sie gesehen haben, daß es mir in Stuttgart ganz wohl und behaglich war. Ihrer ist viel und von vielen und immer aufs beste gedacht worden. Für uns beide, glaub' ich, war es ein Vorteil, daß wir später und gebildeter zusammentrafen.

Sagen Sie mir doch in dem nächsten Briefe, wie Sie sich auf künftigen Winter einzurichten gedenken? ob Ihr Plan auf den Garten, das Griesbachische Haus oder Weimar gerichtet ist. Ich wünsche Ihnen die behaglichste Stelle, damit Sie nicht bei Ihren anderen Übeln auch noch mit der Witterung zu kämpfen haben.

Wenn Sie mir nach Empfang dieses Briefes sogleich schreiben, so haben Sie die Güte, den Brief unmittelbar nach Zürich mit dem bloßen Beisatz „bei Herrn Rittmeister Ott zum Schwert“ zu adressieren. Ich kann rechnen, daß Gegenwärtiges acht Tage läuft, daß eine Antwort ungefähr ebenso lange gehen kann, und ich werde ungefähr in der Hälfte Oktobers von meiner Bergreise in Zürich anlangen.

Für die Nachricht, daß mein Kleiner wiederhergestellt ist, danke ich Ihnen um so mehr, als ich keine direkte Nachricht schon seit einiger Zeit erhalten habe und die Briefe aus meinem Hause irgendwo stocken müssen. Diese Sorge allein hat mir manchmal einen trüben Augenblick gemacht, indem sich sonst alles gut und glücklich schickte.

Leben Sie recht wohl! Grüßen Sie Ihre liebe Frau und

2. Für ihn, als Naturforscher. Aber er brachte den Winter mit Leopold von Buch in Salzburg und Berchtesgaden zu. — 5. Aufgeben müssen. Er reiste über Basel, wo er erst nach Goethes Abreise aus der Schweiz eintraf, wirklich nach der französischen Hauptstadt. — Vor 8 sind die Äußerungen über den neuen Musenalmanach ausgefallen, den zusammen zu sehen ihn recht verlange, doch möge Schiller die ihm bestimmten Exemplare aufheben, da er selbst wohl der Herzogin in eigenem Namen ein Exemplar zusenden werde. — 14 f. Den Garten, dessen Einrichtung auch zur Winterwohnung. — 15. Griesbachische Haus. Schiller wohnte in Jena im Hause des Professor Griesbach. — 16 f. Ihren andern Übeln, Krämpfen und Husten. — 22. ohngefähr B. nach älterer Schreibung. Das erste ungefähr fiele besser weg. — 25. Für die Nachricht. Schiller hatte am Ende des Briefes einfach bemerkt: „Ihr Kleiner, höre ich, ist wieder ganz hergestellt.“ — 27. hatte 1.

erfreuen Sie sich der letzten schönen Herbsttage mit den Ihrigen, indes ich meine Wanderung in die hohen Gebirge anstelle. Meine Korrespondenz wird nun eine kleine Pause machen, bis ich wieder hier angelangt sein werde.

Bald hätte ich vergessen, Ihnen zu sagen, daß der Vers: „Es wallet und siedet und brauset und zischt“ u. s. w. sich bei dem Rheinfall trefflich legitimiert hat. Es war mir sehr merkwürdig, wie er die Hauptmomente dieser ungeheuren Erscheinung in sich begreift. Ich habe auf der Stelle das Phänomen in seinen Teilen und im Ganzen, wie es sich darstellt, zu fassen gesucht und die Betrachtungen, die man dabei macht, sowie die Ideen, die es erregt, abgesondert bemerkt. Sie werden dereinst sehen, wie sich jene wenigen dichterischen Zeilen gleichsam wie ein Faden durch dieses Labyrinth durchschlingen.

So eben erhalte ich auch die Bogen J K des Almanachs durch Cotta und hoffe nun, auf meiner Rückkunft aus den Bergen und Seen wieder Briefe von Ihnen zu finden. Meyer wird selbst ein paar Worte schreiben. Ich habe die größte Freude, daß er so wohl und heiter ist; möge ich doch auch dasselbe von Ihnen erfahren!

Herrliche Stoffe zu Idyllen und Elegieen, und wie die verwandten Dichtarten alle heißen mögen, habe ich schon wieder aufgefunden, auch einiges schon wirklich gemacht, so wie ich überhaupt noch niemals mit solcher Bequemlichkeit die fremden Gegenstände aufgefaßt und zugleich wieder etwas produziert habe. Leben Sie recht wohl und lassen Sie uns theoretisch und praktisch immer so fortfahren!

---

4. angelangt bin Br. — 5. Der Schluß des Briefes folgt nach der Unterschrift (G.). — Der Vers. Vgl. S. 112, 24 f. — 12. dereinst, bei dem beabsichtigten Besuche der Schweiz. — 15. J und K 1. Es fehlten noch vier Bogen. — 24 f. finden. Leben Sie recht wohl Br. Auch diese Stelle zeigt, daß er sich die Briefe nicht nachschicken ließ. — 26. Hier ist die Nachschrift vom 26. „Gegen Abend“ weggefallen: „Ich hatte meinen Brief mit einem kleinen Nachtrag geschlossen, als Graf Purgstall uns besuchte, der mit seiner jungen Frauen, einer Schottländerin, die er nicht lange geheiratet hat, aus England über Frankreich und die Schweiz nach Hause zurückkehrt. Er läßt Ihnen das Schönste und Beste sagen und nimmt einen recht wahren Anteil an dem, was Sie sind und thun. Mir hat sein Besuch viel Freude gemacht da seine frühere Tendenz zur neueren Philosophie, sein Verhältnis zu Kant und Reinhold, seine Neigung zu Ihnen, auch seine frühere Bekanntschaft mit mir gleich eine breite Unterhaltung eröffneten. Er brachte sehr artige Späße aus Frankreich und England mit, war gerade den 18. Fructidor in Paris gewesen und hatte also manche ernste und komische Scene mit erlebt. Er grüßt Sie aufs allerbeste und ich will nur schließen, damit die Briefe mit dem Schiffer, der unsern Postboten macht, noch fortkommen. Haben Sie etwa Gelegenheit, Wielanden von Graf Purgstall zu grüßen, so thun Sie es doch.“ Hier folgte in der „Schweizerreise“ die Ballade „Der Junggesell und der Mühlbach“, die wir weiter unten geben.

Von Stäfa auf den Gotthard und zurück.

Donnerstag den 28. September. Um 8 Uhr von Stäfa zu Schiffe, um nach Richterschwyl hinüberzufahren. Der Glanz der Wolken über dem Ende des Sees sowie ein Sonnenblick auf Richterschwyl und den nächsten Höhen gewährte einen erfreulichen Anblick. Nebel und Wolken lagen über des Sees unterem Teile nach Zürich zu. In der Mitte des Sees hinaufwärts blickend, hatte man Stäfa, Rapperschwyl und die Berge von Glarus vor sich, sowie die über einander greifenden Vorgebirge, hinter und zwischen denen der Wallenstätter See liegt, die kleine Insel Ufnau auf der Wasserfläche.

Richterschwyl hat eine sehr artige Lage am See. Gleich hinter dem Ort steigen fruchtbare Höhen auf, und hinter diesen einige Berge des Kantons Schwyz.

In drei Viertelstunden fuhren wir hinüber. Ehe man landet, erscheint der obere Teil des Sees sehr weit und groß. Der Ort ist hübsch gebaut, hat sehr große Wirtshäuser, unter denen ein neues mit Bädern. Die Rhede ist freundlich, die Schifffahrt lebhaft; denn die meisten Produkte aus dem Kanton Schwyz werden hierher geschafft und weiter transportiert, weil Schwyz selbst keinen Hafen hat und einen anzulegen von Zürich verhindert wird. Auch

1. Von Stäfa auf den Gotthard (Gotthardt 1 regelmäßig) und zurück. Die Überschrift fehlt Tb. Eckermann hat das Tagebuch in seiner Weise bearbeitet. — 3. Richterswyl hier und weiter 1, wie 8 Rapperswyl. Tb. Richtersschwyl und Rappersschwyl. Die von uns gesetzten Formen stehen im achtzehnten Buch von „Wahrheit und Dichtung", das erst nach unserer Reise im achten Bande der nachgelassenen Werke erschien. Büsching endet (1792) diese Namen auf -schweil; er schreibt Richtenschweil (mit n statt r), dagegen Meiners gleichzeitig Richterswyl. In Richterschwyl hatte Goethe 1775 und 1779 den vortrefflichen Arzt Hotze getroffen, einen Freund Lavaters. Der Herzog Karl August hatte diesen 1785 vergeblich nach Weimar zu ziehen gesucht. Diesmal vermied er ihn wohl. — 11. Tb. „Wasserfläche, dann den Teil des Ufers mit seinen Bergen, zum Kanton Schwitz gehörig (der Buchberg) und so weiter herab bis Richterschwyl." — Ein neues, die Anstalt des Arztes Hotze.

hat Richterschwyl durch die Pilger, die nach Einsiedeln wallfahrten, viel Zugang. Diesen Sommer war eine große Anzahl durchgegangen, sehr viele aus Schwaben, wahrscheinlich wegen Gelübden in der Kriegsgefahr.

Wir gingen, unsere Wanderung fortsetzend, Richterschwyl hinauf und sahen mehrere neue Häuser. Am Wege fanden wir die grauen und roten Platten und andere entschiedene Breccien zum Gebrauche hingeschafft. Die grauen Platten haben in ihren Abwechselungen viel Ähnlichkeit mit der Harzer grauen Wacke, indem sie bald porphyr-, bald breccienartig erscheinen.

Wir stiegen höher. Schöne Seeansicht; Feld- und Obstbau fährt fort, mehr Wiesen treten ein. Auf der Höhe in einer flachen Vertiefung, die ehemals voll Wasser gestanden haben mag, trafen wir guten Torf. Schöne, reinliche Häuser standen zwischen den Besitzungen. Man sieht nun mittagwärts in ein hinteres, gleichfalls fruchtbares Thal. Es ward von Windstürmen gesprochen, die an dieser Seite anschlagen und wieder gegen Stäfa zurückprallen.

Wir verließen die gepflasterte Fahrstraße. Der Fußpfad führt an einer Reihe von zehn Eichen vorbei; man kommt auf einen Triftplatz und gewinnt eine herrliche Aussicht nach dem See und ringsum in die fruchtbaren Thäler.

Die Gegend wird etwas rauher; man trifft Binsen, Farnkraut, doch auch noch schöne Kirschbäume. Die graue Wacke scheint die Hügel zu bilden. Wir kamen an ausgestochene Torfflächen, die durch Binsen, Heide und dergleichen sich nach und nach wieder ausfüllen und anwachsen. Der Weg, den man in der Mitte gelassen, zeugt von der Güte des ehemaligen Torfes. Wir fanden einen schönen Mandelstein als Stufe.

Rechter Hand liegt der Hüttner See, der gute Fische und Krebse hat. Steht man darüber, so sieht das Gebirge, das man überstiegen hat, wie eine Erdenge zwischen diesem und dem Züricher See aus.

Um 10½ Uhr kamen wir in Hütten an. Man sprach von der jährlichen Ausführung der Kühe nach Italien; es werden etwa 3000 ausgeführt, höchstens fünfjährige, das Stück von 10 zu 16 Louisd'or. Gegenwärtig fürchtet man ein Verbot, da in

3. Tb. viel und Gelübde. — 8. grünen 1, Druckfehler. — 15. heiteres 1, Druckfehler. — 21. Tb.: „Thäler, in Süden ein hoher mit Wald bewachsner Berg." — 23. auch noch fehlt Tb. — 27. Tb. zeigt. — 28. Mandelstein, hier vom wackenartigen Mandelstein. — Stufe, abgeschlagenes Stück. — 32. Tb. „an Landrichter Bär [den Namen fügte Meyer hinzu], Medicus und Chirurgus."

Italien eine Seuche sich zeigen soll. Es ward auch von der Weinausfuhr gesprochen, die gegenwärtig sehr stark nach Schwaben ist; es haben sich schon Käufer zu dem diesjährigen Wein am Stocke gemeldet.

Um 2 Uhr gingen wir von Hütten weiter. Von der Höhe den Hüttner und Züricher See zu sehen mit dem jenseitigen Ufer des letzteren und zunächst die mannigfaltigen, mit Wäldern, Frucht-, Obstbau und Wiesen geschmückten Höhen und Thäler, gewährte einen schönen Moment. Bis nach der Stadt zu war alles klar, sowie hinaufwärts gegen Stäfa, Rapperschwyl bis in die Gebirge von Toggenburg.

Herr Pfarrer Beyel von Hütten begleitete uns. Als wir schöne Stechpalmen bemerkten, sagte er, daß er auf dem Berge rechts einen starken Stamm von der Dicke eines Mannesschenkels, etwa 12 Fuß hoch, gefunden habe.

Wir kamen an den Grenzstein zwischen Schwyz und Zürich. Man sagt: die Schwyzer haben den Aberglauben, wenn sie mit dem Stocke an die Seite des Züricher Wappens schlagen, daß es der ganze Kanton Zürich übel fühle.

Rückwärts sahen wir die ganze Reihe des Albis, sowie nach den freien Ämtern zu die niederen Gebirgsreihen, an denen die Reuß hinfließt; der Anblick ist jenen Gegenden sehr günstig.

Auf dem Weg scheint das Gebirg grobe Breccie zu sein und die Kalkfelsen, die hie und da aus dem Grase heraussehen, herabgestürzt. Man sieht Utznach liegen, und die Aussicht nach dem oberen Teil des Sees wird immer schöner. Rechts des Fußsteiges ist eine Art von natürlichem Wall, hinter dem die Sihl herfließt. Dem ersten Anblicke nach sollte es an einigen Stellen nicht große Mühe und Kosten erfordern, den Hügel mit einem Stollen zu durchfahren und so viel Wasser, als man wollte, zu Wässerung und Werken in die unterhalb liegende Gegend zu leiten: ein Unternehmen, das freilich in einem demokratischen Kantone und bei der Komplikation der Grundstücke, die es betreffen würde, nicht denkbar ist.

5. 12 Uhr l. — 21. Freien Ämtern. Das freie Amt heißt die Landvogtei Knonau zwischen der Reuß und dem Albis, die eine Anzahl Pfarrdörfer umfaßt. Ein Landvogt wird von Zürich alle sechs Jahre ernannt. Neben Knonau scheint das Kelleramt an der Reuß gemeint zu sein, in welchem Zürich seine vorbehaltenen Rechte teils von Knonau aus, teils durch eigene Obervögte versehen läßt. Früher hatte es zum Freienamt Knonau gehört. — 26. Flußsteiges l, Druckfehler.

Der Weg wendet sich nach Schindellegi hinein; die Aussicht verbirgt sich. Man kommt über die Sihl, über eine hölzerne Brücke, darauf in ein wildes Thal, dessen Seiten mit Fichten bewachsen sind; der reißende, steinige Sihlfluß bleibt links.

Die Felsen sind ein feiner Sandstein, der in gröbere Breccie übergeht. Man ist gleich in einer anderen Welt. Rechts auf kahlen Triften erhebt man sich über das Sihlthal und kommt an einem Brunnen vorbei, der wegen seiner Frische berühmt ist. Triften, ferne Alpenhütten an ziemlich sanften Höhen.

Wir kamen auf die Chaussee, die von Wollerau heraufgeht, auf welcher die Waren von Schwyz über Steinen und zum Turm nach Richterschwyl und nach Bach gebracht werden; sie ist hier flach und gut.

Wir nahten uns wieder der Sihl. Rechts über dem Wege zeigen sich Flußgeschiebe in großer Höhe; links fand sich ein schwarzes Quarzgestein von der größten Festigkeit, mit Schwefelkies durchsetzt, in großen Wacken. Man verläßt die Straße und wendet sich links; eine Brücke führt über die Biber. Starker Stieg; die Gegend bleibt sich ähnlich. Um 5 Uhr sahen wir Einsiedeln, kamen gegen sechs Uhr an und logierten „Zum Pfauen" gegen der Kirche über.

Freitag den 29. September, als am Michaelistage. Am Morgen besahen wir die Kirche, deren Chor unsinnig verziert ist. Der Schatz wird nur zum Teil gezeigt unter dem Vorwande, daß man nach einem Diebstahle die besten Sachen beiseite gebracht habe.

In der Bibliothek stehen schöne bunte Glasscheiben in Rahmen an den Fenstern herum, wobei ich bemerken konnte, daß das farbige Glas in dem Fall des doppelten Glases nicht weggeschliffen, sondern mit dem Diamant weggekratzt war.

1. Schindeleggi 1. Die richtige Namensform steht auch im achtzehnten Buche von „Wahrheit und Dichtung" im ersten Drucke. — 10. Wollrau 1. — 11. Steinen, wo einst Werner Stauffacher wohnte. — Zum Turm, auch zum roten Turm oder einfach Turm genannt jetzt Rotenturm. Das Dorf hat seinen Namen von einem Befestigungsturm der Schwyzer. — 12. Meyer hatte „und nach Bach" hinzugefügt. — 20. „Zum Pfauen". Der Gasthof hat sich bis jetzt erhalten. — 22. Freitags 1. — Im Jahre 1825 berichtete Goethe in seinem „Versuch einer Witterungslehre": „Ich erinnere mich, als wir im September 1797 auf Maria Einsiedeln verweilten und ein in der Nacht gefallener Schnee in einer gewissen mittleren Höhe des Gebirges liegen geblieben war, sogleich jene zarten Vögel [Finken], um so viel herabweichend, den Vogelstellern unzählig in die Netze fielen und Pilgern sowie Reisenden als eine schmackhafte Speise zu Gute kamen."

Im Naturalienkabinett ist ein kleiner wilder Schweinskopf und einige andere Teile des Tiers, in Sandstein bei Utznach gefunden, merkwürdig. Ingleichen schöne Adularien, ein Granat mit natürlichen Facetten von Mittelgröße.

In dem Kupferstichkabinett unter der Bibliothek hängen einige der besten Kupferstiche von Martin Schön.

Der Bibliothecarius führte uns nicht selbst herum. Sein Klostername war Michael, und er hatte also das Recht, am Tage seines Patrons ein feierliches Hochamt zu lesen. Wir wohnten einem Teil desselben bei, nicht sehr erbaut von der Musik.

Um 11 Uhr von Einsiedeln ab. Ein Nebel überzog den Himmel und die Gipfel der Berge; nur ein wenig blauer Himmel sah durch. Da wir kein Kyanometer bei uns hatten, so schätzten wir die Erscheinung nach Ultramarin; die gegenwärtige ward nur für die Ultramarin-Asche gehalten. Wir gingen das Dorf und moorige Thal hinauf; ein Fußpfad von Kieseln war streckenweis nicht übel, ja in der Nachbarschaft von Sägemühlen mit Sägespänen bestreut. Das Nonnenkloster rechts sah wie ein Gut aus; das Gebäude war ohne Mauer. Wir erinnerten uns der Murate in Florenz.

So gingen wir im Thale der Alp am rechten Ufer derselben auf einem leidlichen Fußwege hin und kamen über das Bett des Flusses, das meist aus Kalk, wenigem Sandstein und einigen Stücken sehr festen und serpentinartigen Gesteins besteht. Das Alpthal erschien traurig, besonders weil kein Vieh zu sehen war, das noch auf den höheren Alpen weidet.

Wir sahen eine Schneidemühle mit schönem Bretter- und Bohlenvorrat; eine Kirche und Wirtshaus scheinen sich daran

1. Ein kleiner wilder Schweinskopf. Nach Goethes Reisebeschreibung von 1775 war er in einer vor Urzeiten morastigen Gegend bei Rapperschwyl gefunden. — 3. Ingleichen 1. — Adularien, Mond-, auch Sonnensteine genannt, eine sehr klare Art Feldspath. Den Namen hatte sein Entdecker Peter Picci in Mailand ihm vom Gotthard gegeben, den er für den Mons Adula der Römer hielt; denn in der Nähe des Hospiz auf dem Gotthard hatte er ihn gefunden. An Voigt schrieb Goethe den 17. Oktober, er habe fast mehr Steine aufgepackt, als billig sei; aber wie solle man sich enthalten, wenn man zwischen mehreren Zentnern Adularien mitten inne sitze. — 5. Einige. In der angeführten früheren Reisebeschreibung erwähnt Goethe nur den Kupferstich des Abscheidens Marias. Unterdessen aber hatte er Kupferstiche dieses Meisters sich gesammelt. — 7. Der Bibliothecarius, Pater Bibliothecarius. Im Jahre 1775 gedenkt Goethe außer der Schatzkammer nur eines „Kunst-, Naturalien- und Kuriositäten-Kabinetts“. — Meiners sah den Schweinskopf in der kleinern oder Hausbibliothek; die große Bibliothek enthielt meist theologische und scholastische Bücher. — 15. Th. ultramarinische, Hörfehler des Schreibers. — 16. streckenweise Th. 1. — 18. Nonnenkloster, Au genannt, dessen Bewohner nur von ihrer Hände Arbeit lebten.

krystallisiert zu haben. Diese kleine Gruppe von Gebäuden heißt selbst „Alpthal".

Nun steigt man rechts auf einem steilen Weg in die Höhe über Kalkfelstrümmer, Platten und Fichtenstämme und gelangt zum ersten Gießbach, wo es einen rauhen Knüppelstieg hinaufgeht. Alte Baumstämme stehen hier kahl, von der Rinde entblößt und verwitternd, als Zeichen, daß man auf Brennholz eben keinen Wert legt. Beim Kapellchen kamen wir auf einen Ruheplatz, welches wir als ein böses Augurium ansahen, daß uns noch ein starker Stieg bevorstehe. Wir kamen nun wirklich in den Nebel. Wüste Schlucht und Gießbach, daneben einige Trift und leidlicher Pfad. Rötliches Thongestein. Graues, schieferiges Thongestein mit ganz feinen Pflanzenabdrücken.

Wir hatten nun die Höhe des Schwyzer Hakens erstiegen, allein alle Aussicht war durch nahe und ferne Nebel gehindert. Sie zogen auf die seltsamste Weise in der Tiefe und an den Höhen hin. Unten über dem Thale von Schwyz schwebte ein weißer wolkenartiger; ein graulicher ließ den gegenüberstehenden Berg halb durchsehen; ein anderer drang zu unserer linken Seite von den Mythen herunter und bedeckte sie völlig.

Wir kehrten in einem einzelnen Hause ein. Als wir nach der Weite des Weges fragten, sagte man uns, daß wir wohl anderthalb Stunden brauchen würden. „Wir aber," fuhr der Mann fort, „knebeln ihn wohl in einer Stunde hinunter." Wir hatten Ursache, uns dieses Ausdrucks zu erinnern; denn der Stieg war abscheulich, über schlüpfrige, feuchte Matten. Man kommt über eine Brücke und findet einen bedeckten Ruheplatz; dann ist der Weg gepflastert, aber nicht unterhalten.

Wir traten nun wieder aus der Nebelregion heraus, sahen den Lowerzer See, die Berge, die ihn einschließen, den schönen Raum, in welchem die Häuser von Schwyz liegen, und das angenehme Thal nach Brunnen hin. Die Berggipfel waren alle mit vielfachen Wolken und Nebeln bedeckt, so daß ihre Massen selten durchblickten und meist nur geahnt werden konnten. Ein seltsamer Schein in den Wolken und Nebeln zeigte den Untergang

2. Alpthal, fünf Viertelstunden von jenem Kloster entfernt. — 4. Kalkfelstrümmern Tb. 1. — Fichtenstämmen Tb. — 14. Hakens hatte Meyer statt Hotens im Tb. verbessert. Haggens, wie Haggen ursprünglich in „Wahrheit und Dichtung" stand, 1. — 22. Wegs 1. — 30. Lauerzer 1, wie auch in „Wahrheit und Dichtung" statt der jetzt gangbaren Form steht. — 33. geahndet Tb., geahnet 1

der Sonne an. Diese Hüllen lagen so gehäuft über einander, daß man bei einbrechender Nacht nicht glaubte, daß es wieder Tag werden könne.

Sonnabend den 30. September. Wir übernachteten in Schwyz und hatten am Morgen einen schönen Anblick des völlig grünen, mit hohen zerstreuten Fruchtbäumen und weißen Häusern übersäten Landes sowie der steilen dunklen Felsen dahinter, an denen die Wolken sinkend hinstrichen. Die Mythen und übrigen Berge waren klar, der Himmel blickte an verschiedenen Stellen blau durch; einige Wolken glänzten, von der Sonne erleuchtet. Man sieht einen Streif des Vierwaldstätter Sees, beschneite Gebirge jenseits; der Eingang ins Muottathal aus dem Thal von Schwyz erscheint links. Die Heiterkeit der Nebel war ein Vorbote der Sonne. Unaussprechliche Anmut entwickelte sich, sobald nur einzelne Sonnenblicke hier- und dahin streiften. Kein Besitztum ist mit einer Mauer eingeschlossen; man übersieht alle Wiesen und Baumstücke. Die Nußbäume sind besonders mächtig. Betrachtung über die Lage des ganzen Kantons, bezüglich auf politische Verhältnisse.

Ein Viertel auf 9 gingen wir bei heiterem Sonnenschein von Schwyz ab und genossen eines herrlichen Rückblicks auf die ernsten Mythen. Von unten lagen sie im leichten Nebel und Rauchdunste des Ortes, am Gipfel zogen leichte Wolken hin.

Erst hatten wir gepflasterten Weg, dann einen schönen, gleichen Fußpfad. Eine hölzerne Brücke führte über die Muotta; eine flache, große Weide mit Nußbäumen dehnte sich vor uns aus; rechts im Felde sahen wir hübsche Mädchen mit der Mutter auf den Knieen, mit der Kartoffelernte beschäftigt. Die schöne eingeschlossene Fläche dauert fort, und ein kleiner vorliegender Hügel schließt das Thal nach dem See zu, von dessen Seiten ein fruchtbarer Abhang nach der Muotta hinuntergeht. Das Thal verbreitet sich rechts. Die Wiesen sind wegen der Tiefe schon saurer. Wir sahen Kühe, zu ihrer Reise über den Gotthard beschlagen. Bei einer Sägemühle hatten wir einen schönen Rückblick.

Wir kamen nach Brunnen und an den See in einem heiteren

2 f. Tb.: „Sept. Schwitz, schöner Anblick." — 6 f. überfäeten 1. — 7. Tb. „Landes, die steilen dunkeln". — 12. Mottenthal Tb. 1. — 18 f. Tb. „Verhältnisse. Sie rechnen hier nach Münzgulden, die Karolin zu 15 Gulden." — 25. 31. Motte Tb., Matte 1 Druckfehler. — 27 f. Komma nach Mutter statt nach Knieen. — 28. Vor Die schöne Tb. „Granitblöcke in den Mauern."

Moment und schifften uns ein. Man sieht nackte Kalkflötze, die nach Mittag und Mitternacht einfallen und sich gleichsam über einen Kern, auf dem sie ruhen, hinlegen. Die großen Flötze teilen sich wieder in kleinere, die sehr zerklüftet sind, so daß der Felsen an einigen Orten wie aufgemauert erscheint. Der Teil des Sees nach Stans zu verschwindet. Freiheits-Grütli. Grüne des Sees, steile Ufer, Kleinheit der Schiffe gegen die ungeheuren Felsmassen. Ein schwer mit Käse beladenes Schiff fuhr vorüber. Die Abhänge sah man mit Wald bewachsen, die Gipfel mit Wolken umhüllt. Sonnenblicke streiften über die Gegend; man fühlte die gestaltlose Großheit der Natur. Abermals nord- und südwärts fallende Flötze gegen dem Grütli über. Links steile Felsen. Konfusion der Flötze hüben und drüben, die selbst in ihren Abweichungen korrespondieren. Kleine Kirche. Links Sissingen. Thal hineinwärts erst gelinde ansteigende, dann steile Matten. Angenehmer Anblick der Nutzbarkeit zwischen dem Rauhsten; die Seelinie machte das Ganze so ruhig, die Bergbilder schwankten im See. Gegen die Tellenplatte ist eine schöne Stelle; erst kahler Fels und Steinrutsche, dann anmutige, nicht allzu steile Matten, mit schönen Bäumen und Büschen umgeben. Die Felsen sind bis auf ihre höchsten Gipfel bewachsen.

Es begegneten uns Schiffe, welche Vieh transportiert hatten; wir landeten und traten in Tells Kapelle. Wenn man die gegenüberstehenden Felsen aus der Kapelle gleichsam als ein geschlossenes Bild sieht, so gewähren sie gleich einen anderen Anblick. Freitag nach Himmelfahrt wird hier gepredigt, und die Zuhörer sitzen in Schiffen.

Wir fuhren weiter an einer Felsenecke vorbei und blickten nun ins Urner Thal. Nach einem ungeheuren steilen Felsen folgen niedere Matten. Man sieht Flüelen, die schönste Alpe herwärts; hinterwärts sieht man ins flache Thal, von steilen Gebirgen umgeben.

Wir gingen gegen Altorf. Hinter Flüelen trafen wir schöne Wiesen, rastende Kühe. Plattenweg, Kieselbreccie mit Löchern, in-

6. Stanz hier und weiter unten Th. 1. Beide Formen standen nebeneinander — Freiheits-Grütli. Sie sahen es beim Vorüberfahren. Joh. Müller führt die Formen Rütli und Grütli an und erklärt den Namen „novale, wo Gestrüpp oder Waldung ausgerodet worden". Tschudi nennt den Ort „im Rüdlin" oder „Rütlin". Goethe muß damals den Namen „Freiheits-Grütli" gehört haben. Im Tagebuch von 1775 schrieb er „Grüdli", auch in „Wahrheit und Dichtung" trotz Schillers „Tell" Grütli, wie Meyer hier verbesserte. Meyer schob dem ein. — 14. Th. Sisikon. — 16 f. Th. Gegen Platten. — Tellenplatte, jetzt Tellsplatte, am Fuße des Axenbergs. — 33. Kühe, Plattenweg, Kieselbreccie Th. 1.

gleichen eine feinere; man findet eine in die andere übergehend. Schwalbenversammlung auf den Weiden.

In Altorf angelangt, logierten wir im „Schwarzen Löwen" bei Herrn Franz Maria Arnold. An den Zimmern waren artige Thürschlösser, die man von außen aufstößt und von innen aufzieht.

Kastagnetten-Rhythmus der Kinder mit Holzschuhen.

Der Ort selbst mit seinen Umgebungen bildet einen Gegensatz von Schwyz; er ist schon stadtmäßiger, und alle Gärten sind mit Mauern umgeben. Ein italienisches Wesen blickt durch, auch in der Bauart. So sind auch die unteren Fenster vergittert, welche Vorsicht die starke Passage notwendig zu machen scheint. Ich bemerkte eine hübsche Art, das kurze Grummet in Netzen einzufassen. Ton der großen Glocke der läutenden Kühe. Schellen der Maultiere.

Sonntag den 1. Oktober. Altorf. Morgens früh Regenwolken, Nebel; Schnee auf den nächsten Gipfeln. Kühe wurden durchgetrieben. Die Leute trugen kleine hölzerne Gefäße, die Tiere einige Melkstühle; denn die Leute nähren sich unterwegs von der Milch.

Höflicher Abschied vom Wirt. Schein wechselseitiger Zufriedenheit. Weltgleichnis.

Halb 9 gingen wir ab. Schöne Matten rechts und links. Nebelwesen. Man weiß nicht, ob sie steigen, sinken, sich erzeugen oder verzehren, wegziehen oder sich herabstürzen. Herrliche Felswände. Kalk.

Breite, klare Quelle. Sonne. Blauer Himmel durchblickend, an den Bergen Wolkengebilde. Kindergeschrei aus der Höhle. Steile Kalkfelsen links bis auf die Wiesen herab, wie vorher bis auf die Oberfläche des Sees. Rückwärts und niedrig erschien ein fast horizontales Stück eines sehr breiten Regenbogens. Das Zickzack der Felslager erscheint wieder. Wir kamen an die Reuß. Granitgeschiebe. Artig bemalte saubere Kirche mit einem Jagdwunder, ungefähr wie des heiligen Hubertus.

3. Der *„schwarze Löwe"* hat sich noch erhalten. Den Namen des Wirtes nannte das Tb. erst Z. 21. — 17. *Schnee auf den nächsten Gipfeln.* Entworfen wurden damals die drei Distichen (Bd. II. S. 205), welche Goethe den 14. Oktober an Schiller sandte. — 27. *Quelle, Sonne, blauer* Tb. 1. — 33. *Kirche,* an der Jagdmatt. Vgl. S. 111. — 34. *Des heiligen Hubertus,* seiner Bekehrung, dem zwischen dem Geweih des Hirsches, den er erlegen wollte, das Bild des Gekreuzigten sich zeigte.

Rastende Kühe auf der Weide. 16 Stück kosten ungefähr einen Louisd'or des Tags.

Wir trafen zusammengestürzte Gneismassen. Man geht von der Straße ab und kommt auf einen meist angenehm bequemen Fußpfad, bis Amsteg. Bisher hatte das Thal meist gleiche Weite; nun schließt ein Felsstock die eine Hälfte ab; es besteht aus einem sehr quarzhaften Glimmerschiefer.

Nachmittags war das Wetter völlig schön. Gleich hinter Amsteg kommt das Wasser aus dem Maderaner Thal; man sieht einen Pilger- und Mineralogenstieg den Berg hinaufgehen.

Wir traten unseren Weg nach dem Gotthard an. Man trifft schieferiges Talkgestein. Etwas höher hat man einen schönen Rückblick nach Amsteg. Der Charakter der Gegend ist eigentümlich; der Blick hinaufwärts verkündigt das Ungeheure. Um halb 4 war die Sonne schon hinter dem Berge.

Wir kamen an einen Wasserfall und bald an einen zweiten schöneren. Grünlich Gestein mit viel Glimmer, Granit. Abermals schöner Wasserfall; etwas Baumtrocknis. Herrlicher Blick auf die Reuß an einer alten Fichte und einem großen Felsen vorbei. Immer Granit, mit Talk gemischtes Quarzgestein. Prächtiger Rückblick in die hinabstürzende Reuß. Die Felsmassen werden immer ganzer, ungeheurer. Echo. Sehr schlechter Weg. Flacheres Bett der Reuß. Brücke. Zweite Brücke. Es ward Nacht. Von der Höhe Rückblick in die Tiefe; die Lichter in den Häusern und Sägemühlen nahmen sich in der ungeheuren nächtlichen Schlucht gar vertraulich aus. Die Herrlichkeit des Herrn nach der neuesten Exegese. Wir erreichten Wasen, wo wir übernachteten.

Alte Wirtin; ihre Familiengeschichte sowie ihre Geduldslehre.

Montag den 2. Oktober. Früh 6 Uhr war es klar in der Nähe, Nebel lagen an den Höhen; bald entwickelten sich Anzeichen des blauen Himmels und der durchdringenden Sonne.

Um 7 Uhr von Wasen ab; die Nebel zerteilten sich, die Schatten der Berggipfel sah man in den Wolken. Karge Vegetation, horizontale Wolkensoffitten; unter uns Wasen, grüne Matten

5. Tb. bis zum Steg. Goethe schrieb 1775 Steeg. — 8 f. Tb. Nachmittag und hinter dem Orte. — 10. Tb. Mineralogen-Weg. — 11. Nach dem Gotthard. Die Gotthardstraße beginnt bei der ersten Brücke über die Reuß hinter dem Kärstelenbach. — 13. Tb. nach dem Steg — 23. Brücke, hinter Insch. — Zweite Brücke, eigentlich dritte, hinter Wyler, zum Pfaffensprung genannt. — 26. Die Herrlichkeit des Herrn, in welcher ihn die Seligen schauen. — 31. Anzeigen Tb. 1 — 34. Horizontale Wolkensoffitten. In Goethes späterem Aufsatz „Howards

mit Granitblöcken und geringen Fichtengruppen. Man kommt vor einen schönen, mannigfaltigen Wasserfall, der erst kleine Absätze macht, dann einen großen Sturz thut. Darauf teilt sich das Wasser in die Breite, sammelt sich wieder in der Mitte und trennt sich wieder, bis es endlich zusammen in die Reuß stürzt. Brücke. Wasserfall über Felsen, die noch ganz scharfkantig sind; schöne Austeilung des Wassers darüber. Man ist eigentlich in der Region der Wasserfälle. Betrachtung, daß der Vierwaldstätter See auch darum einen sehr ruhigen Eindruck macht, weil kein Wasser in denselben hineinstürzt.

Fast alles umher sieht von zerstreutem Granit, verwittertem Holz und grau gewordenen Häusern grau aus; man sieht noch etwas Kartoffelbau und kleine Gärtchen. Granitwände, unzerstörlich scheinend. Verwitterter Granit. Brücke. Die Steine derselben, die Felsen, besonders die, welche das Wasser bei hohem Strome bespült, sind hellgrau. Nebel zogen gleichsam als Gehänge über das Thal hin, und die Sonne, an den Gipfeln hinstreifend, erleuchtete rechts die Berge durch die leichten Nebel, die sich an ihnen hinzogen. Pflanzen werden immer dürftiger. Man kommt noch vor einem ansehnlichen Wasserfall vorbei, wo man an den Höhen durch den Nebel lange Wasserstreifen sich herunterbewegen sieht. Granitfelsen wie aufgebaute Pyramiden; ganz glatte Wände der losen Felsstücke; Obeliskenform. Vorwärts steiles Amphitheater der Schneeberge im Sonnenlichte.

Nach 8 Uhr kamen wir nach Göschenen, wo es wieder einen starken Stieg hinaufgeht. Ein Maultierzug begegnete uns; der Weg war durch einen großen Sturz von Granitblöcken versperrt gewesen, und man hatte ihn durch Sprengen und Wegschaffen derselben kaum wieder aufgeräumt. Holzschleppende Weiber begegneten uns. Sie erhalten oben im Urserner Thal 6 Gr. für die Last, die sie bei Göschenen für 3 Gr. kaufen; die andere

Terminologie" heißt es: „Da die horizontalen Wolken eine nächste Beziehung auf die Erde haben, so läßt sich bemerken, daß sie diese Form nur bis auf eine gewisse atmosphärische Höhe behalten. Ich vermute, daß sie nicht über 1000 Toisen, d. h. höchstens bis an unsere Schneelinie gelangen. In dem Teil, wo die Reuß nach dem Vierwaldstättersee fließt, hab' ich sie gesehen, da denn diese Streifen wie Soffiten von Kulisse zu Kulisse, so vom Felsen der einen Seite zum Felsen der anderen horizontal herübergezogen waren."

5. Brücke; 1. Es ist die vierte Brücke über die Reuß, bei Wattingen, der Wasserfall, der des Rohrbaches. — 14. Brücke, Schönbrück. — 16. Tb. bespielt. — 22. sah 1. — 25. Gestinnen Tb. immer statt des gangbaren Gestinen oder Göschenen. Das Tagebuch von 1775 hat die Formen Geschenen und Geschener Alp. In Knebels „Schweizerwanderung" von 1780 steht Geschmen verdruckt.

Hälfte ist ihr Tragelohn. Sturz der Reuß in großen Partieen. Brücke. Daneben in Granit war der Name Schricker eingehauen, wahrscheinlich der Vorgesetzte beim Brückenbau. Das Thal Ursern baut den Weg fast bis Göschenen. Sonderbare Aussicht in die Tiefe rückwärts; Kühe und Holzträgerinnen stiegen herauf und Nebel zugleich mit ihnen. Zu unserer Seite Granitwände, von denen die trockenen Stellen grau, die feuchten violett aussahen. Zum erstenmal beschien heut die Sonne unseren Weg sowie die durch ungeheure Granitblöcke schäumende Reuß. Wir kamen abermals an eine aufgeräumte, vor kurzem verschüttete Straße. Die Nebel zogen schnell die Schlucht herauf und verhüllten die Sonne. Harter Stieg. Vogelbeerbaum mit den schönsten Früchten. Wir ließen die Kühe an uns vorbei. Die Fichten verschwinden ganz; man kommt zur Teufelsbrücke. Rechts ungeheure Wand, Sturz des Wassers. Die Sonne trat aus dem Nebel hervor. Starker Stieg. Wandsteile der ungeheuren Felsen, Enge der Schlucht. Drei große Raben kamen geflogen; die Nebel schlugen sich nieder, die Sonne war hell. Das Urserner Thal ganz heiter; die flache, grüne Wiese lag in der Sonne. Die Urserner Kirche, das Hospital mit seinem alten Turme waren völlig wie vor Alters. Der Schnee ging nicht ganz bis an die Wiese herab. Weidendes Vieh. Die Berge hinter Realp waren ganz mit Schnee bedeckt, unten begrenzt vom grünen vorstehenden Abhang, oben vom blauen Himmel. Schon war alle Mühe vergessen; der Appetit stellte sich ein. Ein Schlitten mit Käsen ging vorbei. Bächlein zur Wässerung der Matten. Granit mit viel Feldspath, aber noch immer sich zum Blättrigen neigend. Brücke über die Reuß. Wir erreichten das Hospital, wo wir zum „Goldnen Löwen" oder der „Post" einkehrten.

Dienstag den 3. Oktober. Um halb 9 vom Hospital

2. Brücke, die vordere oder Huderlibrücke, die wieder auf das rechte Ufer der Reuß führt. — 3. Urseren 1, wie auch in „Wahrheit und Dichtung" und sonst gewöhnlich, wogegen im Bericht vom 1. neben zweimaligem Urseren einmal Urselen steht. — Aussicht 1. — 13. Die Kühe, die über den Gotthard nach dem Markte zu Bellinzona zogen. — 18. Tb. Urner Loch, Urner Thal. — 19. Tb. Urserer Kirche, Hospital. — Hospital, jetzt Hospenthal. Der Ort hat seinen Namen von einem dort früher bestandenen Hospital. Hospital wird hier nicht als Eigenname behandelt. — 20. Turm, auf einem Hügel, von einer alten Turmburg noch erhalten — 20. wie vor Alters, als er sie 1775 und 1779 sah. — 25. Tb.: „sich ein. Glimmer zeigt sich an allen Seiten, Jade in einer Mauer." — 26. Tb.: „Wässerung, übermäßige Düngung". — 27 f. Tb.: „Reus. Hospital, zum". — 28. Das Gasthaus zum Löwen besteht noch heute — 29. Tb. eingekehrt. — 30. Tb. von. Vgl. S. 142, 26. 143, 1.

aufwärts. Wir sahen Glimmerschiefer mit vielem und schönem Quarz und den ersten Schnee neben uns. Ein schöner, breiter, gleichförmiger Wasserfall strömte über Glimmerschieferplatten herüber, die gegen den Berg eingestürzt waren. Schöne Sonne. Kahles, leeres Thal; abhängige, abgewitterte Seiten. Die Bläue des klaren Himmels schätzten wir nach Ultramarin zu 30 Scudi. Ungeheure, ganz glatte Wände des blättrigen Granits. Über große Massen, Platten und Blöcke desselben Gesteins stürzte sich ein abermaliger Wasserfall. Wir nahten uns nun nach und nach dem Gipfel. Moor, Glimmersand, Schnee; alles quillt um einen herum. Seen. Hospiz.

Ich fand den Pater Lorenz noch so munter und gutes Mutes als vor zwanzig Jahren und freute mich seiner verständigen und mäßigen Urteile über die gegenwärtigen Verhältnisse in Mailand. Es war seit einigen Jahren ein Stammbuch eingeführt. Ein junger Mensch, Jost Has von Luzern, zum künftigen Postboten bestimmt, wohnte seit acht Monaten beim Pater. Mineralienhandel der Köchin. Sie zeigte uns eine große Menge Adularien. Erzählung, wo sie solche hernimmt. Wechselnde mineralogische Moden: erst fragte man nach Quarzkrystallen, dann nach Feldspathen, darauf nach Adularien und jetzt nach rotem Schörl (Titanit).

Nach der Observation eines gewissen Johnston, die in des Kapuziners Buch eingeschrieben ist, soll das Kloster 46′ 33″ 45‴ nördlicher Breite liegen.

Nach Tische gingen wir wieder hinunter und waren so leicht und bald im Hospital, daß wir uns verwunderten und der Bergluft diese Wirkung zuschrieben.

Im Hinuntergehen bemerkten wir eigens zackige Gipfel hinter Realp, die daher entstehen, wenn die obersten Enden einiger Granitwände verwittern, die andern aber stehen bleiben. Das Wetter war ganz klar. Aus der Reußschlucht von der Teufelsbrücke herauf quollen starke Nebel, die sich aber gleich an den Berg anlegten.

11. Seen. Auf der Höhe des Gotthard sind mehrere fischlose Seen, zwei in der Nähe des Hospiz. Goethe nannte sie 1775 Nebelseen, weil sie von atmosphärischen Streifen kaum zu unterscheiden waren. Auch Schillers Tell gedenkt dieser ewigen Seen nach einem Berichte von Scheuchzer. — Nach Seen fehlt Hospiz Tb 1. — 12. Den Pater Lorenz, den er 1775 und 1779 hier getroffen; der ältere Pater Seraphim war 1779 in Mailand. Beide waren Italiener. Lorenz sprach auch französisch. — 20. Feldspäthen Tb. 1. — 22—24. Tb. nach 27. — 29. Realp, das rechts vom Wege abliegt.

Mittwoch den 4. Oktober. Um halb 9 vom Hospital ab zur Rückreise nach Stäfa. Völlig klarer Himmel ohne eine Spur von Wolken; es war frisch; ein wenig Reif war gefallen. Über Ursern, wo die Sonne hinschien, zog ein horizontaler leichter Duft.

Zu Ursern besuchten wir die Kabinette des Landammann Nager und Dr. Halter. Auch ist ein Spezereihändler, Karl Andreas Christen, daselbst, der mit Mineralien handelt. Wollte man an sie schreiben, so müßte man nicht versäumen „Ursern an der Matt" auf die Adresse zu setzen. Wir kehrten in den „Drei Königen" ein und aßen zu Mittag.

Als wir wieder gegen die Teufelsbrücke kamen, stiegen feuchte Nebel uns entgegen, die sich mit dem Wasserstaub vermischten, so daß man nicht wußte, woher sie kamen und wohin sie gingen. Die Steinart ist sich gleich; denn das Ungeheure läßt keine Mannigfaltigkeit zu. Schnee, der die Vögel in die Schlingen jagt, deren unzählige hier gefangen werden. Ein Zug Maultiere begegnete uns, und der Ton des Kühhornes erklang zu uns aus dem Thale herauf. Bei Göschenen belebte ein schöner Sonnenblick das Seitenthal; Nebel und Wolken vermehrten sich an den Gipfeln; unter Wasen hingen sie schon soffittenmäßig. Dort angelangt, kehrten wir wieder am Zoll ein, wo auch fünf Franzosen zu Nacht blieben.

Donnerstag den 5. Oktober. Früh um 7 Uhr von Wasen ab. Oben an den Berggipfeln war der Nebel schon verteilt; indem wir aber hinabstiegen, wurden wir davon eingehüllt. Die Gebirge erschienen im Nebel als ganz flache Massen.

Ich sprach mit Meyer über die Idee, eine Reise als Halbroman zu schreiben, und wir scherzten über so viele halbe Genres. Wir kamen wieder in die Region der Nußbäume, und nachdem wir im Gasthof zu Amsteg uns ein wenig erfrischt hatten, gingen wir den Fußweg gegen Altorf. Wasser- und Brotgelübde der geizigen Wirtin.

1. Tb. von. — 5 f. Nagers und Halters Tb. 1. Der Name Nager hat sich noch in der Mineralienhandlung von F. J. Nager-Donazians erhalten. — Tb.: „Von ihren Kabinetten siehe ein mehreres Fol. . . ." Es findet sich nicht in den Papieren. — 9. Die Dreikönige bestehen noch heute. — 10. Tb.: „Mittag. Der Wirt heißt Meyer." — 11. denn Zusatz von 1. — 16. Tb. fehlt „deren unzählige hier gefangen werden", ist aus S. 144, 23 hierher gezogen. — 16 ff. Tb.: „jagt. Maultierzug. Ton des Kühhorns. Mist für ein Rittergut auf dem Wege zerstreut und verderbt." — Thon 1. — 21. Wieder. Früher ist gar nicht erwähnt, daß sie in Göschenen eingekehrt seien. — Am Zoll, im Zollhause. Nach 1782 fand Meiners dort kein „bequemes Wirtshaus". — 25. Tb.: „wir kamen wieder in denselben hinab." — 26. Tb.: „Massen. Resoluter Wasserfall. Allgemeine Klage, daß die Bauern so geldgierig wären. Ähnlichkeit der Weiber."

Ich beobachtete die grüne Farbe des Wassers im Vergleich mit dem Grünen des durchschimmernden Talkes sowie die Orangenfarbe des abgehauenen Erlenstockes.

Anmutige Gegend an der Reuß. Es ist ein Fehler bei Fußreisen, daß man nicht oft genug rückwärts sieht, wodurch man die schönsten Aussichten verliert.

Wir kamen wieder an die bemalte Kirche an der Jagdmatt, wo Jäger und Hunde vor dem Hirsch knieen, der eine Veronika zwischen dem Geweihe hat. Die Kirche war offen und gut geputzt, aber es war niemand weit und breit, der darauf acht gehabt hätte. Begriff von geistlicher und weltlicher Polizei.

Der Glimmerschiefer geht noch weit ins Thal herunter auf beiden Seiten. Der Charakter des Gebirgs zeigt zugleich an, wo der Kalk anfängt. Beschneite höhere Gebirge in der Nähe veranlaßten die Frage, ob das Schneeniveau dieser Berge mit dem Urserner dasselbe sei. Wir sprachen über Verkürzung des Wegs und Verbreiterung der Plätze in Gedanken.

Am Wege war eine Gemse ausgehauen, bei welcher Gelegenheit man uns die Geschichte eines Jägers erzählte, der einen Mann statt der Gemse erschoß und dem zur Strafe verboten wurde, zehn Jahre lang ein Gewehr zu führen. Gemsen kommen noch öfters vor sowie auch Murmeltiere, wovon wir mehrere im Hospital sahen, die, noch im Felle, an der Luft trockneten.

Abends in Altorf verzehrten wir ein gutes und wohlbereitetes Berghuhn.

Freitag den 6. Oktober. Unter verschiedenen theoretischen Gesprächen gingen wir von Altorf zeitig ab und kamen nach Flüelen zum Vierwaldstätter See, um hinab nach Beckenried zu fahren. Die Schiffe sind sehr leicht gebaut, so daß eins nur drei Jahre hält. Das Steuerruder ist wie die anderen, nur mit einem leichten Ringe von Schlingholz befestigt. Die Bagage der Reisenden wird auf das Vorderteil der Schiffe gelegt, so wie man sich überhaupt mehr vorwärts setzt. Es ward von Gemsen, Lawinen und Stürmen gesprochen. Die größten Stürme erregt der Föhn-

3. Tb.: „Erlenstocks. Schwaches Brett am Stieg, das gebrochen, während wir abwesend gewesen." — 4. Tb.: „Reuß. Naiver Ausspruch: 'Es ist gut, aber es gefällt mir nicht.' Gneis, Zickzack des Kalkes, nur im Großen." — 7. An die bemalte Kirche. Vgl. oben S. 138. — 8. Eine Veronika, mit dem Schweißtuche (vera icon). — 16. Urseler Tb. — 21. kein Tb. 1. — Vor 26 Tb.: „Wolken auf den Bergen in Klippenform." — 27 f. Tb.: „kamen zum See. Um 9 Uhr ab." — 33 f. Tb.: Gemsen und Lawinen.

wind, der im Frühjahr, besonders aber im Herbst über die Berge von Mittag kommt und große Wellen und Wirbel aufregt. Wir kamen dem Arenberg näher; ungeheure Felswände ragen aufwärts; man kommt an eine Halbbucht, dann folgt eine zweite, etwas tiefere, dann die Tellenplatte. Die Beleuchtung war sehr schön, die Kapelle lag im Schatten; die Kronalp, wegen der Krone von Flötzen auf ihrer Höhe so genannt, lag in der Sonne. Alles Menschenwerk wie auch alle Vegetation erscheint klein gegen die ungeheuren Felsmassen und Höhen.

Wir fuhren nun quer über den See nach der linken Landspitze zu, wo dann nordöstlich die Schwyzer Mythenberge bald wieder erschienen. Ein Reiher flog auf. Wir kamen am Grütli vorbei, wo man kurz vor der Ecke Flötze wie Mauerwerk und Türme sowie, Brunnen gegenüber, an der Ecke anmutig überhängende Bäume sieht. Die Mythen lagen nun in völliger Breite vor uns; auch sah man einen Teil der Landbucht von Schwyz und die schönen, nicht allzu steilen Matten der Schwyzer rechts am See. Wir hielten uns an der linken Seite fort und kamen an einem in Fels- und Waldgebüsch am Ufer stehenden Wirtshause vorbei, wo wir piemonteser Soldaten und luzerner Frauen einnahmen. Man sah Beckenried von weitem am diesseitigen Ufer, in derselbigen Richtung den Pilatusberg gegen Westen in Wolken. Es entstand ein Gegenwind, und wir kamen an der Grenze von Uri und Unterwalden vorüber, die sehr leicht bezeichnet ist.

Hier wird nun der Anblick den See hinab mannigfaltig, groß und interessant: das linke Ufer ist waldig und schön bewachsen, man sieht Beckenried an einem fruchtbaren Abhange eines Berges liegen, dessen steiler Gipfel nach und nach sanft bis in die Mitte des Bildes abläuft; hinter diesen schön bewachsenen Strichen ahnt man die Fläche von Stanz. Der wolkenbedeckte Pilatus blickt im Hintergrunde hervor; näher in derselben Richtung sieht man den mit Holz bewachsenen Bergrücken, der Unterwalden nordwärts gegen den Luzerner See begrenzt. Rechts in der Nähe liegt Gersau, und im Weiterfahren sieht man bald die Enge, durch die der See seine Wendung nordwestwärts nimmt.

3. Tb der Axe Flue. — 5. Tb. die Platten und war schön. — 7. Vor Alles Tb.: „Matten, Wald, Abhang und Seite." — 9. Höhe 1. — 12. Reiger Tb 1. Grüdli Tb. — 22. den und gegen Westen fehlen Tb. — 24. Tb. gezeichnet. — 25. Komma fehlt 1. — 29. ahndet Tb., ahnet 1. — 30. blickte 1. — 32. Tb. den teils fruchtbaren, teils mit.

Eine beliebte Apfelsorte wird in dieser Gegend Breitacher genannt; die Italiener nennen sie Melanuzzi.

In der Nähe von Beckenried sahen wir den Gipfel des Rigi, der tiefer hinab mit Wolken umhüllt war. Den See in nordwestlicher Richtung hinabblickend, unterschieden wir in der Ferne Wäggis, einen Ort, der durch einen langsam vorschiebenden Kiesboden vor kurzer Zeit von der Stelle geschoben wurde. Das Schieben des Erdreichs, wobei alles zu Grunde ging, was sich auf der Oberfläche befand, dauerte vierzehn Tage, so daß die Leute ihre Häuser abtragen und das Holz wegschaffen konnten. Ein Haus wurde dergestalt herumgedreht, daß es, wie man uns sagte, jetzt nach einer anderen Seite hinsieht.

Wir erreichten um halb 1 Uhr Beckenried, wo wir ausstiegen und sogleich den Fußpfad nach Stans weiter gingen, den angenehmsten Weg, den man sich denken kann. Er geht unmittelbar am See hin, sanft in die Höhe durch grüne Matten unter hohen Nuß- und anderen Fruchtbäumen durch und an reinlichen Häusern vorbei, die an dem sanften Abhang liegen. Wir kamen nun über eine breite Steinrutsche, die durch einen Gießbach heruntergeschoben worden, welche Naturwirkung schon viel gutes Terrain weggenommen hat und noch mehr wegnehmen wird. Die Landleute haben ein fremdes Ansehen: sie sind wohlgebildet, aber blaß; der feuchte Boden setzt sie Skrophel- und Hautkrankheiten aus. Der See macht hier einen Busen gegen ein niedriges Land zu, das nordwärts durch die Mittagsseite eines sanft abhangenden Berges begrenzt wird, welcher sehr gut bebaut ist. Die Bäume hingen voll Obst; die Nüsse wurden abgeschlagen. Die Bucht endigt sich mit flachen, sumpfigen Wiesen. Wir kamen durch Buochs, wobei ein Landungsplatz für diese Seite ist, und sahen Landleute mit Hanf beschäftigt. Ein schön gepflasterter Weg führt über eine Höhe zwischen Matten hin, auf welchen Kühe schwelgten. Dergleichen Matten werden im Frühjahr abgeätzt, und wenn das Heu gemacht ist, wachsen sie abermals stark genug, so daß die Kühe bis auf den Winter hinreichende Nahrung finden. Man

1. Apfelsorte Tb. 1. In dieser Gegend, die sehr obstreich ist. Wäggis hat auch Feigen und Mandeln. — 4. umhüllet 1. — 6. Weggis Tb. 1. — 7. Tb.: „Kiesboden, nicht etwa durch einen Felsensturz". — Vor kurzer Zeit, im Jahre 1795, infolge von Regengüssen. — 12. Tb. es jetzt. — Tb.: „hinsieht. Man fängt wieder an zu bauen. Man sieht nun Beckerrieth näher. Die Gegend bleibt ohngefähr, wie sie oben beschrieben worden, nur daß die Proportionen und Distanzen sich verändern." — 32. Abätzen, nach schweizerischem Gebrauche vom Abweiden.

kommt durch ein schmales Thal zwischen eingezäunten Matten und endlich auf die schöne, völlig ebene Fläche, worauf Stans liegt, nicht zu nahe von hohen Bergen umgeben. Wir traten im Gasthofe „Zur Krone" ein, wo man der Kirche gegenüber auf einen hübschen Platz sieht. In der Mitte steht ein Brunnen, auf den der alte Winkelried gestellt ist, mit den Speeren im Arm. Nikolaus von der Flüe hing in der Stube. Auf gemalten Fensterscheiben waren über verschiedenen Wappen die Hauptmomente der Schweizerchronik aufgezeichnet. Wir lasen in einem Buche: „Kleiner Versuch einer besonderen Geschichte des Freistaates Unterwalden. Luzern 1789." In der Dedikation fand sich der sonderbare Titel „Helvetisch großmächtige". Heilige, Helden, Staatsleute und Frauen aus der Geschichte des Landes.

Sonnabend den 7. Oktober. Früh Nebel; doch der Schein der Morgensonne hie und da auf den Gipfeln der Berge. Gegen 8 Uhr von Stans ab auf dem Wege nach Stansstadt. Man kommt über flache Matten zwischen Bergen und glaubt zu bemerken, wie der ehemals höhere See hieher eingewirkt und das Erdreich zubereitet hat. Gegen Stansstad wird es sumpfiger.

Es begegneten uns Mädchen, die auf den kleinen Strohhüten vier wechselsweis rot und grüne Schleifen trugen. In Stansstad hielten wir uns nicht auf und waren bald am Landungsplatze am See, um von hier zu Schiffe nach Küßnacht zu gehen. Es lagen schöne Sand- oder Grauwacken-Platten am Ufer, aus dem Luzernischen hieher transportiert. Hier nun ist rings umher der Anblick der Gegend gar angenehm wegen der mannigfaltigen Berge, Buchten und Arme des Sees, die man deutlich sieht oder ahnt. Bei etwas Nebel fuhren wir ab.

In der Mitte des Kreuzes, das der See bildet, hat man höchst bedeutende Ansichten; denn der Charakter der Ufer variiert

4. Der Gasthof zur Krone besteht noch. — Tb. ein, welcher der und einem. — 5. Tb. Platz liegt. — 6. Der alte Winkelried, Arnold Struth von Winkelried, der Held, der sich bei Sempach (1386) opferte. Freilich könnte die Bezeichnung „der alte" irre führen, da ein Vorfahre dieses Winkelried sich dadurch verdient machte, daß er den verderblichen Drachen in der Höhle bei Oedweiler tötete. — 6f. Nikolaus von der Flühe, Bruder Klaus, der Einsiedler, der im Jahre 1481 auf der Tagsatzung zu Stans als Friedensstifter auftrat. — 11f. „Helvetisch großmächtige" wurden wohl die Herren des Freistaates angeredet, denen das Werkchen gewidmet gewesen sein wird. — 12. Heilige ... Landes deutet auf den hauptsächlichen Inhalt dieser Geschichte. — 14. Tb. Oktober. Stanz. Früh. — 16. Stanzstade hier und weiter Tb. 1. Stansstad ist der Hafen von Stans. — 21. wechselsweise Tb. 1. — 23. und weiter Küsnacht 1, wogegen in „Wahrheit und Dichtung" (Buch 19) Küßnacht gedruckt ist, was auch Tb. hat. — 27. ahndet Tb., ahnet 1.

nach allen Seiten. Luzern liegt links gegen Westen in seiner Bucht, umgeben von sanften, fruchtbaren Höhen, welche sich rechts an dem Ufer des Arms, der nach Küßnacht hinreicht, erstrecken. Blickt man nordwärts nach Küßnacht, so liegt rechts ein artiges Vorgebirg, von mannigfaltiger Gestalt, gut bewachsen und bebaut. Ostwärts ist das Wasser zwischen steilen und dunkelbewachsenen Wänden eingefaßt, und die Spitze von Gersau scheint nur einen geringen Durchgang in den oberen Teil des Sees zu lassen. Nach Süden zurück sieht man nun den berühmten Wartturm von Stansstad und den kleinen Ort auf seiner Fläche, umgeben von den mannigfaltigsten Gebirgen und Vorgebirgen, hinter denen südwestlich der Pilatus hervorsieht. Wir sahen uns überall nach dem Raynalschen Monument um, aber vergebens; man wies uns den Felsen, wo es gestanden hatte. Durch die Zuleitung des goldnen Knopfs auf der Spitze ward es vom Blitz getroffen, beschädigt und abgetragen.

Wir fuhren an dem artigen Vorgebirge vorbei, das aus sehr neuen Kalk- und Thonflötzen besteht. In Stans sowie in Uri ziehen sie Birnen an den Häusern, von denen wir einige von Stans mitgenommen hatten, die von einem unglaublichen Trieb des Saftes aufgeschwollen waren, sodaß die Epiderm in Höckern aufgetrieben worden, ja sogar der Stiel saftige Exantheme an sich hatte.

In Küßnacht kehrten wir im Gasthof „Zum Engel“ ein, wo wir zu Mittag aßen und bald nach Tisch auf der Straße nach Immensee weiter gingen. Wir hatten einen sanft in die Höhe steigenden angenehmen Weg; gesprengte Granitblöcke lagen an der Seite, die man von einer Matte, wo sie wahrscheinlich als un-

1. links gegen Westen Zusatz von 1. — 9. Den berühmten Wartturm, den viereckigen, mit Zinnen versehenen sogenannten Schnitzturm, der 1308 zum Schutze gegen Österreich am See erbaut wurde. — 13. Dem Raynalschen Monument. Tb. Raynaldischen. Da die Herren von Uri dem Abte Raynal die Erlaubnis verweigert hatten, auf dem Rütli den drei Freiheitshelden Werner Stauffacher, Walter Fürst und Arnold Melchthal einen Obelisken nebst Büste aus Geißberger Stein als Denkmal zu stiften, dessen lateinische Inschrift auch ihn als Gründer verewigen sollte, so entschloß er sich auf den Rat des Generals Pfyffer, dasselbe auf einer kleinen mit Pappeln bepflanzten Insel des Vierwaldstätter Sees, auf Altstad, eine Stunde von Luzern, errichten zu lassen, was im Jahre 1783 geschah. Goethe hatte den wegen seines berühmten Werkes Histoire philosophique et politique des établissements et du commerce des Européens dans les Deux Indes aus Frankreich Verbannten in Weimar kennen gelernt, wo die Eitelkeit des kenntnisreichen und beredten Schriftstellers dem Spotte nicht entgehen konnte. Er hatte sein Freiheitsdenkmal überlebt; erst am 6. März 1796 war er in Chalais bei Paris gestorben. — 17. Dem artigen Vorgebirge, dem Meggenhorn, vor welchem die Insel Altstad liegt. — 19. Tb. Birn. — 24—26. (hatten). Tb.: „Küßnacht, Gasthof zum Engel. Nach Tische gingen wir ab und fanden“.

geheure Geschiebe liegen, herüber an die Straße geschafft hatte. Die Steinart ist die des Gotthards, nur weniger blättrig.

Wir erreichten die Höhe der kleinen Erdzunge, welche den Vierwaldstätter und den Zuger See trennt, und wo eine Kapelle zum Andenken von Geßlers Tode steht. Man sieht nun rückwärts von oben herunter eine anmutig bebaute aufsteigende Bucht vom Luzerner See herauf. Wir fanden einige Kastanienbäume, sehr schön bestandene Matten und Baumstücke, deren hohes Gras und Kraut von den Kühen mehr zertreten als gefressen ward. Etwas weiter erblickten wir auch den Zuger See, von sanft abhängigen Bergen umgeben, in dessen südöstlichem Winkel man Arth liegen sah.

In Immensee gingen wir zu Schiff und fuhren in nördlicher Richtung nach Zug. Die Schiffe sind klein, nur aus zwei Stücken zusammengesetzt, und gleichen also völlig einem großen ausgehöhlten Baumstamme; die Bänke stehen durchaus quer und passen sauber in die Fugen; an den Seiten sind noch Bretter angesetzt, an denen die kleinen Ruder angebracht sind, womit sie in geschwindem Takt sehr schnell fahren. Links ward ein Sandstein gebrochen. Sobald man um die vorstehende Ecke ist, nimmt der See nordwärts einen sehr heiteren Charakter an, indem er, nur von Hügeln umgeben, die Berge des unteren Landes in der Ferne zeigt. Im Grunde beim Ausfluß sieht man Cham, worüber ein ferner flacher Berg hervorragt. Rechts besteht das Ufer aus Thonflötzen, über denen man einen mit artigen Gruppen bewachsenen Berg sich hervorheben sieht. Sodann erscheint eine mit fruchtbaren Höhen begrenzte angenehme Fläche am See, mit dem weitläufigen Dorf Oberwyl. Man sieht wieder etwas Weinbau.

In Zug ans Land steigend, kehrten wir im „Ochsen" ein. Der Ort ist alt, aber reinlich und gut gebaut und liegt an einer Anhöhe. Er ist der Stapelort von den Gütern, die nach Zürich gehen und daher kommen, und liefert den kleinen Kantonen Töpferware, denen aller Thon zu dem Endzweck mangelt. Auch sind verschiedene Feuerhandwerke daselbst in guter Nahrung.

3. Der kleinen Erdzunge. Bezeichnend ist es, daß Goethe hier weder der Trümmer der nach der Befreiung der Kantone zerstörten Burg Geßlers bei Küßnacht noch der hohlen Gasse gedenkt, in welcher Tell den Geßler erschoß, ja die zur Erinnerung an diese That Tells erbaute „Tellskapelle" als „zum Andenken von Geßlers Tode" bezeichnet. — 5. Tod Th. — 19. Die vorstehende Ecke, das Vorgebirg Kiemen. — 22. Beim Ausfluß. Hier scheinen die Worte des Lorcy oder der Lorze ausgefallen, denn Cham oder Kham liegt eben am Ausflusse dieses aus dem Egerisee kommenden Flüßchens aus dem Zugersee. — 28. Im „Ochsen". Auch dieser Gasthof hat sich noch erhalten.

An den schönen gemalten Scheiben im Wirtshaus bemerkte ich eine Farbe, die sich dem Purpur nähert, eigentlich aber nur eine Granat- oder Hyazinthfarbe war. Man sah daraus, daß sie alles versucht hatten, um den Purpur in diesen Fällen zu ersetzen.

Sonntag den 8. Oktober. Um 8 Uhr aus Zug auf der Straße über Baar nach Horgen zu am Züricher See. Man kommt sogleich durch ein angenehmes Thal, das hie und da an den Höhen etwas Fruchtbau hat; in den Tiefen und Flächen ist Moorland.

Die Fläche um Baar herum erschien höchst mannigfaltig. Gute Wiesen wechseln mit Baumstücken, nassen Wiesen, Weiden und Erlen. Auf den besten Wiesen wächst viel Leontodon. Der Ort ist artig gebaut; man sieht eine geräumige Gasse sowie zwischen Wiesen und Gärten zerstreute Häuser. Gleich hinter dem Ort erstreckt sich eine große Gemeinweide mit Obstbäumen. Man kommt an einen Bach und steigt aufwärts, wo ich Ilex aquifolium fand. Der Weg geht sodann auf einem Knüppelstieg durch ein artiges Buschholz, hinter welchem auf der freien Höhe man wieder Fruchtbau findet auf magerem, doch gemischtem Boden. Rückwärts sieht man nun einen Teil des Zuger Sees. Weiterhin wird der Boden sumpfig, und man findet keine Häuser mehr. Der Fahrweg ist abscheulich. Saures Gras und niederes Röhricht wird zum Streuen gehauen.

Man kommt über die Sihlbrücke. Der Aufstieg gegenüber im Züricher Gebiet ist steil, aber der Weg gut. Endlich gelangt man wieder zur Ansicht des Züricher Sees, den man rechts hat, sowie links das nördliche Ende des Zuger Sees. Man steigt hinab. Es entwickelt sich eine große Mannigfaltigkeit nach dem See zu, und man kommt den letzten Teil des Weges auf einem abscheulich unterhaltenen Pflaster nach Horgen, dem Stapelorte der Waren, die von Zürich und Zug kommen.

Wir aßen im „Löwen“ zu Mittag, wo wir zugleich einer schönen Aussicht genossen, und fuhren sodann gegen Abend bei anmutigem Wetter in zwei Stunden zu Schiffe nach Stäfa.

1.—4. Im Tb. bloß: „Schöne gemalte Scheiben im Wirtshaus“. Eckermann muß hier ein besonderes Blatt benutzt haben. — eigentlich gemahlten 1. — 11. Leontodon, Löwenzahn, der im Herbst überall auf Wiesen wächst. Zu dieser Familie zählte man früher auch die als Arzneimittel gebrauchte Hundeblume (Taraxacum). — 16. fand. Tb. fügt hinzu „auf den Mittelbergen“. — 28. Tb.: „zu, schöner Torf. Claußen, ein kleiner Ort.“ — 31. Auch dieser „Löwe“ besteht noch. — 32 f. Tb. fuhren bei einem warmen Abend in.

Zweiter Aufenthalt in Stäfa.

Montag den 9. Oktober. Früh am Tagebuch diktiert. Sodann die Schweizerchronik wegen der Geschichte des Tell gelesen und mit Meyer über die Behandlung derselben sowie über Behandlung im allgemeinen bei Gelegenheit der Schillerschen Briefe gesprochen.

Dienstag den 10. Oktober. Abschrift des Tagebuchs. Die Mineralien verzeichnet und eingepackt; darauf in Tschudis Chronik weiter gelesen. Zeichnung Tells mit dem Knaben. Niobe, Vorlesung.

Mittwoch den 11. Oktober. Abschrift des Tagebuchs fortgesetzt. Friese des Julius Roman. Andrea del Sarto. Vorlesung der Florentinischen Kunstgeschichte. Ferneres Einpacken der Steine.

1. Zweiter Aufenthalt in Stäfa. Diese Überschrift und die Trennung vom Reisebericht fehlt Tb. 1. Die Tagebuchberichte vom 9. bis zum 11. waren in 1 wie Briefe datiert. — 2. Tagebuch, der Reise nach dem Gotthard — 3. Die Schweizerchronik, das „Chronicon Helveticum oder eigentliche Beschreibung der sowohl im H. Römischen Reich als besonders in einer löblichen Eidgenossenschaft vorgeloffenen Begegnussen" des 1572 gestorbenen Landammanns Aegidius (Giles) Tschudi in Glarus, 1734—1736 herausgegeben von Iselin. — 5. Der Schillerschen Briefe, vom 14. und 15. und vom 22. September. Im ersteren hatte Schiller über die verfehlte Neigung vieler talentvoller Künstler zum Poetisieren in der Kunst gehandelt und den Wunsch ausgesprochen, Goethe und Meyer möchten ihre eifrig verfolgten Gedanken über die Wahl des Gegenstandes zu poetischer und bildender Darstellung entwickeln. — 7 f. Die Mineralien, die er auf der Reise nach dem Gotthard und sonst gesammelt hatte. — 9. Zeichnung Tells mit dem Knaben, wie sie ihr häufig auf der Reise gesehen hatten. Meyer hatte wohl eine solche gemacht. Jedenfalls bezieht sich 9 „Niobe, Vorlesung" auf einen Aufsatz Meyers, der später neu bearbeitet im zweiten Bande der „Propyläen" erschien. — 12. Friese des Julius Roman. Giulio Pippi, genannt Romano, arbeitete unter Raphael mit an den Logen und Stanzen. Hier ist an sein späteres selbständiges Wirken in Mantua gedacht, zunächst an die Friese im Palazzo del Te, die später Meyers Aufsatz „Mantua" in den „Propyläen" (III, 2) ausführlich beschrieben und gewürdigt hat. — Andrea del Sarto. Meyer berichtete über die vorhandenen Kunstwerke des großen Florentinischen Malers in seiner Vaterstadt.

Donnerstag den 12. Oktober. Abschrift des Tagebuchs fortgesetzt. Ferneres Einpacken und Vorlesung der Florentinischen Kunstgeschichte.

Freitag den 13. Oktober. Diktiert den Entwurf zu einer Abhandlung über die Gegenstände der bildenden Kunst. Vorlesung, wie gestern.

Sonnabend den 14. Oktober. Brief an Schiller. Vorlesung, wie gestern.

Sonntag den 15. Oktober. Über die Motive und die übrigen Teile der bildenden Kunst. Vorlesung, wie gestern. Abends Friese des Julius Roman detailliert. (Wir kamen diese Tage wegen des Regenwetters nicht aus dem Hause.)

Montag den 16. Oktober. Sehr schönes Wetter. Früh einiges diktiert. Bei Zeiten gegessen. Nach Tische nach Herrliberg zu Herrn Escher.

Dienstag den 17. Oktober. Früh Briefe diktiert. Kam die Aldobrandinische Hochzeit an.

An Schiller.

Stäfa den 14. Oktober.

An einem sehr regnichten Morgen bleibe ich, werter Freund, in meinem Bette liegen, um mich mit Ihnen zu unterhalten und Ihnen Nachricht von unserem Zustande zu geben, damit Sie wie bisher uns mit Ihrem Geiste begleiten und uns von Zeit zu Zeit mit Ihren Briefen erfreuen mögen.

Aus den Gebirgen sind wir glücklich zurückgekehrt. Der

1. **Donnerstag.** Eckermann hat die Berichte vom 12. bis zum 17. weggelassen, ja, was schlimmer ist, aus dem vom 12. die Worte „**Vorlesung der Florentinischen Kunstgeschichte**" mißbraucht, um in dem vom 11. nach **Vorlesung**, das sich offenbar auf **Andrea del Sarto** bezieht (nach welchem freilich das Komma im Tb. fehlt, wie 3, 9 nach **Niobe**), fälschlich einzuschieben **der Florentinischen Kunstgeschichte.** — Meyer hatte die Darstellung der Kunstgeschichte von Florenz für das mit Goethe beabsichtigte Werk über Italien entworfen. Dazu gehörte auch die Darstellung der Werke des Andrea del Sarto. — 4 f. **Einer Abhandlung.** Unter den für die „**Propyläen**" bestimmten Aufsätzen nennt Goethe später auch diesen, den er als eine „wichtige und fundamentale Abhandlung" bezeichnet. Meyer führte sie in den beiden ersten Stücken der „**Propyläen**" aus. — 14. **Einiges diktiert**, vielleicht zur Abhandlung, welche er am vorigen Tage begonnen. — 17. Über die **Aldobrandinische Hochzeit** vgl. unten die an diesem Tage an Schiller, den Herzog und Cotta geschriebenen Briefe. — 19. am 11. Br. — 25. 153, 1. **Aus . . trieb.** Br.: „Kaum hatte ich mich in Zürich mit dem guten Meyer zusammengefunden, kaum waren wir zusammen hier angelangt, kaum hatte ich mich an seinen mitgebrachten Arbeiten, an der angenehmen Gegend

Instinkt, der mich zu dieser Ausflucht trieb, war sehr zusammengesetzt und undeutlich. Ich erinnerte mich des Effekts, den diese Gegenstände vor zwanzig Jahren auf mich gemacht; der Eindruck war im Ganzen geblieben, die Teile waren erloschen, und ich fühlte ein wundersames Verlangen, jene Erfahrungen zu wiederholen und zu rektifizieren. Ich war ein anderer Mensch geworden, und also mußten mir die Gegenstände auch anders erscheinen. Meyers Wohlbefinden und die Überzeugung, daß kleine gemeinschaftliche Abenteuer, so wie sie neue Bekanntschaften schneller knüpfen, auch den alten günstig sind, wenn sie nach einigem Zwischenraum wieder erneut werden sollen, entschieden uns völlig, und wir reisten mit dem besten Wetter ab, das uns auch auf das Vorteilhafteste elf Tage begleitete. In der Beilage bezeichne ich wenigstens den Weg, den wir gemacht haben; ein vollständiges, obgleich aphoristisches Tagebuch teile ich in der Folge mit. Indessen wird Ihre liebe Frau, die einen Teil der Gegenden kennt, vielleicht eins oder das andere aus der Erinnerung hinzufügen.

Bei unserer Zurückkunft fand ich Ihre beiden lieben Briefe mit den Beilagen, die sich unmittelbar an die Unterhaltung anschlossen, welche wir auf dem Wege sehr eifrig geführt hatten, indem die Materie von den vorzustellenden Gegenständen, von der Behandlung derselben durch die verschiedenen Künste oft von uns in ruhigen Stunden vorgenommen worden. Vielleicht zeigt Ihnen eine kleine Abhandlung bald, daß wir völlig Ihrer Meinung sind; am meisten aber wird's mich freuen, wenn Sie Meyers Beschreibungen und Beurteilungen so vieler Kunstwerke hören und lesen. Man erfährt wieder bei dieser Gelegenheit, daß eine vollständige Erfahrung die Theorie in sich enthalten muß. Um desto sicherer sind wir, daß wir uns in einer Mitte begegnen, da wir von so vielen Seiten auf die Sache losgehen.

Wenn ich Ihnen nun von meinem Zustande sprechen soll,

und ihrer Kultur erfreut, als die nahen Gebirge mir eine gewisse Unruhe gaben und das schöne Wetter den Wunsch unterhielt, mich ihnen zu nähern, ja sie zu besteigen. Der Instinkt, der mich dazu trieb".

3. Zwanzig Jahren, runde Zahl. Der erste Besuch der Schweiz fiel in den Sommer 1775, der zweite in den Spätherbst 1779. — 4. erloschen. So stand in dem Briefe gedruckt, in Goethes Diktat verloschen. — 6. Zu rektifizieren. Er übergeht seinen Wunsch, als Mineralog die merkwürdigen Felsbildungen zu sehen und Musterstücke für seine Sammlung zu gewinnen, da seine frühere Reise vor seine mineralogischen Bestrebungen fiel. — 13. Die Beilage blieb ungeschrieben. — 15 f. Ihre liebe Frau, welche 1783 die Schweiz besucht hatte. — 17. oder stand gedruckt, im Briefe findet sich und. 19. Den Beilagen, den neuen Bogen des Almanachs.

so kann ich sagen, daß ich bisher mit meiner Reise alle Ursache habe zufrieden zu sein. Bei der Leichtigkeit, die Gegenstände aufzunehmen, bin ich reich geworden, ohne beladen zu sein; der Stoff inkommodiert mich nicht, weil ich ihn gleich zu ordnen oder zu verarbeiten weiß, und ich fühle mehr Freiheit als jemals, mannigfaltige Formen zu wählen, um das Verarbeitete für mich oder andere darzustellen. Von dem unfruchtbaren Gipfel des Gotthards bis zu den herrlichen Kunstwerken, welche Meyer mitgebracht hat, führt uns ein labyrinthischer Spazierweg durch eine verwickelte Reihe von interessanten Gegenständen, welche dieses sonderbare Land enthält. Sich durch unmittelbares Anschauen die naturhistorischen, geographischen, ökonomischen und politischen Verhältnisse zu vergegenwärtigen und sich dann durch eine alte Chronik die vergangnen Zeiten näher zu bringen, auch sonst manchen Aufsatz der arbeitsamen Schweizer zu nutzen, giebt besonders bei der Umschriebenheit der helvetischen Existenz eine sehr angenehme Unterhaltung, und die Übersicht sowohl des Ganzen als die Einsicht ins Einzelne wird besonders dadurch sehr beschleunigt, daß Meyer hier zu Hause ist, mit seinem richtigen und scharfen Blick schon so lange die Verhältnisse kennt und sie in einem treuen Gedächtnisse bewahrt. So haben wir in kurzer Zeit mehr zusammengebracht, als ich mir vorstellen konnte, und es ist nur schade, daß wir um einen Monat dem Winter zu nahe sind; noch eine Tour von vier Wochen müßte uns mit diesem sonderbaren Lande sehr weit bekannt machen.

Was werden Sie nun aber sagen, wenn ich Ihnen vertraue, daß zwischen allen diesen prosaischen Stoffen sich auch ein poetischer hervorgethan hat, der mir viel Zutrauen einflößt? Ich bin fast überzeugt, daß die Fabel vom Tell sich werde episch behandeln lassen, und es würde dabei, wenn es mir, wie ich vorhabe, gelingt, der sonderbare Fall eintreten, daß das Märchen durch die Poesie erst zu seiner vollkommenen Wahrheit gelangte, anstatt daß man sonst, um etwas zu leisten, die Geschichte zur Fabel machen muß. Doch darüber künftig mehr. Das beschränkte, höchst bedeutende

7. Den unfruchtbaren Gipfeln Br., wogegen die jetzige Lesart schon in der zum Drucke angefertigten Handschrift des Briefwechsels steht. — 11. Durchs unmittelbare Br. gleichfalls vor dem Drucke geändert. — 14. Manchen Aufsatz, in Zeitschriften. — 27. Statt fast hat erst die zweite Ausgabe des Briefwechsels irrig fest. — 29. von 1. — 31. Das Märchen, hier von der Sage ohne Beziehung auf ihre geschichtliche Unhaltbarkeit.

Lokal, worauf die Begebenheit spielt, habe ich mir wieder recht genau vergegenwärtigt, so wie ich die Charaktere, Sitten und Gebräuche der Menschen in diesen Gegenden so gut, als in der kurzen Zeit möglich, beobachtet habe, und es kommt nun auf gut Glück an, ob aus diesem Unternehmen etwas werden kann.

Nun aber entsteht eine Frage, die uns doch von Zeit zu Zeit zweifelhaft ist: wo wir uns hinwenden sollen, um sowohl Meyers Kollektaneen als meinen eigenen alten und neuen Vorrat aufs Bequemste und Baldigste zu verarbeiten. Leider sind hier am Orte die Quartiere nicht auf den Winter eingerichtet; sonst leugne ich nicht, daß ich recht geneigt gewesen wäre, hier zu bleiben, da uns denn die völlige Einsamkeit nicht wenig gefördert haben würde. Dazu kommt, daß es der geschickteste Platz gewesen wäre, um abzuwarten, ob Italien oder Frankreich aufs künftige Frühjahr den Reisenden wieder anlockt oder einläßt. In Zürich selbst kann ich mir keine Existenz denken, und wir werden uns wohl nunmehr sachte wieder nach Frankfurt begeben.

Überhaupt aber bin ich auf einer Idee, zu deren Ausführung mir nur noch ein wenig Gewohnheit mangelt: es würde nämlich nicht schwer werden, sich so einzurichten, daß man auf der Reise selbst mit Sammlung und Zufriedenheit arbeiten könnte. Denn wenn sie zu gewissen Zeiten zerstreut, so führt sie uns zu anderen desto schneller auf uns selbst zurück; der Mangel an äußeren Verhältnissen und Verbindungen, ja die Langeweile ist demjenigen günstig, der manches zu verarbeiten hat. Die Reise gleicht einem Spiel: es ist immer Gewinn und Verlust dabei und meist von der unerwarteten Seite; man empfängt mehr oder weniger, als man hofft, man kann ungestraft eine Weile hinschlendern, und dann ist man wieder genötigt, sich einen Augenblick zusammenzunehmen. Für Naturen wie die meine, die sich gerne festsetzen und die Dinge festhalten, ist eine Reise unschätzbar; sie belebt, berichtigt, belehrt und bildet.

Ich bin auch jetzt überzeugt, daß man recht gut nach Italien

29. **wieder** fehlte seit der zweiten Ausgabe des Briefwechsels. — 30. **Für Naturen.** In den „Wanderjahren" sagt Jarno zu Wilhelm: „Du bist von der Menschenart, die sich leicht an einen Ort, nicht leicht an eine Bestimmung gewöhnen. Allen solchen wird die unstete Lebensart vorgeschrieben, damit sie vielleicht zu einer sicheren Lebensweise gelangen." Er vergleicht den Freund mit einem Wanderstab, der die wunderliche Eigenschaft habe, in jeder Ecke zu grünen, wo man ihn hinstelle, aber nirgends Wurzel zu fassen.

gehen könnte; denn alles setzt sich in der Welt nach einem Erdbeben, Brand und Überschwemmung so geschwind als möglich in seine alte Lage, und ich würde persönlich die Reise ohne Bedenken unternehmen, wenn mich nicht andere Betrachtungen abhielten. Vielleicht sehen wir uns also sehr bald wieder, und die Hoffnung, mit Ihnen das Erbeutete zu teilen und zu einer immer größeren theoretischen und praktischen Vereinigung zu gelangen, ist eine der schönsten, die mich nach Hause lockt. Wir wollen sehen, was wir noch alles unterwegs mitnehmen können. So hat Basel wegen der Nähe von Frankreich einen besonderen Reiz für mich; auch sind schöne Kunstwerke, sowohl ältere als ausgewanderte, daselbst befindlich.

3. Diese Reise führte die zweite Ausgabe des Briefwechsels ein. — 9. unterweges Br. — Nach 12 heißt es weiter: „Den Schluß des Almanachs hoffe ich noch in Zürich zu erhalten; Cotta ist in seiner Expedition sehr regelmäßig. Den 'Ibykus' finde ich sehr gut geraten, und beim Schlusse wüßte ich nun auch nichts mehr zu erinnern. Es verlangt mich sehr, das Ganze zu übersehen. [Schillers „Kraniche des Ibykus" wurden erst auf Bogen M gedruckt.] Da meine artige Müllerin eine gute Aufnahme gefunden, so schicke ich noch ein Lied, das wir ihren Reizen verdanken. Es wird recht gut sein, wenn der nächste Almanach reich an Liedern ist, und die Glocke muß nur um desto besser klingen, als das Erz länger in Fluß erhalten und von allen Schlacken gereinigt ist." Der Brief ward erst am 17. abgesandt und auf einem besonderen Blatte unter diesem Datum hinzugefügt: „Noch habe ich nicht Zeit noch Stimmung finden können, aus meinem größeren Tagebuch einen Auszug zu machen, um Sie von unserer Bergreise näher zu unterrichten. Ich sage also hier nur noch kürzlich, daß u. s. w. [hier folgt die Angabe des Weges und der Art, wie sie ihn zurückgelegt]. Auf dieser kurzen Reise haben wir die mannigfaltigsten Gegenstände gesehen und die verschiedensten Jahreszeiten angetroffen, wovon künftig ein mehreres. Über die berühmte Materie der Gegenstände der bildenden Kunst ist ein kleiner Aufsatz schematisiert und einigermaßen ausgeführt; Sie werden die Stellen Ihres Briefes als Noten dabei finden. Wir sind jetzt an den Motiven als dem Zweiten nach dem gegebenen Sujet; denn nur durch Motive kommt es zur inneren Organisation. Alsdann werden wir zur Anordnung übergehen und so weiter fortfahren. Wir werden uns bloß an der bildenden Kunst halten und sind neugierig, wie sie mit der Poesie, die wir Ihnen hiermit nochmals bestens empfohlen haben wollen, zusammentreffen wird. Leben Sie recht wohl und grüßen Sie die Nächsten. Wenn Sie mir auf diesen Brief ein Wort sagen wollen, so schicken Sie es nur an Cotta. Seit gestern klingen die Nachrichten vom Rhein sehr kriegerisch, und am Ende werden wir uns hinten herum durch Schwaben und Franken nach Hause schleichen müssen. Nochmals das beste Lebewohl. Meyer grüßt schönstens." Es folgt noch die Mitteilung von der Ankunft der Nachbildung der Aldobrandinischen Hochzeit fast wörtlich mit denselben Worten, wie im nächsten Briefe an den Herzog. — Auf der zweiten Seite dieses Briefbogens stehen die Distichen „Uri" vom 1. Oktober, auf den beiden letzten das Lied „Der Junggesell und der Mühlbach". Die Redaktion der Schweizerreise hat dasselbe nach dem Briefe an Schiller vom 25. September eingerückt; wir lassen es hier nach der Handschrift folgen.

Der Junggesell und der Mühlbach.

Nach dem Altdeutschen.

Gesell.

Wo willst du klares Bächlein hin,
So munter?
Du eilst, mit frohem leichten Sinn,
Hinunter.
Was suchst du eilig in dem Thal?
So höre doch und sprich einmal!

Bach.

Ich war ein Bächlein, Junggesell;
Sie haben
Mich so gefaßt, damit ich schnell,
Im Graben,
Zur Mühle dort hinunter soll,
Und immer bin ich rasch und voll.

Gesell.

Du eilest mit gelaßnem Mut
Zur Mühle,
Und weißt nicht, was ich junges Blut
Hier fühle.
Es blickt die schöne Müllerin
Wohl freundlich manchmal nach dir hin?

Bach.

Sie öffnet früh, beim Morgenlicht,
Den Laden
Und kommt, ihr liebes Angesicht
Zu baden.
Ihr Busen ist so voll und weiß;
Es wird mir gleich zum Dampfen heiß.

Gesell.

Kann sie im Wasser Liebesglut
Entzünden,
Wie soll man Ruh mit Fleisch und Blut
Wohl finden?
Wenn man sie einmal nur gesehn,
Ach, immer muß man nach ihr gehn.

Bach.

Dann stürz' ich auf die Räder mich
Mit Brausen,
Und alle Schaufeln drehen sich
Im Sausen.
Seitdem das schöne Mädchen schafft,
Hat auch das Wasser beßre Kraft.

Gesell.

Du Armer, fühlst du nicht den Schmerz
Wie andre?
Sie lacht dich an und sagt im Scherz:
Nun wandre!
Sie hielte dich wohl selbst zurück
Mit einem süßen Liebesblick?

Bach.

Mir wird so schwer, so schwer, vom Ort
Zu fließen;
Ich krümme mich nur sachte fort,
Durch Wiesen;
Und käm' es erst auf mich nur an,
Der Weg wär' bald zurückgethan.

Gesell.

Geselle meiner Liebesqual,
Ich scheide;
Du murmelst mir vielleicht einmal
Zur Freude.
Geh, sag' ihr gleich und sag' ihr oft,
Was still der Knabe wünscht und hofft.

An Herrn Geheimerat Voigt.

Stäfa den 17. Oktober.

Wir sind von unserer Reise auf den Gotthard glücklich zurückgekommen; das Wetter hat uns sehr begünstigt, und ein ziemlich umständliches Tagebuch wird künftig zu mancherlei Unterhaltung Gelegenheit geben. Jetzt ist man hier am See in der Weinlese begriffen, die um desto mehr die Menschen erfreut, als der Wein im hohen Preis ist und stark ausgeführt wird.

Seit einigen Tagen sind die Nachrichten vom Rhein her beunruhigend, und die Franzosen scheinen selbst an den Schweizern Händel zu suchen; sollte der Krieg wieder angehen, so ist ein ungeheures Unglück zu befürchten.

Indessen wünschte ich Ihnen nur einen Blick von dem kleinen Balkon meines Zimmers in die äußerst kultivierten Besitzungen dieses Orts, den daran stoßenden See und die jenseitigen Ufer mit den heiteren Ortschaften, die sich daran hinziehen. Wenn man mit dem Perspektiv die Flächen durchläuft, so ist es eine unendliche Welt, die man übersieht. Im Süden zeigen sich die Gipfel der Berge bei Einsiedeln und Schwyz, jetzt schon stark beschneit, während die ganze untere Landschaft noch grün ist und kaum einige Bäume durch rote und braune Tinten das Alter des Jahres verkündigen. Was man sonst von Ökonomen wünschen hört, den höchsten Grad von Kultur mit einer gewissen mäßigen Wohlhabenheit, das sieht man hier vor Augen.

In acht Tagen wird sich's entscheiden, was wir wegen unserer Rückreise zu beschließen haben, da die ganze Welt ringsum sich wieder zu verwirren droht. Am Ende bleibt uns wohl nur der Weg, den Wieland vor einem Jahr nahm. Wer hätte denken sollen, daß man in der Schweiz nochmals in Gefahr käme, von Deutschland abgeschnitten zu werden!

Daß wir auf unserer Reise brav Steine geklopft haben, können Sie leicht denken, und ich habe deren fast mehr, als billig ist, aufgepackt. Wie soll man sich aber enthalten, wenn man zwischen mehreren Centnern von Adularien mitten innen sitzt! Unter mehreren bekannten Dingen bringe ich auch einige seltene und vorzüglich schöne Sachen mit. Ich wünschte, schon läge alles ausgepackt vor Ihnen und ich genösse Ihre Unterhaltung wieder. Doch die Zeit wird auch kommen, und wir wollen ihr ruhig entgegengehen. Leben Sie indes mit den werten Ihrigen, denen ich mich bestens empfehle, recht wohl. Meyer empfiehlt sich zum besten.

4. Unheil 1. — 13. roth Br. 1. — 19. drohet Br. 1. — 20. Vor einem Jahr (Jahre 1). Er hatte seine Tochter und seinen Schwiegersohn Geßner in Zürich besucht. Die Rückreise erfolgte über Stuttgart, Heilbronn, Schwäbisch Hall, Ansbach, Nürnberg, Bamberg, Koburg und Saalfeld. — 29. Ihre Unterhaltung, die sich auch auf Mineralogie bezog, da Voigt in dieser Wissenschaft sehr erfahren war.

An den Herzog von Weimar.

Stäfa den 17. Oktober.

Kaum sind wir aus der unglaublichen Ruhe, in welcher die kleinen Kantone hinter ihren Felsen versenkt liegen, zurückgekehrt, als uns vom Rhein und aus Italien her das Kriegsgeschrei nach und entgegen schallt. Bis dieser Brief Sie erreicht, wird manches entschieden sein; ich spreche nur ein Wort vom gegenwärtig Nächsten.

Die Franzosen haben an Bern einen Botschafter geschickt mit dem Begehren, man solle den englischen Gesandten sogleich aus dem Lande weisen. Sie geben zur Ursache an: man sehe nicht ein, was er gegenwärtig in der Schweiz zu thun habe, als der Republik innere und äußere Feinde zu machen und aufzureizen. Die Berner haben geantwortet: es hänge nicht von ihnen ab, indem der Gesandte an die sämtlichen Kantone accreditiert sei. Der französische Abgeordnete ist deshalb nach Zürich gekommen. Das Weitere steht zu erwarten. Mir will es scheinen, als suchten die Franzosen Händel mit den Schweizern. Die Überbliebenen im Direktorium sind ihre Freunde nicht; in Barthélemy ist ihr Schutzpatron verbannt. Ein verständiger Mann, der von Paris kommt und die letzten Scenen mit erlebt hat, behauptet, daß es nicht sowohl der royalistischen als der friedliebenden Partei gegolten habe.

Unsere elftägige Reise, auf der wir die Kantone Schwyz, Uri, Unterwalden und Zug durchstrichen, ist sehr vom Wetter begünstigt worden. Der Pater Lorenz ist noch so munter, als wir ihn vor so viel Jahren kannten. Tausendmal, ja beständig habe ich mich der Zeit erinnert, da wir diesen Weg zusammen machten. Ich habe viel Freude gehabt, diese Gegenstände wiederzusehen und mich in mehr als *einem* Sinne an ihnen zu prüfen. Meine mehrere Kenntnis der Mineralogie war ein sehr angenehmes Hülfsmittel der Unterhaltung. Die Kultur dieser Gegenden, die Benutzung der Produkte gewährt einen sehr angenehmen Anblick. Es war eben die Zeit des Bellenzer Marktes, und die Straße des Gotthards war mit Zügen sehr schönen Viehes belebt. Es mögen diesmal wohl an 4000 Stück, deren jedes hier im Lande

17. *Überbliebenen*, nach früherem Gebrauche für *übrig geblieben*. Es sind die in der Regierung Gebliebenen. — 19. *Ein verständiger Mann*. Es ist Graf Purgstall gemeint. Vgl. die Nachschrift zum Brief an Schiller vom 25. September. — 22. *elftägige* Br. 1. — 32. *Bellenz* ist der deutsche Name von Bellinzona im Kanton Tessin.

10 bis 15 Louisd'or gilt, hinübergetrieben worden sein. Die Kosten des Transports aufs Stück sind ungefähr 5 Laubthaler; geht es gut, so gewinnt man aufs Stück 2 Louisd'or gegen den Einkaufspreis, und also, die Kosten abgezogen, drei Laubthaler. Man denke, welche ungeheure Summe also in diesen Tagen ins Land kommt. Ebenso hat der Wein auch großen Zug nach Schwaben, und die Käse sind sehr gesucht, so daß ein undenkliches Geld einfließt.

Ich lege eine kleine Schilderung, eine Aussicht von meinem Balkon, bei. Die Kultur ist um den Züricher See wirklich auf dem höchsten Punkt, und der Augenblick der Weinlese macht alles sehr lebhaft.

Meyer empfiehlt sich zu Gnaden; er ist fleißig mit dem Pinsel und der Feder gewesen. Der letzte Kasten von Rom, der die Aldobrandinische Hochzeit enthält, ist eben über Triest, Villach und Konstanz angekommen. Nun sind alle unsere Schätze beisammen, und wir können nun, auch von dieser Seite beruhigt und erfreut, unseren Weg antreten. In einigen Tagen gedenken wir nach Zürich zu gehen und erwarten, was uns die Kriegs- oder Friedensgöttin für einen Weg nach Hause zeigen wird, wo wir Sie gesund und vergnügt anzutreffen hoffen. Empfehlen Sie mich Ihrer Frau Gemahlin zu Gnaden und erhalten mir Ihre geneigten Gesinnungen

8. Die in Aussicht gestellte „kleine Schilderung" ist nicht in den Briefwechsel übergegangen; sie lautet:

„Stäfa.

Lage desselben am See, fast eine Stunde lang. Häuser durch die Besitzungen getrennt. Kultur im höchsten Grade. Einige Landbuchten vom See herein mit fruchtbarem Erdreich gegen die Hügel, die Hügel selbst fruchtbar. Beschreibung der Aussicht vom Balkon meines Zimmers. Links die Straße durchs Ort, an der anderen Seite derselben mit Mauer erhöhter Weingarten und Brunnen. Weiter in eine artige Hecke eingezäunte Besitztümer, Feld mit gelben Rüben, ein größeres mit weißen Rüben, keimende neue Saat, bestellte Flecke, umgrabene Flecke, schwarzer Boden, Rübenfeld. Häuser zwischen Baumstücken am Fuße der Hügel, Wiesenflecken, Weinberge den Hügel hinauf, oberwärts neue Anlagen geteilter Gemeingüter und besser benutzter Privatgüter. Ostwärts Kirchenhügel, mit Wein, Feldbau, Fruchtbäumen, Häusern und der Kirche. Im Hintergrund kahle Berge um den Wallenstätter See. Rechte Seite der Straße: Hausgarten, Weingarten des Nachbars, Haus des Nachbars, das die Aussicht unterbricht, weiter rechts südwärts hinter dem Hausgarten und Weingarten des Nachbars gegen Mittag und Südwest ununterbrochene Wiesen, dicht mit Fruchtbäumen besetzt, bis an den See hinunter. Die Fläche des Sees und das jenseitige Ufer. Heitere Ortschaften daran hingezogen und bis an die steileren Höhen die Abhänge so viel als möglich genutzt." Nach der Stelle: „Wenn man mit dem Perspektiv ... Augen" im Briefe an Voigt (S. 159, 8—16) folgt noch: „Man kann wohl sagen: es ist keine Hütte hier am Ort, alles Häuser und meist große Gebäude, die aber anzeigen, daß ein Landwirt darinnen wohnt."

An Herrn Cotta in Tübingen.

Stäfa den 17. Oktober.

Wir sind von unserer Fuß- und Wasserreise glücklich wieder in Stäfa angelangt und werden in wenigen Tagen nach Zürich gehen. Dürfte ich Sie bitten, alles, was von nun an bei Ihnen anlangt, bei sich liegen zu lassen, bis ich es entweder selbst abhole oder einen Ort, wohin es gesendet werden könnte, bezeichnen kann. Das Kriegsfeuer, das sich überall wieder zu entzünden scheint, setzt einen Reisenden in eine sehr zweifelhafte Lage. Ich habe indessen von der kurzen Zeit den möglichsten Gebrauch gemacht. Von den Winterscenen des Gotthards, die nur noch durch Mineralogie belebt werden können, durch die auf mancherlei Weise fruchtbaren, genutzten und in ihren Einwohnern emsigen Gegenden von Unterwalden, Zug und Zürich, wo uns nun besonders die Weinlese umgiebt, haben wir uns in ein Museum zurückgezogen, das durch die von Meyer aus Italien mitgebrachten eigenen Arbeiten und sonstige Acquisitionen gebildet wird, und sind also von dem Formlosesten zu dem Geformtesten übergegangen. Besonders wichtig ist die Kopie des antiken Gemäldes der sogenannten Aldobrandinischen Hochzeit, die im eigentlichsten Sinne mit Kritik gemacht ist, um darzustellen, was das Bild zu seiner Zeit gewesen sein kann und was an dem jetzigen nach so mancherlei Schicksalen noch übrig ist. Er hat dazu einen ausführlichen Kommentar geschrieben,

1. An Herrn Cotta in Tübingen. Nicht aufgenommen sind die Briefe an Cotta vom 19. und 27. September. Den ersten aus Zürich gab Goethe dem Stuttgarter Kutscher Kolb mit, dem Cotta einen großen Thaler (Kronenthaler) reichen möge, wenn er ihm ein bei Schömberg (zwischen Balingen und Spaichingen) verlorenes rotes Portefeuille, das seine Reiserechnung enthalte, bringen würde. Er dankte Cotta für seine gefällige Aufnahme, seine mannigfaltige angenehme und nützliche Unterhaltung und den Genuß seiner Vorsorge, die sich auf seine Reise erstreckt habe. Seine liebe Gattin bitte er nochmals um Verzeihung, daß er ihren häuslichen Kreis so lange gestört. Den Herren, die ihn so gefällig aufgenommen, möge er ihn empfehlen. Im ersten Briefe von Stäfa dankt er diesem für schnelle Besorgung von Brief und Paketen, die ihn über einiges beruhigt habe, worüber er in Sorge gewesen [seines August Unwohlsein]. Weitere Sendungen würden ihn bis Hälfte Oktober unter der Adresse des Wirtes zum Schwert treffen; die ersten Tage des Oktobers denke er in den tieferen Gebirgen zuzubringen, die früher so viel Gewalt über ihn geübt hätten. „Wenn Sie Herrn Rapp gelegentlich schreiben," beauftragt er Cotta, „so ersuchen Sie ihn, daß er die Gefälligkeit habe, die 21 oder 22 Louisdor für das von Herrn Prof. Dannecker vielleicht für mich zu erhandelnde bewußte Bild gefällig auszulegen." Vgl. oben S. 77, 21. — 23. Einen ausführlichen Kommentar. Im Jahre 1810 erschien eine antiquarische und künstlerische Abhandlung „Die Aldobrandinische Hochzeit von Böttiger und H. Meyer." Meyers künstlerische Entwicklung und seine Beobachtungen über die Farben des leider stark übermalten Bildes gelten noch heute als fein und treffend. Rubens hatte das im Jahre 1606 entdeckte Bild in viel besserem Zustande gesehen und aus dem Gedächtnisse beschrieben.

der alles enthält, was noch über die Vergleichung des alten und leider so oft restaurierten Bildes mit seiner gegenwärtigen Kopie und einer älteren Kopie von Poussin, nach der die Kupferstiche gemacht sind, zu sagen ist. Das Bild selbst, das, von einem geschickten Meister zu Titus' Zeiten mit Leichtigkeit und Leichtsinn auf die Wand gemalt, nunmehr, so viel es möglich war, nachgebildet und wiederhergestellt vor sich zu sehen, sich daran erfreuen und sich über seine Tugenden und Mängel besprechen zu können, ist eine sehr reizende und belehrende Unterhaltung. Das Bild ist 8 Fuß lang, $3\frac{1}{2}$ Fuß hoch, und die Figuren sind nicht gar 2 Fuß Leipziger Maß. Die Kopie ist in allem, sowohl in der Größe als den Farben, den Tugenden und den Fehlern, dem Original möglichst gleich gehalten. Ich hoffe, daß Sie dereinst, wenn es bei mir aufgestellt sein wird, das Vergnügen, es zu beschauen, mit uns teilen werden. Leben Sie recht wohl und gedenken mein.

Euphrosyne.

Auch von des höchsten Gebirgs beeisten, zackigen Gipfeln
Schwindet Purpur und Glanz scheidender Sonne hinweg.
Lange verhüllt schon Nacht das Thal und die Pfade des Wandrers,
Der am tosenden Strom auf zu der Hütte sich sehnt,
Zu dem Ziele des Tags, der stillen, hirtlichen Wohnung;
Und der göttliche Schlaf eilet gefällig voraus,
Dieser holde Geselle des Reisenden. Daß er auch heute
Segnend kränze das Haupt mir mit dem heiligen Mohn!
Aber was leuchtet mir dort vom Felsen glänzend herüber
Und erhellet den Duft schäumender Ströme so hold?
Strahlt die Sonne vielleicht durch heimliche Spalten und Klüfte?
Denn kein irdischer Glanz ist es, der wandelnde, dort.

16. Euphrosyne. Die Aufnahme des Gedichtes an dieser Stelle ist ohne Zweifel mit Goethes Einwilligung geschehen, obgleich es, wenn es auch in Stäfa nach der Rückkehr von dem Ausflug auf den Gotthard entworfen wurde, doch erst im nächsten Juni für den Musenalmanach vollendet wurde. Unter den Papieren der Schweizerreise findet sich weder der Entwurf noch eine Abschrift des vollendeten Gedichtes. Konnte dieser demnach auch nicht mitgeteilt werden, so hätte doch das Gedicht in der ersten erhaltenen Gestalt, in welcher es im Musenalmanach steht, gegeben werden sollen, während es hier mit den wenigen Veränderungen, die es im Jahre 1800 erlitt, abgedruckt ist. Auch hätte es frühestens nach dem Briefe vom 25. Oktober stehen sollen. Eigentlich war die Aufnahme in der „Schweizerreise" unberechtigt, da dieser nur der erste wohl unbeendigte Entwurf angehört, indem die Briefe an Schiller des Gedichtes gar nicht gedenken. Die Erwähnung im Briefe an Böttiger vom 25. scheint, wenn nicht bei der Redaktion zugesetzt, jedenfalls verändert.

Näher wälzt sich die Wolke, sie glüht. Ich staune dem Wunder!
Wird der rosige Strahl nicht ein bewegtes Gebild?
Welche Göttin nahet sich mir, und welche der Musen
Suchet den treuen Freund selbst in dem grausen Geklüft?
Schöne Göttin! enthülle dich mir und täusche, verschwindend,
Nicht den begeisterten Sinn, nicht das gerührte Gemüt!
Nenne, wenn du es darfst vor einem Sterblichen, deinen
Göttlichen Namen: wo nicht, rege bedeutend mich auf,
Daß ich fühle, welche du seist von den ewigen Töchtern
Zeus', und der Dichter sogleich preise dich würdig im Lied!
„Kennst du mich, Guter, nicht mehr? Und käme diese Gestalt dir,
Die du doch sonst geliebt, schon als ein fremdes Gebild?
Zwar der Erde gehör' ich nicht mehr, und trauernd entschwang sich
Schon der schaudernde Geist jugendlich frohem Genuß:
Aber ich hoffte mein Bild noch fest in des Freundes Erinnrung
Eingeschrieben und noch schön durch die Liebe verklärt.
Ja, schon sagt mir gerührt dein Blick, mir sagt es die Thräne:
Euphrosyne, sie ist noch von dem Freunde gekannt.
Sieh, die Scheidende zieht durch Wald und grauses Gebirge,
Sucht den wandernden Mann, ach! in der Ferne noch auf,
Sucht den Lehrer, den Freund, den Vater, blicket noch einmal
Nach dem leichten Gerüst irdischer Freuden zurück.
Laß mich der Tage gedenken, da mich, das Kind, du dem Spiele
Jener täuschenden Kunst reizender Musen geweiht.
Laß mich der Stunde gedenken und jedes kleineren Umstands.
Ach, wer ruft nicht so gern Unwiederbringliches an!
Jenes süße Gedränge der leichtesten irdischen Tage,
Ach, wer schätzt ihn genug, diesen vereilenden Wert!
Klein erscheinet es nun, doch ach! nicht kleinlich dem Herzen;
Macht die Liebe, die Kunst jegliches Kleine doch groß.
Denkst du der Stunde noch wohl, wie auf dem Brettergerüste
Du mich der höheren Kunst ernstere Stufen geführt?
Knabe schien ich, ein rührendes Kind; du nanntest mich Arthur,
Und belebtest in mir britisches Dichtergebild,
Drohtest mit grimmiger Glut den armen Augen und wandtest
Selbst den thränenden Blick, innig getäuschet, hinweg.
Ach, da warst du so hold und schütztest ein trauriges Leben,
Das die verwegene Flucht endlich dem Knaben entriß.
Freundlich faßtest du mich, den Zerschmetterten, trugst mich von dannen
Und ich heuchelte lang, dir an dem Busen, den Tod.
Endlich schlug die Augen ich auf und sah dich in ernste,
Stille Betrachtung versenkt, über den Liebling geneigt.
Kindlich strebt' ich empor und küßte die Hände dir dankbar,
Reichte zum reinen Kuß dir den gefälligen Mund,

Fragte: 'Warum, mein Vater, so ernst? Und hab' ich gefehlet,
  O, so zeige mir an, wie mir das Beßre gelingt.
Keine Mühe verdrießt mich bei dir, und alles und jedes
  Wiederhol' ich so gern, wenn du mich leitest und lehrst.'
Aber du faßtest mich stark und drücktest mich fester im Arme,
  Und es schauderte mir tief in dem Busen das Herz.
'Nein! mein liebliches Kind', so riefst du, 'alles und jedes,
  Wie du es heute gezeigt, zeig' es auch morgen der Stadt.
Rühre sie alle, wie mich du gerührt, und es fließen zum Beifall
  Dir von dem trockensten Aug' herrliche Thränen herab.
Aber am tiefsten trafst du doch mich, den Freund, der im Arm dich
  Hält, den selber der Schein früherer Leiche geschreckt.
Ach, Natur wie sicher und groß in allem erscheinst du!
  Himmel und Erde befolgt ewiges, festes Gesetz.
Jahre folgen auf Jahre, dem Frühlinge reichet der Sommer,
  Und dem reichlichen Herbst traulich der Winter die Hand.
Felsen stehen gegründet; es stürzt sich das ewige Wasser
  Aus der bewölkten Kluft schäumend und brausend hinab.
Fichten grünen so fort, und selbst die entlaubten Gebüsche
  Hegen im Winter schon heimliche Knospen am Zweig.
Alles entsteht und vergeht nach Gesetz; doch über des Menschen
  Leben, den köstlichen Schatz, herrschet ein schwankendes Los.
Nicht dem blühenden nickt der willig scheidende Vater,
  Seinem trefflichen Sohn, freundlich vom Rande der Gruft;
Nicht der Jüngere schließt dem Älteren immer das Auge,
  Das sich willig gesenkt, kräftig dem Schwächeren zu.
Öfter, ach! verkehrt das Geschick die Ordnung der Tage;
  Hülflos klaget ein Greis Kinder und Enkel umsonst,
Steht ein beschädigter Stamm, dem rings zerschmetterte Zweige
  Um die Seiten umher strömende Schloßen gestreckt.
Und so, liebliches Kind, durchdrang mich die tiefe Betrachtung,
  Als du zur Leiche verstellt über die Arme mir hingst;
Aber freudig seh' ich dich mir in dem Glanze der Jugend,
  Vielgeliebtes Geschöpf, wieder am Herzen belebt.
Springe fröhlich dahin, verstellter Knabe! Das Mädchen
  Wächst zur Freude der Welt, mir zum Entzücken heran.
Immer strebe so fort, und deine natürlichen Gaben
  Bilde bei jeglichem Schritt steigenden Lebens die Kunst.
Sei mir lange zur Lust, und eh mein Auge sich schließet,
  Wünsch' ich dein schönes Talent glücklich vollendet zu sehn.'
Also sprachst du, und nie vergaß ich der wichtigen Stunde!
  Deutend entwickelt' ich mich an dem erhabenen Wort.
O wie sprach ich so gerne zum Volk die rührenden Reden,
  Die du, voller Gehalt, kindlichen Lippen vertraut!

O wie bildet' ich mich an deinen Augen und suchte
  Dich im tiefen Gedräng staunender Hörer heraus!
Doch dort wirst du nun sein und stehn, und nimmer bewegt sich
  Euphrosyne hervor, dir zu erheitern den Blick.
Du vernimmst sie nicht mehr, die Töne des wachsenden Zöglings,
  Die du zu liebendem Schmerz frühe, so frühe! gestimmt.
Andere kommen und gehn, es werden dir andre gefallen;
  Selbst dem großen Talent drängt sich ein größeres nach.
Aber du vergesse mich nicht! Wenn eine dir jemals
  Sich im verworrnen Geschäft heiter entgegen bewegt,
Deinem Winke sich fügt, an deinem Lächeln sich freuet
  Und am Platze sich nur, den du bestimmtest, gefällt,
Wenn sie Mühe nicht spart noch Fleiß, wenn thätig der Kräfte,
  Selbst bis zur Pforte des Grabs, freudiges Opfer sie bringt,
Guter! dann gedenkest du mein und rufest auch spät noch:
  'Euphrosyne, sie ist wieder erstanden vor mir!'
Vieles sagt' ich noch gern; doch ach! die Scheidende weilt nicht,
  Wie sie wollte; mich führt streng ein gebietender Gott.
Lebe wohl! schon zieht mich's dahin in schwankendem Eilen;
  Einen Wunsch nur vernimm, freundlich gewähre mir ihn.
Laß nicht ungerühmt mich zu den Schatten hinabgehn!
  Nur die Muse gewährt einiges Leben dem Tod.
Denn gestaltlos schweben umher in Persephoneias
  Reiche massenweis Schatten, vom Namen getrennt;
Wen der Dichter aber gerühmt, der wandelt gestaltet,
  Einzeln, gesellet dem Chor aller Heroen sich zu.
Freudig tret' ich einher, von deinem Liede verkündet,
  Und der Göttin Blick weilet gefällig auf mir.
Mild empfängt sie mich dann und nennt mich; es winken die hohen,
  Göttlichen Frauen mich an, immer die nächsten am Thron.
Penelopeia redet zu mir, die treuste der Weiber,
  Auch Euadne, gelehnt auf den geliebten Gemahl.
Jüngere nahen sich dann, zu früh heruntergesandte,
  Und beklagen mit mir unser gemeines Geschick.
Wenn Antigone kommt, die schwesterlichste der Seelen,
  Und Polyxena, trüb noch von dem bräutlichen Tod,
Seh' ich als Schwestern sie an und trete würdig zu ihnen;
  Denn der tragischen Kunst holde Geschöpfe sind sie.
Bildete doch ein Dichter auch mich, und seine Gesänge,
  Ja, sie vollenden an mir, was mir das Leben versagt."
Also sprach sie, und noch bewegte der liebliche Mund sich,
  Weiter zu reden; allein schwirrend versagte der Ton.
Denn aus dem Purpurgewölk, dem schwebenden, immer bewegten,
  Trat der herrliche Gott Hermes gelassen hervor.

Mild erhob er den Stab und deutete; wallend verschlangen
Wachsende Wolken im Zug beide Gestalten vor mir.
Tiefer liegt die Nacht um mich her; die stürzenden Wasser
Brausen gewaltiger nun neben dem schlüpfrigen Pfad.
Unbezwingliche Trauer befällt mich, entkräftender Jammer,
Und ein moosiger Fels stützet den Sinkenden nur.
Wehmut reißt durch die Saiten der Brust, die nächtlichen Thränen
Fließen, und über dem Wald kündet der Morgen sich an.

Stäfa, den 18. Oktober. Eingepackt. Kam zu Mittag der junge Escher. Wir gingen spazieren und beschauten uns noch die Kultur des Ortes. Abends den Anfang von Tschudis Chronik gelesen.

Donnerstag den 19. Oktober. Mit Einpacken beschäftigt. Verschiedene Spaziergänge.

Freitag den 20. Oktober. Der Vorsatz abzureisen durch Gegenwind verhindert.

Sonnabend den 21. Oktober. Früh 10 Uhr von Stäfa ab. Mittags zu Herrliberg bei Herrn Hauptmann Escher.

9. Von den letzten Tagen in Stäfa liegen äußerst kurze Tagebuchangaben vor, wie vom 9. bis zum 17. — 10 f. Eckermann schrieb willkürlich „beschäftigte uns noch mit der“ und „Abends in Tschudis Chronik gelesen“. Goethe las nicht weiter, sondern, nachdem er die Geschichte von Tell gelesen, ging er an den Anfang der Chronik. — 15. Th. Absicht zu verreisen. — 18. Zu Herrliberg. Vgl. zum 21. September, wo bloß Herrn Escher steht. Die Schweizer standen alle in Militärdienst.

Zürich.

Sonntag den 22. Oktober. Früh Herrn Eschers Kabinett gesehen, das sehr schöne Suiten des Schweizergebirges enthält.

Montag den 23. Oktober. Besuch bei Professor Fäsi und Hauptmann Bürkli; dann zu Chorherrn Rahn, dessen Kabinett kostbare Stücke der schweizer Mineralien enthält. Nach Tische zu Chorherrn Hottinger und Dr. Lavater. Abends bei Frau Schultheß.

Dienstag den 24. Oktober. Früh Briefe. Dann das Bild von Füeßli im Rathause gesehen; darauf in die Kunsthandlung. Nach Tische zu Mako, sodann zu Herrn Antistes Heß.

---

1. Zürich. Die Überschrift fehlt — 2. Herrn Eschers. Es ist Johann Konrad Escher gemeint. Vgl. S. 123. — Seiten 1, Druckfehler. — 4. Hans Kaspar Fäsi war Professor am Gymnasium, auch Redakteur der Bürklischen Zeitung. Vgl. S. 121. — 5. Auch Chorherr Heinrich Rahn lehrte am Gymnasium. — 7. Johann Jakob Hottinger, ein Gegner Lavaters, gegen den er 1775 in seinem „Sendschreiben an den Verfasser der Nachrichten von Zürcherischen Gelehrten" aufgetreten war. Auch hatte er der Spottschrift „Prometheus, Deucalion und seine Rezensenten", die man Goethe selbst zuschrieb, eine ähnliche „Menschen, Tiere und Goethe" entgegengestellt. Jetzt faßte Goethe so viele Achtung für ihn, daß er bei den Stürmen, die bald darauf die Schweiz trafen, ihm freiwillig seine Hülfe anbot, wenn er gezwungen sein sollte, seine Professorstelle in der Schweiz aufzugeben und eine andere seinen Kenntnissen entsprechende im Auslande zu suchen. — Dr. Lavater, der Arzt und Apotheker Diethelm Lavater. Als Leipziger Student war er im ersten Semester Goethes Tischgenosse gewesen, der schon im zweiten den Tisch des Prof. Dr. Ludwig mit dem bei Schönkopf vertauschte. Er war ein Bruder des Physiognomikers, den Goethe viele Jahre lang als den edelsten Menschen verehrt hatte. Seit 1786 hatte er mit diesem gebrochen, weil er zum christlichen Fanatiker geworden, als welchen die „Xenien" ihn scharf verspotteten. Nach Hegner ging Goethe auf dem Petersplatze, wo die Pfarrwohnung Lavaters sich befand, spazieren; Lavater suchte ihn im Gasthofe auf und schrieb, da er ihn nicht fand, seinen Namen an die Thüre seines Zimmers. Im Jahre 1829 erzählte Goethe Eckermann, als er verkleidet (einer Verkleidung hätte es kaum bedurft, da Goethes Gestalt sich seit den elf Jahren, wo sie sich nicht gesehen, sehr verändert hatte) in einer Allee gegangen, habe er Lavater auf sich zukommen sehen; er sei ausgebogen und Lavater an ihm vorübergegangen, ohne ihn zu erkennen. Auffallend ist es, daß er dessen Bruder und seine Vertraute Barbara Schultheß besuchte, wo er doch den Gemiedenen zu treffen fürchten mußte. — 9 f. Der Maler Johann Heinrich Füeßli, 1742 bei Zürich geboren, lebte seit 1778 in London. Sein Bild, der Schwur der drei Schweizer im Rütli, befindet sich noch heute im großen Saale des Züricher Rathauses über dem Präsidentenstuhl und den Tribünen. Unter den Aufsätzen, die für das von Goethe und Meyer beabsichtigte Werk über Natur und Kunst bestimmt waren, befand sich auch einer „Über Heinrich Füeßlis Arbeiten, bezüglich auf sein Gemälde in Zürich und die allgemein bekannten Kupferstiche nach ihm." Ein anderes Bild von ihm besaß in Zürich Bodmers Erbe, Escher im Wollenhofe; darauf war Füeßli

An Herrn Geheime-Rat Voigt.

Zürich, den 25. Oktober.

Ihre werten Briefe vom 22. September bis den 6. Oktober haben mich in Zürich aufs freundlichste empfangen, als wir von den oberen Gegenden des Züricher Sees in die Stadt kamen. Die Heiterkeit, womit Sie mich von den mancherlei Zuständen und Vorfällen, die Ihnen nahe sind, unterrichten, vermehrt den Mut und die Lust, auch wieder bald zurückzukehren. Wir gedenken noch Basel zu sehen und alsdann über Schaffhausen, Tübingen und wahrscheinlich über Ansbach und Nürnberg unsere Rückreise zu nehmen. Die Herbsttage haben hier noch viel angenehme Stunden, und wir hoffen, daß uns auch auf dem Wege die Jahreszeit günstig sein soll.

Nun einiges kürzlich über den Inhalt Ihrer gefälligen Briefe.

Dauthe ist ein verdienstvoller Mann; wie er sich aus den Dekorationen des Schlosses ziehen wird, wollen wir abwarten. Ich zweifle, daß er die Mannigfaltigkeit der Motive habe, die nötig sind, um einen so großen Raum mit Glück zu dekorieren. Ich würde hierzu unter der gehörigen Aufsicht und der regulierenden Einwirkung eher Personen wählen, die erst ganz frisch Rom und Paris gesehen und sich daselbst einen Reichtum der Mittel und einen Geschmack der Zusammensetzung erworben haben. Indessen bin ich für mein Teil zufrieden, wenn nur jemand die Sache in Teilen angiebt und im ganzen dirigiert; denn, auf oder ab genommen, ist alles am Ende ganz einerlei, was gemacht wird. Wenn man einen rechten Park sehen will, so muß man nur vier Wochen in der Schweiz umherziehen, und wenn man Gebäude liebt, so muß man nach Rom gehen. Was wir in Deutschland,

selbst im Gespräch mit Bodmer dargestellt. — Maler Friedrich Mako aus Ansbach war mit dem jungen Escher aus Italien gekommen. Von ihm berichtete Meyer im Jahre 1805: „Mako, aus dem Bayreuthischen, beschäftigte sich ebenfalls [wie Lips und Bury] meistens mit Aquarellmalerein, wiewohl er nebenher auch in Öl und Miniatur gearbeitet, desgleichen einige Blätter radiert hat. Seine Kopieen sind fleißig ausgeführt, mit zarten, doch etwas graulichen Farbentönen. Die eigenen Erfindungen zeichnen sich weder durch Verdienste noch Fehler sehr aus. Mako soll sich in Wien aufhalten." An einen Maler Macco, der mit Graf Reinhard und dem Kanzler von Müller befreundet war, ist ein Brief Goethes aus dem Jahre 1821 gerichtet. — Johann Jakob Heß, seit zwei Jahren erster Prediger und Antistes (erster Geistlicher) des Kantons, war als Prediger und kirchengeschichtlicher Schriftsteller sehr geachtet.

15. Daute Br. 1. Johann Friedrich Karl Dauthe, Architekt und Kupferstecher in Leipzig, war Mitglied der Kunstakademie, Goethe persönlich bekannt. Karl August wollte diesem die Dekorationen des Schlosses übertragen, wozu Goethe Thouret in Aussicht genommen hatte. — 23. meinen 1.

ja aller Orten, der Natur aufdringen und der Kunst abgewinnen wollen, sind alles vergebliche Bemühungen.

Verzeihen Sie mir diese gleichsam hypochondrischen Reflexionen. Ich freue mich Ihres guten Humors, der aus Ihren freundschaftlichen Briefen hervorleuchtet, um desto mehr, als ich immer selbst vielleicht allzu sehr zum Ernste geneigt bin.

Wegen des Apothekers will ich mich in Tübingen erkundigen, wo ich einen sehr braven Mann in dieser Kunst habe kennen lernen.

Heute kommen uns von Basel wieder Friedenshoffnungen; es bleibt uns nichts übrig, als daß wir abwarten.

Lassen Sie sich unser Theater einigermaßen empfohlen sein. Ich freue mich, wenn der Almanach Ihnen etwas Angenehmes gebracht hat. Sowohl dieser als der Viewegsche sollte schon aufgewartet haben, wenn meine Bestellungen alle wären richtig besorgt worden. Leben Sie recht wohl! Es ist eine der angenehmsten Hoffnungen, der ich entgegensehe, Sie noch vor Ende des nächsten Monats zu umarmen.

An Herrn Oberkonsistorialrat Böttiger.

Zürich, den 25. Oktober.

Es war unserem Meyer und mir ein angenehmer Empfang in Zürich, auch einen Brief von Ihnen vorzufinden; denn besonders seitdem die Aldobrandinische Hochzeit dem weit und breit gewaltigen Buonaparte glücklich entronnen und vor wenigen Tagen in Stäfa angelangt war, so konnte der Wunsch nicht außen bleiben,

8. **Einen sehr braven Mann**, Gmelin in Tübingen. An demselben Tage schrieb er an Cotta: „Fragen Sie doch Herrn Dr. Gmelin, ob er nicht einen jungen geschickten Apotheker wisse, der allenfalls Lust hätte, sich in Weimar zu etablieren. Es war dort bisher nur **eine** Apotheke, man will nun die zweite errichten. Wegen der näheren Bedingungen würde man sich nur unmittelbar an Herrn Geheimderat Voigt daselbst zu wenden haben und sich auf meine Anfrage berufen können." Die Hofapotheke befand sich seit 1780 im Besitze des bedeutenden Pharmaceuten Professor Karl August Hoffmann, an den der Hofmedicus, Bergrat und Physikus Dr. Wilhelm Heinrich Buchholz sie verkauft hatte. Die zweite nicht privilegierte Apotheke zum Löwen befindet sich an dem 1798 angelegten Karlsplatze. — 9. Am Schlusse desselben Briefes schreibt er: „Gestern bringt man uns von Udine über Basel die Nachricht eines vierwöchentlichen Waffenstillstandes und eines unausbleiblichen Friedens." Auch dankt er für Cottas Bemühung wegen des Bildes von Lorrain; sie würden wohl auf die Schillersche Anweisung für seine Beiträge zum Musenalmanach (131 Rthlr. 6 Gr.) abrechnen können. Weiter äußert er: „Erlauben Sie, daß wir diesmal im Wirtshause abtreten. Da wir nunmehr zwei sind und die Jahrszeit unfreundlich ist, so fürchten wir, Sie in Ihrem Hause allzusehr einzuschränken. Wir können uns desto freier der Erlaubnis bedienen, Sie bei sich zu besuchen." — 12. **Der Almanach**, der Schillersche. — 13. **Der Viewegsche**, der bloß „Hermann und Dorothea" enthielt.

dieses dem Moder und den Franzosen entrissene Bild schon in Weimar aufgestellt und auch von Ihnen beleuchtet zu sehen. Es wird, sorgfältig eingepackt, auf der Reise mitgeführt, weil wir diesen Schatz fremden Händen und neuen Zufällen nicht aussetzen mögen.

Seitdem ich mit Meyer wieder zusammen bin, haben wir viel theoretisiert und praktisiert, und wenn wir diesen Winter unseren Vorsatz ausführen und eine Epitome unserer Reise und Nichtreise zusammenschreiben, so wollen wir abwarten, was unsere Verlagsverwandten für einen Wert auf unsere Arbeit legen; es soll keiner von der Konkurrenz ausgeschlossen sein. Unsere Absicht ist, ein paar allgemein lesbare Oktavbände zusammenzustellen und im dritten dasjenige als Noten und Beilagen nachzubringen, was vielleicht nur ein spezielleres Interesse erregen könnte. Davon soll denn bei unserer nächsten Zurückkunft weiter gehandelt werden, und desto ausführlicher, als wir uns Ihre Beihülfe zu erbitten haben.

Das gute Zeugnis, das Sie unserem Theater geben, hat mich sehr beruhigt; denn ich leugne nicht, daß der Tod der Becker mir sehr schmerzlich gewesen. Sie war mir in mehr als einem Sinne lieb. Wenn sich manchmal in mir die abgestorbene Lust, fürs Theater zu arbeiten, wieder regte, so hatte ich sie gewiß vor Augen, und meine Mädchen und Frauen bildeten sich nach ihr und ihren Eigenschaften. Es kann größere Talente geben, aber für mich kein anmutigeres. Die Nachricht von ihrem Tode hatte ich lange erwartet; sie überraschte mich in den formlosen Gebirgen. Liebende haben Thränen und Dichter Rhythmen zur Ehre der Toten; ich wünschte, daß mir etwas zu ihrem Andenken gelungen sein möchte.

2. Beleuchtet, betrachtet, nach Goethes Sprachgebrauch. — 8. ein 1. — 9. Nichtreise, da sie auf die Reise nach Italien verzichtet hatten. — 10. Verlagsverwandten, Verleger. Auffällt freilich, daß er hier nicht zunächst an Cotta denkt. — 16. Beihülfe, da Böttiger mit vielen Buchhändlern verkehrte, wie Goethe auch durch seine Vermittlung einen Verleger gefunden hatte, der seinen das höchste Vertrauen fordernden Wünschen in Bezug auf „Hermann und Dorothea" entsprach. — 18. Der Becker, die, nachdem man ihre Herstellung längst aufgegeben hatte, am 22. September gestorben war. 25. In den formlosen Gebirgen. Diese Angabe kann nicht richtig sein: denn die Briefe von Jena nach Stäfa brauchten im raschesten Falle 11, oft 15 bis 16 Tage. Schillers Briefe vom 7. und 22. September erhielt Goethe erst nach der Rückkehr am 8. Oktober, da er sich nichts nachschicken ließ. Erst damals bekam er die Nachricht von dem am 22. erfolgten Tode der Becker, unmöglich auf dem Gotthard (am 3. bis 5. Oktober). Auch an eine Zeitungsnachricht ist kaum zu denken. Hiernach dürften die Worte „sie überraschte mich in den formlosen Gebirgen" auf Veranlassung der Einkleidung der Elegie „Euphrosyne" eingeschoben oder verändert sein. Auch der Schluß 27 f.) möchte anders gelautet haben. Goethes Brief an Böttiger liegt bisher nicht handschriftlich vor

Über die Genauigkeit, mit welcher Meyer die Kunstschätze der alten und mittleren Zeit rezensiert hat, werden Sie erstaunen, und sich erfreuen, wie eine Kunstgeschichte aus diesen Trümmern gleichsam wie ein Phönix aus einem Aschenhaufen aufsteigt. Wie wichtig ein solcher neuer Pausanias sei, fällt erst in die Augen, wenn man recht deutlich anschaut, wie die Kunstwerke durch Zeit und offenbare oder geheime Ereignisse zerstreut und zerstört werden. Wie manche Unterhaltung soll uns dies und alles, was damit verwandt ist, diesen Winter geben! Gegenwärtig wollen wir nur noch von Basel in das nicht gelobte Land hinübersehen und dann wahrscheinlich über Schaffhausen und durch Schwaben unseren Rückweg antreten.

Leben Sie recht wohl und gedenken unserer!

Das Exemplar des Vasenheftes soll von Frankfurt wieder zurückkommen. Den neuen Musenalmanach habe ich noch nicht gesehen; da ihm das Gewürz der Bosheit und Verwegenheit mangelt, so fürchte ich, daß er sich mit seinem vorjährigen Bruder nicht werde messen können.

Nochmals ein Lebewohl und die besten Grüße an Freund Wieland, dessen freundliche, wohlbehaltene Tochter ich gestern mit Freuden gesehen habe; das Enkelchen schlief, sonst könnte ich von dem auch einige Nachricht geben.

An Schiller.

Zürich den 25. Oktober.

Ehe ich von Zürich abgehe, nur einige Worte; denn ich bin sehr zerstreut und werde es wohl noch eine Weile bleiben. Wir gedenken auf Basel, von da auf Schaffhausen, Tübingen und so weiter zu gehen; wahrscheinlich treffe ich am letzten Orte wieder

14. Des Vasenheftes. Das in diesem Jahre erschienene erste Heft von Böttigers „Griechischen Vasengemälden mit archäologischen und artistischen Erläuterungen und Originalkupfern“ muß nach Goethes Abreise von Frankfurt daselbst angekommen und ihm nicht nachgeschickt worden sein. — 15. Dem neuen Schillerschen Musenalmanach verspricht er keine solche große Teilnahme, wie dem vorigjährigen, von dem Cotta kurz hintereinander drei Ausgaben hatte drucken müssen, was hauptsächlich die Folge der „Xenien“ war, die alle Welt aufregten. — 20. Dessen freundliche, wohlbehaltene Tochter. Wielands am 21. März 1776 getaufte fünfte Tochter Charlotte Wilhelmine, bei welcher Goethe als Pathe gestanden, hatte sich 1795 an den Buchhändler Heinrich Geßner, einen Sohn des vor acht Jahren verstorbenen Idyllendichters und Landschaftsmalers in Zürich, verheiratet. — 26. denn wir Br. Die Redaktion strich das wiederholte denn.

etwas von Ihnen an. Keinen Musenalmanach, keinen „Hermann" habe ich noch gesehen; alles das und mehreres wird mir denn wohl in Deutschland begegnen.

Wäre die Jahreszeit nicht so weit, so sähe ich mich wohl noch gern einen Monat in der Schweiz um, mich von den Verhältnissen im ganzen zu unterrichten. Es ist wunderbar, wie alte Verfassungen, die bloß auf Sein und Erhalten gegründet sind, sich in Zeiten ausnehmen, wo alles zum Werden und Verändern strebt. Ich sage heute weiter nichts als ein herzliches Lebewohl. Von Tübingen hören Sie mehr von mir.

Wir hatten kaum in diesen Tagen unser Schema über die zulässigen Gegenstände der bildenden Kunst mit großem Nachdenken entworfen, als uns eine ganz besondere Erfahrung in die Quere kam. Ihnen ist die Zudringlichkeit des Vulkan gegen Minerva bekannt, wodurch Erichthonius produziert wurde. Haben Sie Gelegenheit, so lesen Sie diese Fabel ja in der älteren Ausgabe des Hederich nach und denken dabei, daß Raphael daher Gelegenheit zu einer der angenehmsten Kompositionen genommen hat. Was soll denn nun dem glücklichen Genie geraten oder geboten sein?

Später.

Ich habe vorhin über einen Fall gescherzt, der uns unvermutet überrascht und erfreut hat; er schien unsere theoretischen Bemühungen umzustoßen und hat sie aufs neue bestärkt, indem er uns nötigte, die Deduktion unserer Grundsätze gleichsam umzukehren. Ich drücke mich also hierüber nochmals so aus:

Wir können einen jeden Gegenstand der Erfahrung als einen Stoff ansehen, dessen sich die Kunst bemächtigen kann, und da

2. dann stand irrig in der ersten Ausgabe des Briefwechsels. — 4. Jahreszeit Br. — 5. um, um mich Br. — 7 f. sein, erhalten, werden und verändern Br. — Vor 11 Zwischenstrich Br., ein Sternchen 1. — 12. zuläßlichen Br., aber schon die erste Ausgabe des Briefwechsels hatte nach handschriftlicher Änderung zulässigen eingeführt. — 14. Vulkans Br. 1. — Minerven Br. 15. Bekannt, aus der Mythologie, was er voraussetzt, um der Erzählung überhoben zu sein — 17. Hedrichs Br., aber schon im ersten Druck des Briefwechsels ist Hederich verbessert, dagegen in den folgenden des vor Hederichs gestrichen. Goethe bezieht sich hier auf die noch von Benjamin Hederich selbst, der 1748 starb, besorgte Ausgabe des „Mythologischen Lexikons", im Gegensatze zur Ausgabe von Schwabe (1770). — 17. Raphael. Das Wandgemälde findet sich im Badezimmer des Kardinals Bibiena im dritten Stockwerke des Vatikans. Minerva ringt in einer Landschaft mit einem bärtigen Manne. Man schreibt das Bild einem Schüler Raphaels zu. — 20. Die drei Später überschriebenen Absätze wurden zur späteren Redaktion von Goethe entworfen — In Meyers Ausführung über widerstrebende Gegenstände (Propyläen 1, 2, 48 ff.) wird des Bildes des Vulkan und der Minerva nicht gedacht.

es bei derselben hauptsächlich auf die Behandlung ankommt, so können wir die Stoffe beinahe als gleichgültig ansehen. Nun ist aber bei näherer Betrachtung nicht zu leugnen, daß die einen sich der Behandlung bequemer darbieten als die anderen, und daß, wenn gewisse Gegenstände durch die Kunst leicht zu überwinden sind, andere dagegen unüberwindlich scheinen. Ob es für das Genie einen wirklich unüberwindlichen Stoff gebe, kann man nicht entscheiden; aber die Erfahrung lehrt uns, daß in solchen Fällen die größten Meister wohl angenehme und lobenswürdige Bilder gemacht, die aber keineswegs in dem Sinne vollkommen sind als die, bei welchen der Stoff sie begünstigte. Denn es muß sich die Kunst ja fast schon erschöpfen, um einem ungünstigen Gegenstande dasjenige zu geben, was ein günstiger schon mit sich bringt. Bei den echten Meistern wird man immer bemerken, daß sie da, wo sie völlig freie Hand hatten, jederzeit günstige Gegenstände wählten und sie mit glücklichem Geiste ausführten. Gaben ihnen Religions- oder andere Verhältnisse andere Aufgaben, so suchten sie sich zwar so gut als möglich herauszuziehen, es wird aber immer einem solchen Stück etwas an der höchsten Vollkommenheit, das heißt an innerer Selbständigkeit und Bestimmtheit, fehlen. Wunderbar ist es, daß die neueren und besonders die neusten Künstler sich immer die unüberwindlichen Stoffe aussuchen, und auch nicht einmal die Schwierigkeiten ahnen, mit denen sie dann zu kämpfen haben. Und ich glaube daher, es wäre schon viel für die Kunst gethan, wenn man den Begriff der Gegenstände, die sich selbst darbieten, und anderer, die der Darstellung widerstreben, recht anschaulich und allgemein machen könnte.

Äußerst merkwürdig ist mir bei dieser Gelegenheit, daß auch hier alles auf die Erörterung der Frage ankäme, welche die Philosophen so sehr beschäftigt: inwiefern wir nämlich einen Gegenstand, der uns durch die Erfahrung gegeben wird, als einen Gegenstand an sich ansehen dürfen oder ihn als unser Werk und Eigentum ansehen müssen. Denn wenn man der Sache recht genau nachgeht, so sieht man, daß nicht allein die Gegenstände der Kunst, sondern schon die Gegenstände zur Kunst eine gewisse Idealität an sich haben; denn indem sie bezüglich auf Kunst betrachtet werden, so werden sie durch den menschlichen Geist schon auf der

15. völlige l.

Stelle verändert. Wenn ich nicht irre, so behauptet der kritische Idealismus so etwas von aller Empirie, und es wird nur die Frage sein, wie wir in unserem Falle, in welchem wir, wo nicht eine Erschaffung, doch eine Metamorphose der Gegenstände annehmen, uns so deutlich ausdrücken, daß wir allgemein verständlich sein und daß wir auf eine geschickte Weise den Unterschied zwischen Gegenstand und Behandlung, welche beide so sehr zusammenfließen, schicklich bezeichnen können.

---

1 f. Der kritische Idealismus Kants, im Gegensatze zum dogmatischen.

Rückreise über Stuttgart und Nürnberg.

Donnerstag den 26. Oktober. Nach einem Aufenthalte von drei Tagen fuhren wir früh 8 Uhr von Zürich ab die Straße nach Schaffhausen. In der Gegend von Bülach fanden wir den Weinstock niedergelegt, welches am Züricher See nicht geschieht. Um 12 Uhr waren wir in Eglisau, wo wir im Gasthof „Zum Hirsch" einkehrten, am vorbeifließenden Rhein, und um halb 2 weiter fuhren. Dunkler Streif zwischen den Regenbogen sehr sichtbar. In der Nähe des Rheinfalles stiegen wir aus und gingen den Weg hinab. Die Dämmerung trat ein, und wir hatten einen bösen Fußweg nach Schaffhausen.

Freitag den 27. Oktober. Früh von Schaffhausen ab, auf der Straße nach Tübingen. Seitwärts am Wege sieht man die drei Basaltfelsen Hohentwiel, Hohenkrähen und Hohenhöwen. Gegen Mittag in Engen. Geschichte des Bauern, der sein schlechtes Häuschen anmalen ließ und darüber immer Einquartierung bekam. Abends in Tuttlingen.

Sonnabend den 28. Oktober. Bis Balingen. Äußerungen der Schalkheit. Auf Fragen schiefe Antworten. Nichts loben.

1. Rückreise über Stuttgart und Nürnberg. Die Überschrift fehlt 1. Die folgenden Tagebuchangaben sind dort nur durch einen Abteilungsstrich vom Zusatze zum letzten Briefe geschieden, die folgenden Tagangaben als Briefdatierungen behandelt. — 2—5. (niedergelegt). Tb.: „Früh 8 Uhr aus Zürch. Um 11 Uhr in Bülach. Wir fanden den Weinstock in dieser Gegend niedergelegt" Auf ursprünglichen Bleistiftaufzeichnungen steht nach Zürich: „Große Rüben auf dem Felde", nach niedergelegt: „Große Herren und alle Freunde sehn und wiedersehn." — 4. Bülach Tb. 1. — 7. Der Gasthof „zum Hirsch" besteht noch heute. — Am vorbeifließenden Rhein Tb.: „Aussicht auf den Rhein." Bleistiftaufzeichnungen: „Schöne Aussicht auf die Brücke." — 8. dem statt den 1, Druckfehler. Bleistiftbemerkungen zwischen zwei. Vgl. S. 113, 115, 117 f. 9. Nach sichtbar Tb.: „Mistjotte auf die Saat gegossen." — 14. Basaltfelsen, im sogenannten Höhengau, am Eingange zwischen Rhein und Bodensee, heute noch durch Trümmer zahlreicher Burgen anziehend. — 14. Höhenhöwen, bei Welschingen. Tb. „der dritte bei Engen" — 18. Äußerungen der Schalkheit. Als Überschrift und gesperrt 1. — 18. (Äußerungen) — 177, 1 fehlt im Tb. und ist verkommen. Aus einem Gespräche zwischen Goethe und Meyer skizziert. Dabei schwebt der schweizerische, Goethe aus Lavater

Alles, wo nicht tadeln, doch nicht recht finden und das Gegenteil wünschen. Das Taubsein. Das Schweigen: Temporär im Gegensatz der Gesprächigkeit des Mannes. Perpetuierlich. Ohnmacht, wobei man gut hört. Negative durch übelplacierte Thätigkeit.

Sonntag den 29. Oktober. Bis Tübingen.

Montag den 30. und Dienstag den 31. Blieb man daselbst.

An Schiller.

Tübingen den 30. Oktober.

Wir haben die Tour auf Basel aufgegeben und sind gerade auf Tübingen gegangen. Die Jahreszeit, Wetter und Weg sind nun nicht mehr einladend, und da wir einmal nicht in der Ferne bleiben wollen, so können wir uns nun nach Hause wenden; welchen Weg wir nehmen, ist noch unentschieden.

Viel Glück zum „Wallenstein“! Ich wünsche, daß, wenn wir kommen, ein Teil schon sichtbar sein möge. Meyer grüßt bestens. Möchten wir Sie mit den Ihrigen recht gesund finden. Auf der Hälfte des Wegs, von Frankfurt oder Nürnberg, hören Sie noch einmal von uns.

Humboldt hat von München geschrieben; er geht nach Basel. Nochmals Lebewohl und Hoffnung baldigen Wiedersehens.

bekannte und in der Erzählung „Die guten Weiber“ benutzte Sprachgebrauch vor, daß man Schalk ein Frauenzimmer nannte, welches durch Gleichgültigkeit, Kälte und Zurückhaltung einem das Leben sauer macht. Seltsam hat Lavaters Freund Hegner darin einen Spott auf diesen gewittert.

11. Jahrszeit Br. — Nach 14 hat der Brief die Stelle: „Den Almanach haben wir erst hier erhalten und uns besonders über den 'Eisenhammer' gefreut. Sie haben kaum etwas mit so glücklichem Humor gemacht und die retardierende Masse ist von dem besten Effekt. Auch ist das 'Geheimnis' sehr lobenswürdig. [Diese beiden Gedichte waren die einzigen von Schiller, welche auf dem Goethe noch unbekannten Bogen des Almanachs standen.] Es freut mich, daß 'Hermann' in Ihren Händen ist und daß er sich hält. Was Sie vom 'Meister' sagen [daß er nicht ganz aus der Wirklichkeit herauslasse und für einen Roman zu viel von der Tragödie habe], verstehe ich recht gut, es ist alles wahr und noch mehr. Gerade seine Unvollkommenheit [daß er aus dem Epischen ins Tragische überschweift], hat mir am meisten Mühe gemacht. Eine reine Form hilft und trägt, da eine unreine überall hindert und zerrt. Er mag indessen sein, was er ist, es wird mir nicht leicht wieder begegnen, daß ich mich im Gegenstand und in der Form vergreife, und wir wollen abwarten, was uns der Genius im Herbste des Lebens gönnen mag.“ — 15. „Wallenstein.“ Am 2. hatte Schiller gemeldet, daß er sich jetzt diesem zuwenden werde, dessen Stoff er schon in eine reine tragische Fabel verwandelt habe und mit dessen fertigen Scenen er im ganzen zufrieden sei. — 20 f. Eigenhändig dem Diktierten hinzugefügt. — geschrieben und geht Br.

Mittwoch den 1. November. Früh 6 Uhr von Tübingen über Echterdingen, wo wir im Gasthof „Zum Hirsch“ Mittag hielten. Nachts in Stuttgart logierten wir im „Schwarzen Adler“.

Donnerstag den 2. November. Morgens 5 Uhr von Stuttgart abgefahren auf der Straße nach Nürnberg. Bei Cannstatt, wo wir über den Neckar gingen, und später bei Waiblingen trafen wir eine große Anzahl Wagen und Mehlfässer. Der Weg ging den ganzen Tag sehr angenehm an Hügeln vorbei und über Flächen mit Wiesen, Frucht- und Weinbau. Wir kamen durch manchen anmutig gelegenen Ort und erreichten abends Gmünd, die freie Reichsstadt an der Rems, mit grünen Matten und Gärten umgeben. Die Stadt hat zwei Wälle und manche sehr alte Häuser. Wir logierten in der Post.

Freitag den 3. November. Früh 6 Uhr aus Gmünd. Vor der Stadt große Wagenburg und Geschütz. Mittags in Aalen, wo wir schöne Mädchen sahen. Hinter Buch geht der Weg aufwärts nach Schwabsberg, wo man Ellwangen vor sich auf der Höhe sieht und die Jaxt unten im Thale fließt. Nachts in Ellwangen.

Sonnabend den 4. November. Früh von Ellwangen ab. Man fährt den Weg nach dem Schloß hinauf, dann auf der fruchtbaren Höhe fort, wo man gegenüber einen schönen Berg liegen sieht. Später führt der Weg in eine Tiefe durch Tannenwald, auf rotem, sandigem Boden. Man sieht einige Fischteiche, mit Wald umgeben. Mittags in Dinkelsbühl. Die Stadt hat eine fruchtbare Lage, ist alt, aber reinlich, und hat zwei Wälle. Nachts in Großenriedt.

Sonntag den 5. November. Morgens 6 Uhr von Großenriedt weiter. Man kommt durch kleine Waldpartieen und Tannenwäldchen, über fruchtbare Felder und durch ein Thal mit viel Hopfenbau und einigen Mühlen. Gegen Abend in Schwabach.

3. Im „**Schwarzen Adler**“, noch heute am Markt. Schiller hatte das Gasthaus „zum schwarzen Adler“ mit seinen jungen Stuttgarter Freunden viel besucht. — 6. Vor **Waiblingen** ist **Feldbach** ausgefallen. — 7. **Wägen** Tb. 1. — 7 (**Der Weg**). — 10. Tb.: „Allee von Fruchtbäumen, schöner Feldbau, durch Endersbach und Heppach. Die Rems fließt durch. Frucht- und Weinbau. Gerabstetten, Habsack, Winterbach, Schorndorf. Feldbau auf schöner Fläche. Wiesen und Weinbau. Saat- und Brachfelder wechseln mannigfaltig. Plüdershausen. Feldbau geht fort bis Lorch. Nahe dabei liegt ein Kloster auf einem sanft aufsteigenden kleinen Berge. Man kommt über die Grenze des Wirtenbergischen Landes. Gmünd.“ In Lorch und Gmünd hatte Schiller als Knabe gelebt. — 12. Tb.: „Wälle, in der Vorstadt Mist.“ — 14. In den folgenden Berichten ist wieder manches ausgelassen. — 25. **Dünkelsbühl** 1. — 30 f. **Viel Hopfenbau**. In dieser Gegend befindet sich das vorzüglichste Hopfengebiet der Erde.

Die Stadt liegt in einem ganz flachen fruchtbaren Thale. Die innere Stadt ist alt, hat aber hie und da einige schöne neue Häuser. Besonders sind vor den Thoren viele meist ganz von Steinen aufgeführt. Wir logierten im „Lamm“

Im stillen Busch den Bach hinab
Treibt Amor seine Spiele,
Und immer leise dip, dip, dap;
So schleicht er nach der Mühle.
Es macht die Mühle klap, rap, rap;
So geht es stille dip, dip, dap,
Was ich im Herzen fühle.

Da saß sie wie ein Täubchen
Und rückte sich am Häubchen
Und wendete sich ab.
Ich glaube gar, sie lachte,
Und meine Kleider machte
Die Alte gleich zum Bündel.
Wie nur so viel Gesindel
Im Hause sich verbarg!
Es lärmten die Verwandten,
Und zwei verfluchte Tanten,
Die machten's teuflisch arg.

Montag den 6. November. Früh von Schwabach auf gutem Wege über Reichelsdorf, Eybach und Schweinau nach Nürnberg, wo wir vormittags 10 Uhr ankamen und im „Roten Hahn“ Logis nahmen.

5—22 fehlen im Tb. und sind spurlos aus Goethes Nachlaß geschwunden. Die siebenversige Strophe 5—11 ist ein Versuch zu dem Liede „Der Müllerin Verrat“. Mehrere Mühlen hatten das lange stockende Lied, bei dem ihm eine französische Romanze vorschwebte, wieder in ihm angeregt. — 7. Doppelpunkt nach leise, wie 9 nach Mühle. — 11. Hier wechseln unmittelbar aufeinander reimende weibliche Verse mit männlichen Reimen, die durch ein oder zwei weibliche Reimpaare getrennt sind. — Nach 14 Semikolon, nach 15 Punkt 1. — 18f. ist mit geringen Veränderungen in die spätere Fassung übergegangen, ebenso der Reim Verwandten (Anverwandten) und Tanten. — 24. Eubach Tb. 1. — 25f. „Der Rote Hahn“ findet sich noch heute in der Königsstraße. — Denselben 6. November schrieb Goethe an Cotta: „Durch den rückkehrenden Kutscher, welchem ich nach unserer Abrede einhundert Gulden gefällig auszuzahlen bitte, vermelde ich, daß wir auf dem bösesten Wege endlich heute früh in Nürnberg angelangt sind. Das Wetter war in den letzten Tagen leidlich; wie aber die schönen Württemberger Chausseen

An Schiller.

Nürnberg den 10. November.

Wir haben zu unserer besonderen Freude Knebeln hier angetroffen und werden daher etwas länger, als wir gedachten, verweilen. Die Stadt bietet mancherlei Interessantes an, alte Kunstwerke, mechanische Arbeiten, so wie sich auch über politische Verhältnisse manche Betrachtungen machen lassen. Ich sage Ihnen daher nur ein Wort des Grußes und sende ein Gedicht. Es ist das vierte zu Ehren der schönen Müllerin. Das dritte ist noch nicht fertig; es wird den Titel haben „Verrat" und die Geschichte erzählen, da der junge Mann in der Mühle übel empfangen wird.

von Cannstatt aus [durch den Krieg und die Not der Zeit] verdorben sind, davon wird Ihnen der Überbringer die betrübteste Relation machen können. Von Weimar aus lasse ich bald wieder von mir hören, und danke nur indessen für die vielen und besonderen Gefälligkeiten, womit Sie uns unsere Reise haben erleichtern wollen, und wünsche recht wohl zu leben." Zwei Tage später sandte Goethe an Rapp „Hermann und Dorothea" mit den Worten: „Sie erhalten hierbei, wertester Herr Rapp, das Gedicht in seiner reinsten typographischen Form. Gönnen Sie ihm abermals eine gute Aufnahme. Wenn Sie das Gemälde abschicken, so haben Sie ja wohl die Gefälligkeit, mir zu schreiben, wann und durch wen es gegangen ist. Empfehlen Sie mich Ihrem Kreise und nehmen für so mannigfaltige Gefälligkeiten nochmals meinen lebhaften Dank."

3. Knebel hatte sich einstweilen nach Nürnberg zurückgezogen, wo er in einem großen Hause auf dem Markte wohnte. Böttiger hatte ihm geschrieben, Goethe werde über Nürnberg zurückkehren, worauf er sich freute. — 5. Die Stadt, die Goethe vor sieben Jahren in Begleitung der Herzogin-Mutter besucht hatte. — 9. Das vierte, „der Müllerin Reue". Eckermann hätte das Lied hier abdrucken lassen müssen. Dem Tagebuch liegt eine Abschrift vom 7. September bei. — Das dritte, von welchem Versuche im Tagebuch vom 5. mitgeteilt sind. — 11. Auf die Rückseite des Briefes hatte Goethe geschrieben: „Die echte poetische Begeisterung des Vossischen Liedes [in Vossens Musenalmanach]:

Dicht gedränget Mann und Weib
Pflegen wir mit Punsch den Leib;
Wie den Fuchs die Grube,
Erwärmet uns die Stube.

hat mich äußerst erbaut." — 11. Der Brief an Schiller schloß: „Bald habe ich das Vergnügen, Sie wieder zu umarmen und über hundert Dinge Ihre Gedanken zu erfragen. Meyer grüßt." Der jetzige Schluß (181, 1—6) ist, vielleicht mit Goethes Bewilligung, aus den Tagebuchberichten vom 15. bis 18. gebildet. Auch in Goethes „Tag- und Jahresheften" heißt es, sie hätten in dem freundlichen Zirkel der Kreisgesandten einige frohe Tage durchlebt. Auf einem dem Tagebuch beigelegten Foliobogen lesen wir: „Den 11. Nov. speisten im ‚roten Hahn' zu Nürnberg: Herr Hofjuwelier Reich von Fürth, Herr Tanzwohl, Maler aus Wien, Herr Doktor Osterhausen, Herr von Seufarth, kaiserlicher Kommissär, Herr Jacoli, Kaufmann (reist vor ein englisches Haus), Herr Sturbi (reist vor ein französisches Haus), Herr Kiesling, Kaufmann aus der Stadt." Auf denselben Bogen schrieb Goethe, wohl an einem der nächsten Tage, die undatierte Aufzählung neuer Bekannter, meist Gesandter des fränkischen Kreises: „Herr von Oberkam [Oberkamp], Bambergischer Gesandte, Herr von Hepp, zweiter Gesandte, Herr von Heß, Würzburgischer Gesandte, Herr von Zwanziger, Werthheimischer, Herr von Türkheim, Hessen-Cassel[scher], Herr von Kleidigen [Kleudgen], Deutsch-Ordens-Gesandter, Herr von Danner [Tanner], Eichstädtischer, Herr von Braun, Werthheimischer, Herr von Harstörfer [Harsdörffer], Kreisdeputierter, Herr Carl [Karl], Kreiskonsulent, Herr Doktor Deinzer, Jur. Prud. [Dr. Juris?], Herr von Imhoff, Patrizier, Herr General von Eckardt, Herr von Datrens [Tautphöus],

Wir haben in dem freundlichen Zirkel der Kreisgesandten bereits einige frohe Tage verlebt und gedenken erst den 15. von hier abzugehen. Wir werden den geraden Weg über Erlangen, Bamberg und Kronach nehmen, und so hoffe ich denn in wenig Tagen das Vergnügen zu haben, Sie wieder zu umarmen und über hundert Dinge Ihre Gedanken zu erfragen.

Bairischer Gesandte, Herr Graf Castell, Herr Graf Löwenstein-Werthheim." In einem Oktoberheftchen steht folgender Bericht vom 15. bis zum 17.: „Mittwoch am 15. Nachmittag 4 Uhr aus Nürnberg. Straße mitunter schlecht, durch Tannenwald. Kamen 8 Uhr in Erlangen an. Logis Toussaint. Die Stadt sehr regelmäßig gebaut; schöne breite Straßen, des Nachts gut erleuchtet. Das Schloß steht auf einem freien Platz. Um die Stadt herum mehrere schöne Gartenanlagen und Alleen. Donnerstag den 16. Früh 6 Uhr aus Erlangen. Die Wege von Erlangen bis Baiersdorf sind wegen des sandigen Bodens sehr schlecht, durch Baiersdorf und Burgheim mit einem Wall umgeben; die Straßen der Stadt [Baiersdorf] sind schmutzig. Man kommt von hier aus auf Chaussee. Das Feld wird fruchtbarer. Thon mischt sich unter den Sand. Zwetschenbäume auf Saatfeldern. Man kommt nach Sasselfort [Sassenfahrt] (gehört zu Ansbach), Strulndorf [Strullendorf], von den Franzosen verbrennt, jetzt wieder erbaut, durch Tannenwald nach Bamberg. Im 'Lamm' Mittag. Die Stadt liegt sehr angenehm und heiter. Gegen Mittag ist sie mit einem Wald eingeschlossen; gen Norden hat man eine der schönsten Plainen vor sich, mit welcher teils freundliche Dörfer, teils fruchtbare Felder abwechseln. Durch Hallstadt. Rechts sieht man auf etwas entfernten Bergen zwei Schlösser. Man kommt dem Mainufer nah. In Giesbach [Breitengüßbach] übernachtet. Freitag den 17. Früh von hier 5½ weg. Durch Zapfendorf und Staffelstein vor Reichen vorbei. Man findet Belemiten. Durch Lichtenfels. Schöne Saat. Nebel. Der Main kommt auf der linken Seite herunter. Man steigt bergauf, Fichtenwald bergab. Fischteiche. Kloster rund gebaut. Links Seilen [Zeulen]. Hobestadt [Hochstadt]. Schöne steinerne Brücke über den Main; kommt bei Seilen mit der Rodach zusammen. Durch Zedlitz [Oberzeulitz] gutes Feld. Bei Unterlangstadt [Unterlangenstadt] kommt die Rodach herunter. Man fährt durch guten, fruchtbaren Boden. Oberlangenstadt [vor Oberlangenstadt steht irrig noch einmal durch]. Angenehmes Thal. Schneidemühlen. An der rechten Seite der Rodach hinauf nach Kronach. Festung. Sonnabend, den 18. November. Früh 6 Uhr von Kronach weg." Von Kronach führte der Weg über Saalfeld nach Jena, wo Goethe am Mittag des 20. bei Schiller eintraf, und sich einige Stunden des lange entbehrten Freundes erfreute.

Aus einer Reise am Rhein, Main und Neckar

in den Jahren 1814 und 1815.

Zu des Rheins gestreckten Hügeln,
Hochgesegneten Gebreiten,
Auen, die den Fluß bespiegeln,
Weingeschmückten Landesweiten
Möget mit Gedankenflügeln
Ihr den treuen Freund begleiten.

1. Aus einer Reise. Der Titel nebst dem Motto (es stand zuerst auf der Rückseite des Titels des „Sankt-Rochus-Festes" in „Kunst und Altertum" I, 2, 64) nach 2. Den ersten Druck in „Kunst und Altertum" bezeichnen wir mit 1, die Ausgabe letzter Hand mit 2.

Inhalt.

1. Die Inhaltsangabe nach 2

St. Rochusfest zu Bingen.

Am 16. August 1814.

Vertraute, gesellige Freunde, welche schon wochenlang in Wiesbaden der heilsamen Kur genossen, empfanden eines Tages eine gewisse Unruhe, die sie durch Ausführung längst gehegter Vorsätze zu beschwichtigen suchten. Mittag war schon vorbei und doch ein Wagen augenblicklich bestellt, um den Weg ins angenehme Rheingau zu suchen. Auf der Höhe über Biebrich erschaute man das weite, prächtige Flußthal mit allen Ansiedelungen innerhalb der fruchtbarsten Gauen. Doch war der Anblick nicht vollkommen so schön, als man ihn am frühen Morgen schon öfters genossen, wenn die aufgehende Sonne so viel weiß angestrichene Haupt- und Giebelseiten unzähliger Gebäude, größerer und kleinerer, am Flusse und auf den Höhen beleuchtete; in der weitesten Ferne glänzte dann vor allen das Kloster Johannisberg, einzelne Lichtpunkte lagen dies- und jenseits des Flusses ausgesät.

Damit wir aber sogleich erführen, daß wir uns in ein frommes Land bewegten, entgegnete uns vor Mosbach ein italienischer Gipsgießer, auf dem Haupte sein wohlbeladenes Brett gar kühnlich im Gleichgewichte schwenkend. Die darauf schwebenden Figuren aber waren nicht etwa, wie man sie nordwärts antrifft, farblose Götter- und Heldenbilder, sondern, der frohen und heiteren Gegend gemäß, bunt angemalte Heilige. Die Mutter Gottes thronte über allen;

1. Vertraute, gesellige Freunde. Zelter, den Goethe seit dem Selbstmorde seines Sohnes zu seinem Duzfreund erhoben hatte, genoß seit dem 12. Juli in Wiesbaden die Kur. Dieser und er selbst, der siebzehn Tage später angekommen, waren die einzigen Kurgäste, die sich an dem Ausfluge beteiligten. Der dritte war der zu Friedewald am 9. Oktober 1755 geborene Ludwig Wilhelm Cramer, seit 1803 Oberbergrat in Wiesbaden; seine schönen mineralogischen Kenntnisse und sein tüchtiges Wesen hatten den Dichter bald angezogen. — 6 und weiter unten Biberich 1, Bieberich 2. Auf den Trümmern der alten Kaiserpfalz (Bibur) im jetzigen Schloßgarten, in welcher 871 Ludwig der Deutsche verweilte, hatte man eine kleine Burg angelegt. Das neue Sommerschloß des Herzogs von Nassau ward im Anfange des vorigen Jahrhunderts erbaut. — 6 f. Das weite prächtige Flußthal, der eigentliche Rheingau — 14. ausgesäet 2. — 16. Mosbach. Das zunächst hinter Biebrich liegende Dorf Mosbach ist jetzt mit diesem zu einem Städtchen verbunden. — 19 f. Göter, und 1.

aus den vierzehn Nothelfern waren die vorzüglichsten auserlesen; der heilige Rochus in schwarzer Pilgerkleidung stand voran, neben ihm sein brottragendes Hündlein.

Nun fuhren wir bis Schierstein durch breite Kornfelder, hie und da mit Nußbäumen geschmückt. Dann erstreckt sich das fruchtbare Land links an den Rhein, rechts an die Hügel, die sich nach und nach dem Wege näher ziehen. Schön und gefährlich erscheint die Lage von Wallus unter einem Rheinbusen wie auf einer Landzunge. Durch reich befruchtete, sorgfältig unterstützte Obstbäume hindurch sah man Schiffe segeln, lustig, doppelt begünstigt, stromabwärts.

Auf das jenseitige Ufer wird das Auge gezogen; wohlgebaute, große, von fruchtbaren Gauen umgebene Ortschaften zeigen sich, aber bald muß der Blick wieder herüber. In der Nähe steht eine Kapellenruine, die auf grüner Matte ihre mit Ephen begrünten Mauern wundersam reinlich, einfach und angenehm erhebt. Rechts nun schieben Rebhügel sich völlig an den Weg heran.

In dem Städtchen Walluf tiefer Friede, nur die Einquartierungskreide an den Hausthüren noch nicht ausgelöscht. Weiterhin erscheint Weinbau zu beiden Seiten. Selbst auf flachem, wenig abhängigem Boden wechseln Rebstücke und Kornfelder; entferntere Hügel rechts ganz bedeckt von Rebgeländern.

Und so in freier, umhügelter, zuletzt nordwärts von Bergen umkränzter Fläche liegt Elfeld, gleichfalls nah am Rheine, gegenüber einer großen bebauten Aue. Die Türme einer alten Burg sowie der Kirche deuten schon auf eine größere Landstadt, die sich auch inwendig durch ältere, architektonisch verzierte Häuser und sonst auszeichnet.

Die Ursachen, warum die ersten Bewohner dieser Ortschaften

1. Den vierzehn Nothelfern, einer nicht überall dieselben Heiligen enthaltenden Reihe Schutzpatrone in den verschiedensten Nöten. Zu ihnen gehört aber nicht der ursprünglich französische Heilige St. Roche (Rochus), obgleich dieser, wie schon früher der heilige Sebastian, gegen die Pest angerufen wurde. Unter den eigentlichen Nothelfern hilft gegen die Pest Christophorus. — 8. Walluf, Niederwalluf, das man von ferne sah. Hier begann der eigentliche alte Rheingau, der bis Lorch reichte und durch einen undurchdringlichen Waldverhau, das „Gebück", an den offenen Wegen durch Gräben, Schanzen, Bollwerke, Türme befestigt war. — 10. Doppelt begünstigt, da sie rheinabwärts fuhren.

12 f. Wohlgebaute, große Ortschaften, Mombach, Büdenheim, Wackernheim, Heidesheim (mit gutem Wein). 14. In der Nähe. Auf dem Wege nach Niederwalluf. — 24. Elfeld, gewöhnlich Eltville (alta villa) genannt, die alte Hauptstadt des Rheingaus, im vierzehnten und fünfzehnten Jahrhundert meist der Sitz der Kurfürsten von Mainz. 25. Einer alten Burg, 1330 von Balduin, Erzbischof von Mainz, erbaut 26. Der Kirche, mit ihrem fünfspitzigen Turme, aus derselben Zeit.

sich an solchen Plätzen angesiedelt, auszumitteln, würde ein angenehmes Geschäft sein. Bald ist es ein Bach, der von der Höhe nach dem Rhein fließt, bald günstige Lage zum Landen und Ausladen, bald sonst irgend eine örtliche Bequemlichkeit.

Man sieht schöne Kinder und erwachsen wohlgebildete Menschen; alle haben ein ruhiges, keineswegs ein hastiges Ansehen. Lustfuhren und Lustwandler begegneten uns fleißig, letztere öfters mit Sonnenschirmen. Die Tageshitze war groß, die Trockenheit allgemein, der Staub höchst beschwerlich.

Unter Elfeld liegt ein neues, prächtiges, von Kunstgärten umgebenes Landhaus. Noch sieht man Fruchtbau auf der Fläche links, aber der Weinbau vermehrt sich. Orte drängen sich, Höfe fügen sich dazwischen, so daß sie, hinter einander gesehen, sich zu berühren scheinen.

Alles dieses Pflanzenleben der Flächen und Hügel gedeiht in einem Kiesboden, der, mehr oder weniger mit Leimen gemischt, den in die Tiefe wurzelnden Weinstock vorzüglich begünstigt. Die Gruben, die man zu Überschüttung der Heerstraße ausgegraben, zeigen auch nichts anderes.

Erbach ist wie die übrigen Orte reinlich gepflastert, die Straßen trocken, die Erdgeschosse bewohnt und, wie man durch die offenen Fenster sehen kann, reinlich eingerichtet. Abermals folgt ein palastähnliches Gutsgebäude; die Gärten erreichen den Rhein, köstliche Terrassen und schattige Lindengänge durchschaut man mit Vergnügen.

Der Rhein nimmt hier einen anderen Charakter an; es ist nur ein Teil desselben, die vorliegende Aue beschränkt ihn und bildet einen mäßigen, aber frisch und kräftig strömenden Fluß. Nun rücken die Rebhügel der rechten Seite ganz an den Weg heran, von starken Mauern getragen, in welchen eine vertiefte Blende die Aufmerksamkeit an sich zieht. Der Wagen hält still; man erquickt sich an einem reichlich quellenden Röhrwasser; dieses ist der Marktbrunnen, von welchem der auf der Hügelstrecke gewonnene Wein seinen Namen hat.

11. Das Landhaus ist die Burg Rheinberg. – 16. Leimen, mundartliche Form für Lehm, wie im Faust II, 390 Leimenwand. Besonders bei Herder findet sie sich oft. Alt- und mittelhochdeutsch leim, niedersächsisch leem. — 20. Erbach. Die gleichnamige reiche Cisterzienserabtei liegt im Walde versteckt. — 23. Gutsgebäude, westlich von Erbach. — 27. Aue, die eine halbe Stunde lange Rheinaue. Der gegenüber liegenden großen Langwertheraue gedenkt Goethe nicht. Erbach gegenüber auf dem linken Ufer liegt landeinwärts Niederingelheim. — 33 f. Marktbrunnen. Richtiger Markbrunnen,

Die Mauer hört auf, die Hügel verflächen sich; ihre sanften Seiten und Rücken sind mit Weinstöcken überdrängt. Links Fruchtbäume. Nah am Fluß Weidichte, die ihn verstecken.

Durch Hattenheim steigt die Straße; auf der hinter dem Ort erreichten Höhe ist der Leimenboden weniger kiesig. Von beiden Seiten Weinbau, links mit Mauern eingefaßt, rechts abgeböscht.

Reichartshausen, ehemaliges Klostergut, jetzt der Herzogin von Nassau gehörig. Die letzte Mauerecke, durchbrochen, zeigt einen anmutig beschatteten Akaziensitz.

Reiche, sanfte Fläche auf der fortlaufenden Höhe, dann aber zieht sich die Straße wieder an den Fluß, der bisher tief und entfernt gelegen. Hier wird die Ebene zu Feld- und Gartenbau benutzt, die mindeste Erhöhung zu Wein. Östrich in einiger Entfernung vom Wasser, auf ansteigendem Boden, liegt sehr anmutig; denn hinter dem Orte ziehen sich die Weinhügel bis an den Fluß, und so fort bis Mittelheim, wo sich der Rhein in herrlicher Breite zeigt. Langenwinkel folgt unmittelbar. Den Beinamen des langen verdient es, ein Ort bis zur Ungeduld der Durchfahrenden in die Länge gezogen; Winkelhaftes läßt sich dagegen nichts bemerken.

Vor Geisenheim erstreckt sich ein flaches, niederes Erdreich bis an den Strom, der es wohl noch jetzt bei hohem Wasser überschwemmt; es dient zu Garten- und Kleebau. Die Aue im Fluß, das Städtchen am Ufer ziehen sich schön gegen einander; die Aussicht jenseits wird freier. Ein weites hüglichtes Thal bewegt sich zwischen zwei ansteigenden Höhen gegen den Hundsrück zu.

d. h. Grenzbrunnen. Seit 1811 fließt er in ein künstliches Sandbecken, um welches Sitze angebracht sind. Der Wein heißt jetzt Marcobrunner, früher weniger altertümlich Markerbrunnen. Der dortigen Weinberge wird schon in einer Urkunde von 1104 gedacht. — 3. Weidigte 1. — 5. Lehmenboden 1. 2. Aber es muß Lehmboden oder nach Leimen (189, 16) Leimenboden heißen. — 7. Reichardtshausen 1. 2. — — Ehemaliges Klostergut. Hier und im Dreiserhof (Hof Dreise) lagerten die Weine der Abtei Eberbach. — 7 f. Der Herzogin von Nassau, der Gemahlin des Herzogs Friedrich August von Nassau-Usingen. — 13. Oestreich 1. 2. „Oestrich oder Estrich" Dielhelm im „Rheinischen Antiquarius". — 17. Winkel. Im Mittelalter machte man aus dem echtdeutschen Worte Vincella, Vinicella; man deutete es auf ein römisches Weinlager, ja änderte gar den Namen in Weinzell. Das Langen wurde im Volksmunde hinzugefügt, wie es bei manchen durch ihre Länge auffallenden Orten geschah, wie Langenbielau, Langenbenzlingen, Langenhain, Langenzenn, Langerwehen. — Unmittelbar. Die Orte stoßen aneinander. — 21. Vor Geisenheim. Auffallend wird hier des Anblicks des auf weiter Strecke sichtbaren Johannisberges (S. 187, 13) nicht gedacht, den Goethe erst im folgenden Monat besuchte. — 25. Die Aussicht jenseits wird freier. Man sieht das wohlhabende Gaulsheim und am südlichen Fuße das anmutig gelegene Dorf Kempten.

Wie man sich Rüdesheim nähert, wird die niedere Fläche links immer auffallender, und man faßt den Begriff, daß in der Urzeit, als das Gebirge bei Bingen noch verschlossen gewesen, das hier aufgehaltene, zurückgestauchte Wasser diese Niederung ausgeglichen und endlich, nach und nach ablaufend und fortströmend, das jetzige Rheinbett daneben gebildet habe.

Und so gelangten wir in weniger als viertehalb Stunden nach Rüdesheim, wo uns der Gasthof „Zur Krone", unfern des Thores anmutig gelegen, sogleich anlockte.

Er ist an einen alten Turm angebaut und läßt aus den vorderen Fenstern rheinabwärts, aus der Rückseite rheinaufwärts blicken; doch suchten wir bald das Freie. Ein vorspringender Steinbau ist der Platz, wo man die Gegend am reinsten überschaut. Flußaufwärts sieht man von hier die bewachsenen Auen in ihrer ganzen perspektivischen Schönheit, unterwärts am jenseitigen Ufer Bingen, weiter hinabwärts den Mäuseturm im Flusse.

Von Bingen heraufwärts erstreckt sich nahe am Strom ein Hügel gegen das obere flache Land; er läßt sich als Vorgebirg in den alten höheren Wassern denken. An seinem östlichen Ende sieht man eine Kapelle, dem heiligen Rochus gewidmet, welche so eben vom Kriegsverderben wiederhergestellt wird. An einer Seite stehen noch die Rüststangen; dessenungeachtet aber soll morgen das Fest gefeiert werden. Man glaubte, wir seien deshalb hergekommen, und verspricht uns viel Freude.

Und so vernahmen wir denn, daß während der Kriegszeiten

3. Gebürge 1. — 8. Der Gasthof „Zur Krone", in der Stadt gelegen. — ohnfern 1, wie regelmäßig ohn- statt un-. — 10. Einen alten Turm, einen runden Wartturm des fünfzehnten Jahrhunderts. — 15. Der Druckfehler gegenseitigen hat sich bis heute fortgepflanzt. Vgl. S. 193, 21. — 16. Den Mäuseturm, den Goethe seit dem Sommer 1792, wo er Zeuge der Belagerung von Mainz war, nicht mehr gesehen hatte. Die Sage von der Verfolgung des Erzbischofs Hatto von den Mäusen hielt Goethe keiner Erwähnung wert, weil man längst die Ableitung des Namens von Muß (Zoll oder auch Geschütz) kannte. — 17 f. Ein Hügel. So bezeichnet er hier immer den Rochusberg, mit welchem Namen er ihn am 5. September nennt. Schon Dielhelm im „Rheinischen Antiquarius" nennt ihn St. Rochus- oder Heffelberg. Letzterer Name deutet auf das Haselnußwäldchen auf der Höhe, die noch „die Hiffeln" heißt. — 19. An. Man erwartete eher auf. — Ende, dem von Bingen entferntesten Punkt. — 21. Wiederhergestellt wird. Schon im Februar begannen die Sammlungen zum Neubau, am 29. April wurde das Mauergerüst aufgeschlagen, den 21. Mai das Langhaus (der Mauerbau) fertig, am 25. das Dach begonnen, am 12. Juli der Turm aufgesetzt; die feierliche Einweihung hatte schon am Tage, wo Goethe Wiesbaden verließ, der Mainzer Domherr Ludwig Jonas, ein geborener Binger, vollzogen, was Goethe hier übergeht. — 22. dem ohngeachtet 1. Die Ausgabe letzter Hand führte, wie gewöhnlich, dessen ungeachtet ein. — 23. Man glaubte. Wenigstens der ortskundige Oberbergrat Cramer wird gewußt haben, daß man gerade am nächsten Morgen dort ein katholisches Volksfest feierte. — 25. während den, nach Goethes früherem Gebrauche 1.

zu großer Betrübnis der Gegend dieses Gotteshaus entweiht und verwüstet worden, zwar nicht gerade aus Willkür und Mutwillen, sondern weil hier ein vorteilhafter Posten die ganze Gegend überschaute und einen Teil derselben beherrschte. Und so war das Gebäude denn aller gottesdienstlichen Erfordernisse, ja aller Zierden beraubt, durch Bivouaks angeschmaucht und verunreinigt, ja durch Pferdestallung geschändet.

Deswegen aber sank der Glaube nicht an den Heiligen, welcher die Pest und ansteckende Krankheiten von Gelobenden abwendet. Freilich war an Wallfahrten hieher nicht zu denken; denn der Feind, argwöhnisch und vorsichtig, verbot alle frommen Auf- und Umzüge als gefährliche Zusammenkünfte, Gemeinsinn befördernd und Verschwörungen begünstigend. Seit 24 Jahren konnte daher dort oben kein Fest gefeiert werden. Doch wurden benachbarte Gläubige, welche von den Vorteilen örtlicher Wallfahrt sich überzeugt fühlten, durch große Not gedrängt, das Äußerste zu versuchen. Hiervon erzählen die Rüdesheimer folgendes merkwürdige Beispiel. In tiefer Winternacht erblickten sie einen Fackelzug, der sich ganz unerwartet von Bingen aus den Hügel hinaufbewegte, endlich um die Kapelle versammelte, dort, wie man vermuten können, seine Andacht verrichtete. Inwiefern die damaligen französischen Behörden dem Drange dieser Gelobenden nachgesehen, da

3. Ein vorteilhafter Posten. Vgl. die Anmerkung zu Z. 13. — 11. fromme l. — Verbot. Dies geschah nicht. — 13. Seit 24 Jahren. Nur 12 Jahre lang unterblieb die Festfeier. Die falschen 24 Jahre gingen selbst in katholische Blätter über. Von den Franzosen wurde die Gegend erst im Herbste 1792 heimgesucht und sie mußten sie bald wieder verlassen. Goethe selbst besuchte das von den Franzosen befreite Bingen am 9. Juli 1793. Erst im folgenden Jahre kamen die Franzosen zurück, die 1795 bei der Rochuskapelle eine Schanze anlegten, von welcher sie die auf dem rechten Ufer stehenden Österreicher beschossen. Die Kanonen der letzteren setzten Turm und Dach der Kirche in Brand, worauf dann die Franzosen sich des Holzwerks bemächtigten; nur die Umfassungsmauern nebst Thüren und Fenstern erhielten sich in freilich schadhaftem Zustande. Auch nach Zerstörung der Kapelle wurde bis zum Jahre 1802 das Rochusfest feierlich auf dem Berge begangen, in letzterem Jahre unter einem von den Binger Schiffern aus Segeltüchern neben der Kapelle errichteten Zelte. Erst 1803 weigerte sich der katholische Pfarrer von Bingen, dort Gottesdienst zu halten, weil die Kapelle zerstört sei. Einzelne und kleinere Gesellschaften besuchten noch immer die Stätte der Kapelle; im Jahre 1809 ließ ein Bürger ein von seiner Tochter gelobtes Kreuz an der Stelle des frühern Hochaltars aufrichten. In Bingen selbst wurde das Rochusfest durch Prozession, Hochamt und Predigt bis zur letzten französischen Zeit gefeiert. Von einem nächtlichen Zuge wird sonst nichts berichtet; wenigstens der Franzosen wegen brauchte man den Tag nicht zu scheuen. Goethe übergeht die Leiden, welche Bingen durch die flüchtigen, tötliche Nervenfieber mit sich bringenden Franzosen im November 1813 zu bestehen hatte, das „grausame Sterben" in den beiden letzten Monaten des Jahres 1813 und noch im folgenden Januar nach dem Übergange der Deutschen über den Rhein, wo Bingen ein Hauptlazarett war. Da gelobte die Rochusbruderschaft, die Kapelle des Heiligen wieder aufzubauen, wenn die Krankheit auf seine Fürbitte aufhöre. — 22. Gelobenden hier auffallend von denjenigen, die ihr gethanes Gelübde zu erfüllen im Begriffe standen.

man sich ohne Vergünstigung dergleichen wohl kaum unterfangen hätte, ist niemals bekannt geworden, sondern das Geschehene blieb in tiefer Stille begraben. Alle Rüdesheimer jedoch, die, ans Ufer laufend, von diesem Schauspiel Zeugen waren, versichern, seltsamer und schauderhafter in ihrem Leben nichts gesehen zu haben.

Wir gingen sachte den Strand hinab, und wer uns auch begegnete, freute sich über die Wiederherstellung der nachbarlichen heiligen Stätte; denn obgleich Bingen vorzüglich diese Erneuerung und Belebung wünschen muß, so ist es doch eine fromme und frohe Angelegenheit für die ganze Gegend, und deshalb eine allgemeine Freude auf morgen. Denn der gehinderte, unterbrochene, ja oft aufgehobene Wechselverkehr der beiden Rheinufer, nur durch den Glauben an diesen Heiligen unterhalten, soll glänzend wiederhergestellt werden. Die ganze umliegende Gegend ist in Bewegung, alte und neue Gelübde dankbar abzutragen. Dort will man seine Sünden bekennen, Vergebung erhalten, in der Masse so vieler zu erwartenden Fremden längst vermißten Freunden wieder begegnen.

Unter solchen frommen und heiteren Aussichten, wobei wir den Fluß und das jenseitige Ufer nicht aus dem Auge ließen, waren wir das weit sich erstreckende Rüdesheim hinab zu dem alten römischen Kastell gelangt, das, am Ende gelegen, durch treffliche Mauerung sich erhalten hat. Ein glücklicher Gedanke des Besitzers, des Herrn Grafen Ingelheim, bereitete hier jedem Fremden eine schnell belehrende und erfreuliche Übersicht.

Man tritt in einen brunnenartigen Hof; der Raum ist eng; hohe schwarze Mauern steigen wohlgefügt in die Höhe, rauh an-

17. Den offenbaren Druckfehler Sünde hat noch Strehlke beibehalten. Der Beichtende bekennt alle seit der letzten Beichte begangenen Sünden. — 22 f. Dem alten römischen Kastell. Dafür wird irrig die Niederburg gehalten. Sie war nach den neuesten Untersuchungen eine mittelalterliche Burg, deren Burgfried und innere Einrichtung um das Jahr 1100 fällt, während die vier Umfassungsmauern älter sind. Ursprünglich gehörte sie den Erzbischöfen und Kurfürsten von Mainz, kam aber schon im dreizehnten Jahrhundert in den Besitz der Ritter von Rüdesheim, deren Stammburg die daneben liegende Eberburg, die sogenannte Mittelburg (S. 191, 14), war. Nachdem diese vom Erzbischof Werner von Mainz besiegt waren, mußten sie die Burg als kurfürstliches Lehn empfangen. Als 1668 das Geschlecht der Ritter von Rüdesheim ausstarb, belieh Erzbischof Karl Heinrich von Metternich damit seinen Vetter, den Freiherrn Emmerich von Metternich. Im Jahre 1811 kaufte sie der Reichsgraf von Ingelheim von der Familie des Fürsten Metternich-Winneburg-Beilstein. Nicht dieser, sondern dessen Gemahlin, Gräfin Antonie, geb. Gräfin von Westphalen zu Fürstenberg, stellte sie im Inneren ganz neu her und legte auf dem obersten Gewölbe einen Garten an. Freilich nennt noch Gerning (1819) den Grafen als Hersteller.

zusehen (denn die Steine sind äußerlich unbehauen), eine kunstlose Rustika. Die steilen Wände sind durch neuangelegte Treppen ersteiglich; in dem Gebäude selbst findet man einen eigenen Kontrast wohleingerichteter Zimmer und großer wüster, von Wachfeuern und Rauch geschwärzter Gewölbe. Man windet sich stufenweis durch finstere Mauerspalten hindurch und findet zuletzt auf turmartigen Zinnen die herrlichste Aussicht. Nun wandeln wir in der Luft hin und wieder, indessen wir Gartenanlagen, in den alten Schutt gepflanzt, neben uns bewundern. Durch Brücken sind Türme, Mauerhöhen und Flächen zusammengehängt, heitere Gruppen von Blumen und Strauchwerk dazwischen; sie waren diesmal regenbedürftig wie die ganze Gegend.

Nun im klaren Abendlichte lag Rüdesheim vor und unter uns. Eine Burg der mittleren Zeit, nicht fern von dieser uralten. Dann ist die Aussicht reizend über die unschätzbaren Weinberge; sanftere und steilere Kieshügel, ja Felsen und Gemäuer sind zu Anpflanzung von Reben benutzt. Was aber auch sonst noch von geistlichen und weltlichen Gebäuden dem Auge begegnen mag, der Johannisberg herrscht über alles.

Nun mußte denn wohl im Angesicht so vieler Rebhügel des Elfers in Ehren gedacht werden. Es ist mit diesem Weine wie mit dem Namen eines großen und wohlthätigen Regenten: er wird jederzeit genannt, wenn auf etwas Vorzügliches im Lande die Rede kommt. Ebenso ist auch ein gutes Weinjahr in aller Munde. Ferner hat denn auch der Elfer die Haupteigenschaft des Trefflichen: er ist zugleich köstlich und reichlich.

In Dämmerung versank nach und nach die Gegend. Auch das Verschwinden so vieler bedeutender Einzelheiten ließ uns erst recht Wert und Würde des Ganzen fühlen, worin wir uns lieber verloren hätten; aber es mußte geschieden sein.

Unser Rückweg ward aufgemuntert durch fortwährendes Kanonieren von der Kapelle her. Dieser kriegerische Klang gab Gelegenheit, an der Wirtstafel des hohen Hügelpunktes als militärischen Postens zu gedenken. Man sieht von da das ganze Rheingau

5. stufenweise 1. 2. — 14. Eine Burg der mittleren Zeit, die Oberburg, später Mittelburg oder Boosenburg, von ihren Besitzern, den Boiß oder Boos von Waldeck, genannt. Dieser ältere Sitz der Brömser ist ein obeliskenartiger Turm. Goethe erinnerte sich wohl nicht mehr des Namens Mittelburg und bezeichnete deshalb beide nur nach der Zeit ihrer Anlage. — 21. Eilfers, wie 25, Eilfer 1. 2. — 21—24. Es ist mit diesem Weine ... Rede kommt. Vgl. Goethes 1815 gedichtetes Lied auf den Elfer Bd. IV, S. 160.

hinauf und unterscheidet die meisten Ortschaften, die wir auf dem Herwege genannt.

Zugleich machte man uns aufmerksam, daß wir von der Höhe über Biebrich schon die Rochuskapelle als weißen Punkt, von der Morgensonne beleuchtet, deutlich öfters müßten gesehen haben; dessen wir uns denn auch gar wohl erinnerten.

Bei allem diesem konnte es denn nicht fehlen, daß man den heiligen Rochus als einen würdigen Gegenstand der Verehrung betrachtete, da er durch das gefesselte Zutrauen diesen Hader- und Kriegsposten augenblicklich wieder zum Friedens- und Versöhnungsposten umgeschaffen.

Indessen hatte sich ein Fremder eingefunden und zu Tische gesetzt, den man auch als einen Wallfahrer betrachtete und deshalb sich um so unbefangener zum Lobe des Heiligen erging. Allein zu großer Verwunderung der wohlgesinnten Gesellschaft fand sich, daß er, obgleich Katholik, gewissermaßen ein Widersacher des Heiligen sei. Am 16. August, als am Festtage, während so viele den heiligen Rochus feierten, brannte ihm das Haus ab. Ein anderes Jahr am selbigen Tage wurde sein Sohn blessiert; den dritten Fall wollte er nicht bekennen.

Ein kluger Gast versetzte darauf: bei einzelnen Fällen komme es hauptsächlich darauf an, daß man sich an den eigentlichen Heiligen wende, in dessen Fach die Angelegenheit gehöre. Der Feuersbrunst zu wehren, sei St. Florian beauftragt; den Wunden verschaffe St. Sebastian Heilung; was den dritten Punkt betreffe, so wisse man nicht, ob St. Hubertus vielleicht Hülfe geschafft hätte. Im übrigen sei den Gläubigen genugsamer Spielraum gegeben, da im ganzen vierzehn heilige Nothelfer aufgestellt worden. Man ging die Tugenden derselben durch und fand, daß es nicht Nothelfer genug geben könne.

Um dergleichen, selbst in heiterer Stimmung immer bedenkliche Betrachtungen los zu werden, trat man heraus unter den

5. Öfters, bei früheren Ausflügen. Vgl. S. 187, 9. — 12. Der eintretende unheimliche Fremde ist wohl eine von Goethes glücklichen Zudichtungen. — 24. St. Florian, der auch als aus einem Gefäß Flammen ausgießend dargestellt wird. Trotz des bekannten sprichwörtlichen Gebetes an ihn, nur andere Häuser brennen zu lassen, gehört er nicht zu den vierzehn Nothelfern; von diesen wird die heilige Barbara gegen Feuerschaden angerufen. Hier zuerst braucht Goethe „St.“, während er bisher „der heilige Rochus“ sagte. — 26. St. Hubertus hilft gegen die Hundswut. Der Redende setzt wohl voraus, daß der Fremde den dritten Fall nicht nenne, weil man ihn wegen eines erlittenen Hundebisses für gefährlich halten würde. Offenbar muß eine äußere Verletzung gemeint sein, nicht der Ausbruch einer inneren Krankheit.

brennend gestirnten Himmel und verweilte so lange, daß der darauf folgende tiefe Schlaf als null betrachtet werden konnte, da er uns vor Sonnenaufgang verließ. Wir treten sogleich heraus, nach den grauen Rheinschluchten hinabzublicken; ein frischer Wind blies von dorther uns ins Angesicht, günstig den Herüber- wie den Hinüberfahrenden.

Schon jetzt sind die Schiffer sämtlich rege und beschäftigt, die Segel werden bereitet; man feuert von oben, den Tag anzufangen, wie man ihn abends angekündigt. Schon zeigen sich einzelne Figuren und Geselligkeiten als Schattenbilder am klaren Himmel um die Kapelle und auf dem Bergrücken, aber Strom und Ufer sind noch wenig belebt.

Leidenschaft zur Naturkunde reizt uns, eine Sammlung zu betrachten, wo die metallischen Erzeugnisse des Westerwaldes nach dessen Länge und Breite, auch vorzügliche Minern von Rheinbreitbach vorliegen sollten. Aber diese wissenschaftliche Betrachtung wäre uns fast zum Schaden gediehen; denn als wir zum Ufer des Rheins zurückkehren, finden wir die Abfahrenden in lebhaftester Bewegung. Massenweis strömen sie an Bord, und ein überdrängtes Schiff nach dem anderen stößt ab.

Drüben am Ufer her sieht man Scharen ziehen, Wagen fahren; Schiffe aus den oberen Gegenden landen daselbst. Den Berg aufwärts wimmelt's bunt von Menschen, auf mehr oder weniger jähen Fußpfaden die Höhe zu ersteigen bemüht. Fortwährendes Kanonieren deutet auf eine Folge wallfahrender Ortschaften.

Nun ist es Zeit! Auch wir sind mitten auf dem Flusse; Segel und Ruder wetteifern mit Hunderten. Ausgestiegen, bemerken wir sogleich mit geologischer Vorliebe am Fuße des Hügels wundersame Felsen. Der Naturforscher wird von dem heiligen Pfade zurückgehalten. Glücklicherweise ist ein Hammer bei der

3f. Treten. Die Zeit der Gegenwart, wie von Z. 7 an, wogegen blies von der begleitenden dauernden Handlung. Aber vielleicht ist treten Druckfehler statt traten. — 4. Grauen, vom Nebel bedeckten. — 5. Von dorther, von dem Rheinbette. — 10. Geselligkeiten, gesellige Gruppen, Gesellschaften. — 13. Eine Sammlung, eines Bekannten Cramers, den sie in aller Frühe aufsuchen durften, wenn nicht auch diese Episode auf Erfindung beruht. — 15f. Rheinbreitenbach 1. 2. Von Rheinbreitbach, am Rhein zwischen Unkel und Honnef, besaß Goethe später in seiner Mineraliensammlung mehrere schöne Stücke Kupfererz. — 19. Massenweise 1. 2. — 24. gähen 1. 2. — 25f. Wallfahrender Ortschaften. Jede ankommende Prozession wurde mit Freudenschüssen begrüßt.

Hand. Da findet sich ein Konglomerat, der größten Aufmerksamkeit würdig. Ein im Augenblicke des Werdens zertrümmertes Quarzgestein, die Trümmer scharfkantig, durch Quarzmasse wieder verbunden. Ungeheure Festigkeit hindert uns, mehr als kleine Bröckchen zu gewinnen. Möge bald ein reisender Naturforscher diese Felsen näher untersuchen, ihr Verhältnis zu den älteren Gebirgsmassen unterwärts bestimmen, mir davon gefälligst Nachricht nebst einigen belehrenden Musterstücken zukommen lassen! Dankbar würde ich es erkennen.

Den steilsten, zickzack über Felsen springenden Stieg erklommen wir mit Hundert und aber Hunderten, langsam, öfters rastend und scherzend. Es war die Tafel des Cebes im eigentlichsten Sinne, bewegt, lebendig, nur daß hier nicht so viel ableitende Nebenwege stattfanden.

Oben um die Kapelle finden wir Drang und Bewegung. Wir dringen mit hinein. Der innere Raum, ein beinahe gleiches Viereck, jede Seite von etwa 30 Fuß, das Chor im Grunde vielleicht 20. Hier steht der Hauptaltar, nicht modern, aber im wohlhäbigen katholischen Kirchengeschmack. Er steigt hoch in die Höhe, und die Kapelle überhaupt hat ein recht freies Ansehen. Auch in den nächsten Ecken des Hauptvierecks zwei ähnliche Altäre, nicht beschädigt, alles wie vor Zeiten. Und wie erklärt man sich dies in einer jüngst zerstörten Kirche?

Die Menge bewegte sich von der Hauptthür gegen den Hochaltar, wandte sich dann links, wo sie einer im Glassarge liegenden Reliquie große Verehrung bezeigte. Man betastete den Kasten,

1. Ein Konglomerat. Vgl. unten den Bericht vom 5. September. Zwei Stücke dieser Quarzbreccie vom Fuße des Rochusberges fanden sich später in Goethes Sammlungen. — 5. Ein reisender Naturforscher. Um die rheinischen Gebirge machte sich der auch mit Goethe in Verbindung getretene Jakob Nöggerath verdient durch sein Werk: „Das Gebirg in Rheinland-Westfalen nach mineralogischem und chemischem Bezuge." — 12. Die Tafel des Cebes. Diese in die meisten europäischen Sprachen übersetzte, lange als Schulbuch verwandte allegorisch-philosophische Schrift, die auf den Namen des Sokratikers Cebes geht, bietet ein Gemälde des menschlichen Lebens unter dem Gesichtspunkte, daß nur das Bewußtsein der Tugend Glückseligkeit gewähre. Der Vergleich deutet auf den Zug vieler getrennt hintereinander nach demselben Ziele Wandelnden. — 21. Zwei ähnliche Altäre, der Muttergottes und des h. Sebastian. — 25 f. Einer im Glassarge liegenden Reliquie, des h. Rupertus. Da das auf der rechten Rheinseite bei Geisenheim gelegene adelige Nonnenkloster Eibingen aufgehoben war, erbot sich die Binger Rochusbruderschaft zum Ankaufe des Hochaltars mit zwei Antipendien, der Kommunionbank, der beiden Nebenaltäre, der sechzehn eichenen Kirchenstühle und der Kanzel, baten aber zugleich um die Reliquien des heiligen Rupertus, die eigentlich auf ihren Rupertsberg gehörten. Sie erhielten in einem sargähnlichen Holzschrein die Reliquien des heiligen Rupertus, seiner Mutter Bertha und des seligen Priesters Wipertus (Wigbert), das Haupt und den rechten Fuß des Rupertus in zwei Glaskästchen, zwei andere versiegelte Reliquienbehälter, die in den Hochaltar kamen, und ein Kelchglas mit wunderbarem Milchblut der Jungfrau Maria

bestrich ihn, segnete sich und verweilte, so lange man konnte; aber einer verdrängte den anderen, und so ward auch ich im Strome vorbei und zur Seitenpforte hinausgeschoben.

Ältere Männer von Bingen treten zu uns, den herzoglich nassauischen Beamten, unseren werten Geleitsmann, freundlich zu begrüßen; sie rühmen ihn als einen guten und hülfreichen Nachbar, ja als den Mann, der ihnen möglich gemacht, das heutige Fest mit Anstand zu feiern. Nun erfahren wir, daß nach aufgehobenem Kloster Eibingen die inneren Kirchenerfordernisse, Altäre, Kanzel, Orgel, Bet- und Beichtstühle, an die Gemeinde zu Bingen zu völliger Einrichtung der Rochuskapelle um ein Billiges überlassen worden. Da man sich nun von protestantischer Seite dergestalt förderlich erwiesen, gelobten sämtliche Bürger Bingens, gedachte Stücke persönlich herüberzuschaffen. Man zog nach Eibingen; alles ward sorgfältig abgenommen; der einzelne bemächtigte sich kleinerer, mehrere der größeren Teile, und so trugen sie, Ameisen gleich, Säulen und Gesimse, Bilder und Verzierungen herab an das Wasser. Dort wurden sie, gleichfalls dem Gelübde gemäß, von Schiffern eingenommen, übergesetzt, am linken Ufer ausgeschifft und abermals auf frommen Schultern die mannigfaltigen Pfade hinaufgetragen. Da nun das alles zugleich geschah, so konnte

3. Zur Seitenpforte, östlich nach der zerstörten Michaeliskapelle hin. — 7. Der ihnen möglich gemacht. Vielmehr trug der nassauische Kommissar Götz in Rüdesheim am 19. März 1814 dem Ministerium die Wünsche der Binger Rochusbruderschaft vor und empfahl sie, worauf noch vor dem Schlusse des Monats die Genehmigung der Abgabe der Reliquien und des Verkaufes der Kirchenmöbel erfolgte. Für die letzteren wurden 529 Gulden bezahlt. Eine Vermittlung des Oberbergrats Cramer bei dieser Angelegenheit ersann Goethe zum Zwecke seiner Darstellung. — 8. Aufgehoben, wie alle Klöster im Nassauischen im Juli 1802. — 10. Beichtstühle waren in Eibingen nicht vorhanden. — 12. Von protestantischer Seite. Goethe hätte hervorheben können, daß auch einzelne Protestanten beisteuerten und die Juden es gern gethan, wenn man sie zugelassen hätte. Alle glaubten an die Wunderkraft des Heiligen, der in letzter Zeit der von der Seuche befallenen Stadt und Gegend so sichtlich geholfen hatte, da diese sogleich nach dem Gelübde, die Kapelle wiederherzustellen, aufgehört hatte. — 13. Gelobten sämtliche Bürger. Dieses Gelübde ist eine Erdichtung Goethes. — 14. Man zog nach Eibingen. Schon am 30. und 31. März holten die Binger die Reliquien und Kirchenmöbel ab; sie kauften auch die alten großen Gemälde aus freier Hand und steigerten die Orgel für 196 Gulden an. — 16. größern 2. — 18. Auch das Gelübde der Schiffer hat Goethe frei hinzugefügt. In Rüdesheim wurden alle von Eibingen geholten Gegenstände in das große Binger Marktschiff, die „Frankensau" der Frau Kieser, geladen; beim Tragen und Absetzen der Reliquien verfuhr man mit größter Ehrfurcht. „Da hat alles geholfen", heißt es in einem gleichzeitigen Berichte. „Der Schullehrer Hauser hat alle seine großen Schüler und kleine zum Tragen geschickt, und fremde Tagelöhner haben geholfen. Wenn die Juden gedurft hätten, so hätten sie gern geholfen." — 20f. Die mannigfaltigen Pfade hinaufgetragen. Von Bingen aus wurde das von Eibingen Geholte keineswegs in die erst herzustellende Kapelle geschafft, sondern die Reliquien in das Pfarrhaus, alles übrige in ein Kelterhaus gebracht, wo es so lange blieb, bis die Kapelle im Inneren ausgebaut war. Erst am 15. Juli wurden die alten, nach Kempten entführten Glocken aufgehängt, geläutet und dazu mit fünf „Katzenköpfen" geschossen.

man, von der Kapelle herabschauend über Land und Fluß, den wunderbarsten Zug sehen, indem Geschnitztes und Gemaltes, Vergoldetes und Lackiertes in bunter Folgereihe sich bewegte; dabei genoß man des angenehmen Gefühls, daß jeder unter seiner Last und bei seiner Bemühung Segen und Erbauung sein ganzes Leben hoffen durfte. Die auch herübergeschaffte, noch nicht aufgestellte Orgel wird nächstens auf einer Galerie dem Hauptaltar gegenüber Platz finden. Nun löst sich erst das Rätsel, man beantwortet sich die aufgeworfene Frage, wie es komme, daß alle diese Zierden schon verjährt und doch wohlerhalten, unbeschädigt und doch nicht neu in einem erst hergestellten Raum sich zeigen konnten.

Dieser jetzige Zustand des Gotteshauses muß uns um so erbaulicher sein, als wir dabei an den besten Willen, wechselseitige Beihülfe, planmäßige Ausführung und glückliche Vollendung erinnert werden. Denn daß alles mit Überlegung geschehen, erhellt nicht weniger aus folgendem. Der Hauptaltar aus einer weit größeren Kirche sollte hier Platz finden, und man entschloß sich, die Mauern um mehrere Fuß zu erhöhen, wodurch man einen anständigen, ja reich verzierten Raum gewann. Der ältere Gläubige kann nun vor demselbigen Altar auf dem linken Rheinufer knieen, vor welchem er von Jugend an auf dem rechten gebetet hatte.

Auch war die Verehrung jener heiligen Gebeine schon längst herkömmlich. Diese Überreste des heiligen Ruprecht, die man sonst zu Eibingen gläubig berührt und hülfreich gepriesen hatte, fand man hier wieder. Und so manchen belebte ein freudiges Gefühl, einem längst erprobten Gönner wieder in die Nähe zu treten. Hiebei bemerke man wohl, daß es sich nicht geziemt hätte, diese Heiligtümer in den Kauf mit einzuschließen oder zu irgend einem Preis anzuschlagen; nein, sie kamen vielmehr durch Schenkung als fromme Zugabe gleichfalls nach Sankt Rochus. Möchte man doch überall in ähnlichen Fällen mit gleicher Schonung verfahren sein!

Und nun ergreift uns das Gewühl! Tausend und aber tausend

7. **Die Orgel** wurde erst am 24. August herausgefahren; am 7. September ward man mit dem Aufschlagen fertig, am 8. bei dem zum erstenmal seit 18 Jahren wieder feierlich begangenen Mariägeburtstage darauf gespielt. — 8. **löste** 1. 2. — 9. **Frage.** Vgl. S. 196, 22 f. — 18. **Um mehrere Fuß.** Die Mauern wurden oben um 4 Fuß erhöht. — 22. **Jener heiligen Gebeine.** Übergangen wird, daß bei Bingen jenseits der Nahe auf dem Rupertsberge einst das Rupertskloster stand, gestiftet von der heiligen Hildegardis, worin bis zu dessen Zerstörung im dreißigjährigen Kriege die Leiche des hier verehrten Heiligen sich befand, die erst damals nach dem Kloster in Eibingen kam. — 23. **Rupprechts** 1. 2. — 25. **belebt** 1. 2. — 32. **Und nun,** nachdem sie sich mit älteren Bingern über die Herstellung der Rochuskapelle unterhalten.

Gestalten streiten sich um unsere Aufmerksamkeit. Diese Völkerschaften sind an Kleidertracht nicht auffallend verschieden, aber von der mannigfaltigsten Gesichtsbildung. Das Getümmel jedoch läßt keine Vergleichung aufkommen; allgemeine Kennzeichen sucht man vergebens in dieser augenblicklichen Verworrenheit; man verliert den Faden der Betrachtung, man läßt sich ins Leben hineinziehen.

Eine Reihe von Buden, wie ein Kirchweihfest sie fordert, stehen unfern der Kapelle. Voran geordnet sieht man Kerzen, gelbe, weiße, gemalte, dem verschiedenen Vermögen der Weihenden angemessen. Gebetbücher folgen, Officium zu Ehren des Gefeierten. Vergebens fragten wir nach einem erfreulichen Hefte, wodurch uns sein Leben, Leisten und Leiden klar würde; Rosenkränze jedoch aller Art fanden sich häufig. Sodann war aber auch für Wecken, Semmeln, Pfeffernüsse und mancherlei Buttergebackenes gesorgt, nicht weniger für Spielsachen und Galanteriewaren, Kinder verschiedenen Alters anzulocken.

Prozessionen dauerten fort. Dörfer unterschieden sich von Dörfern; der Anblick hätte einem ruhigen Beobachter wohl Resultate verliehen. Im ganzen durfte man sagen: die Kinder schön, die Jugend nicht, die alten Gesichter sehr ausgearbeitet; mancher Greis befand sich darunter. Sie zogen mit Angesang und Antwort; Fahnen flatterten, Standarten schwankten; eine große und größere Kerze erhob sich Zug für Zug. Jede Gemeinde hatte ihre Mutter Gottes, von Kindern und Jungfrauen getragen, neu gekleidet, mit vielen rosenfarbenen, reichlichen, im Winde flatternden Schleifen geziert. Anmutig und einzig war ein Jesuskind, ein großes Kreuz haltend und das Marterinstrument freundlich anblickend. „Ach,“ rief ein zartfühlender Zuschauer, „ist nicht jedes Kind, das fröhlich in die Welt hineinsieht, in demselben Falle!“ Sie hatten es in neuen Goldstoff gekleidet, und es nahm sich als Jugendfürstchen gar hübsch und heiter aus.

Eine große Bewegung aber verkündet, nun komme die Hauptprozession von Bingen herauf. Man eilt den Hügelrücken hin,

4. suchte 1. 2. — 10. Officium, Lieder und Gebete zu Ehren des Heiligen, wie sie auch im „Bruderschaftsbüchlein“ sich finden. — 11. Nach einem erfreulichen Hefte, wie sie sonst wohl an Festen der Heiligen verkauft werden, dessen sich Goethe besonders aus Italien erinnerte. — 18. Einem ruhigen Beobachter. Vgl. die ähnliche Bemerkung Z. 3 ff. — 20. Ausgearbeitet, bezeichnend im Gegensatz zu gewöhnlichen, nichtssagenden Gesichtszügen. Der Ausdruck ist vom Künstler hergenommen. Vgl. S. 201, 16 f. — 23. Kerze, von jeder Gemeinde geopfert. Übergangen wird hier, daß jede auch ein Rochusbild hatte, wie wir weiter unten erfahren. — erhub 1. — 28. Der Ruf eines „zartfühlenden Zuschauers“ ist wohl Goethes Zutat.

ihr entgegen. Und nun erstaunt man auf einmal über den schönen, herrlich veränderten Landschaftsblick in eine ganz neue Scene. Die Stadt, an sich wohl gebaut und erhalten, Gärten und Baumgruppen um sich her, am Ende eines wichtigen Thales, wo die Nahe herauskommt. Und nun der Rhein, der Mäuseturm, der Ehrenfels! Im Hintergrunde die ernsten und grauen Felswände, in die sich der mächtige Fluß eindrängt und verbirgt.

Die Prozession kommt bergauf, gereiht und geordnet wie die übrigen. Vorweg die kleinsten Knaben, Jünglinge und Männer hinterdrein. Getragen der heilige Rochus, in schwarzsamtenem Pilgerkleide, dazu von gleichem Stoff einen langen, goldverbrämten Königsmantel, unter welchem ein kleiner Hund, das Brot zwischen den Zähnen haltend, hervorschaut. Folgen sogleich mittlere Knaben in kurzen, schwarzen Pilgerkutten, Muscheln auf Hut und Kragen, Stäbe in Händen. Dann treten ernste Männer heran, weder für Bauern noch Bürger zu halten. An ihren ausgearbeiteten Gesichtern glaubt' ich Schiffer zu erkennen, Menschen, die ein gefährliches, bedenkliches Handwerk, wo jeder Augenblick sinnig beachtet werden muß, ihr ganzes Leben über sorgfältig betreiben.

Ein rotseidener Baldachin wankte herauf; unter ihm verehrte man das Hochwürdigste, vom Bischof getragen, von Geistlichwürdigen umgeben, von österreichischen Kriegern begleitet, gefolgt

5. Nahr 1. — 6 f. Der Fehler die Ehrenburg hat sich seit dem ersten Druck erhalten. Die richtige Namensform findet sich in dem auf das „Rochusfest" folgenden Bericht „Im Rheingau Herbsttage." Die ansehnlichen Schloßtrümmer von Ehrenfels liegen dem Mäuseturm gegenüber auf dem nördlichen Abhange des Rüdesheimer Berges, der besten Weinlage (sie wird als Berg bezeichnet, wo der Berg rings von Mauern und Mauergewölben eingefaßt ist. Das 1210 vom Rheingauischen Statthalter (Vizedom) Philipp von Bolanden erbaute, später von den Mainzer Erzbischöfen häufig bewohnte Schloß Ehrenfels hatte 1635 durch die Schweden schwer gelitten, die Franzosen zerstörten es in demselben Jahre 1689, in welchem sie auch Bingen anzündeten und die Rochuskapelle entweihten. Goethe beachtete hier bloß die Aussicht, ohne der früheren Leiden des Rheingaus unter den Schweden und Franzosen zu gedenken. — Die ernsten und grauen Felswände des den Schiffern gefährlichen Bingerloches. — 10 f. Der heilige Rochus. Die Holzstatue wurde im Jahre 1778 angeschafft; sie war, wie die noch vorhandene Rechnung zeigt, in Scharlach und Damast gekleidet, mit goldenen und silbernen Spitzen und Borten geschmückt. Nach Zerstörung der Kapelle war sie nach Bingen gerettet worden. Für die Kleidung, den schwarzsammtnen Pilgerrock und den Mantel aus rotbraunem Samt mit Goldspitzen, wie für die silbernen Muscheln sorgte die 1774 gestiftete Rochusbrüderschaft. Im folgenden Jahre erhielt die Kapelle eine neue Rochusstatue. — 14 Mittlere Knaben. Als am 26. Juli das Kreuz für den Turm auf den Rochusberg getragen wurde, begleiteten es, wie ein gleichzeitiger Bericht sagt, „9 kleine Pilgrime", was so rührend war, daß viele Menschen weinten. — 21. Wankte, da er auf vier Pfosten den Berg herauf getragen wurde — 22. Geistlichwürdigen, würdigen Geistlichen, unter ihnen der Pfarrer Leonhard May, auch wohl der Mainzer Domherr Ludwig Joseph Jonas, ein geborener Binger, den ein gleichzeitiger Bericht die Weihung vollziehen läßt — 23 Österreichischen Kriegern. Soldaten pflegen in katholischen Ländern das „hochwürdige Gut", das „Venerabile"

von zeitigen Autoritäten. So ward vorgeschritten, um dies politisch-religiöse Fest zu feiern, welches für ein Symbol gelten sollte des wiedergewonnenen linken Rheinufers sowie der Glaubensfreiheit an Wunder und Zeichen.

Sollte ich aber die allgemeinsten Eindrücke kürzlich aussprechen, die alle Prozessionen bei mir zurückließen, so würde ich sagen: die Kinder waren sämtlich froh, wohlgemut und behäglich als bei einem neuen, wundersamen, heiteren Ereignis; die jungen Leute dagegen traten gleichgültig anher; denn sie, in böser Zeit Geborne, konnte das Fest an nichts erinnern, und wer sich des Guten nicht erinnert, hofft nicht. Die Alten aber waren alle gerührt als von einem glücklichen, für sie unnütz zurückkehrenden Zeitalter. Hieraus ersehen wir, daß des Menschen Leben nur insofern etwas wert ist, als es eine Folge hat.

Nun aber ward von diesem edlen und vielfach würdigen Vorschreiten der Betrachter unschicklich abgezogen und weggestört durch einen Lärm im Rücken, durch ein wunderliches, gemein-heftiges Geschrei. Auch hier wiederholte sich die Erfahrung, daß ernste, traurige, ja schreckliche Schicksale oft durch ein unversehenes abgeschmacktes Ereignis als von einem lächerlichen Zwischenspiel unterbrochen werden.

An dem Hügel rückwärts entsteht ein seltsames Rufen; es sind nicht Töne des Haders, des Schreckens, der Wut, aber doch wild genug. Zwischen Gestein und Busch und Gestrüpp irrt eine aufgeregte, hin und wieder laufende Menge, rufend: „Halt! — Hier! — Da! — Dort! — Nun! — Hier! — Nun heran!" So schallt es mit allerlei Tönen; Hunderte beschäftigen sich laufend, springend, mit hastigem Ungestüm, als jagend und verfolgend.

zu begleiten. Goethe übergeht, daß, was ein gleichzeitiger Bericht hervorhebt, die „kaiserlich türkische Musik hinter dem hochwürdigen Gut gegangen". Vor dem Baldachin spielten die Binger Musikanten. Goethe erwähnt nicht, daß die Reliquien des heiligen Rupert in der Prozession getragen wurden.

1. Zeitigen Autoritäten, Bürgermeister und Rat. — 2. Als ein Symbol der Freude über die Befreiung des Landes faßte Goethe das Fest, das aber die Rheingauer nur im kirchlichen Sinne als ein Dankfest an den in der ganzen Gegend wegen seines neuerdings wieder so glänzend bewährten Schutzes verehrten Heiligen begingen, wenn auch die wiedergewonnene Freiheit alle Herzen von schwerem Drucke befreit hatte. Den Glauben an „Wunder und Zeichen" (nach biblischem Ausdruck) hatten die Franzosen, nachdem die Verehrung der Göttin der Vernunft durch Robespierre selbst abgeschafft worden, nicht verboten, in Bingen selbst waren die christlichen Feste, auch das Rochusfest, ungestört gefeiert, die Rochusbrüderschaft nicht behelligt worden. — 9. Gleichgültig. Aber die allgemeine Begeisterung hatte auch sie ergriffen, wenn sie dieselbe auch bei der Prozession nicht verrieten; blickten sie ja in ein neues deutsches Leben, abgesehen von den Aussichten, welche jedem sein eigenes bot. — 19. Schicksale. Aber von einem Schicksale ist hier nicht die Rede, nur von der Stimmung. — 26. hier! nun 2. — 28. Ungethüm 1. 2.

Doch gerade in dem Augenblick, als der Bischof mit dem hochehrwürdigen Zug die Höhe erreicht, wird das Rätsel gelöst.

Ein flinker, derber Bursche läuft hervor, einen blutenden Dachs behaglich vorzuweisen. Das arme, schuldlose Tier, durch die Bewegung der andringenden frommen Menge aufgeschreckt, abgeschnitten von seinem Bau, wird am schonungsreichsten Feste von den immer unbarmherzigen Menschen im segenvollsten Augenblicke getötet.

Gleichgewicht und Ernst war jedoch alsobald wieder hergestellt und die Aufmerksamkeit auf eine neue, stattlich heranziehende Prozession gelockt. Denn indem der Bischof nach der Kirche zu wallte, trat die Gemeinde von Büdesheim so zahlreich als anständig heran. Auch hier mißlang der Versuch, den Charakter dieser einzelnen Ortschaft zu erforschen. Wir, durch so viel Verwirrendes verwirrt, ließen sie in die immer wachsende Verwirrung ruhig dahinziehen.

Alles drängte sich nun gegen die Kapelle und strebte zu derselben hinein. Wir, durch die Woge seitwärts geschoben, verweilten im Freien, um an der Rückseite des Hügels der weiten Aussicht zu genießen, die sich in das Thal eröffnet, in welchem die Nahe ungesehen heranschleicht. Hier beherrscht ein gesundes Auge die mannigfaltigste, fruchtbarste Gegend bis zu dem Fuße des Donnersbergs, dessen mächtiger Rücken den Hintergrund majestätisch abschließt.

Nun wurden wir aber sogleich gewahr, daß wir uns dem Lebensgenusse näherten. Gezelte, Buden, Bänke, Schirme aller Art standen hier aufgereiht. Ein willkommener Geruch gebratenen Fettes drang uns entgegen. Beschäftigt fanden wir eine junge thätige Wirtin umgehend einen glühenden weiten Aschenhaufen, frische Würste (sie war eine Metzgerstochter) zu braten. Durch

1. Der Bischof. Vgl zu 201, 22. 10. staatlich 1. 2. — 12. Statt Büdesheim hat sich das irrige Bidenheim erhalten Das nahe bei Bingen gelegene große Dorf Büdesheim wetteiferte mit Bingen in der Verehrung des heiligen Rochus. Schon am 1. Mai war eine Büdesheimer Prozession mit Musik auf den Rochusberg gegangen und hatte in Bingen ein Hochamt halten lassen. Der Binger Prozession hatte die Büdesheimer den Vortritt lassen müssen, hatte sich aber dieser zunächst angeschlossen. — 16. Nun, als die Büdesheimer vorüber waren. — 17. Woge. So haben wir zuerst statt des überlieferten, kaum erklärlichen Wege verbessert. Vgl. S. 215, 12. — 18. Der Rückseite des Hügels, der Westseite des Rochusberges. — 20. Ungesehen. Sie fließt am Rupertsberge vorbei unter einer Brücke dem Rheine zu. — 23. Nun, als sie sich wieder der Kapelle zuwandten. — 23 f. Dem Lebensgenusse. Dafür war schon seit der Gründung der Kapelle bestens gesorgt. Wein wurde nur in einer einzigen „Wein“- oder „Zapfhütte“ im Auftrag des Provisors der Kapelle gezapft und zwar regelmäßig nur Wein aus dem Weinberge der Kapelle oder von Wohlthätern geschenkter. In der Zapfhütte wurden seit 1785 auch Bratwürste verkauft, welche ein Binger Metzger lieferte. Das Recht, sie zu verkaufen, erhielt der Metzger gegen eine sehr geringe Gebühr. Auch andere Metzger, Bäcker und Krämer hatten ihre Stände in der Nähe der Kapelle.

eigenes Handreichen und vieler flinken Diener unabläßige Bemühung wußte sie einer solchen Masse von zuströmenden Gästen genugzuthun.

Auch wir, mit fetter, dampfender Speise nebst frischem, trefflichem Brot reichlich versehen, bemühten uns, Platz an einem geschirmten, langen, schon besetzten Tische zu nehmen. Freundliche Leute rückten zusammen, und wir erfreuten uns angenehmer Nachbarschaft, ja liebenswürdiger Gesellschaft, die von dem Ufer der Nahe zu dem erneuten Fest gekommen war. Muntere Kinder tranken Wein wie die Alten. Braune Krüglein mit weißem Namenszug des Heiligen rundeten im Familienkreise. Auch wir hatten dergleichen angeschafft und setzten sie wohlgefüllt vor uns nieder.

Da ergab sich nun der große Vorteil solcher Volksversammlungen, wenn durch irgend ein höheres Interesse aus einem großen, weitschichtigen Kreise so viele einzelne Strahlen nach einem Mittelpunkte gezogen werden.

Hier unterrichtet man sich auf einmal von mehreren Provinzen. Schnell entdeckte der Mineralog Personen, welche, bekannt mit der Gebirgsart von Oberstein, den Achaten daselbst und ihrer Bearbeitung, dem Naturfreunde belehrende Unterhaltung gaben. Der Quecksilberminern zu Moschellandsberg erwähnte man gleichfalls. Neue Kenntnisse thaten sich auf, und man faßte Hoffnung, schönes krystallisiertes Amalgam von dorther zu erhalten.

Der Genuß des Weins war durch solche Gespräche nicht unterbrochen. Wir sendeten unsere leeren Gefäße zu dem Schenken, der uns ersuchen ließ, Geduld zu haben, bis die vierte Ohm angesteckt sei. Die dritte war in der frühen Morgenstunde schon verzapft.

Niemand schämt sich der Weinlust, sie rühmen sich einigermaßen des Trinkens. Hübsche Frauen gestehen, daß ihre Kinder mit der Mutterbrust zugleich Wein genießen. Wir fragten, ob denn wahr sei, daß es geistlichen Herren, ja Kurfürsten geglückt, 8 rheinische Maß, das heißt 16 unserer Bouteillen, in 24 Stunden zu sich zu nehmen.

1 flinker 1. 2. — 4 f. trefflichen 1. — 10. Krüglein, von einem Schoppen. Aber auch Krüge von einer halben oder einer ganzen Maß gab es, alle von einfachem Thon. Hier, wo vom Herumgehen (Runden) im Familienkreise die Rede ist, kann eigentlich nicht von Krüglein die Rede sein, wenn anders die Verkleinerungsform nicht launig angewandt sein soll. — 10 f. Namenszug des Heiligen, St. R. — 14 f. Volksversammlung 1. 2. — 19. Oberstein, an der Nahe. — 21. Muschel Landsberg 1. 2. Von Moschellandsberg in der Pfalz besitzt Goethes Sammlung mehrere Quecksilberamalgamen aus der Baron-Friedrich-Grube.

Ein scheinbar ernsthafter Gast bemerkte, man dürfe sich zu Beantwortung dieser Frage nur der Fastenpredigt ihres Weihbischofs erinnern, welcher, nachdem er das schreckliche Laster der Trunkenheit seiner Gemeinde mit den stärksten Farben dargestellt, also geschlossen habe:

„Ihr überzeugt euch also hieraus, andächtige, zu Reu' und Buße schon begnadigte Zuhörer, daß derjenige die größte Sünde begehe, welcher die herrlichen Gaben Gottes solcherweise mißbraucht. Der Mißbrauch aber schließt den Gebrauch nicht aus. Stehet doch geschrieben: 'Der Wein erfreuet des Menschen Herz!' Daraus erhellet, daß wir, uns und andere zu erfreuen, des Weines gar wohl genießen können und sollen. Nun ist aber unter meinen männlichen Zuhörern vielleicht keiner, der nicht 2 Maß Wein zu sich nähme, ohne deshalb gerade einige Verwirrung seiner Sinne zu spüren; wer jedoch bei dem dritten oder vierten Maß schon so arg in Vergessenheit seiner selbst gerät, daß er Frau und Kinder verkennt, sie mit Schelten, Schlägen und Fußtritten verletzt und seine Geliebtesten als die ärgsten Feinde behandelt, der gehe sogleich in sich und unterlasse ein solches Übermaß, welches ihn mißfällig macht Gott und Menschen, und seinesgleichen verächtlich. Wer aber bei dem Genuß von 4 Maß, ja von 5 und 6 noch dergestalt sich selbst gleich bleibt, daß er seinem Nebenchristen liebevoll unter die Arme greifen mag, dem Hauswesen vorstehen kann, ja die Befehle geistlicher und weltlicher Obern auszurichten sich imstande findet, auch der genieße sein bescheiden Teil und nehme es mit Dank dahin! Er hüte sich aber, ohne besondere Prüfung weiter zu gehen, weil hier gewöhnlich dem schwachen Menschen ein Ziel gesetzt ward. Denn der Fall ist äußerst selten, daß der grundgütige Gott jemand die besondere Gnade verleiht, 8 Maß trinken zu dürfen, wie er mich, seinen Knecht, gewürdigt hat. Da mir nun aber nicht nachgesagt werden kann, daß ich in ungerechtem Zorn auf irgend jemand losgefahren sei, daß ich Hausgenossen und Anverwandte mißkannt oder wohl gar die mir obliegenden

2f. Ihres Weihbischofs. Der schalkhaft aufschneiderische Erzähler, den Goethe hier frei einführt, soll wohl ein Mainzer sein. — Der Fastenpredigt. In solchen pflegte man alle sieben Laster der Reihe nach zu behandeln. — 6f. Zu Reu' und Buße schon begnadigte dürfte kaum zu einer Fastenpredigt stimmen, wenn man nicht auch hier den launigen Erzähler sich großer Freiheit bedienen lassen will. — 9f. Stehet doch geschrieben. Psalm 104, 15. Die vollen Formen stehet, erhellet hier wohl absichtlich als würdiger, aber daneben finden sich doch schließt, macht, bleibt u. a. — 29. jemanden 1. 2. — 30. seinem 1.

geistlichen Pflichten und Geschäfte verabsäumt hätte, vielmehr ihr alle mir das Zeugnis geben werdet, wie ich immer bereit bin, zu Lob und Ehre Gottes, auch zu Nutz und Vorteil meines Nächsten mich thätig finden zu lassen: so darf ich wohl mit gutem Gewissen und mit Dank dieser anvertrauten Gabe mich auch fernerhin erfreuen.

Und ihr, meine andächtigen Zuhörer, nehme ein jeder, damit er nach dem Willen des Gebers am Leibe erquickt, am Geiste erfreut werde, sein bescheiden Teil dahin! Und auf daß ein solches geschehe, alles Übermaß dagegen verbannt sei, handelt sämtlich nach der Vorschrift des heiligen Apostels, welcher spricht: 'Prüfet alles und das beste behaltet!"

Und so konnte es denn nicht fehlen, daß der Hauptgegenstand alles Gesprächs der Wein blieb, wie er es gewesen. Da erhebt sich denn sogleich ein Streit über den Vorzug der verschiedenen Gewächse, und hier ist erfreulich zu sehen, daß die Magnaten unter sich keinen Rangstreit haben. Hochheimer, Johannisberger, Rüdesheimer lassen einander gelten, nur unter den Göttern minderen Ranges herrscht Eifersucht und Neid. Hier ist denn besonders der sehr beliebte Aßmannshäuser Rote vielen Anfechtungen unterworfen. Einen Weinbergsbesitzer von Oberingelheim hört' ich behaupten, der ihrige gebe jenem wenig nach. Der Elfer solle köstlich gewesen sein, davon sich jedoch kein Beweis führen lasse, weil er schon ausgetrunken sei. Dies wurde von den Beisitzenden gar sehr gebilligt, weil man rote Weine gleich in den ersten Jahren genießen müsse.

Nun rühmte dagegen die Gesellschaft von der Nahe einen

Nach 12 deutet 1 einen Abschnitt durch einen Abteilungsstrich, 2 durch ein zwischentretendes Sternchen an. — 19. mindern 2. — 20. Bei Aßmannshausen (Hasemannshausen) am nördlichen Fuße des Niederwalds wächst neben dem Weißwein der köstlichste Rotwein von der Burgundertraube, die man Klebrot nennt. Diese Traube war nach dem Urteil der Kenner für den Rheingau neben den Weißwein bringenden, Riesling und Orleans (Orlänner) die zuträglichste, weil der Wein vierzehn Tage früher reif wird und eher trinkbar ist. Schon frühe erwarben viele Stifter, Klöster und Ritter sich in der Nähe von Aßmannshausen Weinberge, deren Anbau sie besonders pflegten. Der Verfasser der „Reise auf dem Rhein" (1789) ließ an dem noch immer armseligen Dörfchen landen, um sich einige Krüge dieses „Göttertranks" füllen zu lassen, den er dem Burgunder vorziehe. — 21. Ober- und Ingelheim, an der anderen Seite des Rochusberges, die Goethe erst im September von Winkel aus besuchte, pflanzten Burgunder nicht vor 1730. Ihre Rotweine erlangten immer größeren Ruf, wenn sie auch nicht an den Aßmannshäuser reichten, da dieser Abhang des Niederwaldes für den Weinbau außerordentlich günstig liegt. Die Ingelheimer mußten sogar den Zehnten ihres Rotweins in Weißwein liefern. — 25. Gleich in den ersten Jahren. Selbst der Aßmannshäuser verliert nach dem vierten Jahre.

in ihrer Gegend wachsenden Wein, der Monzinger genannt. Er soll sich leicht und angenehm wegtrinken, aber doch, ehe man sich's versieht, zu Kopfe steigen. Man lud uns darauf ein. Er war zu schön empfohlen, als daß wir nicht gewünscht hätten, in so guter Gesellschaft, und wäre es mit einiger Gefahr, ihn zu kosten und uns an ihm zu prüfen.

Auch unsere braunen Krüglein kamen wiederum gefüllt zurück, und als man die heiteren weißen Namenszüge des Heiligen überall so wohlthätig beschäftigt sah, mußte man sich fast schämen, die Geschichte desselben nicht genau zu wissen, ob man gleich sich recht gut erinnerte, daß er, auf alles irdische Gut völlig verzichtend, bei Wartung von Pestkranken auch sein Leben nicht in Anschlag gebracht habe. Nun erzählte die Gesellschaft, dem Wunsche gefällig, jene anmutige Legende, und zwar um die Wette, Kinder und Eltern sich einander einhelfend.

Hier lernte man das eigentliche Wesen der Sage kennen, wenn sie von Mund zu Mund, von Ohr zu Ohr wandelt. Widersprüche kamen nicht vor, aber unendliche Unterschiede, welche daher entspringen mochten, daß jedes Gemüt einen anderen Anteil an der Begebenheit und den einzelnen Vorfällen genommen, wodurch denn ein Umstand bald zurückgesetzt, bald hervorgehoben, nicht weniger die verschiedenen Wanderungen sowie der Aufenthalt des Heiligen an verschiedenen Orten verwechselt wurde.

Ein Versuch, die Geschichte, wie ich sie gehört, gesprächsweise aufzuzeichnen, wollte mir nicht gelingen; so mag sie nun auf die Art, wie sie gewöhnlich überliefert wird, hier eingeschaltet stehen.

St. Rochus, ein Bekenner des Glaubens, war aus Montpellier gebürtig, und hieß sein Vater Johann, die Mutter aber Libera. Und zwar hatte dieser Johann nicht nur Montpellier, sondern auch noch andere Orte unter seiner Gewalt, war aber ein frommer Mann, und hatte lange Zeit ohne Kinderzeugen gelebt,

1. Der Monzinger genannt. Bei Monzingen, eine Stunde von Sobernheim, wächst einer der besten Naheweine, der, wie die meisten dortigen, leicht zu Kopf steigt.
4. Zu schön, wohl von jungen Damen. — 25. uns statt nun 1. Man würde das zur Verbesserung des ungehörigen uns eingeführte nun gern gestrichen sehen. — 26. Wie sie gewöhnlich überliefert wird. Die Legende muß Goethe schon im August 1814 sich von der Wiesbadener Bibliothek haben geben lassen. Von der Weimarischen Bibliothek hatte er sich zur Zeit kein Buch geliehen, das sie enthält. Bekannt war ihm das „Leben der Heiligen" von Peter Martin Cochem, in welchem er 1779 zu Münster in der Schweiz die ähnliche Legende vom heiligen Alexius gelesen hatte. Den Ton der alten Legendenbücher ahmte er selbst darin nach, daß er die lateinischen Endungen us, um der Namen beibehielt. Auch tritt hier „St. Rochus" ein statt „der heilige Rochus". — 27 f. Aus Montpellier. Sein Geburtsjahr um 1295 übergeht er. — 29. Liberia heißt sie in der Legende.

bis er seinen Rochum von der heiligen Maria erbeten, und brachte das Kind ein rotes Kreuz auf der Brust mit auf die Welt. Wenn seine Eltern fasteten, mußte er auch fasten, und gab ihm seine Mutter an einem solchen Tag nur einmal ihre Brust zu trinken. Im fünften Jahre seines Alters fing er an sehr wenig zu essen und zu trinken; im zwölften legte er allen Überfluß und Eitelkeit ab und wendete sein Taschengeld an die Armen, denen er sonderlich viel Gutes that. Er bezeigte sich auch fleißig im Studieren und erlangte bald großen Ruhm durch seine Geschicklichkeit, wie ihn denn auch noch sein Vater auf seinem Todbette durch eine bewegliche Rede, die er an ihn hielte, zu allem Guten ermahnte. Er war noch nicht 20 Jahre alt, als seine Eltern gestorben, da er denn alle sein ererbtes Vermögen unter die Armen austeilte, das Regiment über das Land niederlegte, nach Italien reiste und zu einem Hospital kam, darinnen viele an ansteckenden Krankheiten lagen, denen er aufwarten wollte. Und ob man ihn gleich nicht alsobald hineinließ, sondern ihm die Gefahr vorstellte, so hielte er doch ferner an, und als man ihn zu den Kranken ließ, machte er sie alle durch Berührung mit seiner rechten Hand und Bezeichnung mit dem heiligen Kreuz gesund. Sodann begab er sich ferner nach Rom, befreite auch allda nebst vielen anderen einen Kardinal von der Pest und hielte sich in die drei Jahre bei demselben auf.

Als er aber selbsten endlich auch mit dem schrecklichen Übel befallen wurde und man ihn in das Pesthaus zu den anderen brachte, wo er wegen grausamer Schmerzen manchmal erschrecklich schreien mußte, ging er aus dem Hospital und setzte sich außen vor die Thüre hin, damit er den anderen durch sein Geschrei nicht beschwerlich fiele. Und als die Vorbeigehenden solches sahen, vermeinten sie, es wäre aus Unachtsamkeit der Pestwärter geschehen; als sie aber hernach das Gegenteil vernahmen, hielte ihn jedermann für thöricht und unsinnig, und so trieben sie ihn zur

2. Ein rotes Kreuz. Davon sollen die Eltern ihm den Namen Roch gegeben haben. Im Provenzalischen heißt rot rog. — 10. dann 1. 2. — 11. hielte, ältere Form absichtlich gewählt, auch Z. 17 und 31, wie auch ansahe, geschahe (S. 210, Z. 21), wozu freilich die sich zahlreich daneben findenden gewöhnlichen Formen gab, ging, fing, hieß, nicht stimmen. — 15. Einem Hospital, in Aquapendente, von wo er sich erst nach Cesena, dann anderwärts wendete. — ansteckende 1. — 17. hinnen ließ 1. — 22. hielt 1. 2. — 24. selbsten als altertümlich und bezeichnender, obgleich es irrig ist, da es hier zum Nominativ gehört. Goethe braucht einmal im Cellini mir selbsten neben zu mir selbst. 25. Befallen wurde, zu Piacenza. Vorher soll er noch in Rimini und Novara gewesen sein. — 32. thörig 1. 2.

Stadt hinaus, da er denn unter Gottes Geleit durch Hülfe seines Stabes allgemach in den nächsten Wald fortkroch. Als ihn aber der große Schmerz nicht weiter fortkommen ließ, legte er sich unter einen Ahornbaum und ruhete daselbst ein wenig, da denn neben ihm ein Brunnen entsprang, daraus er sich erquickte.

Nun lag nicht weit davon ein Landgut, wohin sich viele Vornehme aus der Stadt geflüchtet, darunter einer Namens Gotthardus, welcher viele Knechte und Jagdhunde bei sich hatte. Da ereignet sich aber der sonderbare Umstand, daß ein sonst sehr wohl gezogener Jagdhund ein Brot vom Tische wegschnappt und davon läuft. Obgleich abgestraft, ersieht er seinen Vorteil den zweiten Tag wieder und entflieht glücklich mit der Beute. Da argwohnt der Graf irgend ein Geheimnis und folgt mit den Dienern.

Dort finden sie denn unter dem Baum den sterbenden frommen Pilger, der sie ersucht, sich zu entfernen, ihn zu verlassen, damit sie nicht von gleichem Übel angefallen würden. Gotthardus aber nahm sich vor, den Kranken nicht eher von sich zu lassen, als bis er genesen wäre, und versorgte ihn zum besten. Als nun Rochus wieder ein wenig zu Kräften kam, begab er sich vollends nach Florenz, heilte daselbst viele von der Pest und wurde selbst durch eine Stimme vom Himmel völlig wiederhergestellt. Er beredte auch Gotthardum dahin, daß dieser sich entschloß, mit ihm seine Wohnung in dem Wald aufzuschlagen und Gott ohne Unterlaß zu dienen, welches auch Gotthardus versprach, wenn er nur bei ihm bleiben wollte, da sie sich denn eine geraume Zeit miteinander in einer alten Hütte aufhielten. Und nachdem endlich Rochus Gotthardum zu solchem Eremitenleben genugsam eingeweiht, machte er sich abermals auf den Weg und kam nach einer beschwerlichen Reise glücklich wieder nach Hause, und zwar in seine Stadt, die ihm ehemals zugehört und die er seinem Vetter geschenkt hatte. Allda nun wurde er, weil es Kriegszeit war, für einen Kundschafter gehalten und vor den Landesherrn geführt, der ihn wegen seiner großen Veränderung und armseligen Kleidung nicht mehr kannte, sondern in ein hart Gefängnis setzen ließ. Er aber dankte seinem

6. Ein Landgut, bei Sarmento an der Trebia. — 19. Rochus. Hier tritt zum erstenmal wieder der Name des Heiligen ein, aber, wie es sich S. 208, 1 von selbst ergab, ohne „St.", das erst gegen den Schluß (S. 216, 15) sich wieder findet — 21. Der Aufenthalt zu Florenz und sein Leben als Einsiedler ist spätere Ausweitung der Legende. — 27. aufhielten, und 1. 2. — 30. seiner 1. 2.

Gott, daß er ihn allerlei Unglück erfahren ließ, und brachte fünf ganzer Jahre im Kerker zu; wollte es auch nicht einmal annehmen, wenn man ihm etwas Gekochtes zu essen brachte, sondern kreuzigte noch dazu seinen Leib mit Wachen und Fasten. Als er merkte, daß sein Ende nahe sei, bat er die Bedienten des Kerkermeisters, daß sie ihm einen Priester holen möchten. Nun war es eine sehr finstere Gruft, wo er lag; als aber der Priester kam, wurde es helle. Darüber dieser sich höchlich verwunderte, auch, sobald er Rochum ansahe, etwas Göttliches an ihm erblickte und vor Schrecken halbtot zur Erden fiel; auch sich sogleich zum Landsherrn begab und ihm anzeigte, was er erfahren, und wie Gott wäre sehr beleidigt worden, indem man den frömmsten Menschen so lange Zeit in einem so beschwerlichen Gefängnis aufgehalten. Als dieses in der Stadt bekannt worden, lief jedermann häufig nach dem Turm. St. Rochus aber wurde von einer Schwachheit überfallen und gab seinen Geist auf. Jedermann aber sahe durch die Spalten der Thüre einen hellen Glanz hervordringen; man fand auch bei Eröffnung den Heiligen tot und ausgestreckt auf der Erde liegen und bei seinem Haupt und den Füßen Lampen brennen; darauf man ihn auf des Landsherrn Befehl mit großem Gepränge in die Kirche begrub. Er wurde auch noch an dem roten Kreuz, so er auf der Brust mit auf die Welt gebracht hatte, erkannt, und war ein großes Heulen und Lamentieren darüber entstanden.

Solches geschahe im Jahre 1327 den 16. August, und ist ihm auch nach der Zeit zu Venedig, allwo nunmehr sein Leib verwahret wird, eine Kirche zu Ehren gebaut worden. Als nun im Jahre 1414 zu Konstanz ein Concilium gehalten wurde und die Pest allda entstand, auch nirgend Hülfe vorhanden war, ließ die Pest alsobald nach, sobald man diesen Heiligen anrief und ihm zu Ehren Prozessionen anstellte.

Diese friedliche Geschichte ruhig zu vernehmen, war kaum der Ort; denn in der Tischreihe stritten mehrere schon längst über die Zahl der heute Wallfahrenden und Besuchenden. Nach einiger Meinung sollten 10000, nach anderen mehr, und dann noch mehr auf diesem Hügelrücken durcheinander wimmeln. Ein

8. helle, darüber 1. 2. — 14. Komma nach Turm 1. — 16. sah 1. 2. — 25. Zu Venedig. Schon 1372 kam ein großer Teil seiner Gebeine von Montpellier nach Arles. Venedig besaß eine Anzahl derselben erst seit 1485. — 27. Im Jahre 1414 bis 1418. — 29. Sobald nach alsobald fällt auf; letzteres könnte wegfallen. — 35. Noch mehr. Gerning („Die Rheingegend bis Mainz und Köln" 1819) giebt 12000 an.

österreichischer Offizier, militärischem Blick vertrauend, bekannte sich zu dem höchsten Gebote.

Noch mehrere Gespräche kreuzten sich. Verschiedene Bauernregeln und sprichwörtliche Wetterprophezeiungen, welche dies Jahr eingetroffen sein sollten, verzeichnete ich ins Taschenbuch, und als man Teilnahme bemerkte, besann man sich auf mehrere, die denn auch hier Platz finden mögen, weil sie auf Landesart und auf die wichtigsten Angelegenheiten der Bewohner hindeuten.

„Trockner April Ist nicht der Bauern Will. — Wenn die Grasmücke singt, ehe der Weinstock sproßt, so verkündet es ein gutes Jahr. — Viel Sonnenschein im August bringt guten Wein. — Je näher das Christfest dem neuen Monde zu fällt, ein desto härteres Jahr soll hernach folgen; so es aber gegen den vollen und abnehmenden Mond kommt, je gelinder es sein soll. — Die Fischer haben von der Hechtsleber dieses Merkmal, welches genau eintreffen soll: wenn dieselbe gegen dem Gallenbläschen zu breit, der vordere Teil aber spitzig und schmal ist, so bedeutet es einen langen und harten Winter. — Wenn die Milchstraße im Dezember schön weiß und hell scheint, so bedeutet es ein gutes Jahr. — Wenn die Zeit von Weihnachten bis Dreikönig nebelicht und dunkel ist, sollen das Jahr darauf Krankheiten folgen. — Wenn in der Christnacht die Weine in den Fässern sich bewegen, daß sie übergehen, so hofft man auf ein gutes Weinjahr. — Wenn die Rohrdommel zeitig gehört wird, so hofft man eine gute Ernte. — Wenn die Bohnen übermäßig wachsen und die Eichbäume viel Frucht bringen, so giebt es wenig Getreide. — Wenn die Eulen und andere Vögel ungewöhnlich die Wälder verlassen und häufig den Dörfern und Städten zufliegen, so giebt es ein unfruchtbares Jahr. — Kühler Mai Giebt guten Wein und vieles Heu. —

9. Die Bauernregeln und Wetterprophezeiungen, von denen letztere sich auf ein gutes oder schlechtes Jahr, seltener auf die Härte oder Milde des Winters beziehen, stehen in bunter Folge, wie sie vorgebracht wurden. Goethe gibt meist reimlose. — Die erste ist weit verbreitet, zum Teil mit der Abweichung „Dürrer April" und dem Zusatz „Aprilenregen ist ihm gelegen"; denn ursprünglicher ist „des Bauern" statt „der Bauern". — Will, gangbar abgekürzte Form ohne Apostroph; denn ein e ist nicht ausgefallen. — 11. Viel Sonnenschein. Vom 15. August heißt es: „Maria-Himmelfahrt Sonnenschein Bringt guten Wein." „Was der August nicht kocht, läßt der September ungebraten", lautet ein ähnliches Sprichwort. — 12. zufällt 1. 2. — 14. Man erwartet soll es sein. — 20. Es soll wohl Dreikönigen heißen — 29. In Thüringen heißt es: „Ein nasser April und kühler Mai Füllet den Keller und giebt viel Heu", wogegen man am Rhein gewöhnlich sagt: „Mai kühl und naß Füllt die Scheuer und das Faß" (auch „Füllt dem Bauern Scheur und Faß"). Auch heißt es: „Maimond kühl und Brachmond naß Füllt den Boden und das Faß", wogegen „Nasser März Ist Bauernschmerz" und „Märzenstaub Bringt Gras und Laub."

Nicht zu kalt und nicht zu naß Füllt die Scheuer und das Faß. — Reife Erdbeeren um Pfingsten bedeuten einen guten Wein. — Wenn es in der Walpurgisnacht regnet, so hofft man ein gutes Jahr. — Ist das Brustbein von einer gebratenen Martinsgans braun, so bedeutet es Kälte; ist es weiß, Schnee."

Ein Bergbewohner, welcher diese vielen, auf reiche Fruchtbarkeit hinzielenden Sprüche, wo nicht mit Neid, doch mit Ernst vernommen, wurde gefragt, ob auch bei ihnen dergleichen gäng und gäbe wäre. Er versetzte darauf: mit so viel Abwechselung könne er nicht dienen; Rätselrede und Segen sei bei ihnen nur einfach und heiße:

Morgens rund,
Mittags gestampft,
Abends in Scheiben,
Dabei soll's bleiben;
Es ist gesund.

Man freute sich über diese glückliche Genügsamkeit und versicherte, daß es Zeiten gebe, wo man zufrieden sei, es ebenso gut zu haben.

Indessen steht manche Gesellschaft gleichgültig auf, den fast unübersehbaren Tisch verlassend; andere grüßen und werden gegrüßt: so verliert sich die Menge nach und nach. Nur die Zunächstsitzenden, wenige wünschenswerte Gäste, zaudern; man verläßt sich ungern, ja man kehrt einigemal gegeneinander zurück, das angenehme Weh eines solchen Abschiedes zu genießen, und verspricht endlich zu einiger Beruhigung unmögliches Wiedersehen

Außer den Zelten und Buden empfindet man leider in der hohen Sonne sogleich den Mangel an Schatten, welchen jedoch eine große neue Anpflanzung junger Nußbäume auf dem Hügelrücken künftigen Urenkeln verspricht. Möge jeder Wallfahrende die zarten Bäume schonen, eine löbliche Bürgerschaft von Bingen diese Anlage schirmen, durch eifriges Nachpflanzen und sorgfältiges

. Statt „bedeuten einen guten Wein" heißt es auch „bringen ein gutes Weinjahr".
3. In der Walpurgisnacht. Gereimt heißt es: „Regen auf Walpurgisnacht Hat stets ein gutes Jahr gebracht." — 6. Ein Bergbewohner, vom Hundsrück. — 12 ff. Man nährt sich von morgens bis abends von der Kartoffel. — Rund, ganz; man genießt sie gebraten zum Frühstück. — 13. Miltag 1. 2. — 17. freut 2. — 18. gäbe 1. 2. — 18 f. Es ebenso gut zu haben, sich nur nähren zu können. — 20. Manche Gesellschaft, solche, die keinen gesellschaftlichen Anstand kannten. — 29. Eine große neue Anpflanzung. Im folgenden Januar und Februar wurden auch 15 Nußbäume und 4 Lindenbäume aus dem Dachsweiler Walde an der Kapelle gepflanzt.

Hegen ihr zu Nutz und Freude so vieler Tausende nach und nach in die Höhe helfen!

Eine neue Bewegung deutet auf neues Ereignis: man eilt zur Predigt, alles Volk drängt sich nach der Ostseite. Dort ist das Gebäude noch nicht vollendet, hier stehen noch Rüststangen; schon während des Baues dient man Gott. Ebenso war es, als in Wüsteneien von frommen Einsiedlern mit eigenen Händen Kirchen und Klöster errichtet wurden. Jedes Behauen, jedes Niederlegen eines Steins war Gottesdienst. Kunstfreunde erinnern sich der bedeutenden Bilder von Lesueur, des heiligen Bruno Wandel und Wirkung darstellend. Also wiederholt sich alles Bedeutende im großen Weltgange; der Achtsame bemerkt es überall.

Eine steinerne Kanzel, außen an der Kirchmauer auf Kragsteinen getragen, ist nur von innen zugänglich. Der Prediger tritt hervor, ein Geistlicher in den besten Jahren. Die Sonne steht hoch, daher ihm ein Knabe den Schirm überhält. Er spricht mit klarer, verständlicher Stimme einen rein verständigen Vortrag. Wir glaubten, seinen Sinn gefaßt zu haben, und wiederholten die Rede manchmal mit Freunden. Doch ist es möglich, daß wir bei solchen Überlieferungen von dem Urtext abwichen und von dem Unsrigen mit einwebten. Und so wird man im Nachstehenden einen milden, Thätigkeit fordernden Geist finden, wenn es auch nicht immer die kräftigen, ausführlichen Worte sein sollten, die wir damals vernahmen.

„Andächtige, geliebte Zuhörer! In großer Anzahl besteigt ihr an dem heutigen Tage diese Höhe, um ein Fest zu feiern, das seit vielen Jahren durch Schickung Gottes unterbrochen worden. Ihr kommt, das vor kurzem noch entehrt und verwüstet liegende Gotteshaus hergestellt, geschmückt und eingeweiht zu finden, dasselbe andächtig zu betreten und die dem Heiligen, der hier besonders verehrt wird, gewidmeten Gelübde dankbar abzutragen. Da mir nun die Pflicht zukommt, an euch bei dieser Gelegenheit ein

5. Noch nicht vollendet. Die Sakristei war noch nicht fertig. — Rüststangen, die man noch nicht hatte beseitigen können. Vgl. S. 191, 22. — 10. Von Lesueur, dem sogenannten französischen Raphael, Eustache Lesueur (1617—1655). Für die Karthäuser in Paris hatte er in den Jahren 1649—1651 in 22 Gemälden die Hauptscenen aus dem Leben ihres Stifters, des heiligen Bruno, dargestellt. Die Stiche der sämtlichen Bilder von Chauveau und Simonneau besaß Goethe. — 13. Eine steinerne Kanzel, die für die Predigt im Freien sich hier seit frühester Zeit fand. Die in Eibingen gekaufte mit geschmackvollem Schnitzwerk stand in der Kirche selbst an der Ostseite. — 30. Dem Heiligen. Mit Namen genannt wird er vom Prediger erst S. 216, 1. — 32. Die

erbauliches Wort zu sprechen, so möchte wohl nichts besser an der Stelle sein, als wenn wir zusammen beherzigen, wie ein solcher Mann, der zwar von frommen, aber doch sündigen Eltern erzeugt worden, zur Gnade gelangt sei, vor Gottes Thron zu stehen und für diejenigen, die sich im Gebet gläubig an ihn wenden, vorbittend Befreiung von schrecklichen, ganze Völkerschaften dahinraffenden Übeln, ja vom Tode selbst erlangen könne.

Er ist dieser Gnade gewürdigt worden, so dürfen wir mit Zutrauen erwidern, gleich allen denen, die wir als Heilige verehren, weil er die vorzüglichste Eigenschaft besaß, die alles übrige Gute in sich schließt, eine unbedingte Ergebenheit in den Willen Gottes.

Denn obgleich kein sterblicher Mensch sich anmaßen darf, Gott gleich oder demselben auch nur ähnlich zu werden, so bewirkt doch schon eine unbegrenzte Hingebung in seinen heiligen Willen die erste und sicherste Annäherung an das höchste Wesen.

Sehen wir doch ein Beispiel an Vätern und Müttern, die, mit vielen Kindern gesegnet, liebreiche Sorge für alle tragen. Zeichnet sich aber eins oder das andere darunter in Folgsamkeit und Gehorsam besonders aus, befolgt ohne Fragen und Zaudern die elterlichen Gebote, vollzieht es die Befehle sträcklich und beträgt sich dergestalt, als lebte es nur in und für die Erzeuger, so erwirbt es sich große Vorrechte. Auf dessen Bitte und Vorbitte hören die Eltern und lassen oft Zorn und Unmut, durch freundliche Liebkosungen besänftigt, vorübergehen. Also denke man sich menschlicherweise das Verhältnis unsers Heiligen zu Gott, in welches er sich durch unbedingte Ergebung emporgeschwungen."

Wir Zuhörenden schauten indes zu dem reinen Gewölbe des Himmels hinauf; das klarste Blau war von leicht hinschwebenden Wolken belebt. Wir standen auf hoher Stelle. Die Aussicht rheinaufwärts licht, deutlich, frei, den Prediger zur Linken über uns, die Zuhörer vor ihm und uns hinabwärts.

Pflicht zukommt. So konnte nur der Pfarrer von Bingen sprechen, der beim Hochamt bloß ministriert haben wird, wenigstens that er dies am folgenden 3. Februar, dem Geburtstage des Kaisers von Österreich, zugleich mit dem Exfranziskaner Zimmerschitt von Bingen, während das Amt vom Frühmesser von Rüdesheim gehalten wurde.

8. würdig statt gewürdigt Druckfehler von 2. — 13. darf haben wir statt des unpassenden dürfte gesetzt. — Nach 27 Abteilungsstrich 1, Sternchen 2. — 28 Wir, Goethe mit seinen beiden Freunden. — 32. Das Komma in 1. 2 nach ihm, um Mißverständnis zu vermeiden, da uns nicht von vor abhängen soll, sondern der vierte Fall ist, wie den Prediger, die Zuhörer. Freilich wäre die Rede deutlicher, wenn der Prediger und wir statt uns stände.

Der Raum, auf welchem die zahlreiche Gemeinde steht, ist eine große unvollendete Terrasse, ungleich und hinterwärts abhängig. Künftig mit baumeisterlichem Sinne zweckmäßig herangemauert und eingerichtet, wäre das Ganze eine der schönsten Örtlichkeiten in der Welt. Kein Prediger, vor mehreren tausend Zuhörern sprechend, sah je eine so reiche Landschaft über ihren Häuptern. Nun stelle der Baumeister aber die Menge auf eine reine, gleiche, vielleicht hinterwärts wenig erhöhte Fläche, so sähen alle den Prediger und hörten bequem; diesmal aber, bei unvollendeter Anlage, standen sie abwärts hinter einander, sich in einander schickend, so gut sie konnten: eine von oben überschaut wundersame, stillschwankende Woge. Der Platz, wo der Bischof der Predigt zuhörte, war nur durch den hervorragenden Baldachin bezeichnet, er selbst in der Menge verborgen und verschlungen. Auch diesem würdigen obersten Geistlichen würde der einsichtige Baumeister einen angemessenen, ansehnlichen Platz anweisen und dadurch die Feier verherrlichen. Dieser Umblick, diese dem geübten Kunstauge abgenötigten Betrachtungen hinderten nicht, aufmerksam zu sein auf die Worte des würdigen Predigers, der zum zweiten Teile schritt und etwa folgendermaßen zu sprechen fortfuhr:

„Eine solche Ergebung in den Willen Gottes, so hoch verdienstlich sie auch gepriesen werden kann, wäre jedoch nur unfruchtbar geblieben, wenn der fromme Jüngling nicht seinen Nächsten so wie sich selbst, ja mehr wie sich selbst geliebt hätte. Denn ob er gleich, vertrauensvoll auf die Fügungen Gottes, sein Vermögen den Armen verteilt, um als frommer Pilger das heilige Land zu erreichen, so ließ er sich doch von diesem preiswürdigen Entschlusse unterwegs ablenken. Die große Not, worin er seine Mitchristen findet, legt ihm die unerläßliche Pflicht auf, den gefährlichsten Kranken beizustehen, ohne an sich selbst zu denken. Er folgt seinem Beruf durch mehrere Städte, bis er endlich, selbst vom wütenden Übel ergriffen, seinen Nächsten weiter zu dienen außer Stand gesetzt wird. Durch diese gefahrvolle Thätigkeit nun hat er sich dem göttlichen Wesen abermals genähert; denn wie

3. Künftig mit baumeisterlichem Sinne. Leider blieb Goethes Wunsch ohne Erfüllung, und noch heute können auf der abhängigen Terrasse wenige den heiligen Redner verstehen. — 11. konnte. Eine 1. 2. — überschaute 1. 2. — 19 f. Zum zweiten Teile. Daß nach S. 214, 27 der erste Teil beendet war und eine kleine Pause eintrat, ist übergangen. — 26 f. Das heilige Land. S. 208, 14 ist nur von Italien die Rede.

Gott die Welt in so hohem Grade liebte, daß er zu ihrem Heil seinen einzigen Sohn gab, so opferte St. Rochus sich selbst seinen Mitmenschen.“

Die Aufmerksamkeit auf jedes Wort war groß, die Zuhörer unübersehbar. Alle einzeln herangekommenen Wallfahrer und alle vereinigten Gemeindeprozessionen standen hier versammelt, nachdem sie vorher ihre Standarten und Fahnen an die Kirche zur linken Hand des Predigers angelehnt hatten, zu nicht geringer Zierde des Ortes. Erfreulich aber war, nebenan in einem kleinen Höfchen, das gegen die Versammlung zu unvollendet sich öffnete, sämtliche herangetragene Bilder auf Gerüsten erhöht zu sehen, als die vornehmsten Zuhörer ihre Rechte behauptend. Drei Muttergottesbilder von verschiedener Größe standen neu und frisch im Sonnenscheine; die langen rosenfarbenen Schleifenbänder flatterten munter und lustig im lebhaftesten Zugwinde. Das Christuskind in Goldstoff blieb immer freundlich. Der heilige Rochus, auch mehr als einmal, schaute seinem eigenen Feste geruhig zu, die Gestalt im schwarzen Samtkleide, wie billig, obenan.

Der Prediger wandte sich nun zum dritten Teil und ließ sich ungefähr also vernehmen:

„Aber auch diese wichtige und schwere Handlung wäre von keinen seligen Folgen gewesen, wenn St. Rochus für so große Aufopferungen einen irdischen Lohn erwartet hätte. Solchen gottseligen Thaten kann nur Gott lohnen, und zwar in Ewigkeit. Die Spanne der Zeit ist zu kurz für grenzenlose Vergeltung. Und so hat auch der Ewige unseren heiligen Mann für alle Zeiten begnadigt und ihm die höchste Seligkeit gewährt, nämlich anderen, wie er schon hienieden im Leben gethan, auch von oben herab für und für hülfreich zu sein.

Wir dürfen daher in jedem Sinne ihn als ein Muster ansehen, an welchem wir die Stufen unsers geistlichen Wachstums abmessen. Habt ihr nun in traurigen Tagen euch an ihn gewendet und glückliche Erhörung erlebt durch göttliche Huld, so beseitigt jetzt allen Übermut und anmaßliches Hochfahren, aber

5. heran gekommene 1. — 9. In einem kleinen Höfchen, der unmittelbar an der Rochuskapelle zwischen 1710 und 1730 angebauten, gleichzeitig mit dieser zerstörten Michaelskapelle oder der Sakristei. — 10. sämtlich 1. 2, nicht 2a. — 11. Bilder, Statuen, die Z. 12 ff. einzeln genannt werden. — 12 f. Drei Muttergottesbilder. Vgl. S. 200, 23 ff. — 15. Das Christuskind. Vgl. S. 200, 26 f. — 17. zu. Die Gestalt 1. 2. Die Gestalt im schwarzen Sammt, die S. 201, 10 ff. beschriebene Statue der Binger. 18. billig obenan 1. 2. — 31. beseitiget 1. 2.

fragt euch demütig und wolgemut: 'Haben wir denn seine Eigenschaften vor Augen gehabt? Haben wir uns beeifert, ihm nachzustreben? Ergaben wir uns zur schrecklichsten Zeit, unter kaum erträglichen Lasten in den Willen Gottes? Unterdrückten wir ein aufkeimendes Murren? Lebten wir einer getrosten Hoffnung, um zu verdienen, daß sie uns nun so unerwartet als gnädig gewährt sei? Haben wir in den gräßlichsten Tagen pestartig wütender Krankheiten nicht nur gebetet und um Rettung gefleht; haben wir den Unsrigen, näher oder entfernter Verwandten und Bekannten, ja Fremden und Widersachern in dieser Not beigestanden, um Gottes und des Heiligen willen unser Leben dran gewagt?'

Könnt ihr nun diese Fragen in stillem Herzen mit Ja beantworten, wie gewiß die meisten unter euch redlich vermögen, so bringt ihr ein löbliches Zeugnis mit nach Hause. Dürft ihr sodann, wie ich nicht zweifle, noch hinzufügen: wir haben bei allem diesem an keinen irdischen Vorteil gedacht, sondern wir begnügten uns an der gottgefälligen That selbst, so könnt ihr euch um desto mehr erfreuen, keine Fehlbitte gethan zu haben und ähnlicher geworden zu sein dem Fürbittenden.

Wachset und nehmet zu an diesen geistlichen Eigenschaften auch in guten Tagen, damit ihr zu schlimmer Zeit, wie sie oft unversehens hereinbricht, zu Gott durch seinen Heiligen Gebet und Gelübde wenden dürfet!

Und so betrachtet auch künftig die wiederholten Wallfahrten hieher als erneute Erinnerungen, daß ihr dem Höchsten kein größeres Dankopfer darbringen könnt als ein Herz, gebessert und an geistlichen Gaben bereichert!"

Die Predigt endigte gewiß für alle heilsam; denn jeder hat die deutlichen Worte vernommen und jeder die verständigen, praktischen Lehren beherzigt.

Nun kehrt der Bischof zur Kirche zurück; was drinnen vorgegangen, blieb uns verborgen. Den Wiederhall des Tedeum

3. Ungehöriger Absatz vor „Ergaben" 1. 2. 9. entfernteren 1. 2. Entweder muß es entfernter oder vorher näheren heißen. Ein näher= wäre vor dem trennenden oder ungehörig. — 32. War uns verborgen. In einer gleichzeitigen Nachricht heißt es: „Die Geisenheimer haben in der Rochuskapelle eine ehrwürdige Musik gespielt und auch zugleich eine englische Musik von den hochgeehrten Herrn Geisenheimern hat die Ehre gehabt, daß sie zu Ehren des hl. Rochus sich hat hören lassen dürfen." Der Bürgermeister von Bingen schrieb über die gewöhnlich am 16. August stattfindende Feier im Jahre 1822: „Die Feier eines musikalischen Hochamts verbreitet sich alsdann aus der Kirche über die ganze Oberfläche des Berges hin, indem sich Gesänge und Gebete der Versammlung außerhalb der Kirche mit jenen in der Kirche vereinigen." Im Jahre 1814 fehlte noch die Orgel.

vernahmen wir von außen. Das Ein- und Ausströmen der Menge war höchst bewegt; das Fest neigte sich zu seiner Auflösung. Die Prozessionen reihten sich, um abzuziehen; die Büdesheimer, als zuletzt angekommen, entfernte sich zuerst. Wir sehnten uns aus dem Wirrwarr und zogen deshalb mit der ruhigen und ernsten Binger Prozession hinab. Auch auf diesem Wege bemerkten wir Spuren der Kriegswehetage. Die Stationen des Leidensganges unsers Herrn waren vermutlich zerstört. Bei Erneuerung dieser könnte frommer Geist und redlicher Kunstsinn mitwirken, daß jeder, er sei, wer er wolle, diesen Weg mit teilnehmender Erbauung zurücklegte.

In dem herrlich gelegenen Bingen angelangt, fanden wir doch daselbst keine Ruhe; wir wünschten vielmehr nach so viel wunderbaren, göttlichen und menschlichen Ereignissen uns geschwind in das derbe Naturbad zu stürzen. Ein Kahn führte uns flußabwärts die Strömungen. Über den Rest des alten Felsendammes, den Zeit und Kunst besiegten, glitten wir hinab; der märchenhafte Turm, auf unverwüstlichem Quarzgestein gebaut, blieb uns zur Linken, der Ehrenfels rechts; bald aber kehrten wir für diesmal zurück, das Auge voll von jenen abschließenden graulichen Gebirgsschluchten, durch welche sich der Rhein seit ewigen Zeiten hindurcharbeitete.

So wie den ganzen Morgen, also auch auf diesem Rückwege begleitete uns die hohe Sonne, obgleich aufsteigende vorüberziehende Wolken zu einem ersehnten Regen Hoffnung gaben; und wirklich strömte er endlich alles erquickend nieder und hielt lange genug an, daß wir auf unserer Rückreise die ganze Landesstrecke erfrischt fanden. Und so hatte der heilige Rochus, wahrscheinlich auf andere Nothelfer wirkend, seinen Segen auch außer seiner eigentlichen Obliegenheit reichlich erwiesen.

---

3. Bidenheimer 1. 2. — 6. Binger Prozeission, die zunächst nach der Büdesheimer abzog. Der Abzug der Prozessionen begann gegen 11 Uhr. — 7. Die Stationen, die man sonst gewöhnlich an Wallfahrtsbergen sieht. Sie waren aber hier nicht vorhanden; nur auf der Höhe befindet sich ein „Hisselbild", an welchem ein paarmal Sonntagsnachmittags Predigt gehalten wird. Goethes Wunsch ging also auch hier nicht in Erfüllung. Aber noch am 5. September gedenkt er „verfallener Stationen". — 15. Felsendammes. Vgl. S. 191, 3 ff. — 17. Quarzstein 2. — 18. Die Ehrenburg, wie 201, 6, 1. 2. — 19. abschießenden 1. 2. „Zu Bingen thut der Rheinstrom sich gar zu, und wird da gezwungen in die enge Burg", bemerkt Sebastian Münster. Vgl. S. 226, 26 f. — 21. strömte endlich 1. 2. Man könnte auch strömend es vermuten. — 26 f. Auf andere Nothelfer. Humoristische Hindeutung auf die unter die verschiedenen Nothelfer verteilten Geschäfte (S. 195, 22 ff.). Als im Juli 1818 das Land unter großer Dürre litt, traf nach einem Bittgang auf den Rochusberg abends, als man den Berg herunterging, ein starker Gewitterregen ein. Der Heilige hilft eben in allen Nöten denen, die sich gläubig an ihn wenden. In einem Liede an ihn heißt es: „Beschütz' vor Übel, Feuer und Schand'."

Im Rheingau Herbsttage.

Supplement des Rochusfestes 1814.

Das lebendige Schauen der nunmehr zu beschreibenden Örtlichkeiten und Gegenstände verdanke ich der geliebten wie verehrten Familie Brentano, die mir an den Ufern des Rheins auf ihrem Landgute zu Winkel viele glückliche Stunden bereitete.

Die herrliche Lage des Gebäudes läßt nach allen Seiten die Blicke frei, und so können auch die Bewohner, zu welchen ich mehrere Wochen mich dankbar zählte, sich ringsumher zu Wasser und Land fröhlich bewegen. Zu Wagen, Fuß und Schiff erreichte man auf beiden Ufern die herrlichsten, oft vermuteten, öfters unvermuteten Standpunkte. Hier zeigt sich die Welt mannigfaltiger, als man sie denkt; das Auge selbst ist sich in der Gegenwart nicht genug: wie sollte nunmehr ein schriftliches Wort hinreichen, die Erinnerung aus der Vergangenheit hervorzurufen? Mögen deshalb diese Blätter wenigstens meinem Gefühl an jenen unschätzbaren Augenblicken und meinem Dank dafür treulich gewidmet sein!

Den 1. September. Kloster Eibingen giebt den unangenehmsten Begriff eines zerstörten würdigen Daseins. Die Kirche, alles Zu-

3. Familie Brentano, deren Einladung er am 31. August von Wiesbaden aus folgte. Ihr schrieb er auch zum Danke die Verse „Wasserfülle, Landesgröße" (Bd. III, I. 130). Der reiche Kaufmann Franz Brentano und dessen Gattin Antonie, Tochter des Edlen Johann Melchior von Birckenstock in Wien, hatten ihn eingeladen. Brentanos Gemäldesammlung erwähnt Goethe in seinem späteren Berichte über Frankfurts Kunstschätze. — 5. Des Gebäudes, am westlichen Ende von Winkel. Auch Bettina hatte sich hier viel aufgehalten, und in ihren „Briefen eines Kindes" traten Winkel und der Rochusberg auf. — 6 f. Zu welchen ich mehrere Wochen mich dankbar zählte. Die mehreren Wochen stimmen nicht wohl zu dem noch nicht eine Woche umfassenden Tagebuch. In seiner Skizze einer Reisechronologie (der Rheinreise von 1814) heißt es: „Vom 1. bis zum 8. September [also etwas mehr als eine Woche] verweilte ich im Rheingau, dessen Genuß und Übersicht ich der Brentanoschen Familie schuldig geworden. Das rechte und linke Rheinufer lernte ich in der besten Gesellschaft und unter den günstigsten Umständen kennen." — 16. Den 1. September. Diese und die folgenden Zeitangaben haben 1. 2. wie Briefdatierungen rechts oberhalb des Berichtes. — Kloster Eibingen. Vgl. S. 198, 8 f. Das Weihbecken von Eibingen schenkte Gerning später Goethe. Am 17. Oktober 1820 klagt dieser gegen Knebel: für dieses, das 20 bis 30 Louisdor wert sei und noch von dem Nassauischen Altertumsverein reklamiert werden könne, habe er ihm nicht einmal ein Buch gegeben. Vorher hatte er in seinen Goethe übersandten „Rheingegenden von Mainz bis Köln" drucken lassen: „Das antike Weihbecken [von Eibingen], was eine gläubige Sage von der Hochzeit zu Kanaan herleiten wollte, besitzt nun Goethe, dem es der Verfasser dieses Buchs als Opfer der Freundschaft einstweilen übergab."

behörs beraubt, Zimmer und Säle ohne das mindeste Hausgerät, die Zellenwände eingeschlagen, die Thüren nach den Gängen mit Riegeln verzimmert, die Fache nicht ausgemauert, der Schutt umherliegend. Warum denn aber diese Zerstörung ohne Zweck und Sinn? Wir vernehmen die Ursache. Hier sollte ein Lazareth angelegt werden, wenn der Kriegsschauplatz in der Nähe geblieben wäre. Und so muß man sich noch über diesen Schutt und über die verlassene Arbeit freuen. Man scheint übrigens gegenwärtig die leeren Räume zu Monturkammern und Aufbewahrung älterer, wenig brauchbarer Kriegsbedürfnisse benutzen zu wollen. Im Chor liegen Sättel gereiht, in Sälen und Zimmern Tornister; an abgelegten Montierungsstücken fehlt es auch nicht, so daß, wenn eine der Nonnen vor Jahren die Gabe des Vorgesichts gehabt hätte, sie sich vor der künftigen Zerrüttung und Entweihung hätte entsetzen müssen. Die Wappen dieser ehemals hier beherbergten und ernährten Damen verzieren noch einen ausgeleerten Saal.

Hierauf besuchten wir in Rüdesheim das Brömserische Gebäude, welches zwar merkwürdige, aber unerfreuliche Reste aus dem sechzehnten Jahrhundert enthält. Nur ist ein Familiengemälde der Herren von Kronberg, von 1519, in seiner Art besonders gut

3. Riegeln, vorgeschobenen Balken. — Fache, der Wände. — 13. Die Gabe des Vorgesichts, welche die heilige Hildegard im Kloster auf dem Rupertsberge besaß. Die Handschriften dieser Seherin wurden gerade in Eibingen aufbewahrt, seitdem die Nonnen aus dem zerstörten Kloster auf dem Rupertsberg hatten auswandern müssen. — 11. gereihet 1. 2. — 15 f. Hier beherbergten und ernährten Damen. Das Kloster war ein von der h. Hildegard gegründetes Priorat, für adlige Damen bestimmt. — 17 f. Das Brömserische Gebäude, den 1650 bis 1652 von Heinrich Brömser von Rüdesheim, dem letzten des Geschlechtes, erbauten Brömserhof in der oberen Gasse. Hinter dem Hauptgebäude liegen Reste eines älteren Burghauses. Wohl davon zu unterscheiden ist die Vorderburg auf dem Markte, von welcher sich nur ein Turm erhalten hat. Gerning, der sie mit einander verwechselt, berichtet 1819: „Hier sieht man noch allerlei Reliquien von diesem Geschlecht im Rittersaal und in der Kapelle, nebst Familiengemälden und dem Auerochsengehörn, als Armleuchter gestaltet, welches nach frommen Erzählungen das Bild des Heilandes im nahen Wald aus der Erde grub. Die Kirche des Klosters Notgottes, das ein Brömser, dadurch an ein in Palästina gethanes Gelübde erinnert, gestiftet haben soll, hat es lange bewahrt, mit der Zunge des von Brömser im heiligen Land erlegten Drachen [nach Gerning der Säge eines Sägefisches mit ausgeschnittenen Zähnen] und den Ketten, die der Gefangene trug. Auch sieht man daselbst unter anderen alten Gemälden z. B. der mit den Brömsern verwandten Hartmuthe von Kronberg, das Bildnis einer schönen Frau Gisela von Brömser, ein Hochzeitbett und zwei große Brautkasten, alles durch biblische Sinnbilder von Lieb' und Treue mit künstlichem Schnitzwerk verziert." Das sind die unerfreulichen Reste aus dem sechzehnten Jahrhundert, die Goethe ebenso widerwärtig waren wie die seltsame Sage von der Stiftung der Kapelle, die der Ritter der Angst Christi am Ölberge gelobt habe, und wie dieser an das vergessene Gelübde dadurch erinnert worden sei, daß ein Stier das eine Spanne lange Bild des blutschwitzenden Heilandes aufgewühlt und der Knecht dabei die seufzende Stimme „Not Gottes, Not Gottes!" vernommen. — 20. Kroneburg 1. 2. Im sechsten Buche von „Wahrheit und Dichtung" schrieb Goethe Kroneburg. Gerning, der dort begüterte, begeisterte Lobpreiser des Taunus („Die Lahn- und Maingegenden von Embs bis Frankfurt; antiquarisch und historisch" 1821) gibt die Namen Kronberg oder Kronenberg.

und der Aufmerksamkeit aller Freunde des Altertums und der Kunst würdig.

In der Stadtkirche auf dem Markt befindet sich das Wunderbild, das ehemals so viele Gläubige nach Notgottes gezogen hatte. Christus knieend, mit aufgehobenen Händen, etwa 8 Zoll hoch, wahrscheinlich die übrig gebliebene Hauptfigur einer uralten Ölbergsgruppe. Kopf und Körper aus Holz geschnitzt. Das Gewand von feinem Leinenzeuge aufgeklebt, fest anliegend, wo die Falten schon ins Holz geschnitzt waren, an den rohen Armen aber locker, die Ärmel bildend und ausgestopft, das Ganze bekreidet und bemalt. Die angesetzten Hände zwar zu lang, die Gelenke und Nägel hingegen gut ausgedrückt. Aus einer nicht unfähigen, aber ungeschickten Zeit.

Den 2. September. Ungefähr in der Mitte von Winkel biegt man aus nach der Höhe zu, um Vollraths zu besuchen. Erst geht der Weg zwischen Weinbergen. Dann erreicht man eine Wiesenfläche (sie ist hier unerwartet), feucht und mit Weiden umgeben. Am Fuß des Gebirges auf einem Hügel liegt das Schloß, rechts und links fruchtbare Felder und Weinberge, einen Bergwald von Buchen und Eichen im Rücken.

Der Schloßhof, von ansehnlichen Wohn- und Haushaltungsgebäuden umschlossen, zeugt von altem Wohlstande; der kleinere hintere Teil desselben ist den Feldbedürfnissen gewidmet. Rechts tritt man in einen Garten, der wie das Ganze von altem Wohlhaben und gutsherrlicher Vorsorge zeugt und jetzt als eine belebte Ruine uns eigentümlich anspricht. Die sonst pyramiden- und fächerartig gehaltenen Obstbäume sind zu mächtigen Stämmen und Ästen kunstlos wild ausgewachsen, überschatten die Beete, ja verdrängen die Wege und geben, von vortrefflichem Obste reich be-

3. **Der Stadtkirche**, aus dem fünfzehnten Jahrhundert mit eigentümlicher Gewölbbildung. — 4. **Notgottes.** Vgl. den Bericht vom 3. September S. 227). Das seltsame Gnadenbild war 1814 nach Aufhebung des Klosters in die Stadtkirche gebracht worden. — 14. **Ohngefähr** 1. — 15. **Vollrath** 1. 2. Das Schloß hat sich im Besitze der Familie von Greiffenklau erhalten. Die Ritter kommen zuerst unter dem Namen von Winkel (de Winkela) vor, seit dem Ende des zwölften Jahrhunderts mit dem Zusatze von Greifenklau (de Grifenkla); im vierzehnten nannten sie sich von dieser ihrer Besitzung, auf der sie das Schloß erbauten, Greifenklau zu Folratz oder Volrades. — 17. Bloßes Komma nach **Wiesenfläche** und **unerwartet** 1, wogegen auch diese in 2 fehlen. — **Feucht**, trotz der heißen Jahreszeit. — 18. **Das Schloß**, wohl in der Mitte des vierzehnten Jahrhunderts von Friedrich von Griffenclauen zum Volrades erbaut. Einen Nachkommen hatte Goethe 1778 zu Belvedere bei Weimar als Kammerherrn des Kurfürsten von Mainz kennen gelernt.

hangen, den wundersamsten Anblick. Eine Lustwohnung, von dem Kurfürsten aus der Greiffenklauischen Familie erbaut, empfängt mit sichtbarstem Verfall den Eintretenden. Die unteren Räume sind völlig entadelt; der Saal des ersten Stocks erweckt durch Familienbilder, die, ohne gut gemalt zu sein, doch die Gegenwart der Persönlichkeiten aussprechen, das Andenken einer früheren blühenden Zeit. Lebensgroß sitzt ein behaglicher Greiffenklau, der auf sich und seinen Zustand sich etwas einbilden durfte. Zwei Gattinnen und mehrere Söhne, Domherren, Soldaten und Hofleute, stehen ihm zur Seite, und was von Kindern, vielleicht auch Verwandten, auf ebenem Boden nicht Platz fand, erscheint als Gemälde im Gemälde oben im Bilde. So hängen auch Kurfürsten, Domherren und Ritter, lebensgroß, in ganzen und halben Figuren, umher in dem nicht verwüsteten, aber wüsten Saale, wo alte reiche Stühle zwischen vernachlässigten Samenstauden und anderem Unrat unordentlich noch ihren Platz behaupten. In den Seitenzimmern schlottern die Goldledertapeten an den Wänden; man scheint die Tapeziernägel, die sie festhielten, zu anderem Gebrauch herausgezogen zu haben.

Wendet nun das Auge von diesem Greuel sich weg gegen das Fenster, so genießt es, den verwilderten fruchtbaren Garten unter sich, der herrlichsten Aussicht. Durch ein sanft geöffnetes Thal sieht man Winkel nach seiner Länge, überrheinisch sodann Nieder- und Oberingelheim in fruchtbarer Gegend. Wir gingen durch den vernachlässigten Garten, die Baumschulen aufzusuchen, die wir aber in gleichem Zustande fanden; der Gärtner, wollte man wissen, liebe die Fischerei.

Draußen unter dem Garten auf der Wiese zog eine große, wohlgewachsene Pappel unsere Aufmerksamkeit an sich; wir hörten, sie sei am Hochzeitsfeste des vorletzten Greiffenklau gepflanzt, dessen Witwe noch zuletzt diese Herrlichkeiten mit ungebändigter Lust genossen habe. Nach dem frühzeitigen Tode eines Sohnes aber ging der Besitz dieses schönen Guts auf eine andere Linie hinüber,

1 f. Von den (Trierischen) Kurfürsten (Churfürsten 1) aus der Greiffenklauischen Familie, Georg Friedrich, der 1626—1629 Kurfürst war, wie der bekanntere Besieger Sickingens Richard, der den Mainzer Stuhl zwanzig Jahre (1511—1531) einnahm. Deshalb sollte es heißen von einem oder von dem zweiten Kurfürsten. Der Name wird Greifenklau geschrieben 1. 2. — 6. frühern 2. — 9. 12. Domherrn 1. — 21. Unter- statt Nieder- 1. 2, aus Versehen. — 33. Eine andere Linie. Die rheinische Linie war im Mannesstamm 1805 mit dem Tode des Freiherrn Karl Theodor erloschen. Die Besitzung ging an die von Lothar Friedrich gestiftete fränkische Linie über, welche sie im Jahre 1815 besaß.

welche, entfernt wohnend, für dessen Erhaltung weniger besorgt zu sein scheint. Einen wunderlichen, in einen kleinen Teich gebauten Turm gingen wir vorüber und verfügten uns in das ansehnliche Wohngebäude.

Hatten wir gestern im Kloster Eibingen die Zerstörung gesehen, welche durch Änderung der Staatsverhältnisse, Religionsbegriffe, durch Kriegsläufte und andere Sorgen und Bedürfnisse mit Willen und Unwillen einreißt, sahen wir dort ein aufgehobenes Kloster, so fanden wir hier die Spuren einer alten Familie, die sich selbst aufhebt. Die ehrwürdigen Stammbäume erhielten sich noch an den Wänden der umherlaufenden Gänge. Hier sproßten Greiffenklaue und Sickingen gegen einander über und verzweigten sich ins vielfache; die vornehmsten und berühmtesten Namen schlossen sich weiblicherseits an den Greiffenklauischen.

Auf einem anderen dieser Bilder knieten Bischöfe, Äbte, Geistliche, Frauen unter dem Baume, von dem sie entsprossen, Heil erbittend. Ein drittes Gemälde dieser Art war mutwillig oder absichtlich entstellt; es hatte jemand den Stammvater herausgeschnitten, vielleicht ein Liebhaber solcher Altertümer, denen nirgends zu trauen ist. Da schwebten nun Äste und Zweige in der Luft, das Verdorren weissagend.

Wie unterhaltend übrigens in guten lebendigen Zeiten diese Galerieen für Familienglieder, für Verwandte müssen gewesen sein, kann man noch daraus ermessen, daß die Grundrisse mancher Besitzungen mit ihren Grenzen, Gerechtsamen, streitigen Bezirken, und was sonst bemerklich sein mochte, hier aufgehangen und vor das Auge gebracht sind.

Doch fehlte nunmehr manches, was Besuchende hier in früherer Zeit gekannt hatten, und wir entdeckten zuletzt in einer Kammer sämtliche Familienbilder, flözweise über einander geschichtet und dem Verderben geweiht. Einige sind wert, erhalten zu sein, allen hätte man wohl einen Platz an den Wänden gegönnt. In wenigen Zimmern finden sich noch Stühle und Bettstellen, Kommoden und dergleichen, durch Zeit und Unordnung langsam verdorben und unbrauchbar. In der kleinen Kapelle wird noch Gottesdienst gehalten; auch diese ist nur notdürftig reinlich. Ein paar kleine griechische Bildchen

15. Bischöfe 1. — 31. Statt sind stände besser wären. — 36. Ein paar kleine griechische [byzantinische] Bildchen Ich habe nicht feststellen können, ob diese etwa die „Gemälde einer Kapelle" waren, die Goethe zu den Bd. II. S. 251, 23 gedruckten Versen veranlaßten.

verdienen kaum aus diesem allgemeinen Verderben gerettet zu werden.

Aus solchen traurigen Umgebungen eilten wir in die reiche, frohe Natur, indem wir auf der Höhe des Hügels, Weinberge links, frischgeackerte Fruchtfelder rechts, dem Johannisberg zugingen. Die Grenze des Weinbaues bezeichnet zugleich die Grenze des aufgeschwemmten Erdreichs; wo die Äcker anfangen, zeigt sich die ursprüngliche Gebirgsart. Es ist ein Quarz, dem Thonschiefer verwandt, der sich in Platten und Prismen zu trennen pflegt.

Man kann nicht unterlassen, links hinterwärts nach dem Fluß und den ihn an beiden Ufern begleitenden Landschaften und Wohnlichkeiten umzuschauen, die, im einzelnen schon bekannt, mit größerem Anteil im ganzen überblickt werden.

Überrascht wird man aber doch, wenn man auf den Altan des Johannisberger Schlosses tritt. Denn wollte man auch alle in der Festbeschreibung genannten Orte und Gegenstände wiederholen, so würde sich doch nur dasjenige allenfalls in der Folge dem Gedächtnis darstellen, was man hier auf einmal übersieht, wenn man, auf demselben Flecke stehend, den Kopf nur rechts und links wendet; denn von Biebrich bis Bingen ist alles einem gesunden oder bewaffneten Auge sichtbar. Der Rhein mit den daran gegürteten Ortschaften, mit Inselauen, jenseitigen Ufern und ansteigenden Gefilden. Links oben die blauen Gipfel des Altkins und Feldbergs, gerade vor uns der Rücken des Donnersbergs. Er leitet das Auge nach der Gegend, woher die Nahe fließt. Rechts unten liegt Bingen, daneben die ahnungsvolle Bergschlucht, wohin sich der Rhein verliert.

Die uns im Rücken verweilende Abendsonne beleuchtete diese mannigfaltigen Gegenstände an der uns zugekehrten Seite. Leichte, seltsam streifenweis vom Horizont nach dem Zenith strebende Wolken

11. und denen 1. — 15. Johannesberger 1, obgleich auch dieser Druck weiter unten und im „Rochusfest“ die Form mit i hat. Auch Klopstock brauchte Johannesberger. Dielhelm nennt den Berg St. Johannesberg oder Bischofsberg. — 16. Festbeschreibung, zu welcher Goethe ein „Supplement“ gibt. — 20. Bieberich 1. 2. — 21. mit denen 1. — 23 f. Des Altkins und Feldbergs, im Taunus. Der Altkin, nach dem Volksmunde, der auch neben Altküng Altking kennt, gewöhnlich Alttönig genannt, der beschwerlich zu besteigen, ist 200 Fuß niedriger als der große Feldberg, dessen Goethe neben Kroneburg in „Wahrheit und Dichtung“ gedenkt. — 24. Des Donnersbergs, in der Rheinpfalz, der auch in der Ferne an seiner Gestalt leicht zu erkennen ist. Vgl. S. 203, 21. — 26. Ahndungsvolle 1, wie Goethe früher ahnen und ahnden unterschied. — 27. Verliert. Vgl. S. 218, 19 f. — 28. Abendsonne. Man war demnach eines Nachmittags dorthin gefahren. — 30. Komma nach seltsam 1. 2.

unterbrachen die allgemeine Klarheit des Bildes; wechselnde Sonnenblicke lenkten jetzt die Aufmerksamkeit bald da-, bald dorthin, und das Auge ward stellenweis mit einzelner frischer Anmut ergötzt. Der Zustand des Schlosses selbst störte nicht diese angenehmen Eindrücke: leer steht's, ohne Hausgerät, aber nicht verdorben.

Bei untergehender Sonne bedeckte sich der Himmel von allen Seiten mit bunten, immer auf den Horizont sich beziehenden, pfeilförmigen Streifen; sie verkündigten eine Wetterveränderung, über welche die Nacht entscheiden wird.

Den 3. September. Der Morgenhimmel, erst völlig umwölkt, erheiterte sich bei fortdauerndem Nordwind. Nachdem wir in Geisenheim bei einem Handelsmanne ein altes Gemälde gesehen, ging der Weg aufwärts durch einen Eichenbusch, welcher alle 14 Jahre zum Behuf der Gerberei abgetrieben wird. Hier findet sich das Quarzgestein wieder und weiter oben eine Art von Totliegendem. Rechts blickt man in ein tiefes, von alten und jungen Eichen vollgedrängtes Bergthal hinab; die Türme und Dächer eines alten Klosters zeigen sich, von dem reichsten Grün ganz eingeschlossen, in wildem, einsamem Grunde. Eine Lage, übereinstimmend mit dem Namen dieser heiligen Stätte; denn man nennt sie noch immer Notgottes, obgleich das Wunderbild, das dem Ritter hier seine Not zujammerte, in die Kirche von Rüdesheim versetzt worden. Völlig unwirtbar erschiene diese Stelle noch jetzt, hätte man nicht einen kleinen Teil der angrenzenden Höhe gerodet und dem Feldbau gewidmet.

Aufwärts dann, eine hochgelegene, bebaute Fläche hin, geht der Weg, bis man endlich auf den Niederwald gelangt, wo eine gerade lange, breite Fahrstraße vornehme Anlagen verkündigt. Am Ende derselben steht ein Jagdschloß mit Nebengebäuden. Schon

3. stellenweise 1. 2. — ergetzt 1, wie immer mit e. — 5. Eindrücke. Leer 1. 2. — 14. Abgetrieben. Vgl. S. 234. — 19. einsamen 1. — Grunde; eine 2. — 21. Notgottes. Das von einem Brömser gelobte Kapuzinerkloster nordwestlich von Geisenheim wurde 1390 eingeweiht, an der Stelle, wo das Wunderbild von einem Stiere aus der Erde gewühlt worden sein sollte. Vgl. zu S. 222, 17. Schon vor der französischen Umwälzung war der Besuch dieses Wallfahrtsortes von der Kirche beschränkt worden.
28. Vornehme Anlagen, des letzten des alten reichen Geschlechtes der Grafen von Ostein, des Besitzers dieses sogenannten Unterwaldes, der in Geisenheim wohnte, wo er seinen großen Garten gleichfalls mit dem größten Aufwand ausgestattet hatte. 29. Das Jagdschloß war nur Bekannten zugänglich. Besitzer des ganzen Unterwaldes war damals infolge eines Vergleichs mit dem von dem eben genannten Grafen Ostein (er war 1809 zu Aschaffenburg gestorben) eingesetzten Erben Graf Friedrich Karl Walbott von Bassenheim.

vor dem Hofraum, besser von einem Türmchen, sieht man in der ungeheuren Schlucht den Rhein abwärts fließen. Lorch, Dreieckshausen, Bacharach sind hüben und drüben zu sehen, und mir war in diesem Blick der Anfang einer neuen Gegend und der völlige Abschluß des Rheingaues gegeben.

Auf einem Spaziergange durch den Wald gelangt man zu verschiedenen Aussichten und endlich zu einem auf einer Felskuppe des Vorgebirgs liegenden Altan, von welchem eine der schönsten Übersichten genossen wird. Tief unter uns die Strömung des Bingerlochs, oberhalb derselben den Mäuseturm, die Nahe, durch die Brücke von Bingen herfließend, aufwärts der Bergrücken der Rochuskapelle und was dem angehört: eine große, in allen Teilen mannigfaltige Ansicht. Wendet sich das Auge zurück und unterwärts, so sehen wir das verfallene Schloß Ehrenfels zu unseren Füßen.

Durch eine große, wohlbestandene Waldstrecke gelangt man zu dem gegen Norden gerichteten runden Tempel. Hier blickt man von neuem rheinaufwärts und findet Anlaß, alles zu summieren, was man diese Tage her gesehen und wieder gesehen hat. Wir sind mit den Gegenständen im einzelnen wohl bekannt, und so läßt sich durch das Fernrohr, ja sogar mit bloßen Augen, manches Besondere nah und fern schauen und bemerken.

Wer sich in der Folge bemühte, den Niederwald besser darzustellen, müßte im Auge behalten, wie das Grundgebirge von

1. **Türmchen**, einem viereckigen Aussichtstürmchen, 1788 vom Grafen Ostein angelegt. — 2 f. **Dreckshausen oder Dreieckshausen** hieß **Drechtings- oder Trechtingshausen** im Volksmunde. Vielhelm im „Rheinischen Antiquarius“ nennt den Flecken „Dreckshausen, Dreieckshausen, oder Drechsen- und Drechtingshausen“. Ueber dem Dorfe erhebt sich der Burgturm von Sooneck. — 3. **Bacharach**, im Mittelalter als bester Weinort des Rheines gerühmt. — **Hüben** sieht man von den genannten Orten nur das am Ausgange des Wisperthales gelegene Städtchen Lorch, den Endpunkt des Rheingaus. — 6. **gelangte** 1. 2. — 8. **Altan**, die sogenannte Rossel. „Diese ruinenartig gebaute Rossel“, berichtet Gerning, „ist durch den letzten Umwälzungskrieg selbst eine Ruine geworden, und es fehlte wenig, so ward alles umher zerstört.“ Die Aussicht nennt er „erhaben und schaurig schön“. Schon die „Reise auf dem Rhein 1789“ gedenkt dieses Altans mit schwindelndem Blicke den schroffen Felsen hinab, auf den durch graue schauerliche Nacht sich windenden Rhein, mit dem sich jenseits die Nahe verbinde. — 10. **Mäuseturm.** **Die** 1. 2. — 12. Komma nach **angehört** 1. 2. — 14. **Ehrenfels.** (Vgl. S. 201, 6. 218, 18.) — 17. **Tempel**, noch heute unter diesem Namen erhalten, wie auch sonst solche Aussichtspunkte durch ein tempelartig gebautes Schutzdach ausgezeichnet sind. Gerning begeistert sich zu dem Ausruf: „Einzig und entzückend schön ist der Hinausblick vom **Tempelchen** über den besten Teil des Rheingaues, die malerischen Inseln und den herrlichen Strom, der sich wie ein See in einem Zauberspiegel darstellt. Man glaubt hier bald an den Züricher und Bieler See, bald an den Luzerner, bald nach dem reizenden Italien hingerückt zu sein, das aber keinen Fluß wie den Rhein besitzt.“ — 22. **Besser**, als bisher geschehen, kaum mit Bezug auf die vorhergegangene kurze Schilderung ihres Nachmittagsspazierganges.

Wiesbaden her immer mehr an den Rhein heranrückt, den Strom in die westliche Richtung drängt und nun die Felsen des Niederwaldes die Grenzen sind, wo er seinen nördlichen Weg wieder antreten kann.

Der steile Fußpfad nach Rüdesheim hinab führt durch die herrlichsten Weinberge, welche mit ihrem lebhaften Grün in regelmäßigen Reihen wie mit wohlgewirkten Teppichen manche sich an und übereinander drängende Hügel bekleiden.

Den 4. September. Früh in der Kirche, wo der Gottesdienst wegen einer Greiffenklauischen Stiftung feierlicher als gewöhnlich begangen wurde. Geputzte und bekränzte Kinder knieten an den Seitenstufen des Altars und streuten in den Hauptmomenten des Hochamtes Blumenblätter aus ihren Körbchen; weil sie aber verschwenderisch damit umgingen und doch in dem feierlichsten Augenblick nicht fehlen wollten, rafften sie das Ausgestreute wieder in ihre Körbchen, und die Gabe ward zum zweitenmale geopfert.

Sodann zu der verfallenen, in ein Winzerhaus verwandelten Kapelle des heiligen Hrabanus. Sie soll das erste Gebäude in Winkel gewesen sein; alt genug scheint es. Die Erde oder vielmehr der Schutt, aufgerafft an der Stelle, wo der Altar gestanden, soll Ratten und Mäuse vertreiben.

Nach Tische in einem mit Menschen überladenen Kahne von Mittelheim nach Weinheim bei ziemlich lebhaftem Nordostwind. Der Stromstrich wirkt hier stark auf das linke Ufer, nachdem er

8. Die Rückkehr nach Winkel wohl in dem zu Rüdesheim ihrer wartenden Wagen wird nicht beschrieben. Ob noch andere als sein Wirt Brentano sich an diesem Spaziergange beteiligt, ergibt sich nicht. — 9. Früh in die Kirche. Er begleitete die katholische Familie Brentano zu dem sonntäglichen Gottesdienste. — 10. Stiftung, vielleicht auf den ersten Sonntag des Septembers. — 19. Rabanus 1. 2. — Hrabanus Magnentius Maurus aus Mainz machte sich um die klassische Bildung durch die Gründung der ersten öffentlichen Klosterschule zu Fulda äußerst verdient. Seine Stelle als Abt, die er zwanzig Jahre mit Ruhm bekleidet hatte, legte er, mißvergnügt über die Zeitereignisse, 842 nieder und zog sich in die Priorei St. Peter zurück. Aber nach fünf Jahren bestimmte ihn König Ludwig der Deutsche, das Erzbistum Mainz zu übernehmen. Er verweilte viel in Winkel, wo er am 1. Februar 856 starb. Gerning schrieb 1821: „Ob das alte Gebäude einer nun zu Volrats gehörigen Scheune (deren Boden als Wundermittel gegen die Mäuse galt) Hrabans Hauskapelle war oder dem alten Rheingrafen- und Dynasten-Geschlechte de Winkela oder aber den Freien de Griserela (Greifenklau) zustand, ist noch historisch unerwiesen." — 23. Der mit Menschen überladene Kahn (Faust I, 580 f.) führte am schönen Sonntagnachmittag viele nach dem linken Ufer. Der Kahn war die öffentliche Fähre, welche hier den Verkehr beider Ufer aufrecht hielt. — 24 Weinheim, genauer Rheinweinheim oder Freiweinheim, Oestrich gegenüber, deutet schon durch den Namen auf den Weinreichtum der Gegend.

eine vorliegende Aue weggerissen. Die Wurzeln der alten Weiden sind entblößt, die Stämme vom Eis entrindet. Man hat einen Damm aufgeworfen, um die dahinter liegenden Felder vor Überschwemmung zu sichern.

Am Ende dieses Dammes gegen Niederingelheim zu fanden wir ganz eigentliche Dünen, in den ältesten Zeiten vom Wasser abgesetzt, nun ihr leichter Sand vom Winde hin und her getrieben. Unzählige kleine Schnecken waren mit demselben vermengt, ein Teil davon den Turbiniten ähnlich, die sich im Weinheimer Kalktuffe befinden. Daß dergleichen sich noch jetzt in diesem Sandbezirk vermehren, läßt sich folgern, da mir die aufmerksamen Kinder ein Schneckenhaus mit lebendigem Tiere vorgezeigt.

Hinter einer Mühle beginnt ein fruchtbareres Gelände, das sich bis Niederingelheim zieht. Dieser Ort, schon hoch, an einer sanften Anhöhe gelegen, gehört zu dem Distrikt, der sonst des heiligen Römischen Reichs Thal genannt wurde. Karl des Großen Palast fanden wir halb zerstört, zerstückelt, in kleine Besitzungen verteilt; den Bezirk desselben kann man noch an den hohen, vielleicht späteren Mauern erkennen. Ein Stück einer weißen Marmorsäule findet sich an dem Thor eingemauert, mit folgender Inschrift aus dem dreißigjährigen Kriege:

„Vor 800 Jahren ist dieser Saal des großen Kaisers Carl, nach ihm Ludwig des milden Kaisers Carlen Sohn, im Jahr 1044 aber Kaisers Heinrichs, im J. 1360 Kaisers Carlen Königs in Böhmen Palast gewesen, und hat Kaiser Carle d. Große, neben andern gegossenen Säulen, diese Säule aus Italia von Ravenna

1. Eine vorliegende Aue, die Ingelheimer Aue, wo eine Sage Ludwig den Frommen sterben läßt. — 7. Nun, wozu ein wurde oder wird wenigstens gedacht ist. — 9. Turbiniten, gewundenen fossilen Schaltieren. — 9 f. Weinheimer Kalktuffe, die er eben bei Weinheim bemerkt hatte. — 11. Die aufmerksamen Kinder, Brentanos, die sie auf diesem Ausfluge begleiteten. Darauf deutet schon der bestimmte Artikel die. — 13. Hinter einer Mühle. Der Weg führt am Salzbach oder der Selz vorüber. — 14. Niederingelheim, an der Poststraße zwischen Mainz und Bingen, in der Mitte des Weges. — 17. Halb zerstört. Die letzte Zerstörung erfolgte 1689 durch die Franzosen. Der erhaltene Teil stürzte ein Jahr vor Goethes Tod ein. Vgl. A. von Cohausen „Der Palast Karl des Großen in Ingelheim und die seiner Nachfolger daselbst" (1852). In neuester Zeit fand ein Neubau statt. — 22. Vor 800 Jahren. Schon 774 hielt Karl der Große hier einen Reichstag. Zu dem Baue hatte er eine große Anzahl Granit- und Marmorsäulen aus Rom und Ravenna erhalten, von denen viele später in Heidelberg, auch in Eberbach, Mainz und anderswo verwandt wurden. — 23. Ludwig der Fromme empfing dort 817 und 831 Gesandtschaften der Kaiser des Morgenlandes. — 24. Kaisers Heinrichs, des Dritten, der 1039 seinem Vater folgte. Dieser hielt hier sein Beilager. Die Absetzung seines unglücklichen Nachfolgers daselbst 1106 wird übergangen, fast noch absichtlicher der Neubau Friedrichs I. im Jahre 1164. — Carlen, Karl IV., der den in der wüsten Zeit des Zwischenreiches zerstörten Palast wieder hergestellt hatte.

anhero in diesen Palast fahren lassen, welche man bei Regierung Kaisers Ferdinandi des II. und Königs in Hispania Philippi des IV., auch derer verordneter hochlöblicher Regierung in der untern Pfalz, den 6. Aprilis Anno 1628, als der katholische Glauben wiederumb eingeführet worden ist, aufgerichtet.

Münsterus in Historia von Ingelheim des heilg. Römisch. Reichs Thal fol. DCLXXXIX."

Den Ort, wo die Küche vor Alters gestanden, will man dadurch entdeckt haben, daß sehr viele Tierknochen, besonders Wildeschweinszähne, in dem nächsten Graben gefunden worden. Während der französischen Herrschaft hat man verschiedene Nachsuchungen gethan; auch wurden einige Säulen nach Paris geschafft.

Neuerlich ward bei Gelegenheit des großen Chausseebaues Ingelheim vortrefflich gepflastert, das Posthaus gut eingerichtet. Frau Glöckle nennt sich die Postmeisterin, jetzt von Reisenden, besonders Engländern und Engländerinnen, fleißig besucht.

Bei dunkler Nacht gelangten wir auf der Fähre, zwar nicht ohne Unbilden, aber doch glücklich nach Hause.

Den 5. September fuhren wir im Wagen nach Rüdesheim, sodann im Kahne bei einem starken, stromaufwärts wehenden Winde nach Bingen hinüber; die Fähre brachte den Wagen nach.

Spaziergang am Ufer. Gips ausgeladen, viel mit grauem Thon vermischt. Woher derselbe kommen mag? Spaziergang durch die Stadt. Im Gasthof „Zum weißen Roß" eingekehrt. Melancho-

6. Histora 1. Gemeint ist der Abschnitt in Sebastian Münsters „Kosmographie" (1550) III, 182, deren Verfasser selbst 1480 in Ingelheim geboren war. — 10. wilde Schweinszähne 1. 2 — entdeckt worden 1, offenbar ein durch das vorangehende entdeckt haben veranlaßter Schreib- oder Druckfehler. — 13. Des großen Chausseebaues, im laufenden Jahre. Vgl. S. 232, 26. An der Südseite des Ortes rühmt noch ein Spitzstein, daß die Straße Karl des Großen (es ist die alte Römerstraße) im ersten Jahre der Regierung des Kaisers Napoleon I. vollendet worden. Es galt beidemal nur eine Herstellung. — 17. Bei dunkler Nacht. Von einem Besuche des nahen Oberingelheim war an diesem Tage keine Rede. Gerning berichtet: „Vom Palaste zog ein Burgweg nach Oberingelheim, mit Ruinen von Burg- und Tempelgebäuden, nach dem auf dem Rathause verwahrten Turniersattel, welcher von Karl dem Großen abstammen soll. In der jetzt reformierten Hauptkirche sind Grabmäler der Ritter von Ingelheim und Glasgemälde, die Thaten des vom Papst heilig gesprochenen Karls des Großen darstellend, bemerkbar." Oberingelheim besuchte man von Bingen aus am folgenden Nachmittag. — 17 f. Nicht ohne Unbilden. Wahrscheinlich war die Fähre wieder überfüllt und einzelne der Mitfahrenden zeigten sich etwas weinselig. — 19. Fuhren 1. — 24. Komma nach Stadt 1, Semikolon 2. — „Zum weißen Roß". Der sehr beliebte Gastwirt war schon damals Joseph Soherr, welcher nach dem 1808 erfolgten Tode seines Vaters, der von Mannheim nach Bingen gezogen war, die später weiter ausgedehnte Wirtschaft führte. Goethe fand ihn nicht zu Hause; die Wirtin war dessen Frau oder etwa die Mutter, die den in Geschäften abwesenden Wirt vertrat und sich vertraut mit den ihr meist bekannten Gästen unterhielt.

lische Wirtin mit seltsamem Bewußtsein ihres Zustandes. Nach guter und wohlfeiler Bewirtung fuhren wir den Rochusberg hinauf, an den verfallenen Stationen vorbei. Die Rochuskapelle fanden wir offen. Der Mann, der die Wiederherstellung besorgt hatte, war gegenwärtig, froh über sein Werk, das auch wirklich für gelungen gelten kann. Man hat die Kirchenmauern erhöht, so viel als nötig, um dem Hauptaltar von Eibingen gehörigen Raum zu verschaffen. Der Transport kostete nichts; denn die von Bingen hatten alles von drüben herab- und hüben heraufgetragen, die Schiffer gleichfalls ohne Lohn gefahren. Dadurch war das einzelne wohl erhalten geblieben und nur weniges zu reparieren nötig.

Man beschäftigte sich eben, die Orgel aufzustellen. Als wir denjenigen, den wir für den Meister hielten, nach der Güte der Orgel fragten, erwiderte er mit Bedeutsamkeit: „Es ist eine weiche Orgel, eine Nonnenorgel." Man ließ uns einige Register hören; sie waren für den Umfang der Kapelle stark genug.

Nun wendeten wir uns zu der niemals genug zu schauenden Aussicht und untersuchten sodann das Gestein. Auf der Höhe besteht es aus einem dem Thonschiefer verwandten Quarz, am Fuße gegen Kempten zu aus einer Art Totliegendem, welches aus scharfkantigen Quarzstücken, fast ohne Bindungsmittel, besteht. Es ist äußerst fest und hat außen durch die Witterung den bekannten Chalcedonüberzug erlangt. Es wird billig unter die Urbreccien gerechnet.

Wir fuhren durch die Weinberge hinabwärts, ließen Kempten links und gelangten auf die neue treffliche Chaussee, an deren beiden Seiten ein leicht zu bearbeitender Boden gesehen wird. Da wir nach Oberingelheim verlangten, so verließen wir die Straße und fuhren rechts auf einem sandigen Boden durch junge Kieferwäldchen; sanfte Anhöhen zeigten schon besseres Erdreich; endlich trafen wir Weinberge und gelangten nach Oberingelheim. Dieses

3. Den verfallenen Stationen. Vgl. S. 218, 7 ff. — 4. Der Mann. Dem ganzen Unternehmen hatten Heinrich Brück und Karl Oest vorgestanden. Es ist wohl der erstere gemeint, der ein Küfer war; er hatte der Kapelle 1900 Gulden geliehen. — 6. Man hat u. s. w. Das hier Bemerkte ist schon im Rochusfest erwähnt (oben S. 198, 8—199, 21), hätte deshalb hier wegfallen sollen. — 12. Die Orgel aufzustellen. Sie war am 24. August auf den Berg gefahren worden, am 25. fing man mit dem Aufschlagen an; fertig wurden sie mit der Orgel am 7., erst vom 14. bis zum 17. wurde sie nach Mahagoniart angestrichen und gefirnißt. — 20. Gegen Kempten. Das Dorf an der andern Seite des Berges. — Einer Art Totliegendem. Vgl. S. 197, 1 ff. 227, 15. — 23. Calcedonüberzug 1. — 26. Die neue treffliche Chaussee, von Mainz bis Bingen. Vgl. S. 231, 13.

Örtchen liegt an einer Anhöhe, an deren Fuß ein Wasser, die Selz genannt, hinfließt.

In dem reinlichen, wohlgepflasterten Orte sind wenig Menschen zu sehen. Zu oberst liegt ein altes, durchaus verfallenes, weitläufiges Schloß, in dessen Bezirk eine noch gebrauchte, aber schlecht erhaltene Kirche. Zur Revolutionszeit meißelte man die Wappen von den Rittergräbern. Uralte Glasscheiben brechen nach und nach selbst zusammen. Die Kirche ist protestantisch.

Ein wunderbarer Gebrauch war zu bemerken. Auf den Häuptern der steinernen Ritterkolossen sah man bunte, leichte Kronen von Draht, Papier und Band turmartig zusammengeflochten. Dergleichen standen auch auf Gesimsen, große beschriebene Papierherzen daran gehängt. Wir erfuhren, daß es zum Andenken verstorbener unverheirateter Personen geschehe. Diese Totengedächtnisse waren der einzige Schmuck des Gebäudes.

Wir begaben uns in ein Weinhaus und fanden einen alten Wirt, der ungeachtet seines kurzen Atems uns von guten und bösen Zeiten zu unterhalten nicht ermangelte. Die beiden Ingelheime gehörten zu einem Landesstrich, den man die acht Ortschaften nannte, welche seit uralten Zeiten große Privilegien genossen. Die Abgaben waren gering bei schöner Fruchtbarkeit. Unter französischer Botmäßigkeit hatte man große Lasten zu tragen.

Man baute sonst hier nur weißen Wein, nachher aber, in Nachahmung und Nacheiferung von Aßmannshausen, auch roten; man rühmte dessen Vorzüge, ob man uns gleich mit keinem roten Elfer mehr dienen konnte; wir ließen uns daher den weißen genannten Jahres wohl schmecken.

Als wir nach Weinheim zurück ans Ufer kamen und nach einem Kahn verlangten, erboten sich zwei Knaben, uns überzufahren. Man zeigte einiges Mißtrauen gegen ihre Jugend, sie versicherten aber, besser zu sein als die Alten; auch brachten sie uns schnell und glücklich ans rechte Ufer.

1. dessen 1. 2. — 2. Sulze 1. 2. Schreib- oder Druckfehler. Es ist der Selzbach, auch die Selz genannt. Möglich, daß Goethe Selze geschrieben hatte. — 6. Die Kirche soll Karl IV. erbaut haben. — 8. selbst. Es sollte wohl von selbst oder in sich selbst heißen. — 16 f. Der alte Wirt ist ein rechtes Bild eines noch der alten guten Klosterzeit sich erinnernden redseligen rheinischen Wirtes. — 17. ohngeachtet 1. — 19. Die acht Ortschaften, die beiden Ingelheim mit sechs benachbarten Dorfschaften, in dem sogenannten Reichsthale. Karl der Große soll sie von allen Zehnten mit Ausnahme des Getreides befreit haben. — 23. Nachher, seit 1730. Vgl. S. 206, 21 f. — 28. Zurück, auf der Rückkehr nach Winkel. — 30. Man, die Familie Brentano.

Den 6. September. Auf einem Spaziergange, bei Gelegenheit, daß eine Mauer errichtet wurde, erfuhr ich, daß der Kalkstein, welcher fast ganz aus kleinen Schnecken besteht, an den jenseitigen Höhen und mehreren Orten gebrochen werde. Da diese Schnecken nach der neuesten Überzeugung Ausgeburten des süßen Wassers sind, so wird die ehemalige Restagnation des Flusses zu einem großen See immer anschaulicher.

Man zeigte mir am Rheine zwischen einem Weidicht den Ort, wo Fräulein von Günderode sich entleibt. Die Erzählung dieser Katastrophe an Ort und Stelle, von Personen, welche in der Nähe gewesen und teil genommen, gab das unangenehme Gefühl, was ein tragisches Lokal jederzeit erregt. Wie man Eger nicht betreten kann, ohne daß die Geister Wallensteins und seiner Gefährten uns umschweben.

Von diesen tragischen Gefühlen wurden wir befreit, indem wir uns nach den Gewerben des Lebens erkundigten.

Gerberei. Der Stockausschlag eines abgetriebenen Eichenbusches braucht 13 bis 14 Jahre; dann werden die jungen Eichen geschält, entweder am Stamme oder schon umgeschlagen; dies muß im Safte geschehen. Diese Schale wird von fernen Orten hergeholt, vom Neckar über Heidelberg, von Trier u. s. w. Die Wasserfahrt erleichtert das Geschäft. Mühlen zum Kleinmahlen der Lohe. Häute, die nordamerikanischen, kommen während der letzten Zeit immer über Frankreich. Behandlung der Häute, Zeit des Garwerdens.

Weinbau. Mühe dabei. Vorteile, Gewinn, Verlust. Anno 1811 wurden in Winkel 800 Stück Wein gebaut. Großer Er-

3. Aus kleinen Schnecken. Vgl. 230, 8ff. — 8. Man zeigte mir, auf demselben Spaziergange. — 9. Karoline Luise Friederike Maximiliane von Günderode in Frankfurt, in ihrem siebzehnten Jahre am 4. April 1797 als Kanonissin in das von Cronstett- und von Hynsperg-adelige evangelische Stift des hochadeligen Hauses Alten Limpurg, dem ihre Familie angehörte, aufgenommen, hatte unter dem Namen Tian 1804 „Gedichte und Phantasien", im folgenden „Poetische Fragmente" herausgegeben, die durch tiefe Gefühle und Reichtum der Gedanken bei den schönen Versen Goethes Freundin Frau von Stein so anzogen, daß sie sich vorgesetzt hatte, ihr zu schreiben. Auch Goethe hatte das Talent der jungen Dichterin anerkannt, deren Freundin die fünf Jahre jüngere schwärmerische Bettina Brentano gewesen. Aus Schwermut und unglücklicher Liebe (sie war in den neun Jahre ältern häßlichen Professor Friedrich Creuzer in Marburg, seit 1804 in Heidelberg, verliebt) gab sie sich in Winkel, wo sie zu Besuch war, am 26. Juli 1806 den Tod. Vierunddreißig Jahre später setzte ihr Bettina in ihrem romanhaften Buche „Die Günderode" ein Denkmal. Auf dem Winkeler Kirchhof erinnert jetzt ein Denkstein an sie, mit Versen eines indischen Dichters, welche Herder in den „Gedanken einiger Bramanen", frei übertragen, unter der Überschrift „Abschied des Einsiedlers" gegeben hatte — Nach 14 hat 1 einen Abteilungsstrich, 2 ein trennendes Sternchen. — 15f. Statt wir sollte wohl ich stehen.

trag des Zehnten. Die Güte des Weins hängt von der Lage ab, aber auch von der späteren Lese. Hierüber liegen die Armen und Reichen beständig im Streite; jene wollen viel, diese guten Wein. Man behauptet, es gebe um den Johannisberg bessere Lagen; weil aber jener als eingeschlossener Bezirk seine Weinlese ungehindert verspäten könne, daher komme die größere Güte des Erzeugnisses. In den Gemeindebezirken werden die Weinberge einige Zeit vor der Lese geschlossen; auch der Eigentümer darf nicht hinein. Will er Trauben, so muß er einen verpflichteten Mann zum Zeugen rufen.

Und so hätten wir denn abermals mit dem glücklichen Rundworte geschlossen:

Am Rhein, am Rhein,
Da wachsen unsre Reben!

---

1. Des Zehnten an den Staat. — 2. Der späteren Lese. Im Rheingau läßt man die Trauben länger hängen. — 4. In Bezug auf die späte Lese am Johannisberg geht die Sage, daß der Abt von Fulda, dem der Johannisberg gehört habe, einmal vergessen, die Weinlese anzusetzen, und da das Jahr gerade ausgezeichneten Wein geliefert, habe er befohlen, die Lese in Zukunft immer erst im November zu halten. — um den, nahe bei dem. — 7. In den Gemeindebezirken, im Gegensatze zu den von dem Zehnten freien Kloster- und Herrenbezirken. — 8. Einige Zeit vor der Lese geschlossen. Das war aber Sitte am ganzen Rhein. — 10. Zum Zeugen, daß er nur seinen Bedarf zum Essen der Trauben nimmt. — Nach 10 Abteilungsstrich 1, Sternchen 2. — 11 f. Dem glücklichen Rundworte, aus der vorletzten Strophe des Rheinweinliedes von Claudius, das zuerst mit dessen Namen in dem von Voß herausgegebenen Musenalmanach für das Jahr 1776 gedruckt wurde. Von den verschiedenen Melodieen ist nur die des Offenbacher Johann André, eines Frankfurter Bekannten Goethes, des Gründers der berühmten Musikalienhandlung, ins Volk gedrungen. Sie erschien zuerst in dessen „Musikalischem Blumenstrauß für 1776“. Der Verfasser der „Reisen auf dem Rhein 1789“ erzählt, der Wirt zum Schwan in Oestrich habe, als er für seine Gäste sein bestes Fäßchen aufgeschlagen, einige Verse aus dem bekannten im „Wandsbecker Boten“ stehenden Rheinweinlied in vollem Tone angestimmt und der ganze Chor sei ihm fröhlich gefolgt.

Kunstschätze am Rhein, Main und Neckar.

1814 und 1815.

1—3. Kunstschätze ... 1815. Diese Überschrift fehlt 1. In dem von Eckermann gemachten Inhaltsverzeichnisse der vier ersten Bände von „Kunst und Altertum" heißt der erste über Köln handelnde Abschnitt „Kunstschätze zu Köln und daraus zu entwickelndes neues Kunstleben"; der zweite „Kunstschätze zu Bonn" umfaßt durch ein offenbares Versehen Eckermanns auch Neuwied, Koblenz, Mainz, Biberich und Wiesbaden; als dritter folgt „Kunstsammlungen zu Frankfurt am Main und Gründung städtischer Kunstanstalten", wozu auch Offenbach gehört, weiter „Zeichenschule zu Hanau" (sonderbar bloß der letzte Teil der Mitteilungen über Hanau), dann „Gemälde zu Aschaffenburg", „Reiche Kunstsammlung zu Darmstadt", endlich „Gemäldesammlung der Gebrüder Boisserée in Heidelberg". Von den im zweiten Hefte ohne zusammenfassende Überschrift gegebenen Nachträgen über Köln, Frankfurt, Hanau und Heidelberg erwähnt das Inhaltsverzeichnis nur die auf letzteres bezüglichen als „Fernere Nachricht von dieser Sammlung" (der Gebrüder Boisserée in Heidelberg). Dadurch kam es wohl, daß nur dieser Nachtrag in dem Neudruck im dritten Bande der „nachgelassenen Werke" Aufnahme gefunden.

Köln.

Nach einer glücklichen Rheinfahrt wurden wir in Köln von Freunden und Bekannten, ja von Unbekannten mit dem frohen Gruße überrascht, daß jenes von Rubens für seinen Geburtsort gemalte, die Kreuzigung Petri vorstellende, der Kirche dieses Stadtpatrons gewidmete Bild von Paris zurückgebracht werde und nächstens im Triumph zu seiner ehemaligen frommen Stelle wieder gelangen solle. Wir freuten uns, daß einer zahlreichen Bürgerschaft durch eine einfache große Handlung das herrliche Gefühl gegeben sei, nunmehr einem Fürsten anzugehören, der ihnen in so hohem Sinne Recht zu verschaffen und ein schmählich vermißtes Eigentum wieder zu erstatten kräftig genug wäre. Nun durfte man mit desto froherer Teilnahme Kunstliebhaber be-

1. Goethe schrieb Cöln, auch zuweilen Cölln. — 2. Nach einer glücklichen Rheinfahrt. In Goethes Tagebuch heißt es: „Dienstag den 15. Juli [1815] führte Herr Minister von Stein mich im Wagen bis Thal Ehrenbreitstein, im Nachen bis Köln." Abends kamen sie an und stiegen im „Kaiserlichen Hofe" ab, dem bedeutendsten, aber nicht am Rheine, sondern im Innern der Stadt auf der Breitestraße (Nr. 36) gelegenen Gasthause ab. Jetzt ist derselbe zu mehrern Häusern umgebaut. — 3 f. Mit dem frohen Gruße. An diesem Tage hatte die „Kölnische Zeitung", die nur dreimal wöchentlich erschien, die Aufforderung des Oberpräsidenten Geheimen Staatsrat Sack an alle Freunde des Vaterlandes und der Kunst gebracht, ihm von ihrer Kenntnis der nach Frankreich ausgeführten Kunst- oder Schriftwerke Mitteilung zu machen, und zugleich gemeldet, das berühmte von den Franzosen weggenommene Altarblatt der Peterskirche in Köln, die Kreuzigung des heiligen Petrus von Rubens, sei schon am 16. von Paris abgegangen, auch die herrlichen Granit- und Porphyrsäulen des Aachener Doms daselbst bereits abgebrochen. Am Schlusse redete er die „Preußen am Rheine" an: „Mit dankbarem Jubel werden Eure Städte den Tag feiern, wo das geraubte Eigentum Eurer Väter, durch die starke Hand Eures Königs und seiner Feldherren den räuberischen Fremden abgenommen, in Eure Mauern wieder einzieht" — 4 f. Geburtsort. Allgemein galt Köln, wo Rubens seine ersten Jahre verlebt hatte, auch für dessen Geburtsort. Die neuerdings aufgestellte Behauptung, er sei in Siegen geboren, wo sein Vater um die Zeit seiner Geburt gefangen saß, entbehrt sicherer Begründung. — 6. Stadtpatrons. Der Dom war ihm geweiht. — 8. Gelangen solle. Das Bild, das Goethe 1774 noch an Ort und Stelle bewundert hatte, wurde zuerst im Sitzungssaale des Stadtrats aufgestellt, erst am Jahrestage des Sieges bei Leipzig in feierlichem Zuge nach der Peterskirche zurückgebracht. Schon am 11. Juli hatte Everhard von Groote zu Paris im Namen des Königs von Preußen dasselbe in Besitz genommen.

suchen, die sich durch ihren wieder erscheinenden Heiligen doppelt getröstet und erquickt fühlten und den allgemeinen Gewinn als Unterpfand betrachteten, daß ihrer eigensten Neigung Sicherheit und Fördernis gelobt sei.

Wenn nämlich im dreizehnten Jahrhundert die bildende Kunst am Niederrhein sich zu regen anfing, so schmückte sie vorzüglich Kirchen, Klöster und öffentliche Gebäude an Mauern und Wänden, oft auch auf großen Tafeln mit frommen und heiligen Gegenständen: die neuere Kunst verschaffte dagegen auch dem einzelnen Bürger kleinere Bilder, angemessen dem Inneren der Wohnungen und häuslichen Gefühlen. Mit glänzender Sinnlichkeit behandelte sie natürliche beliebte Gegenstände, und jedermann konnte in seiner eigenen Wohnung an herrlichen Werken ein stilles Behagen empfinden.

Solche kunstreiche Umgebungen gehörten nun zu den Bedürfnissen des Bemittelten, zum Anstande des Wohlhabenden. Einheimische Künstler wurden beschäftigt. Ein lebhafter Handel mit Brabant und Holland brachte eine Unzahl solcher Kunstwerke in Umtrieb. Liebhaberei und Gewinn waren zu verbinden, und Gewinn belebte die Neigung. Handelsleute thaten sich hervor, welche, in das ferne Ausland wirkend, Kunst und Künstler förderten. Unter solchen wird der Name Jabach mit Ehrfurcht genannt. Dieser vorzügliche Mann, umgeben von seiner wohlgebildeten und wohlhäbigen Familie, wird uns noch jetzt lebensgroß durch ein Bild von Lebrun vor Augen gestellt. Es ist vollkommen erhalten noch in Köln und verdient, als eine der ersten Zierden einer bald zu hoffenden öffentlichen Anstalt eingeordnet zu werden.

Nun müssen wir aber jener bedeutenden Richtung gedenken, welche die Kunstliebe in unseren Tagen genommen. Eine gegen das Ende des vergangenen Jahrhunderts vorbereitete, in dem gegenwärtigen aber sich mehr entwickelnde Leidenschaft zu den Resten der alten Kunst, wie sie sich nach und nach aus dem trüberen Mittelalter hervorthat, erhielt reichliche Nahrung, als Kirchen und Klöster aufgehoben, heilige Gemälde und Gerätschaften

25. Lebrun, Charles, der 1690 starb. Mit welcher Begeisterung Goethe im Juli 1774 dieses Bild in einem damals nur von einem alten Bedienten bewohnten Hause gesehen, hat er im vierzehnten Buche von „Wahrheit und Dichtung" erzählt. Der letzte Jabach war 1761 in Paris gestorben, das Haus in Besitz von Verwandten gekommen. — 26. Und verdient. Der Wunsch Goethes, das Bild Köln erhalten zu sehen, blieb ein frommer; es wanderte nach Berlin, da die Stadt Köln es nicht ansteigerte.

verkauft wurden. Nunmehr konnten die schätzbarsten Dinge, welche bisher der Gemeinde gehörten, in den Besitz des Privatmanns übergehen. Mehrere Personen in Köln fühlten sich daher veranlaßt, dergleichen zu retten und zusammenzuhalten. Die Herren Boisserée, Gebrüder, und Bertram stellten mit Neigung, Kenntnis, Ausdauer, Aufwand und Glück eine Reihe solcher Bilder als unterrichtenden Kunstschatz zusammen, welcher, gegenwärtig in Heidelberg befindlich, in Köln ungern vermißt wird. Hier am Orte jedoch besitzen die Herren Wallraf, Lyversberg, Fochem nebst anderen Personen höchst schätzbare Werke dieser Art.

Da nun aber fast alle solche Gemälde von Rauch und Staub mußten behutsam gereinigt, schadhafte Stellen sorgfältig ausgebessert und der Goldgrund vorsichtig hergestellt werden, so bildeten sich Restauratoren, unentbehrliche Personen für jeden Ort, wo sich ein lebhafter Kunstverkehr entwickelt. Ein herrliches Dokument solcher Bemühungen, wo Liebhaber und Künstler patriotisch kunstverständig zusammengewirkt, ist das große, aus der Ratskapelle in den Dom versetzte Altarbild. Die mittlere Tafel stellt die

2. Gemeine 1. 2. — 5. Sulpiz Boisserée war 1783, sein Bruder Melchior 1786 geboren, ihr Freund Johann Baptist Bertram sieben Jahre älter als Sulpiz. Letzterer, Miterbe des angesehenen Handelshauses Nicolas de Tongres in Köln auf dem Blaubach, hatte in Jena studiert, war 1803 in Paris gewesen, wo er Friedrich Schlegel kennen gelernt und dessen Vorlesungen gehört hatte. Der immer eifriger zum Mittelalter hinneigende Schlegel folgte seiner Einladung nach Köln, wo er die zweite Professur für die schönen Wissenschaften an der Sekundärschule oberen oder zweiten Grades erhielt. Er trat in der „Europa" als begeisterter Lobredner der kölnischen Malerschule auf. 1808 legte er die Stelle nieder, wurde mit seiner Gattin katholisch und siedelte nach Wien über. — 7. Gegenwärtig, seit vier Jahren. Bei dem selbständigen Gange seiner Forschungen über die altdeutsche Malerei und Baukunst fand er in Köln nicht den rechten Boden. Sein Lehrer, Ferdinand Franz Wallraf, ein Jahr älter als Goethe, seit 1769 Lehrer am Montanergymnasium, 1772 zum Priester geweiht, 1786 Kanonikus am Marienstift und Professor der Naturgeschichte, Botanik und Ästhetik an der Universität, damals erster Professor für die schönen Wissenschaften an der Sekundärschule, wurde ein immer größeres Hindernis für Boisserées Aufkommen, da er selbst zu klarer Einsicht Wallrafs phantastischer Anschauung gegenüber gekommen. — 9. Wallraff 1. 2. — Lieversberg 1. 2. Der Rentner, früher Kaufmann Jakob Lyversberg wohnte in einem schönen Hause auf dem Heumarkt. Die kostbare Sammlung ward später unter vier Erben verteilt. — Gerhard Kunibert Fochem, 1771 zu Köln geboren, damals Rektor der von Grooteschen Familienkirche zum Elend auf dem Katharinengraben 3, ein auf Wallraf eifersüchtiger, nicht uneigennütziger Sammler, der sich auch mit dem Minister von Stein in Verbindung gesetzt hatte. — 18. In den Dom versetzte Altarbild. Boisserée hatte bewirkt, daß das aus der Ratskapelle durch Wallraf gerettete Bild der Schutzheiligen Kölns nach seiner Herstellung schon am Sonntage nach Dreikönigen im Jahre 1810, dem Domkapitel zur Aufstellung im Dome ohne Vorbehalt des Eigentums überwiesen, auf dem Altare der Agneskapelle prangte. Das Kölnische „Taschenbuch für Freunde altdeutscher Zeit und Kunst" auf das Jahr 1816 brachte eine Abbildung dieses Gemäldes mit einer phantastischen Abhandlung von Wallraf ohne dessen Namen. Boisserée rügte in einem Briefe an Goethe die große Unkenntnis des Verfassers. Goethe fand im ganzen Taschenbuch nur Frömmelei, keine wahre Frömmigkeit, bat aber Boisserée, sich nicht öffentlich dagegen zu erklären. Wallraf hatte auf dem Bilde den Namen Philipp Kalf lesen wollen, der ebenso wenig darauf steht wie die noch von Goethe angenommene Jahreszahl 1410 oder 1460. Es ist um 1426 vom Meister Stephan Lochner gemalt.

Anbetung der heiligen Dreikönige vor, die Seitentafeln aber zeigen die übrigen Schutzpatrone der Stadt, ritterlich und jungfräulich, kühn und bescheiden, fromm alle miteinander. Der Künstler lebte zu Anfang des funfzehnten Jahrhunderts.

Alle jene dem Gottesdienst gewidmeten Vorstellungen und Zierden aber, welche durch die unruhige, zerstückelnde Zeit von ihren geweihten Plätzen entfernt wurden, schienen in Privathäusern nicht ganz an ihrer Stelle; daher der heitere, erfinderische Geist der Besitzer und Künstler an schickliche Umgebung dachte, um dem Geschmack zu erstatten, was der Frömmigkeit entrissen war. Man ersann scheinbare Hauskapellen, um Kirchenbilder und Gerätschaften in altem Zusammenhang und Würde zu bewahren. Man ahmte die bunten Glasscheiben auf Leinwand täuschend nach; man wußte an den Wänden teils perspektivische, teils halb erhabene klösterliche Gegenstände als wirklich abzubilden.

Diese anmutige Dekorierkunst blieb jedoch nicht lange im Düsteren, der muntere Geist der Einwohner führte sie bald ins freie Tageslicht; wo denn der Künstler auch solchen Forderungen genugzuthun verstand, indem er den Hintergrund enger, an den Seiten mit Pflanzen und Blumen besetzter Höfe durch wohlgeratene perspektivische Gemälde ins Unendliche zu erweitern glücklich unternahm. Alles dieses und so manches andere, welches auf den Fremden höchst angenehm, neu und bedeutend wirkt, zeugt von einer frohen, frommen, Genuß und Erhebung verlangenden Sinnlichkeit, die, wenn sie zu Zeiten des Drucks und der Not sich so thätig und heiter bewies, in Zeiten der Sicherheit und Ruhe, bei zunehmendem Wohlhaben neu ermuntert, gar bald hervortreten wird.

Betrachtet man also das viele in Köln Verbliebene, Erhaltene, Neubelebte mit Aufmerksamkeit, so wird man gewahr, wie leicht eine Regierung hier einwirken kann, wenn die Oberen und Vorgesetzten zuerst dasjenige freundlich anerkennen, was von

2. Die übrigen Schutzpatrone, auf dem rechten Flügel der heilige Gereon in goldener mit dem Kreuz gezierter Rüstung und der Kreuzesfahne nebst seinen Gefährten, die zu Köln den Martertod erlitten haben sollen, wie die auf dem linken Flügel dargestellte britannische Königstochter, die heilige Ursula, mit ihrem Bräutigam, zwei Bischöfen und ihren Jungfrauen. — 10 f. Man ersann. Eine solche hatten der Maler Fuchs und der junge De Noel bei Lyversberg gemalt. — 11. halberhobene 1. 2. Aber weiter unten findet sich halb erhaben und halberhaben. — 17 f. Führte sie bald ins freie Tageslicht. Sie wurde zur Ausschmückung von Gärten, Häusern und anderen Anlagen verwandt. — 23. angenehm neu 1. 2. — 27. Ruhe bei 1. 2. — ermuntert gar 1. 2.

einzelnen aus freier Neigung und Liebhaberei bisher geschah, und einen solchen frohen Willen auf alle Weise begünstigen. Hierdurch wird den Obgeordneten, als Kennern und Liebhabern, nichts unbekannt bleiben, was am Orte von Kunstwerken befindlich ist, was zu- und abgeht oder den Besitzer verändert. Zugleich werden sie, die Thätigkeit des einzelnen fördernd, auf den Fall merken, wo lebenslängliche Bemühung eines Privatmannes dem Gemeinwesen auf einmal zu gute kommt; denn es geschieht nicht selten, daß eine Sammlung dem Liebhaber, der sich auf mancherlei Weise beengt fühlt, zur Last wird. Mangel an Raum, Wechsel der Wohnung, verändertes oder abgestumpftes Interesse vermindern oft den Kunstwert in den Augen des Besitzers; und hier ist es, wo die Oberen zu Gunsten beider Teile sich thätig erweisen können. Durch ehrenvolle Aufmerksamkeit findet sich der Wohlhabende schon dergestalt geschmeichelt, daß er, patriotisch aufgeregt, wo nicht schenkend, doch zu mäßigen Bedingungen sein Besitztum einer öffentlichen Anstalt überläßt und einverleibt. Findet er in seinem Wohnorte nur Gleichgültigkeit, er wird sich in der Fremde des Danks erholen. So wäre z. B. die unübersehbare Sammlung des Baron von Hüpsch, die unter mancherlei Wust die schätzbarsten Gegenstände der Kunst und des Altertums enthielt, nicht von Köln nach Darmstadt gezogen, nicht des Herrn Rose höchst bedeutende Zusammenstellung niederrheinischer Gebirgsarten von Godesberg nach Berlin gewandert, hätten diese Männer in Zeiten gelebt, wie diejenigen, denen wir entgegensehen.

Forschen wir nun nach dergleichen Schätzen gegenwärtig in Köln, so werden wir zuerst auf die Sammlung des Herrn

20. Hübsch l. 2. Der geheime Legationsrat Johann Wilhelm Karl Adolf Freiherr von Hüpsch hatte seine merkwürdige Sammlung, die so lange Köln zur Zierde gereichte, Darmstadt vermacht. Er hatte selbst im Jahre 1801 zu Köln eine Epigrammatographia sive collectio inscriptionum antiquioris, medii et recentioris aevi provinciarum Germaniae inferioris herausgegeben, die freilich von großer Flüchtigkeit zeugte. Über seine Sammlung handelt das erste Stück der „Kurzen Beschreibung einer litterarischen Reise in den niederrheinischen Provinzen nebst einer kurzen Topographie einiger niederdeutschen Städte". Heine „Der Begleiter auf Reisen durch Deutschland" (1808) berichtet: „Der Verstorbene versicherte bei Lebzeiten, diese Sammlungen sollten immer in der Stadt bleiben, und erhielt dadurch so viele freiwilligen Beiträge an Antiquitäten, Manuskripten und Seltenheiten, die nun für Köln auch verloren sind." Sie waren damals schon weggeführt, doch hatte man auf manches der Stadt Gehörige Beschlag gelegt. — 22. Rose. Der Braunschweiger Karl Wilhelm Rose (vier Jahre jünger als Goethe) war in Augsburg Physikus gewesen, hatte dann in Elberfeld als ausübender Arzt gelebt, woneben er sich mit Geologie beschäftigte; in Godesberg hatte er seine mineralogische Sammlung bedeutend vermehrt, sie aber dann Berlin überlassen, wo man den Wert derselben besser zu würdigen verstand als am Rhein. Er lebte später in Endenich bei Bonn, zuletzt in Köln, wo er drei Jahre nach Goethe starb.

Professor und Kanonikus Wallraf gewiesen, der, seiner Vaterstadt leidenschaftlich angeeignet, sein ganzes Leben, Habe und Gut verwendete, ja die ersten Bedürfnisse sich öfters entzog, um alles ihm erreichbare Merkwürdige seinem Geburtsort zu erhalten. Vorzüglich aufmerksam auf römische Altertümer, Bildwerke, Münzen, geschnittene Steine und Inschriften, hat er zugleich neuere Kunstwerke aller Art, Gemälde, Handzeichnungen und Kupferstiche, Bücher, Handschriften, selbst sehr bedeutende Mineralien an sich gebracht. Dieser wegen Mannigfaltigkeit und Verwickelung schwer zu übersehende Vorrat konnte weder zu eigenem Genuß noch zum Unterricht anderer jemals geordnet werden, weil selbst die dem Sammler späterhin gestattete freie Wohnung nicht Raum hat, so viel zu fassen, geschweige gesondert aufzustellen. Wünschenswert wär' es daher, wenn man baldmöglichst dem gemeinen Wesen diesen Schatz zueignete, damit die Jahre, welche dem würdigen Besitzer gegönnt sind, benutzt werden könnten, diese kostbaren Gegenstände mit Genauigkeit zu übernehmen, zu ordnen, genießbar und nutzbar zu machen.

Dieses aber setzt ein hinreichendes Lokal voraus, welches in der weitläufigen Stadt gar wohl zu finden wäre. Hätte man ein solches bestimmt, so würden die vorhandenen Räume wohl beachtet, damit die verschiedenen Abteilungen der Sammlung gehörig zu sondern wären. Dabei nähme man auf die Zukunft beständig Hinsicht; die Räume würden groß genug eingerichtet nach Maßgabe einer zu hoffenden Vermehrung. Die Anleitung hiezu würde die Sammlung selbst geben, die, indem sie Gegenstände aller Art besitzt und nach allen Seiten hindeutet, vielerlei Rubriken veranlaßt, die sich in der Folge innerlich vermehren und ausdehnen. Denn auch deshalb ist diese Sammlung so schätz-

1. Professors 1. 2. — 9. Verwicklung 1. — 11. Jemals geordnet werden. Freilich hatte Eberhard von Groote die Sammlung im vorigen Jahre geordnet, aber seit dieser Zeit war die liebe Unordnung wieder eingekehrt. — 12. Freie Wohnung, in der früheren Domprobstei, am Ende der Hochstraße, auf dem jetzigen Wallrafsplatze. Aber das Gebäude war so baufällig, daß Wallraf selbst es nicht bezog, nur seine Sammlungen auf dem ersten Stocke notdürftig aufstellte. — 13 f. Wünschenswert wär' es daher. Daß das Haupthindernis einer solchen Ordnung in Wallraf selbst liege, dem die Unordnung durch Gewohnheit lieb geworden, mußte Goethe hier verschweigen; er äußerte aber später, wo es seine Pflicht forderte, dem Staatsminister von Schuckmann gegenüber, Wallraf gehöre zu den Personen, die, bei einer grenzenlosen Neigung zum Besitz, ohne methodischen Geist, ohne Ordnungsliebe geboren seien, ja die eine Scheu anwandle, wenn nur von weitem an Sonderung, schickliche Disposition und reinliche Aufbewahrung gerührt werde; deshalb werde bei seinen Lebzeiten nur mit großer Vorsicht und Gewandtheit etwas Schickliches bei ihm auszurichten sein. — 20. weitläuftigen 1. 2. — Wohl zu finden wäre. Man dachte damals an die Räume des Jesuitenkollegiums neben der Kirche. — 24. Hinsicht. Der jetzige Gebrauch forderte Rücksicht.

bar, weil sie künftige Konservatoren nötigt, alles Vorkommende nach seiner Art zu würdigen und auch das Geringste als integrierenden Teil des Ganzen zu betrachten. Wie überraschend angenehm würde es alsdann sein, wenn die Lokalitäten geschmackvoll und analog den Gegenständen verziert würden, wovon wir zwar einzelne Beispiele in verschiedenen Städten bewundern, jedoch kein ganzes allgemeines Museum in diesem Sinne verziert wissen. Es ist gar so angenehm unterrichtend, wenn Sarkophagen, Urnen und alle dazu gehörigen Leichen- und Grabgeräte in nachgeahmten Kolumbarien aufgestellt sind; wenn der römische Denkstein, Altar und Cippus von einer Dekoration eingefaßt werden, welche an die Appische Straße erinnert; wenn die Überreste des früheren Mittelalters von Verzierungen ihrer Art, die des späteren gleichfalls übereinstimmend bekleidet sind; wenn selbst den Naturreichen durch Abbildung des Nichtvorhandenen nachgeholfen wird. Wollte man diese Gedanken verfolgen und Vorschläge gelten lassen, so würde gar manches bewirkt werden, welches voraus anzudeuten nur anmaßlich scheinen möchte. In einer Gegend, wo das Wissen nur insofern geschätzt werden kann, als es zugleich ins Leben tritt, wird eine solche Einrichtung schon gefordert Hier wird der bloß neugierig Gleichgültige unterhalten und angeregt, ja, er mag sich stellen, wie er will, belehrt; der Kenner aber läßt sich durch eine solche, der Ordnung noch hinzugefügte Täuschung ebensowenig irre machen als durch die Konfusion der alten Krambude eines Raritätenhändlers. In Köln würde man sich hiezu des Talents eines vorzüglichen Künstlers, Herrn Fuchs, bedienen, der in ähnlichen Fällen schon Erfindungsgabe, Geschmack und Fertigkeit bewiesen. Zugleich aber wird man mit Bedauern den in jugendlichem Alter schon vieles leistenden Joseph Hoffmann vermissen, welcher wohl verdient hätte, bessere Zeiten zu erleben.

9. gehörige l. — 10. Kolumbarien, gemeinsame Grabstätten, in welchen die Aschenurnen in Nischen aufgestellt waren. Solche Kolumbarien waren in Italien häufig erhalten, so in der Nähe von Rom. — Denkstein, zur Erinnerung an eine bedeutende That oder das Wirken eines Hingeschiedenen — Altar, ara, wie man gelobte Weihesteine nach ihrer Gestalt nannte. — 11. Cippus, Grabstein. — 26. Herrn Fuchs, des verwachsenen geschickten Malers Max Heinrich Fuchs, der auch das Dombild hergestellt und sich durch architektonische Zeichnungen zu Boisserées Domwerk ausgezeichnet hatte, überhaupt viel malerisches Geschick zeigte. Vgl zu S. 242, 10 f. — 29. Hofmann l. z. Joseph Hoffmann, 1764 in Köln geboren, hatte sich an den von Weimar aus gestellten Preisaufgaben für Maler glücklich beteiligt, auch ein Gemälde für das Weimarische Schloß geliefert, war aber bereits im April 1812 gestorben; freilich hatte er in der letzten Zeit sich der neueren romantischen Richtung zugewandt. — 30. Bessere Zeiten, als die traurigen des Krieges unter Napoleons drückender Herrschaft.

Jedermann, der das Gesagte beherzigt, wird sich überzeugen, daß bei weiser, kräftiger Anregung von oben, tüchtiger Gründung und klarer Anlage eines Konservatoriums in Köln Kunst, Geist und Fleiß sogleich sich vereinen werden, dasselbe zu schmücken; da es denn auch an patriotischer Thätigkeit nicht fehlen wird, dasselbige fortwährend zu vermehren und auszustatten. So sehen wir schon gegenwärtig, da ein allgemeiner Vereinigungspunkt nur erst gehofft wird, das rühmliche Beispiel, wie Herr General von Rauch alles dasjenige, was bei Anlage der neuen Festungswerke ausgegraben wird, bei sich sammelt, um solches dereinst dem öffentlichen Gewahrsam zu übergeben. Das Bedeutende, was schon gefunden worden, erregt die schönsten Hoffnungen und sichert diesem trefflichen Kriegsmanne auch von dieser Seite die immerdauernde Dankbarkeit einer wieder auflebenden Stadt.

In Köln jedoch an eine förmliche Kunstakademie zu denken, möchte nicht nötig noch rätlich sein. Republikanische, von alten Zeiten her den Gemütern eingeprägte Formen passen am besten in diesen Gegenden, wenigstens für die freien Künste. Einsichtige Kunstliebe und Gönnerschaft setzt sich überall an die Stelle der Direktion; jeder Künstler zieht in seinem Fache sich seine eigenen Schüler, sowie jeder Schüler sich frei seinen Meister aufsucht. Hier kann jeder, uneingeschränkt von seinesgleichen, durch eigene Arbeiten, durch Restauration und Kunsthandel sich in eine Lage versetzen, die sehr angenehm werden muß, wenn die Regierung sein Talent auch zu ihren Zwecken benutzt, durch angemessene Pensionen sein Talent der ersten Nahrungssorgen überhebt, sodann aber durch billiges Honorar seine außerordentlichen Arbeiten belohnt.

Wird sich nach allgemeinem Wünschen und Hoffen ein zusammenhängender Kunstverkehr am Rhein und Main verbreiten, so wird auch die Teilnahme des Reisenden nicht fehlen. Der Kunstfreund verlangt nicht immer Originale; trifft und rührt ihn irgend ein merkwürdiges Bild, dessen Besitz nicht zu erlangen ist, so erfreut er sich an einer Kopie. Dieses zeigt sich schon gegenwärtig bei der Freude an der altdeutschen Kunst, daß man Nach-

8 f. General (Gustav) von Rauch, der den Festungsbau leitete. — 10. Bei sich sammelt. Er wohnte wohl in dem Gebäude Severinsstraße 225, das zur französischen Zeit der Direction du Génie et des fortifications und dem Colonel-Directeur du Cours Impérial du Génie eingeräumt war. In dem jetzt durch einen Neubau ersetzten Gebäude war später die Wohnung des Direktors des Friedrich-Wilhelmsgymnasiums. — 26. den ersten 2. — 28 f. zusammenhängendes 1.

bildungen von Gemälden dieser Art verlangt und schätzt. Von jener großen Tafel im Dom hat Herr Lieutenant Raabe die Mittelgruppe in Miniatur höchst befriedigend nachgebildet. Herr Beckenkamp beschäftigt sich immerfort mit Kopieen derselben, die sogleich ihre Liebhaber finden. Wie viel Umstände treffen nicht zusammen, uns zu versprechen, daß ein freithätiges, uneingeschränktes Kunstleben in diesen Gegenden sich aus einer niemals ganz ausgestorbenen Vorzeit fröhlich entwickeln werde!

Ehe jedoch der Fremde so mannigfaltige Merkwürdigkeiten mit Ruhe genießen kann, wird er vor allem unwiderstehlich nach dem Dom gezogen. Hat er nun dieses leider nur beabsichtigten Weltwunders Unvollendung von außen und innen beschaut, so wird er sich von einer schmerzlichen Empfindung belastet fühlen, die sich nur in einiges Behagen auflösen kann, wenn er den Wunsch, ja die Hoffnung nährt, das Gebäude völlig ausgeführt zu sehen. Denn vollendet bringt ein groß gedachtes Meisterwerk erst jene Wirkung hervor, welche der außerordentliche Geist beabsichtigte: das Ungeheure faßlich zu machen. Bleibt aber ein solches Werk unausgeführt, so hat weder die Einbildungskraft Macht noch der Verstand Gewandtheit genug, das Bild oder den Begriff zu erschaffen.

Mit diesem leidigen Gefühl, welches einen jeden drückt, kämpften zu unserer Zeit in Köln eingeborne Jünglinge, welche glücklicherweise den Mut faßten, eine Vollendung des Doms nach der ersten Absicht des Meisters, wenigstens in Zeichnungen und Rissen, zu Stande zu bringen. Dürfte auch ein solches bildliches Unternehmen gegen die wirkliche Ausführung gering scheinen, so gehörte doch schon hiezu so viel Einsicht als Unternehmungsgeist, so viel That als Beharren, so viel Selbständigkeit als Einwirkung auf

2. Rabe 1. 2. Joseph Raabe (nicht zu verwechseln mit dem Maler Friedrich Raabe), 1780 zu Deutsch-Wartenberg in Schlesien geboren, war 1813 im Kriege verwundet worden. Im Winter auf 1814 hatte er in Weimar das Bild Goethes gemalt, das dieser mit den launigen Versen Bd. III, 1, 60 den „Trillingsfreunden" in Heidelberg verehrte. Er war Zeichenlehrer in Bonn. Die Akademie in Dresden ernannte ihn zu ihrem Mitgliede und mit ihrer Unterstützung ging er nach Italien. Später ward er königlich sächsischer Hofmaler. Er malte in Miniatur, Aquarell und Öl, kopierte besonders Gemälde älterer Meister. — 2f. Die Mittelgruppe, die Anbetung der heiligen Dreikönige. — 4. Beckenkammp 1. 2. Kaspar Benedikt Beckenkamp, 1747 zu Thalehrenbreitstein geboren, Schüler von Januarius Zick, hatte sich nach der Flucht des ihm gewogenen letzten Kurfürsten von Trier nach Köln gewandt, wo er sich durch vortreffliche Kopieen altdeutscher Gemälde auszeichnete. Das Museum Wallraf-Richartz besitzt unter anderen sein von ihm selbst gemaltes Bildnis. — desselben 1. 2. — 4f. Die sogleich ihre Liebhaber finden. Später machte er eine solche auch im Auftrage des Königs von Preußen. — 18. Ungeheuere 1. 2.

andere, wenn die Gebrüder Boisserée zur ungünstigsten Zeit ein Kunst- und Prachtwerk so weit fördern sollten, daß es von nun an heftweise wird erscheinen können. Der Grundriß hatte sich glücklicherweise im Original gefunden, so wie auch der Aufriß, später entdeckt, der bisherigen Bemühung, Ausmessung und Vermutung glücklich zu Hülfe kam. In gehöriger Größe werden also Grundriß, Aufrisse, Durchschnitte, perspektivische Zeichnungen nach und nach erscheinen, wodurch ein Werk gebildet wird, das vermöge seines Inhalts wie durch die Künstler, die es gearbeitet, den lebhaftesten Anteil verdient. Denn daß die Zeichnungen vortrefflicher deutscher Männer, Moller, Fuchs, Quaglio, auch in Deutschland gestochen werden konnten, dazu gehörte von seiten der Unternehmer jene stille, unverwüstliche Vaterlandsliebe, die in den schlimmsten Zeiten dasjenige zu erhalten und zu fördern weiß, was glücklichen Tagen unentbehrlich ist; und so sind die trefflichen Kupferstecher, die Herren Duttenhofer in Stuttgart, Darnstedt in Dresden, zur Teilnahme an dieser wichtigen Arbeit herbeigerufen worden.

1. Die Gebrüder Boisserée. Vielmehr gehört Gedanke und Ausführung allein Sulpiz an. — 2 f. Von nun an. Schon im Jahre 1811 hatte Boisserée wegen des Erscheinens seines Domwerks mit Cotta abgeschlossen, aber die echt künstlerische Herstellung der Tafeln bot ungeheure Schwierigkeiten. Goethe hatte schon im Jahre 1812 im zweiten Bande von „Wahrheit und Dichtung" das Unternehmen Boisserées gerühmt, der unermüdet beschäftigt sei, in einem prächtigen Kupferwerk den Kölnischen Dom als Musterbild jener ungeheuren Konzeptionen aufzustellen, deren Sinn babylonisch in den Himmel gestrebt und die zu den irdischen Mitteln dergestalt außer Verhältnis gestanden, daß sie notwendig in der Ausführung stocken gemußt. Auch im dritten Bande war seiner Bemühung um den Dom ehrenvoll gedacht. Bereits am 8. Mai 1810 hatte Boisserée sechs Zeichnungen, meist vom Maler Angelo Quaglio in München, Goethe zugeschickt. Dieser gestand, daß der ihm vorgelegte Grundriß eines der interessantesten Dinge sei, die ihm seit langer Zeit in architektonischer Hinsicht vorgekommen. Der perspektivische Aufriß gebe den Begriff der Unausführbarkeit eines so ungeheuren Unternehmens; desto erfreulicher, obgleich ebenso erstaunenswert sei der auf dem Papier unternommene Ausbau, der mit sehr viel Sorgfalt aus dem Vorhandenen, manchen Überlieferungen und dem sonst Bekannten dieser Kunstzeit und Bauart das Wahrscheinliche so harmonisch, als man wünschen möge, zusammenstelle. — 4. Gefunden, im Domarchiv. — 5. Später entdeckt. Der Aufriß des nördlichen Turms und des Hauptportals war in französischer Zeit aus dem Domarchiv nach Darmstadt geraten, wo ihn der Hofbaumeister Georg Moller auf einem Dachboden im Oktober 1814 entdeckte. Goethe selbst ging mit Boisserée, der ihn auf der Rückreise von Heidelberg bis Darmstadt begleitet hatte, zu dem Entdecker, der ihm eine Durchzeichnung gestattete. Im September 1815 ward Moller von Goethe und Boisserée zum zweitenmal besucht. Der Grundriß des Domes gab Goethe darauf so bedeutende neue Aufschlüsse über die Baukunst, daß er ihn mit nach Weimar nahm. Den Aufriß gab Moller 1818 in neun großen Blättern heraus, wobei er auch des von Boisserée in Paris gefundenen Aufrisses des südlichen Turmes gedachte. In „Kunst und Altertum" II, 2 ward das Erscheinen desselben rühmend angezeigt. — 15. Und so, eine sehr freie, nicht streng logische Anknüpfung. — 16. Die Herren fällt nach die trefflichen Kupferstecher auf, ebenso das Komma nach Stuttgart statt eines verbindenden und. Erst im Jahre 1821 erschien der Anfang des Domwerkes, sechs Blätter unter dem Titel: „Ansichten, Risse und einzelne Teile des Doms zu Köln mit Ergänzungen nach dem Entwurf des Meisters Nebst Untersuchungen über die alte kirchliche Baukunst und vergleichenden Tafeln der vorzüglichsten Denkmale von Sulpiz Boisserée. Stuttgart auf Kosten des Verfassers und der J. G.

Sind wir nun durch Bemühungen von Privatpersonen dazu gelangt, uns einen deutlichen Begriff von jenem unschätzbaren Gebäude zu machen, so daß wir es als ein Wunderwerk, gegründet auf die höchsten christlich-kirchlichen Bedürfnisse, so genial als verständig gedacht, durch vollendete Kunst und Handwerk ausgeführt, in der Einbildungskraft fassen und seine wirklich vorhandenen Teile einsichtig genießen können, so wird man sich nicht verwehren, jene kühne Frage nochmals aufzuwerfen, ob nicht jetzt der günstige Zeitpunkt sei, an den Fortbau eines solchen Werks zu denken.

Hier treffen wir aber bei näherem Erwägen auf die traurige Entdeckung, daß der Dom seit zwanzig Jahren aller Hülfsmittel beraubt ist, um auch nur im baulichen Stand erhalten zu werden. Als Reichsstift, und weil die Güter für den Bauunterhalt mit den Pfründegütern zusammengeworfen waren, hatte die Kirche das eigene und einzige Schicksal, sie, die am meisten bedarf, die ärmste von allen zu werden, indessen andere Kirchen ihre Baugüter behalten oder zurückbekommen haben.

Das erste vor allen Dingen wäre daher, an eine Stiftung zu denken zu vollkommener Erhaltung des Gebäudes. Erhaltung ist aber nicht zu bewirken, wenn man den Vorsatz des Fortbauens gänzlich aufgiebt; denn nicht allein Barschaft reicht hin zu solchen Bedürfnissen, sondern es will auch bei gegenwärtiger vollkommener Einsicht in den Willen des Meisters Kunst und Handwerk aufs neue erregt und belebt sein. Was aber auch geschähe, so ist ein solcher Gegenstand mit Großheit zu behandeln, zu welcher man

Cottaischen Buchhandlung." Von diesen Blättern waren zwei von Fuchs gezeichnet und von Duttenhofer gestochen; sonst hatten sich beteiligt als Zeichner Quaglio, Schinkel und Schauß, als Kupferstecher Haldenwang, Schauß, Schnell und Sellier. Das Unternehmen erlitt dann eine längere Unterbrechung; erst 1824 erschienen die beiden ersten Lieferungen, welche außer den 6 Blättern zwei weitere enthielten, gezeichnet von Quaglio und Vierordt, gestochen von Darnstedt und Leisnier, Gigaut und Reville. Erst 1826 konnte Goethe einen Probedruck eines weiteren von Moller gezeichneten, von Leisnier radierten Blattes anzeigen, wobei er bemerkte, das Werk sei durch den Tod eines Kupferstechers und andere hemmende Umstände verschoben worden, solle aber jetzt in desto schneller aufeinander folgenden Lieferungen vollendet werden. Erst 1831, ein Jahr vor Goethes Tod, lag das herrliche Prachtwerk vollendet vor.

11. Seit zwanzig Jahren, dem Einrücken der Franzosen im Oktober 1794. — 22. vollkommenen 1. — 21. Was aber auch geschähe. Im Jahre 1820 schrieb Goethe in „Kunst und Altertum" bei der Anzeige von Mollers Herausgabe des Domrisses: „Über die Trefflichkeit der Konstruktion am Kölner Domgebäude, über das Gestein der Gesamtmasse desselben wird gewiß jeder Sachkundige mit ihm einverstanden sein; auch die weitere Fortsetzung und Vollendung des Baues allenfalls für möglich halten; wie aber und auf welche Weise der erforderliche ganz ungeheure Aufwand beigebracht werden soll, ist eine Sache, welche zwar weder den Baumeister noch den Kunstrichter zunächst angeht, allein den ohnehin genug geplagten Finanzmännern schwere Sorgen verursachen dürfte." Selbst zu der nötigen Herstellung des Verfallenen wollten sich zunächst die Mittel nicht finden.

nur gelangt, wenn man sich die Schwierigkeiten nicht verbirgt noch verleugnet.

Auf alle Weise aber steht der Dom schon jetzt als fester Mittelpunkt; er und die vielen anderen Gebäude der Stadt und des Landes bilden im engen Kreise eine ganze Kunstgeschichte. Und auch diese ist litterarisch und artistisch vorbereitet, indem jene so leidenschaftlich als gründlich arbeitenden Kunstliebhaber bei dem Fleiße, den sie dem Kölner Dom gewidmet, ihre Aufmerksamkeit zugleich auf die Vor- und Nachkunst richteten. Daher wurden alte Risse gesammelt, Durchzeichnungen veranstaltet, Kupferstiche und Zeichnungen der vorzüglichsten sogenannten gotischen Gebäude in allen Landen angeschafft, besonders von allen bedeutenden alten Bauwerken des ganzen Niederrheins von der Mosel abwärts. Hieraus könnte ein Werk entstehen, das in mäßigem Format die Epochen der älteren Baukunst in Deutschland von den ersten christlichen Zeiten an bis zum Erscheinen des sogenannten gotischen Geschmacks im dreizehnten Jahrhundert in belehrender Form zur Anschauung brächte.

Die den Reisenden zugemessene Zeit war zu kurz, als daß man von allem Bedeutenden hätte völlige Kenntnis nehmen können; jedoch versäumte man nicht, den Herrn Domvikarius Hardy zu besuchen, einen merkwürdigen achtzigjährigen munteren Greis, der bei angebornem entschiedenem Talent und Kunsttrieb von Jugend auf sich selbst bildete, physikalische Instrumente künstlich ausarbeitete, sich mit Glasschleifen beschäftigte, vorzüglich aber, von der bildenden Kunst angezogen, Email zu malen unternahm, welches ihm aufs glücklichste gelang. Am meisten jedoch hat er sich dem Wachsbossieren ergeben, wo er denn schon in frühster Jugend die unendlich feinen perspektivisch-landschaftlichen, architektonisch-historischen kleinen Arbeiten verfertigte, dergleichen, von mehreren Künstlern versucht, wir noch bis auf die neuste Zeit sogar in Ringen be-

6 f. Jene ... Kunstliebhaber, eigentlich nur Sulpiz Boisserée, der neben seinem großen Domwerke auch Abbildungen der bedeutendsten anderen besonders kirchlichen Bauten des Niederrheins nebst Erörterungen über ihre Geschichte und ihren Baustil zu liefern gedachte und dafür gesammelt hatte. — 19. War zu kurz. Am Abend des dritten Tages fuhren sie nach Bonn. Goethes Tagebuch meldet am 26.: „Der Dom, in- und auswendig, oben und unten mit allem Zubehör. Privatsammlungen. Merkwürdiges." Vom 27. heißt es: „Um die Stadt gefahren. Besuche. Bilder. Wallrafs angefüllte Wohnung. Gebäude. Schulrektor [Rektor Fochem ist gemeint]. Nach Bonn. Fuchs begleitete." — 21. Bernhard Kaspar Hardy wohnte Margaretenkloster 4. — 22. Achtzigjährigen, runde Zahl. Er war 1726 zu Köln geboren. Daß er in Gesellschaft seines Bruders sich herangebildet, ward in der Ankündigung unseres Berichtes im „Morgenblatt" hervorgehoben. — 26. Emaille, wie immer, 1.

wundern. Später beschäftigte er sich mit einer Art, die höchst gefällig ist; er bossierte nämlich halbe Figuren in Wachs, beinahe rund, wozu er die Jahreszeiten und sonst charakteristisch gefällige Gegenstände wählte, von der lebenslustigsten Gärtnerin mit Frucht- und Gemüskorbe bis zum alten, vor einem frugalen Tisch betenden Bauersmann, ja bis zum frommen Sterbenden. Diese Gegenstände, hinter Glas in ungefähr fußhohen Kästchen, sind mit buntem Wachs harmonisch, dem Charakter gemäß koloriert. Sie eignen sich, dereinst in einem Kölnischen Museum sorgfältig aufbewahrt zu werden; denn man wird hiedurch so deutlich angesprochen, daß wir uns in der Geburtsstadt des Rubens befinden, am Niederrhein, wo die Farbe von je her die Kunstwerke beherrscht und verherrlicht hat. Die stille Wirkung eines solchen Mannes in seinem Kreise verdient recht deutlich geschildert zu werden, ein Geschäft, welches Herr Kanonikus Wallraf mit Vergnügen übernehmen wird, da er als ein Jüngerer diesem würdigen Greis auf dem Lebens- und Kunstwege gewiß manche Anregung verdankt.

Ein Schüler dieses würdigen Mannes, Herr Hagbold, beschäftigt sich mit ähnlichen Arbeiten; doch hat er bisher nur Profilporträte geliefert, denen man eine glückliche Ähnlichkeit nicht absprechen kann. Die Reinlichkeit und Feinheit der Kleidungs- und Putzstücke an diesen Bildern ist höchlich zu loben, und wenn er sie in der Folge sowohl von vorn in voller Ansicht ganz rund, als von der Seite nur halb erhaben ausführen wird, so kann es ihm an Beifall und Kunden nicht fehlen.

Noch ist hier ein geschickter Miniaturmaler zu erwähnen, Herr Lützenkirchen, welcher sich bei sehr schönen Talenten als ein denkender Künstler erweist und sich auch schon das Vertrauen hoher Personen bei bedeutenden Gelegenheiten erworben hat.

Indem man nun von dem Vergangenen und Gegenwärtigen spricht, was Köln merkwürdig, ehrwürdig und angenehm macht,

9. In einem Kölnischen Museum. Das Museum „Wallraf-Richartz" bewahrt anziehende Stücke. — 15. Kanonikus Wallraf. Es war Goethe unbekannt geblieben, daß dieser schon vor zwölf Jahren in einer Ode im „Beiblatt der Kölnischen Zeitung" zur Feier von Hardys Künstlerjubiläum seine Verdienste gefeiert und in beigefügten Anmerkungen genauere Mitteilungen über ihn gegeben hatte. — 18. Karl Hagbold war in Ürdingen 1775 geboren. — 18f. beschäftiget 1. 2. — 27. Der vierzigjährige Miniaturmaler Peter Joseph Lützenkirchen hatte schon vor zwei Jahren seine Vaterstadt Köln verlassen, wo er sich bei Goethes Anwesenheit zufällig aufgehalten haben muß. Mit dem Minister Stein war er bekannt; er hatte ihn vor einem Jahre zu Nassau gemalt und sein Bild, wie auch das von Blücher und Gneisenau, gestochen. Er war ein tüchtiger Kupferstecher in Schabmanier. Er wohnte jetzt in Frankfurt.

und sodann fragt, was denn ferner wünschenswert wäre, damit gebildete Personen aller Art ihren Aufenthalt hier gerne wählten, so wird man die Antwort hören, daß Wissenschaft und diejenige Kultur, welche aus dem Studium der alten Sprachen hervorgeht, nebst allem, was geschichtlich heißen kann, hier von Frischem angeregt und begünstigt werden sollten: von Frischem, sage ich; denn auch diese Vorzüge haben sich hier nicht ganz verloren. Man darf nur die im Lapidarstil glücklich aufgestellten Inschriften, worin Herr Kanonikus Wallraf sich besonders hervorthut, sowie seine heiteren und gehaltreichen lateinischen Gelegenheitsgedichte betrachten; man darf nur die historischen Bemühungen, welche derselbe nebst anderen Personen den vaterstädtischen kirchlichen Ereignissen widmet, näher ins Auge fassen: so findet man noch Verzahnungen genug, welche nur auf einen neuen Anbau zu warten scheinen.

Und hier wird man unmittelbar an jene ansehnliche Universität erinnert, welche ehemals hier ihren Sitz hatte. Ihre Lage war vorteilhaft, in der Mitte der Länder zwischen Mosel, Maas und Lippe auch zur Verbindung mit verwandten Nachbarländern, woher noch bis zur französischen Umwälzung Studierende, meist von katholischer Religion, sich auf diese Universität wendeten, in solcher Anzahl, daß sie eine sogenannte Nation unter den Studenten ausmachten. Die medizinische Fakultät zog durch ausgezeichnete Lehrer noch bis zu Ende des letzten Jahrzehnts holländische Studenten nach Köln, und noch jetzt genießt die Stadt in den angrenzenden Ländern ihren alten Ruhm. Ja, in den ersten Jahren der französischen Herrschaft wurde die Hoffnung rege zu Wiederbelebung der alten Universität, und bis in die letzten Zeiten nicht ganz aufgegeben, erhielt sie sich an der Aufmerksamkeit, welche

1. frägt 2. — 8. Im Lapidarstil. Darin war Wallraf wirklich ausgezeichnet, leider aber auch in den Napoleon gewidmeten ein maßvoller Schmeichler. — 10. Lateinischen Gelegenheitsgedichte. Seine deutschen waren Goethe nicht bekannt und keineswegs hervorragend. — 11. nur fehlt 1. 2. — 12. Den kirchlichen Ereignissen, wie er z. B. die Einführung des Dompfarrers Dumont in einer launigen lateinischen Epistel an dessen Küster gefeiert hatte. — 15 f. Jene ansehnliche Universität, die 1388 gegründet worden, aber in der Theologie und Philosophie so wenig dem Zeitgeiste entsprach, daß der Kurfürst von Köln für nötig hielt, seine frühere Akademie zu Bonn im Jahre 1786 zu einer Universität zu erheben und in Besetzung aller Stellen vorzüglich diejenigen berücksichtigen zu wollen erklärte, welche seine Universität besucht hätten. Unter französischer Herrschaft war sie im Jahre 1800 aufgehoben worden, nachdem man kurz vorher Wallraf, der als Rektor den Eid der Treue verweigert, abgesetzt hatte; die Bonner hatte sich nach der Flucht des Kurfürsten von selbst aufgelöst. — 23. Jahrzehends 1. — 26. Der französischen Herrschaft. Sollte wohl heißen des französischen Kaiserreichs, da sie in den ersten Jahren der französischen Herrschaft noch bestand.

die Zentralschule genoß, die nachher in eine höhere Sekundärschule verwandelt wurde. Ihr blieben bedeutende Güter, Anstalten und Sammlungen, welche zum Teil sich noch vermehrten, wie denn ein wohlbestelltes physikalisches Kabinett angeschafft und ein botanischer Garten ganz neu angelegt wurde. Fänden nun in demselbigen von den Jesuiten ehemals benutzten Raume die Kunstsammlungen gleichfalls ihren Platz, so würde sich alles Kennenswerte hier vereinigen lassen. Hierauf wie auf manches andere gründen die Kölner die Hoffnung, die alte Universität in ihren Mauern wieder erneuert zu sehen.

Alles, was wir bisher an dieser Stadt gerühmt, schien diese Hoffnung zu begünstigen, da nicht mehr die Frage sein kann, ob nicht auch in großen Städten eine Universität gedeihen könne. Ja, man wollte behaupten, daß hier, wo die reichsten Schätze der großen Vorzeit zu finden sind, wo geistliche und weltliche Gebäude, Mauern und Türme und so mannigfaltige Kunstsammlungen eine anschauliche Geschichte der Vergangenheit liefern, wo Schiffahrt und Handel das gegenwärtige Leben darstellen, daß hier Lehrenden und Lernenden alles nützlich und förderlich sein müsse, indem in unseren Tagen nicht mehr von Schul- und Parteiwissen, sondern von allgemeinen Weltansichten, auf echte Kenntnisse gegründet, die Rede sei.

Man wolle jenen Universitäten, in kleinen Städten angelegt, gewisse Vorteile nicht streitig machen; es sei aber doch nicht zu leugnen, daß sie sich aus jenen Zeiten herschreiben, wo der Jugend, die aus einem dumpfen Schulzwange zu einem ängstlichen Geschäftszwange gebildet werden sollte, ein gewisser Zwischenraum gegönnt war, in welchem sie sich neben dem Lernen auch abtoben und eine fröhliche Erinnerung vollbrachter Thorheiten gewinnen möchte. Gegen-

1. An die Stelle der 1799 gegründeten Zentralschule trat 1805 die Sekundärschule des zweiten Grades; zu einer Sekundärschule des ersten Grades ward gleichzeitig das frühere Laurentianergymnasium. — 4 f. Ein botanischer Garten, in dem früheren Jesuitengarten und dem dabei gelegenen des Maximinenklosters. Die neue Anlage entstand unter der Leitung des Prof. Dr. Stoll; dazu gehörte auch ein Treibhaus, für das Wallraf die Inschrift Naturae vegetanti erfunden hatte. Seine Reichhaltigkeit zeigte ein gedruckter Katalog nach dem Linnéschen System. — 8 f. Die Kölner, deren Recht auf die Universität besonders Wallraf lebhaft vertrat, ohne daß er Goethes Zustimmung gewinnen konnte, der die Sache ganz der unparteiischen Erwägung der Regierung überließ. — 11. gerühmet 1. — 18. darstellen, — 2, vorher vor dem zweiten und dritten wo Semikolon statt Komma. — 23. Man wolle. Das Folgende dürften kaum Kölner zur Sprache gebracht haben, wenigstens lag dies nicht im Anschauungskreise Wallrafs. Man könnte allenfalls denken, Stein, Arndt und der auf der Reise nach Paris begriffene Eichhorn (er war damals dem Minister Altenstein zugewiesen) hätten solche Äußerungen gethan; denn Goethe traf die beiden letzteren im Kölner Dom.

wärtig sei dieses aber unzulässig, schädlich und gefährlich; denn der deutsche Jüngling habe sich meist im Felde versucht, habe an großen Thaten Anteil genommen, und selbst der Nachwuchs sei schon ernster gesinnt; man verlange nicht nach einer abenteuerlichen, hohlen Freiheit, sondern nach einer ausbildenden, reichen Begrenzung. Wo sei nun eine solche schönere zu finden als in einer Stadt, die eine Welt in sich enthalte, wo Thätigkeit aller Art sich musterhaft vor dem Geiste des Jünglings bewege und wo junge Leute nicht an Kameradenselbstigkeit, sondern an höheren Weltansichten und an unzähligen Gewerbs- und Kunstthätigkeiten ihre Unterhaltung fänden, wo der Studierende nur über den Fluß zu setzen brauche, um seine Ferien in dem reichsten Bergwerks , Hütten- und Fabrikenlande nützlich zuzubringen?

Ferner behaupteten die Kölner, daß der Studierende nirgends mehr sich selbst achten und geachtet werden könne als bei ihnen, indem er als Miterbauer einer großen, alten, durch Zeit und Schicksal zurückgekommenen Existenz angesehen werden müsse.

---

6. Es sollte wohl schöner heißen. — 12. Bergwerks- 1. — 17. Es ist ein Versehen, daß hier nicht der Nachtrag des folgenden Heftes von „Kunst und Altertum" aufgenommen ist, wie es bei Frankfurt und Heidelberg geschehen. Dort heißt es unter „Cölln": „Zu unserer großen Beruhigung erfahren wir, daß man daselbst eine ansehnliche Stiftung zu gründen beschäftigt sei, wodurch es auf lange Jahre möglich wird, den Dom wenigstens in seinem gegenwärtigen Zustande zu erhalten. [Schinkel hatte im Auftrag des Königs den Dom einer genauen Untersuchung unterzogen, aber leider drang er mit seinen übrigen Vorschlägen ebenso wenig durch wie mit Boisserées Berufung als Ministerialrat in Sachen des Doms. Der Mangel an Geld hinderte beides, die letztere auch der akademische Dünkel.] Auch ist durch Vorsorge des Herrn Generalgouverneurs Grafen von Solms-Laubach die Wallrafische Sammlung in das geräumige Jesuitengebäude gebracht und man sieht einer methodischen Aufstellung und Katalogierung [so schreibt Goethe durchgängig] derselben mit Zutrauen entgegen. [Leider wurden der Sammlung nur zwei Zimmer eingeräumt, und da auch diese bald darauf zu Schulzwecken in Anspruch genommen wurden, ward sie auf die Gänge und den Speicher verwiesen. Das war unter preußischer Regierung trotz Goethes ernsten Schutzwortes möglich!] Und so wären dann zwei bedeutende Wünsche aller deutschen Kunstfreunde schon in Erfüllung gegangen."

Bonn.

Nach aufmerksamer Betrachtung einiger Kirchen und des öffentlich aufgestellten antiken Monuments unterhielt in Bonn die Durchreisenden eine Sammlung des Herrn Kanonikus Pick. Dieser heitere, geistreiche Mann hat alles und jedes, was ihm als altertümlich in die Hände kam, gewissenhaft gesammelt, welches schon ein großes Verdienst wäre; ein größeres aber hat er sich erworben, daß er, mit Ernst und Scherz, gefühlvoll und geistreich, heiter und witzig, ein Chaos von Trümmern geordnet, belebt, nützlich und genießbar gemacht hat. Ohne sein Haus, mit welchem diese Schätze zusammengewachsen sind, durchwandert zu haben, kann man sich hievon keine Vorstellung machen.

Der Treppenraum zeigt eine Menge Porträte von sehr verschiedenem Kunstwert, alle jedoch vereinigt, die Trachten mancher Länder und Zeiten vors Auge zu bringen. Verziert sind die Wohnzimmer mit Kupferstichen und Gemälden, eigens bedeutend auf traurige und frohe vaterländische Ereignisse hinweisend, auf Glück und Unglück eines übermütigen Feindes anspielend. Über den Thüren erregt manche inschriftliche Tafel ein bedenkliches Lächeln. Nun aber öffnet sich die Sammlung selbst; man durchschaut sie

2. **Einiger Kirchen**, des Münsters, der Remigius- und der Jesuitenkirche. — 2 f. **Des öffentlich aufgestellten antiken Monuments.** Seit 1809 war auf dem Remigiusplatz (den man deshalb Römerplatz nannte) der aus Köln stammende Römische Weihaltar der Göttin Victoria aufgestellt. — 4. Der Bonner **Kanonikus Franz Pick**, drei Jahre jünger als Wallraf, war ein geschmackvoller, heiterer und Heiterkeit um sich verbreitender Kunstsammler. — 19. **Manche inschriftliche Tafel.** Als Goethe unter einer Thür stand, las er über sich den Spruch:

Nullum grande ingenium
Sine mixtura dementiae,

den Pick auf seine Verwunderung mit dem Sprichwort entschuldigte: Nulla regula sine exceptione. Selbst eine gewisse Bedürfnisanstalt war zu Goethes Heiterkeit mit einer entsprechenden Inschrift versehen.

mit immer verändertem Interesse, welches jederzeit eine historische Richtung zu nehmen genötigt ist. Kupferstiche und Münzen, nach Jahren und Ländern geordnet, Gerätschaften aller Art, alles zierlich zusammengestellt.

Wir gedenken zum Beispiel einer ganzen Wand mit gemalt scheinenden Bildern, merkwürdig durch den Stoff, woraus sie verfertigt worden: Mosaik und Eingelegtes, von Stroh oder Moos Zusammengesetztes, aus gehackter Wolle Gestreutes, samtartig Gewobenes, Gesticktes oder aus Läppchen Zusammengeflicktes. Durch solche Annäherungen werden hundert Dinge, deren Aufbewahrung einen erfahrenen Kunstkämmerer verlegen machte, dem Auge interessant; sie geben dem Geiste Nahrung, ja dem Geschmacksurteil manchen Anlaß. Hierbei ist zu bemerken, daß ein junger Vetter, naturwissenschaftlich unterrichtet, eine schöne Mineraliensammlung, dem Kenner wie dem Liebhaber willkommen, systematisch aufgestellt hat.

Und so nach ergötzender Betrachtung einer unzähligen Menge älterer Putz- und Scherzgeräte nimmt man ernsteren Anteil an einer würdig errichteten Scheinkapelle. Geschmackvoll zusammengerahmte bunte alte Glasfenster verbreiten ein düsteres Licht über den beschränkten Raum; giebt man demselben dagegen die erforderliche Hellung, so sieht man die aus aufgehobenen Kirchen geretteten frommen Bedürfnisse aller Art an schicklicher Stelle: geschnitzte Betschemel und Pulte, ein völlig hergestellter Altar, auf demselben ein Reliquienkasten, mit getriebenen Silberfigürchen geziert, mit Email reichlich bedeckt; ferner Kruzifixe und Leuchter, alle älteren Ursprungs, nach Form und Materie an jenen heiligen Prachtkasten erinnernd, der in dem Kölnischen Dom die Gebeine der Dreikönige verwahrt. Den Wänden fehlt es nicht an alten Gemälden, welche sich hier, als hätten sie ihre Stelle nicht verändert, einer gewohnten Nachbarschaft erfreuen.

Gelangt man darauf in ein Zimmer, wo alte Drucke und Manuskripte aufbewahrt, auch andere bedeutende Dinge einstweilen niedergelegt sind, so bedauert man, daß die Unruhe der Zeiten

6 f. verfertiget 1. 2. — 16. ergetzend 1, wie immer, mit e. — 26. ältern 2. — 27. Prachtkasten, dessen er bei Köln nicht gedacht, aber seine reichen Gemmen hatten ihn sehr angezogen. — 30. Das Prachtstück der Sammlung, eine große silberne Schale, die von Kaiser Friedrich I. stammt, wird nicht erwähnt. Sie kam im Jahre 1819 aus der Pickschen Auktion in den Besitz der Großfürstin Maria Paulowna Erbprinzessin von Sachsen-Weimar, und ihre Erklärung machte Goethe manches Kopfbrechen. Von den fünf verschiedenen Ansichten der Gelehrten darüber, schrieb er am 21. März 1824 an Zelter, sei nur eine plausibel.

diesen würdigen Mann verhinderte, von seinem ganzen Hause Gebrauch zu machen, um alles in gleichem Sinne zu ordnen und zu bewahren.

Mit dem größten Vergnügen aber betritt man die Gartenterrasse, wo das Talent eines geistreichen Konservators sich in vollem Glanze zeigt. Hier sieht man unter freiem Himmel verschiedene architektonische Teile und Glieder, Säulen und Gesimstrümmer sowie manche Zieratsreste zu Ruinen gruppiert, Inschriften zierlich eingemauert, halb erhabene Arbeiten wohl verteilt, große gebrannte Gefäße als Denkmale aufgestellt und mit wenigen Worten hie und da wahrhaft rege patriotische Gesinnungen bedeutsam ausgedrückt.

Eine ausführliche Beschreibung dieses glücklichen Unternehmens würde schon der Einbildungskraft und dem Gemüt eine angenehme Unterhaltung geben. Nur eines führe ich an, daß ein kleines, wohlerhaltenes Basrelief, die schlimmen Folgen der Trunkenheit vorstellend, unter einer Weinranke gesehen wurde, die soeben voller Trauben hing.

Denkt man sich Bonn als Residenz und diesen Schatz unverrückt als Kunstkammer, so besitzt der Hof eine Sammlung, so allgemein unterhaltend und reizend, als nur zu wünschen ist. Setzte man sie im gleichen Sinne fort, so würden Besitzer und Erhalter sich und anderen zu großem Vergnügen bemüht sein.

Während man nun diese Zeit über mit aufgeklärten und im echten Sinne freidenkenden Personen umging, so kam die Angelegenheit der ehemals hier vorhandenen Universität zur Sprache. Da man nämlich schon längst an der Wiederherstellung der veralteten hohen Schule in Köln verzweifelt, habe man den Versuch gemacht, eine neue in Bonn zu gründen. Dieses Unternehmen sei deshalb mißlungen, weil man besonders in geistlichen Dingen polemisch

4 f. Gartenterrasse, am freien Wege, wohin man die Extrapost bestellt hatte, welche die Reisenden nach Andernach brachte. Das Haus lag in der Nähe des Münsters, der Garten aber führte in das Freie hinaus. — 19. Als Residenz, wozu sie sehr geeignet wäre, im Falle sie nicht der Sitz einer Universität würde. — 24 f. Aufgeklärten und freidenkenden Personen, unter denen wohl der Kreisdirektor von Rehfues, der für Bonn als Universität aufgetreten war. Ihn hatte Stein wohl schon am vorigen Abende zu sich bestellt. — 27. Wiederherstellung, der Gewinnung einer freieren Richtung, an die bei der Gesinnung des sie beaufsichtigenden Domkapitels, das glücklicherweise das Priesterseminar nicht unter sich hatte, gar nicht zu denken war. — 29 f. Sei deshalb mißlungen. Die Universität ging bloß durch den Sturz ihres Stifters, des Kurfürsten, zu Grunde, nicht ihrer religiösen Freisinnigkeit wegen. Den von dem Domkapitel beim Kurfürsten verklagten Eulogius Schneider hatte der Kurfürst selbst entlassen und er war,

und nicht vermittelnd verfahren. Furcht und Parteigeist zwischen den verschiedenen Glaubensgenossen sei indessen beschwichtigt, und die gegenwärtig einzig mögliche und vernünftige herbeizuführende Vereinigung der Katholiken und Protestanten könne nicht auf dogmatischem und philosophischem, sondern allein auf historischem Wege gefunden werden in allgemeiner Bildung durch gründliche Gelehrsamkeit. Eine bedeutende Universität am Niederrhein sei höchst wünschenswert, da es der katholischen Geistlichkeit und somit auch dem größten Teil der Gemeinde an einer vielseitigeren Geistesbildung fehle. Die Abneigung, ja die Furcht vor der Gelehrsamkeit sei früher daher entstanden, daß die Trennung der Christenheit durch Philologie und Kritik geschehen; dadurch sei die alte Kirche in Schrecken gesetzt, Entfernung und Stillstand verursacht worden. Bei veränderten Umständen und Ansichten jedoch könne dasjenige, was die Kirche getrennt, sie nun wieder vereinigen, und vielleicht wäre eine so schwer scheinende Aufgabe bei gegenwärtiger Gelegenheit im oben angedeuteten Sinne am sichersten zu lösen.

Wenn die Einwohner von Bonn ihre Stadt zum Sitz einer Universität empfehlen, ist es ihnen nicht zu verargen. Sie rühmen die Beschränktheit ihres Orts, die Ruhe desselben; sie beteuern die Achtung, welche dem Studierenden hier zu teil würde als notwendigem und nützlichem Mitbewohner; sie schildern die Freiheit, die der Jüngling genießen würde in der herrlichsten Gegend, sowohl landwärts als rheinwärts und überrheinisch. Die Ursachen, warum der erste Versuch mißlungen, kenne man nunmehr und dürfe nur

um der kirchlichen Bestrafung zu entgehen, geflohen. Was man den Lehrern der Universität vorwarf, war Febronianismus und Illuminatismus. Der Kurfürst verteidigte seine Universität gegen die Anschuldigungen des Papstes, um dessen Bestätigung seiner Universität er freilich sich nicht bemüht hatte, weil dieser sie mit Rücksicht auf die Kölner Universität verweigert haben würde. Das Domkapitel hatte sogar den Kurfürsten verklagt, daß er in der Nähe von Köln eine neue Universität ins Leben gerufen habe. Auch nach der Flucht des Kurfürsten hielten manche Professoren noch längere Zeit Vorlesungen in ihren Wohnungen, aber da sie sich weigerten, der französischen Republik den Eid der Treue zu schwören, wurden sie von dieser nicht anerkannt. Förmlich aufgehoben wurde die Bonner Universität zugleich mit denen von Köln, Trier und Mainz. — In geistlichen Dingen. Man erkannte den apostolischen Stuhl als solchen an, aber nicht die Römische Kurie, deren Übergriffen man entgegentrat.

1 f. Von Parteigeist zwischen den verschiedenen Glaubensgenossen konnte keine Rede sein, vielmehr herrschte der Geist der Duldung im Gegensatz zu der auf ihre starre Rechtgläubigkeit sich stützenden Universität des Kölner Domkapitels. — 3. gegenwärtig die 1. 2. — 17. Im oben angedeuteten Sinne, durch vielseitigere Gelehrsamkeit. — 24. Nützlichem Mitbewohner. Vgl. S. 254, 16 f. — 26. Der erste Versuch mißlungen. Vgl. S. 257, 29—258, 1.

die ähnlichen Fehler vermeiden, so habe man die völlige Gewißheit, diesmal zum Ziele zu gelangen.

Diese und ähnliche Gespräche wurden auf der Terrasse des Schloßgartens geführt, und man mußte gestehen, daß die Aussicht von demselben entzückend sei: der Rhein und die Siebengebirge links, eine reich bebaute und lustig bewohnte Gegend rechts. Man vergnügt sich so sehr an dieser Ansicht, daß man sich eines Versuchs, sie mit Worten zu beschreiben, kaum enthalten kann.

---

3 f. Der Terrasse des alten Schlosses, dem sogenannten alten Zoll. — 5. Siebengebürge l. — 6. Links, wenn man den Blick nach Süden wendet. Aber auf dem alten Zoll wird unwillkürlich der Blick nach dem vorüberfließenden Rhein und dem Gebirge hingewandt, auf welchem die stets wechselnde Beleuchtung einen besonderen Reiz übt.

Neuwied.

Doch unser eigentlichster Zweck ruft uns stromaufwärts, um Neuwieds zu gedenken. Diese freundliche Stadt, erbaut auf einem von Bergen umstellten Raum, ist uns wegen der Altertümer merkwürdig, welche man daselbst gefunden hat und findet. Die neuerdings von Deutschlands Feinden benutzte Gelegenheit, hier über den Rhein zu gehen, ward von den Römern schon ergriffen, sodann aber der sichere und angenehme Raum Kastellen und Wohngebäuden angeeignet. Die Spuren einer einfachen alten Befestigung fanden sich hinter Bieber, eine halbe Stunde von

1. Goethes Tagebuchbericht vom 28. gedenkt Neuwieds nicht. Er lautet: „Kanonikus Pick. Mittag Andernach. Über Laachen (so!), die Steinbrüche nach Koblenz." Wenn sie den Mittag spät in Andernach aßen, so konnten sie noch den Nachmittag Laach und Obermendig aufsuchen. Von Wiesbaden aus schrieb Goethe, er könne sich nicht überzeugen, daß dort wirklich vulkanische Wirkungen vorlägen; es werde dem Vulkanismus wohl schwerer als dem Neptunismus fallen, die Mendiger Steine als Lava durchzuführen und zu erklären, wie sie geflossen und dahin gekommen. Auf diese Frage einzugehen, lag außerhalb des Zweckes unseres Berichtes. Später fuhren sie noch bis nach Weißenthurm und ließen sich nach Neuwied übersetzen, das Goethe schon vor vierzig Jahren mit Lavater besucht hatte. — 6 f. Hier über den Rhein zu gehen, was General Hoche zweimal in den Jahren 1795 und 1796 gethan. — 7. Von den Römern schon. Der zweite Übergang des Julius Cäsar wird in diese Gegend gesetzt; sichtbare Spuren, daß die Römer hier am rechten Ufer sich festgesetzt hatten, bot die Entdeckung der Überbleibsel eines römischen Lagers, dessen Spuren man an der Stelle, welche die alte Burg hieß, schon im vorigen Jahrhundert gefunden, neuerdings weiter verfolgt hatte. Hauptmann K. F. Hoffmann gab die Schrift heraus: „Über die Zerstörung der Römerstädte am Rhein zwischen Lahn und Wied durch die Deutschen in der Mitte des dritten Jahrhunderts, wie sie die Nachgrabungen bei Neuwied gezeigt haben." — 10. Biber 1. 2. Es ist Niederbieber auf dem rechten Rheinufer gemeint, dem auf dem linken Oberbieber gegenüber lag. Schon im Jahre 1759 forderte Graf Wilhelm von Wied die Pastoren der Dörfer Niederbiber und Heddersdorf (Hettersdorf 1. 2.) zum Berichte auf, was sie über dortige römische Altertümer wüßten. Da erfuhr er denn von einer Sage, daß zwischen Andernach und Oberbiber eine Stadt Halla gestanden, auf dem Berge zwischen Heddersdorf und Niederbiber habe sich das Lager des römischen Heeres befunden, das die Stadt Halla zerstört habe, die Altenburg bei Niederbiber sei das Kastell gewesen, dort habe ein Palast gestanden, und ähnliche verworrene Dinge. Auf der Altenburg und in Heddersdorf wurde nachgegraben und mancherlei Römisches gefunden, aber man wußte sich damit nicht zurecht zu finden, da es an Kenntnis fehlte, und der Eifer erkaltete bald. Im Februar 1791 entdeckte Ingenieur Hoffmann infolge der Mitteilungen eines Landmanns bei Niederbieber große römische Trümmer und nun entwickelte sich unter der eifrigen Teilnahme der die Regierung für ihre unmündigen

Neuwied, wobei die Überreste eines Bades entdeckt wurden. Die verschütteten Trümmer von städtischen Wohnungen finden sich bei Heddesdorf, wovon schon manches zu Tage gefördert worden. Möge die friedliche Ruhe, deren wir zu genießen hoffen, auch fernere Ausgrabungen begünstigen! Das sorgfältig angelegte Museum in dem Schlosse zu Neuwied würde dadurch bereichert sowie die Sitten und Gebräuche der ältesten Feinde Deutschlands immer mehr aufgeklärt werden. Von alten Wegen und Schutzmauern, die sich am Main und Rhein weit erstrecken, haben mehrere Schriftsteller gehandelt, und es wird sich nach und nach bei fortgesetzter Bemühung der ganze Zusammenhang endlich vollkommen entwickeln.

Söhne führenden Fürstin, von Hauptmann und Ingenieur Hoffmann geleitet, eine fast fieberhafte Nachgrabung, wobei die Fürstin, Prinzessinnen und Hofdamen die Schaufel führten und die angesehensten Personen auf Schubkarren den Schutt wegfuhren. Diesmal wurde die Untersuchung nachhaltig gefördert; schon im Jahre 1801 entdeckte man sichere Spuren des römischen Lagers. Hoffmann gab im Jahre 1801 seinen „Grundriß des römischen Castells bei Neuwied, nebst anderen Denkmälern" heraus, und auf Veranlassung der bei Neuwied gemachten Entdeckungen erschien Minolas „Kurze Übersicht dessen, was sich unter den Römern seit Julius Cäsar bis auf die Eroberung Galliens durch die Franken am Rheinstrome Merkwürdiges zugetragen hat". Neuen Aufschwung gewannen die Nachgrabungen nach der Schlacht bei Leipzig; jetzt beteiligte sich daran auch der Bibliothekar Hundeshagen in Wiesbaden, dessen Bekanntschaft Goethe machte. Auch eine Badeanlage glaubte Hoffmann gefunden zu haben. Während ihres kurzen Aufenthaltes wurden Stein und Goethe wohl vom Hauptmann Hoffmann selbst geleitet. Goethe unterließ nicht, diese Ausgrabungen gebührend zu empfehlen, indem er ihre Bedeutung für die älteste Kunde Deutschlands unter römischer Herrschaft und ihren Zusammenhang mit den sonstigen Befestigungen der Römer am Rhein und Main hervorhob. Die ganze Wichtigkeit jenes römischen Lagers und der dortigen römischen Orte, die erst in neuester Zeit durch glückliche Entdeckungen ans volle Licht getreten, konnte er nicht ahnen. — 6. Museum, das nur römische Altertümer enthielt, die in der Nähe gefunden worden. — 7. Deutschland 1.

Koblenz.

Ungern verlassen wir diese Gegenden und eilen, unsers Zweckes eingedenk, nach Koblenz. Auch hier würde sich ein Mittelpunkt zur Aufbewahrung der Altertümer und zu Förderung der Kunst von selbst bilden. Die herrliche Lage des Orts, die schönen Straßen und Gebäude, die günstigen Wohnräume sind für den Einheimischen erfreulich, für den Fremden einladend. Da diese Stadt zum beständigen Sitz einer Regierung bestimmt ist, so kann es hier niemals an vorzüglichen Männern fehlen, deren Aufmerksamkeit gar manches entdecken und versammeln wird; wie denn zum Anfange die wenigen, aber bedeutenden Reste der Abtei Laach mit Vorsicht und Sorgfalt hieher zu retten wären.

Die Juristenschule zu Koblenz ist eine neue Anstalt, die wohl schwerlich, isoliert, wie sie steht, erhalten werden dürfte, dagegen die Güter der dortigen Sekundärschule wohl zu einem höheren Gymnasium hinreichten, welches jener dem Niederrhein zugedachten Universität vorarbeitete; und gewiß würden die Glieder solcher Anstalten sich einem Bunde, der Kunst und Altertum zu fördern gedächte, willig und kräftig anschließen.

2. Diese Gegenden, den Niederrhein. — Unsers Zweckes, über die Grundlagen zur Benutzung und weiteren Ausbildung des geistigen Lebens in den jetzt preußischen Rheinlanden zu berichten. — 3. Nach Koblenz, wo sie abends angekommen. Am folgenden Morgen waren sie mit Joseph Görres und dessen Familie zum Frühstücke auf der Karthause. Stein hatte unmittelbar vor der Abreise Görres, damals Direktor des öffentlichen Unterrichts in Koblenz, die Anzeige zugehen lassen, daß er in einigen Tagen auf der Rückreise mit Goethe in Koblenz eintreffen werde und ihn dort zu sprechen wünsche. — 4. Zur Aufbewahrung der Altertümer. Später wurde im Gymnasium eine Sammlung der Altertümer begonnen. — 8. Einer Regierung, einer der fünf Regierungen der Rheinprovinz. Es wurde später der beständige Sitz des Oberpräsidenten. — 11. Der Abtei Laach, die er am 28. von Andernach aus besucht hatte. Sie war seit zwölf Jahren aufgehoben. Die 1093 gegründete Benediktinerabtei besitzt eine der schönsten im reinsten Rundbogenstil ausgeführten Kirchen. Hier aber handelt es sich um kleinere Kunstwerke, Urkunden und Bücher, die man dort nicht lassen dürfe. — 13. Die von den Franzosen geschaffene Ecole de droit wurde aufgehoben. — 15. Secondärschule 1.

Überschaut man von der Karthause die köstliche Lage der Stadt und deren reiche Umgebung, so bedauert man die unwiederherstellbaren Ruinen der Festung Ehrenbreitstein, welche nun im Sinne der neueren Kriegskunst wieder ausgebessert werden. Das schöne, weitläufige, der Stadt sich verbindende Schloß hingegen sieht man gern, von außen wenigstens, unbeschädigt. Die Frage, inwieweit es als Residenz wieder herzurichten sei, liegt außer unserem Kreise; aber des traurigen Schicksals müssen wir gedenken, welches überhaupt den Niederrhein betroffen hat, daß durch seltsame Fügung weit und breit alle Fürstensitze verödet sind, während am Oberrhein noch die meisten geblieben. Welch einen schönen Sommeraufenthalt würden höchste und hohe Personen finden, wenn die noch ziemlich erhaltenen großen Schlösser Poppelsdorf, Brühl, Bensberg, Benrath und andere wieder eingerichtet und neue Lebenselemente von da aus in die Gegend verbreitet würden! Für die Zwecke, welche wir im Auge haben, könnte daraus die günstigste Wirkung entspringen.

---

1. Carthaus 1. 2. Goethe hatte diese den herrlichsten Aussichtspunkt bildende Höhe schon im Jahre 1774 bestiegen. Das Kloster war seit 1311 von Karthäusern bewohnt, jetzt befand sich dort ein Meierhof, aber schon hatte man die Befestigung dieser Höhe in Aussicht genommen. — 3. Ruinen. Die Festungswerke waren zufolge des Luneviller Friedens geschleift worden. — 4. Ausgebessert, vielmehr neu hergestellt. — 5. weitläuftige 1, wie immer. — Schloß, das Goethe im November 1792 mit ganz eigenen Gefühlen gesehen hatte. — 7. Als Residenz. Vgl. S. 257, 19. — 14. Bensberg, wo er selbst am 24. Juli 1774 mit Jacobi unvergeßliche Stunden genossen hatte. — Benrad 1. 2.

Mainz.

Der Bewohner von Mainz darf sich nicht verbergen, daß er für ewige Zeiten einen Kriegsposten bewohnt; alte und neue Ruinen erinnern ihn daran. Aber auch diese wird der eifrige Forscher zu Vermehrung seiner Kenntnisse, zu Bildung des Geistes nutzen; und so sind wir einem fleißigen und sorgfältigen Manne, Herrn Professor Lehné, vielen Dank schuldig, daß er manches bekannte Altertümliche mehr bezeichnet und bestimmt, anderes aber neu aufgefunden, gesammelt und geordnet hat. Seine Karte, worauf die Lage des römischen Mainz und der sich darauf beziehenden Kastelle in Vergleichung mit der heutigen Stadt und deren Festungswerken dargestellt ist, giebt einen freien Überblick über das Vergangene, welches, von dem Gegenwärtigen fast verschlungen, unseren Sinnen entzogen ist. Die Mauern des uralten Kriegspostens, die innerhalb desselben ehemals befindlichen Tempel und Gebäude werden uns wieder vergegenwärtigt, sowie außerhalb das Denkmal des Drusus, die Wasserleitung, der künstliche Teich, die Gräber wieder an ihre Stelle treten, und schnell faßt der Reisende die Verhältnisse solcher Baulichkeiten gegen einander, die ihm sonst nur ein Rätsel geblieben.

7. *Lehne* 1. 2. Friedrich Lehné, wie er sich schrieb, ein ehemaliger Klubist, war Bibliothekar. — 8. Statt *mehr* sollte es wohl *näher* heißen. — 9. *Gesammelt.* Er hatte Gemälde und Altertümer gesammelt. Goethe lernte ihn erst im August 1815 zu Mainz kennen, wo er ihn besuchte und sich von ihm zu den bedeutendsten Merkwürdigkeiten führen ließ. — *Seine Karte.* In der Ankündigung des Erscheinens seines eigenen Berichtes wünscht Goethe die baldige Herausgabe der Karte. — 17. *Das Denkmal des Drusus.* Vgl. Bd. XXII, 231. — *Die Wasserleitung*, bei Zahlbach. — *Der künstliche Teich*, das sogenannte Drusenloch, der große, früher mit einem Bassin versehene Behälter, in den das Wasser sich ergoß; der schon sehr alte Name hat mit dem des Drusus nichts zu thun. — 18. *Die Gräber*, die Soldatengräber zwischen dem alten Lager und den Thoren der Römerstadt.

Das Bibliotheksgebäude enthält in seiner unteren Halle wohlgeordnete Altertümer. In anschaulichster Ordnung sind die Grabsteine römischer Soldaten aufgestellt, die, aus allen Nationen zusammengefordert, hier in der Garnison ihren Tod fanden. Name, Geburtsort, Zahl der Legion ist auf jeder Tafel bezeichnet. Man fand sie reihenweis an Hügel angelehnt, hinter jedem die Urne, das Gebein enthaltend, zum Beweise, wie hoch in jener Zeit der einzelne geschätzt wurde.

In derselben Halle finden sich Monumente anderer Art, welche so wie die besonders aufbewahrten antiken Gefäße und Gerätschaften, in Kupfer gestochen und von einer Erklärung begleitet, ein Werk bilden, welches hoffentlich bald die Wünsche der Liebhaber befriedigen und unter denselbigen einen neuen Vereinigungspunkt stiften wird.

Außer der Büchersammlung enthält das Gebäude manches wissenschaftlich Brauchbare. Was von physikalischem Apparat, von mineralogischen und anderen Gegenständen der vormaligen Universität angehörte, ist hier aufbewahrt und kann einer künftigen Lehranstalt zum Grunde dienen.

Eine Anzahl schätzbarer Gemälde, die aus Paris hierher gebracht worden, ist gleichfalls geräumig und genießbar aufgestellt und wird immer beitragen, die Kunstliebe in Stadt und Gegend zu beleben.

Herr Graf Kesselstadt, Freund und Erhalter von Gemälden und Altertümern, versäumt keine Gelegenheit, seine bedeutende Sammlung zu bereichern. Die Gemälde des Landschaftsmalers Kaspar Schneider vergnügen mit Recht die Liebhaber. Ein Künstler und Gemäldehändler namens Arbeiter besitzt schöne Sachen und läßt sich billig finden. Genug, es steht hier so manches beisammen, daß kein Zweifel übrig bleibt, Mainz werde in dem

1. seinen unteren Hallen 1. 2 trotz derselben Halle Z. 9. Erst im Jahre 1842 erhielt die Sammlung im früheren kurfürstlichen Schlosse größere und hellere Räumlichkeiten. — 5. Geburtsort, auch die Tribus, wozu dieser gehörte, oft diese allein. Gewöhnlich folgt darauf noch die Angabe der Lebens- und der Dienstjahre. — Zahl der Legion. Die Soldaten bei Mainz gehörten der 1., 2., 4., 13., 14., 21 und 22. Legion an, manche barbarischen Kohorten oder Hülfsvölkern. — 5ff. Man fand sie ... enthaltend. Dies ist nicht richtig, wenn auch eine größere Anzahl derselben zu Zahlbach am Abhange des Berges hinter Kloster Dalheim gefunden wurden. — 20. Aus Paris, im Tausche gegen aus Mainz ausgeführte alte Druckwerke. — 21. Aufgestellt, in der Bibliothek. — 24. Kesselstädt 1. 2. Die gräflich Kesselstadtische Familie war schon zu kurfürstlicher Zeit eine der bedeutendsten in Mainz ansässigen. — 26. Landschaftmalers 1. — 27. Kaspar Schneider, aus Mainz, eines damals noch lebenden beliebten Malers von Rheinlandschaften.

rheinischen Kunstverein sich an seiner Stelle thätig und förderlich erweisen.

Zum Schlusse sei es vergönnt, einen Wunsch auszusprechen, welcher der jetzigen und künftigen Lage von Mainz so ganz gemäß ist. Möge der militärische Genius, der über diesem Orte waltet, hier eine Kriegsschule anordnen und gründen, hier, wo mitten im Frieden jeder, der die Augen aufschlägt, an Krieg erinnert wird. Thätigkeit allein verscheucht Furcht und Sorge, und welch ein Schauplatz der Befestigungs- und Belagerungskunst hat sich hier nicht schon so manchmal eröffnet! Jede Schanze, jeder Hügel würde lehrreich zu dem jungen Krieger sprechen und ihm täglich und stündlich das Gefühl einprägen, daß hier vielleicht der wichtigste Punkt sei, wo die deutsche Vaterlandsliebe sich zu den festesten Vorsätzen stählen müsse.

---

13. Die deutsche Vaterlandsliebe, in Erinnerung, welches Unglück ihr Mangel über Deutschland gebracht.

Biebrich.

Nach so vielen Ruinen alter und neuer Zeit, welche den Reisenden am Niederrheine nachdenklich, ja traurig machen, ist es wieder die angenehmste Empfindung, ein wohlerhaltenes Lustschloß zu sehen, das unerachtet der gefährlichsten Nachbarschaft in völligem Stande von seinem Fürsten bewohnt, durch einen Hof belebt wird, der den Fremden des liberalsten Empfanges genießen läßt. Die hier befindlichen Bibliotheken und Naturaliensammlungen, deren Ordnung durch die vieljährigen Unbilden des Kriegs gelitten, werden nun bald auch zum Nutzen und Vergnügen der Einheimischen und Vorübergehenden aufgestellt sein; wie denn Herr Kammerherr von Nauendorf seine ansehnliche und wohlgeordnete Mineraliensammlung dem Liebhaber mit Vergnügen belehrend vorweist.

5. Der gefährlichsten Nachbarschaft, Frankreichs. — 7. Den Fremden. Goethe war regelmäßig Sonntags Gast des Hofes gewesen. — 12. Kammerherr von Nauendorf. Die Familie besaß ein Gut zu Kendrich im Amte Eltville.

Wiesbaden.

Hier ist in gedachter Rücksicht schon viel geschehen und mehrere aus Klöstern gewonnene Bücher in guter Ordnung aufgestellt. Ein altes Manuskript, die Visionen der heiligen Hildegard enthaltend, ist merkwürdig. Was neu in dieser Anstalt angeschafft wird, hat vorzüglich den Zweck, die Staatsdiener mit dem Laufenden der litterarischen und politischen Welt bekannt zu machen. Sämtliche Zeitungen und Journale werden deshalb vollständig und in bester Ordnung gehalten. Dieses geschieht unter der Aufsicht des Herrn Bibliothekar Hundeshagen, welcher dem Publikum schon durch die Bemühungen um den Palast Friedrichs I. zu Gelnhausen rühmlich bekannt ist. Leider ist die ganze vollendete Ausgabe dieses Werks bei dem Bombardement von Hanau verbrannt, wiewohl die Kupfertafeln glücklich gerettet worden; deshalb man die Hoffnung nähren kann, daß die günstigere Zeit auch die Reife

3. Ein altes Manuskript, aus dem Kloster Eibingen stammend. Die auf die Läuterung der Geistlichkeit und der Kirche hindeutenden Visionen der selbst von Päpsten hochverehrten Äbtissin des von ihr gegründeten Klosters Rupertsberg (1098—1197) waren schon 1698 gedruckt unter dem Titel: Scivias (sciens vias) seu visionum et revelationum libri tres. Über sie hatte der Göttinger Professor Meiners eine lateinische Abhandlung geschrieben (1793). Den Herzog Karl August zog diese Handschrift an und er wünschte ihre Bearbeitung. — 10. Bibliothekars 2. — Hundeshagen. Am 15. Juli 1814 hatte Zelter an Goethe geschrieben, er habe in Wiesbaden den Bibliothekar Hofgerichtsrat Bernhard Hundeshagen kennen gelernt, einen jungen vielgeschickten Mann, der hübsch zeichne, sich mit Altertümern, Pflanzenkunde und Landesgeschichte beschäftigt habe, und dem Dichter bei dessen Anwesenheit allerlei mitzuteilen hoffe. — 13. Dem Bombardement von Hanau, in der Nacht auf den 31. Oktober 1813.

dieses Werks befördern werde. Der Plan der Festung Mainz, von jenem talentvollen Manne herausgegeben, zeugt nicht weniger von dessen Fleiß und Geschicklichkeit. Unter ihm arbeiten beständig mehrere junge Leute an ähnlichen Unternehmungen.

Das Kabinett des Herrn Oberbergrat Cramer ist ein vorzüglicher Schmuck dieses Ortes. Es enthält eine vollständige systematische Folge der Mineralien und außerdem belehrende Prachtstücke aus den wichtigen Bergwerken des Westerwaldes. Der gefällige, theoretisch und praktisch gebildete Besitzer, auch als Schriftsteller seines Faches geschätzt, widmet Kurgästen und Durchreisenden jede freie Stunde zur Unterhaltung und Unterricht.

Dem Freunde der Baukunst wird der große Kursaal sowie die neuangelegten Straßen Vergnügen und Muster gewähren. Diese durch ansehnliche Befreiungen und Zuschüsse von höchsten Behörden entschieden begünstigten Anlagen zeugen von des Herrn Baudirektor Götz und des Herrn Bauinspektor Zais Talenten und Thätigkeit. Die großen Wohnräume, die in den neuangelegten schönen Häusern entstehen, beleben die Hoffnung, daß mancher Vorsatz auszuführen sei, den man hier im stillen nährt, um eine so viel besuchte, an Ausdehnung und Umfang täglich wachsende Stadt durch Sammlungen und wissenschaftliche Anstalten noch bedeutender zu machen. Schon haben mehrere Freunde der Kunst, der Natur und des Altertums sich unterzeichnet, eine Gesellschaft zu bilden, welche sowohl überhaupt als besonders für diese Gegend um alles Merkwürdige bemüht wäre. Herr von Gerning, der das Taunusgebirg zum Gegenstand seiner Dichtungen und Betrachtungen

1. Befördern werde. Das Werk erschien im Jahre 1819. — 5. Oberbergrats 2. — Cramer. Vgl. zu S. 187, 1. Er hatte Goethe im vorigen Jahre zum Rochusberge begleitet und war vor der Reise nach Köln mit ihm in der Lahngegend gewesen. Er war sechs Jahre jünger als dieser, hatte erst in Halle als Jurist studiert, dann 1771 in Freiberg unter Werner sich den Bergwissenschaften gewidmet — 12. Der Kursaal war in den Jahren 1809 und 1810 nach dem Plane des Weimarischen Geheimrat von Wolzogen, der in Wiesbaden gestorben (er war Schillers Schwager), von dem Bauinspektor Zais aus Württemberg gebaut, die Wand- und Deckengemälde von Heideloff aus Weimar gemacht. — 15. Entschieden begünstigten. Das Gebäude wurde von einer Aktiengesellschaft gebaut; es hatte 125000 Gulden gekostet. — 16. Baudirektors und Bauinspektors 2. — Göz 1. 2. Götz und Zais hatten den Titel Baurat. Götz baute auch später als Oberbaurat die beiden herzoglichen Schlösser. — 18. Schönen Häusern, die nach der Anlage des Kurhauses und seines Parkes entstanden waren. — 23. Eine Gesellschaft, ein Kurverein. — 25. Herr von Gerning. Vgl. Goethes Brief vom 11 Juli 1797 (oben S. 13, 17 f.). — 25 f. Das Taunusgebirg. Er besaß hier ein Landgut, das er sein Tauninum zu nennen liebte. Sein Gedicht: „Die Heilquelle am Taunus in vier Gesängen mit Erläuterungen und einer Karte" erschien in einer Oktav- und in einer mit Kupfern geschmückten Quartausgabe im Jahre 1813. Schon im Jahre 1812 hatte er mit dem Pfarrer Luja und den beiden Habel die Statuten zu einem Verein für Erforschung

vorzüglich gewählt, möchte wohl zu bewegen sein, seine reiche Sammlung hieher zu versetzen und einen Grund zu legen, worauf die Gunst des Fürsten und die Bereitwilligkeit manches dankbaren Fremden gewiß mit Eifer fortbauen würde.

---

und Beschreibung des Pfahlgrabens unterzeichnet, der aber infolge der Zeitereignisse nicht ins Leben trat.

1 f. Seine reiche Sammlung von Gemälden und Insekten. Die letztere hatte sein Vater ihm hinterlassen; da er selbst naturwissenschaftlichen Studien fernstand, hatte er diese höchst bedeutende Sammlung einmal Göttingen, dann wieder Wien bestimmt. Goethes Aufforderung sollte seinen Ehrgeiz zu einer solchen schönen That bestimmen, doch sein Werben blieb zunächst vergebliche Liebensmühe. Aber schon im Oktober 1820, als man darauf einging, ihn zum „ausländischen Direktor" (denn er wohnte noch in Frankfurt) des im folgenden Jahre ins Leben tretenden „Vereins für nassauische Altertumskunde und Geschichtsforschung" zu ernennen, schrieb er an Knebel, der seine Großsprechereien sich gefallen ließ: „Meine Natur-, Kunst- und Altertumsschätze, wenigstens 100000 Thaler wert, wandern bald von Frankfurt nach Wiesbaden, wo ich wohl die Leitung der Altertumsgesellschaft übernehmen muß, ermuntert vom Herzoge des deutschen Paradieses. Wäre Weimar näher oder hätt' ich von dort lauter gute und angenehme Erinnerungen (ohne Avancen), ich hätte sie wahrscheinlich als ein Zögling Weimars (NB. eigentlich Herders und Knebels) mit Dank und Liebe dorthin öffentlich gestiftet." Aber da Gerning, dessen Vermögensverhältnisse ungünstiger geworden, hohe Summen für die Erwerbung seiner Sammlung vom Nassauischen Staate verlangte, zogen sich die Verhandlungen lange hin. Schon im Jahre 1824 übergab er seine Kunst- und Altertumsschätze Nassau zur Aufstellung im Bibliothekgebäude neben der Sammlung der nassauischen Gesellschaft, das volle Eigentumsrecht derselben, auch der Insekten, trat er erst fünf Jahre später zur Gründung eines Museums ab gegen eine jährliche Leibrente von 2000 Gulden. Gerning konnte es nicht unterlassen, 1821 in seiner Schrift „Lahn- und Maingegenden" (S. 240) auf Goethe als „antikischen Clairvoyant" zu sticheln, der etwas voreilig ein herzogliches Museum in Wiesbaden als einen guten Gedanken gelobt habe, wobei der närrisch eitle Besitzer sich in seiner ganzen Armseligkeit bloß stellte.

Frankfurt.

Unter so vieler Jahre Kriegsdruck und Dulden hat sich diese Stadt auf das prächtigste und heiterste hervorgebaut. Ein Fremder, wenn er sie lange nicht besucht hat, erstaunt, und Einheimische bewundern täglich das längst Bekannte. Der mit großer Freiheit und Einsicht entworfene Plan bietet noch zum ferneren Fortbau die schönsten Räume. Gesegnet ruhen daher an öffentlicher freundlicher Stelle die Reste des Senator Guiolett, welcher die ersten Entwürfe zu diesen weitausgreifenden Anlagen fürstlicher Begünstigung vorlegte und bis an sein Ende der folgerechten Ausführung vorstand. Die Liebe zu den bildenden Künsten im weitesten Sinne hat sich immerfort bei Privatpersonen lebendig erhalten, und es tritt nunmehr der Zeitpunkt ein, wo eine freie Bürgerschaft auch für öffentliche Annäherung und Zusammenordnung einzelner Schätze, durch glücklich zusammentreffende Umstände aufgefordert, gemeinsam Sorge tragen wird.

Gleich beim Beginn kommt uns die erwünschte Nachricht entgegen, daß man sich ernstlich mit dem Gedanken beschäftige, ein neues Bibliotheksgebäude aufzuführen. Die ansehnliche Büchersammlung hatte der neu zu erbauenden Barfüßerkirche weichen müssen und ward bisher in verschiedenen ungünstigen Lokalitäten

7 f. An öffentlicher freundlicher Stelle, in den Anlagen links vom Bockenheimer Thore. — 8. Senators 2. — Guiolet 1. 2. Jakob Guiolett, früher Direktorialrat und Maire, gestorben am 5. September 1815. Er war es, der dem Fürsten Primas den Plan vorlegte, auf den ehemaligen Wällen und Vorwerken Spaziergänge anzulegen, die vom Jahre 1806 bis 1813 unter seiner Leitung durch den von Aschaffenburg berufenen Kunstgärtner Rinz ausgeführt wurden. — 19. Die neue Stadtbibliothek wurde nach dem Entwurfe von Heß in den Jahren 1820 bis 1825 nahe bei dem Obermainthore am Ende der schönen Aussicht erbaut. — 20. Die Barfüßerkirche wurde 1786 niedergerissen. Vgl. S. 35, 3–29. — 21. In verschiedenen ungünstigen Lokalitäten, teils im Römer, teils im alten Gymnasium.

aufbewahrt. Nunmehr aber bestimmt man einen der noch freien großen Plätze zu diesem Zweck, wo noch Raum genug ist, daß auch andere öffentliche Anstalten sich würdig anschließen können. Herr Baumeister Heß, durch Lehre und Beispiel seines Herrn Vaters, durch ausbildende Reisen und das Anschauen der großen, geschmackvoll hier schon errichteten Gebäude geübt und erregt, hat den Auftrag, die Risse zu verfertigen. Der einsichtige und thätige Bibliothekar, Herr Professor Schlosser, wird sowohl bei Einrichtung und Aufstellung als bei künftiger planmäßiger Vermehrung sich um seine Vaterstadt höchst verdient machen; denn man darf wohl sagen, daß mit diesem Gebäude der Grund zu allen übrigen wissenschaftlichen Bemühungen wird gelegt sein. Auch hat dieses wichtige Unternehmen sich schon ansehnlicher patriotischer Beiträge zu erfreuen, indem bei der Feier wiederhergestellter Stadtfreiheit eine sehr bedeutende Subskription zustande gekommen.

Und vielleicht schließt sich an dieses Lokal eine gegenwärtig schon blühende Anstalt, unter dem Namen Museum bekannt, nachbarlich an. Eine Gesellschaft von Kunstfreunden hatte eine ausreichende Kasse gestiftet, schöne weitläufige Räume gemietet, um sich von Zeit zu Zeit zu versammeln und am Kunstgenuß zu ergötzen. Um diesen Mittelpunkt vereinigte sich alsobald gar manches: eine Gemäldereihe füllte den großen Saal, eine reiche Kupferstichsammlung ward von Herrn Brönner nebst ansehnlichem Kapital vermacht, ja sogar alle den aufgehobenen Klöstern entnommenen Gemälde derselben zugeeignet.

Hauptsächlich um dieser Bilder willen ist zu wünschen, daß man an hinreichende Räume denke, um sie würdig aufzustellen,

1. Das erste noch beruht vielleicht auf Versehen, ist jedenfalls überflüssig. — 4. Hesse 1. 2. Der jüngere Heß (Johann Friedrich Christian) war, wie sein Vater (Georg Christian), Stadtbaumeister. Am 26. August 1815 wohnte Goethe dessen Hochzeit mit seiner eigenen Nichte, Johanna Neuburg, einer Enkelin seiner lustigen Tante Melber, der Tochter des Dr. Neuburg, auf dem Forsthause bei. — 6. Geschmackvoll schon errichteten. Das Schweitzerische Haus auf der Zeil, das Goethe 1797 sah, machte Epoche. Vgl. S. 195. 34, 23 ff. — 8. Schlosser, der später berühmte Geschichtschreiber aus Jever, den Goethe hier irrig zu einem Frankfurter macht. Die Stelle als Konrektor seiner Vaterstadt hatte er schon 1809 niedergelegt, um in Frankfurt, wo er Hauslehrer gewesen, seinen Studien zu leben. Hier ward er 1812 Professor am Lyceum, zwei Jahre später Bibliothekar. Schon 1817 folgte er dem Rufe an die Universität Heidelberg. — 11. Bei der Feier wiederhergestellter Stadtfreiheit. Am 9. Juli 1814 ward die Übergabe der Regierung von seiten des Fürsten von Reuß an den Senat der schon früher wieder anerkannten freien Reichsstadt gefeiert. — 17. Das Museum war schon 1808 unter Teilnahme des Fürsten Primas und seines Bruders Friedrich von Dalberg gegründet worden. — 23. Der verstorbene Senator und Buchhändler Johann Karl Brönner hatte sich durch mehrere Stiftungen um seine Vaterstadt verdient gemacht. — 25. Zugeeignet, durch Beschluß des Fürsten Primas.

indem sie gegenwärtig übereinander geschichtet da stehen und nicht ohne die Unbequemlichkeit des gefälligen Herrn Schütz von dem Kunstfreunde betrachtet werden. Diese Sammlung ist deshalb merkwürdig, weil sie meist Gemälde von oberdeutschen, oberrheinischen Künstlern enthält, mit welchen Frankfurt mehr in Verkehr gestanden als mit den niederrheinischen, brabäntischen Holbein der Ältere ward einige Jahre von den Dominikanern bewirtet, dessen Talent man hier ganz zu überschauen und zu würdigen im Fall ist. Möge in einigen Jahren diese Sammlung zur Ergötzung des Liebhabers öffentlich aufgestellt und geordnet sein! Wie schnell wird sie sich alsdann vermehren durch Ankauf, Geschenke und Vermächtnisse! Es werden daher diejenigen, welche dem neuaufzuführenden Bau vorstehen, keinen Tadel zu befürchten haben, daß sie sehr große Räume einrichteten, wenn sie auch für das augenblickliche Bedürfnis unverhältnismäßig scheinen sollten; denn auch solche sind sogleich auf das fruchtbarste zu benutzen.

Sieht der Deutsche sich um, was zu der schlimmsten Zeit an vielen Orten Lobens- und Nachahmungswürdiges eingerichtet worden, so wird er gewiß der schönen Anstalt gedenken, welche die Stadt Prag den böhmischen Ständen schuldig geworden. Diese nämlich haben den Vorgang des würdigen Grafen Sternberg, der, als ein edler Kunstfreund und Patriot, seine eigene bedeutende Gemäldesammlung zur öffentlichen Betrachtung ausstellte, zu würdigen gewußt und ihre Kunstschätze zu demselbigen Zweck mit der seinigen vereinigt, und zwar dergestalt, daß das Eigentum einem jeden Besitzer verbleibt, durch angeheftete Namen bezeichnet, und die Freiheit, darüber zu schalten, unbenommen ist. Auch gelobte dieselbe Gesellschaft jährliche Beiträge zum Unterhalt einer Kunst-

2. Schütz, der weiter unten als der Vetter bezeichnete Maler Christian Georg. Als Vorsteher der Gemäldesammlung des Museums nennt ihn Gerning (S. 217). Goethe bemerkt in seinem Tagebuch vom September 1811, daß „Herr Schütz bei belehrender Vorzeigung der trefflichen noch nicht aufgestellten Malereien keine Mühe gespart". Aber Dr. Stricker „Goethes Beziehungen zu seiner Vaterstadt" berichtet (S. 29), dieser Vetter habe das Vertrauen des Fürsten Primas auf die niederträchtigste Weise getäuscht, indem er bei der Ordnung und Herstellung der aus den aufgehobenen Klöstern der Stadt zugefallenen alten Gemälde die besten zu eigenem Nutzen verkauft. — 6. Brabändischen l. — 7. Dominikanern. So muß es statt des überlieferten Karmeliten heißen. Ihr Kloster nebst Kirche lag nahe bei der Fahrgasse. Seit 1803 war es aufgehoben. — 13. Dem neuaufzuführenden Bau. Ein solcher kam nicht zustande. Die Gemälde wurden später in die neue Stadtbibliothek gebracht. — 21. Grafen Sternberg, des Bruders des Präsidenten des Museums, des Grafen Kaspar von Sternberg, dessen persönliche Bekanntschaft Goethe erst 1822 machte; sein Briefwechsel mit ihm hatte zwei Jahre früher begonnen. Über das vaterländische Museum in Böhmen berichtete Goethe ausführlich in einer Anzeige des ersten Bandes seiner Monatsschrift (1827).

und Zeichenschule, in welcher sich durch das belebende Talent des Herrn Direktor Bergler bewundernswürdige Schüler selbst in den höheren Ständen gebildet haben. Und warum sollte man in Frankfurt nicht ein Ähnliches, ja ein Gleiches hoffen können?

Denn schon gegenwärtig ist einem wichtigen, für sich bestehenden Institut eine sichere Gründung zugedacht. Der Dekan aller hier lebenden echten Kunstfreunde, Herr Städel, genießt in seinem hohen Alter noch immer der lebenslänglich mit Einsicht und Beharrlichkeit gesammelten Kunstschätze in dem wohlgelegensten Hause. Mehrere Zimmer sind mit ausgesuchten Gemälden aller Schulen geschmückt; in vielen Schränken sind Handzeichnungen und Kupferstiche aufbewahrt, deren unübersehbare Anzahl sowie ihr unschätzbarer Wert den öfters wiederkehrenden Kunstfreund in Erstaunen setzt. Man will wissen, daß dieser im stillen unablässig vaterländisch denkende, treffliche Mann seine Kunstschätze sämtlich nebst geräumigem Lokal und ansehnlichen Kapitalien dem gemeinsamen Nutzen gewidmet habe, wodurch denn freilich Kunstfreunde und Kunstsinn hier für ewige Zeiten die gewissesten Anregung und die sicherste Bildung hoffen können.

Herr Dr. Grambs besitzt gleichfalls eine Sammlung, die alle Erwartung übersteigt, an Gemälden, Kupferstichen und Handzeichnungen. Die entschiedene Kunstkenntnis des Besitzers hilft dem Besuchenden zu schneller Aufklärung und gründlicher Einsicht. Dieser unermüdliche Kunstfreund, bis auf die neuesten Zeiten an lebenden Künstlern teilnehmend, beschäftigt und begünstigt mehrere sich entwickelnde Talente, unter welchen Herr Wendelstädt ihm unmittelbar an Handen geht und sich durch Geschicklichkeit zum Lehrer, durch historische Kenntnisse aber zum künftigen Konservator qualifiziert.

Herr Franz Brentano hat in einem geräumigen, wohl-

2. Direktors 2. — Der Maler Joseph Bergler war seit 1800 Direktor der neuen Kunstschule in Prag. — 7. Der Bankier Johann Friedrich Städel, geboren im Jahre 1728, hatte durch letztwillige Verfügung vom 15. März 1815 sein Vermögen einer Kunstsammlung vermacht; seine freilich sehr ungleichen Sammlungen sollten in seinem schönen Hause in der neuen Mainzerstraße aufgestellt und begabte Bürgerskinder, die sich irgend einer Kunst widmen wollten, frei unterrichtet werden. In hämischer Weise gedenkt Gerning wiederholt (S. 217. 248) dieses von Goethe bei Lebzeiten des Stifters nach Gebühr gerühmten Vermächtnisses, da er diesem den Ruhm und Frankfurt die Stiftung mißgönnte. — 17. Kunstfreunde 1. — 20. Dr. Johann Georg Grambs war Rechtsanwalt; die Hoffnung, daß er seine Sammlung der Städelschen anschließen werde, ging nicht in Erfüllung. — 26. Der Maler Karl Friedrich Wendelstädt ward Inspektor des Städelschen Kunstinstituts, als nach dem am 2. Dezember erfolgten Tode des Geschenkgebers die Stadt in den ihr anfangs bestrittenen Besitz getreten war. — 30. Franz Brentano. Vgl. zu S. 221, 3.

erleuchteten Saal sowie in mehreren großen Zimmern eine treffliche Gemäldesammlung wohlgeordnet aufgestellt; sie ist durch dessen verewigten Schwiegervater, von Birkenstock, der, aus den Rheingegenden abstammend, in der gelehrten und Kunst-Welt rühmlichst bekannt war, während seines lebenslänglichen Aufenthaltes in Wien zusammengebracht. Hieran schließt sich eine reiche Kupferstichsammlung, wo unter anderen die Werke Marc-Antons und sonstiger älteren Italiener in Abdrücken geschaut werden, wie sie dem Liebhaber selten vor Augen kommen.

Wer diese benannten Sammlungen zu benutzen das Glück hat, wird seine Kenntnisse, auf welcher Stufe der Einsicht er auch stehe, gewiß erweitert und belebt fühlen.

Herr von Gerning verwahrt ein Museum von vielartigen Schätzen, welche, in größere Räume verteilt, die Freude und Bewunderung eines jeden Liebhabers und Kenners noch mehr erregen würden als gegenwärtig, wo in einer Privatwohnung nicht jedem Gegenstande Gerechtigkeit widerfahren kann. So würde zum Beispiel die Sammlung antiker Vasen, Bronzen und sonstiger Altertümer schon allein als integrierender Teil einer großen Sammlung die Aufmerksamkeit überall auf sich ziehen.

Herr Becker, als Medailleur höchst schätzenswert, hat eine bedeutende Folge von Münzen aller Zeiten zu Aufklärung der Geschichte seines Fachs einsichtig geordnet. Man findet bei demselben Gemälde von Bedeutung, wohlerhaltene Bronzen und altertümliche Kunstwerke mancher Art.

Einzelne wichtige Gemälde befinden sich hie und da im Privatbesitz. Bei Herrn von Holzhausen auf der Öd ein schätzenswertes Bild von Lukas Cranach: Christus, der die Mütter und

7. des Marc-Antons 1. 2. — 8. älterer 1. — 10. Benannte Sammlungen. Gerning, der eifersüchtig auf andere Besitzer war, bemerkte 1821, Frankfurt besitze über 30 Gemäldekabinette, von denen 12 nicht unbedeutend seien, und er führt in einem Anhange die vorzüglichsten und deren Hauptstücke an. In das Lob von Birkenstocks Kupferstichen des M. Antonio nach Raphael stimmt er ein. — 13. Herr von Gerning. Er selbst führt eine Anzahl seiner alten, italienischen, niederländischen, französischen und deutschen Gemälde an, wie er sagt, „nach strenger Auswahl eines unbefangenen Kenners“; lieber, fügt er hinzu, hätte er noch weniger aufgezeichnet; in einer Anmerkung ist er nicht sparsam mit der Angabe seiner sonstigen Kunstschätze. — 21. Becker. Gerning führt ihn 1821 als Hofrat in Offenbach an, der im Kunstfache nach Frankfurt gehöre. Er nennt sechs Gemälde, gedenkt aber auch seiner Kameen, Gemmen und Münzen, sowie elfenbeinerner Kunstbecher. — 27. Herrn von Holzhausen. Gerning nennt aus der Sammlung eines anderen von Holzhausen einen großen niederländischen Johannes, in der Wüste predigend, eine Margarethe von Francia, Seestücke von Vernet, Blumenstücke von van Huysum und Rachel Ruysch, auch Glasgemälde, von dem auf der Öd (vor dem Eschenheimerthore) wohnenden Georg von Holzhausen nur jenes der Familie aus Dankbarkeit von Cranach gemalte Bild, auf welchem unter den Kindelein eines ein Porträt Luthers sei. — Öde 1. 2.

Kinder um sich her versammelt, merkwürdig durch die glücklich gedachte Abwechselung der Motive von Mutterliebe und Verehrung des Propheten. Wohlerhaltene Familiengemälde aus der älteren Zeit geben uns einen Begriff von der Würde des genannten Geschlechts und der Kunstliebe seiner Ahnherren.

Vorzügliche Gemälde zieren auch die Wohnungen des Herrn Leerse und der Frau de Neufville. Eins der schönsten Bilder von van der Neer besitzt Herr Ettling. Die Lausbergische Sammlung ist leider in alle Welt zerstreut.

Hier wollen wir nun einer Art und Weise vorläufig gedenken, wie in der Folge, wenn sich in Frankfurt alles mehr gestaltet und geordnet hat, ein dortiger Kunstfreund Einheimischen und Reisenden den größten Dienst erzeigen könnte. Die Venetianer besitzen nämlich von den Gemälden ihrer Stadt einen Katalog, nach den Epochen der Kunstgeschichte und nach den Jahren, in welchen die Künstler geblüht; sie sind sämtlich in historischer Folge aufgezählt und bei jedem Bilde bemerkt, wo es zu finden. Wenn ein junger Frankfurter Kunstfreund sich dieses Werk zum Muster nähme und im stillen die nötigen Vorbereitungen machte, so könnte er zu rechter Zeit damit hervortreten und dadurch die lehrreichste Übersicht befördern. Jede methodische Zusammenstellung zerstreuter Elemente bewirkt eine Art von geistiger Geselligkeit, welche denn doch das Höchste ist, wornach wir streben.

Ferner dürfen wir nicht verschweigen, wie die hiesigen Kunstfreunde noch auf mancherlei Weise gefördert sind. Herr Morgenstern fährt auch im hohen Alter fort, Gemälde mit bewunderungswürdigem Fleiß und Genauigkeit zu restaurieren. Wie sehr er sich in Geist und Art eines jeden Künstlers zu versetzen weiß,

4 f. Des genannten Geschlechts. Die von Holzhausen gehörten zum hochadligen Haus Alten-Limpurg. 1522 nahm Burgermeister Hamann von Holzhausen, dessen Mutter Luthers persönliche Freundin war, den Lutherischen Prädikanten Ibach in Schutz. Noch immer saß einer des Geschlechtes auf der Schöffenbank und stieg zu den höheren Würden. Hier ist Johann Justinian Georg gemeint. — 7. Leers und Frau 1. 2. Gerning nennt aus der Sammlung von Leerse im Saalhofe ein Familienstück van Dyks und einen Luther Rembrands. — 8. Etling 2. Gerning führt nur im allgemeinen die Sammlung von J. J. Ettling an, der die Apotheke zum Einhorn in der Schnurgasse besaß. Im dreizehnten Buche von „Wahrheit und Dichtung" gedenkt Goethe der Sammlung des „Herrn Ettling". — Die Lausbergische. Heinen („Der Begleiter auf Reisen") nennt 1808 die Gemäldesammlungen „der Herren Grambs, Städel, Ziegler [Phil. Jak.], Ehrmann [Arzt], Neufville [Arzt], Gerning und (Johann Heinrich Friedrich) Lausberg". — 25 f. Herr Morgenstern, dessen Goethe schon im achten Bande von „Wahrheit und Dichtung" gedacht hatte; er starb bald darauf. Sein Sohn Johann Franz besaß nach Gerning „drei Altarschränke mit 295 kleinen Gemälden aus allen Schulen, von seinem Vater nachgebildet in den Jahren 1798—1818" und „fünf schöne Kirchenbilder von demselben Meister".

davon zeugen mehrere Kopieen, die er im kleinen nach den vorzüglichsten Meisterwerken, die durch seine Hände gegangen, gefertigt und in einem Schränkchen gleichsam als einen Hausaltar zusammen geordnet. Auf diesen Schatz werden gewiß Vorsteher öffentlicher Anstalten aufmerksam bleiben, damit er nicht aus Frankfurt entfernt werde.

Herr Silberberg ist im Besitz der trefflichsten alten und neuen Kupferstiche, die er durch Tausch und Handel dem Liebhaber zu überlassen geneigt ist. Bei Herrn Boye findet man alle Arten von Kunst- und Naturprodukten, und wie mancher Name bleibt noch demjenigen zu nennen übrig, der eine Anleitung für Fremde, Frankfurt kennen zu lernen, aufsetzen wird!

Überhaupt kann die Lage eines Kunstfreundes nicht günstiger sein als an diesem Orte; man gedenke nur der Auktionen inländischer Verlassenschaften sowie der Sammlungen, welche auf Spekulation hieher gesendet werden. Der Liebhaber wird dadurch in den Stand gesetzt, sich mit vielen Meistern und ihren Vorzügen bekannt zu machen, ja, wenn er Neigung hat, gelegentlich um mäßige Preise durch treffliche Sachen seinen Kunstvorrat zu vermehren. Solche Ausstellungen finden sich jede Messe, öfters doppelt und dreifach, und künftig gewiß häufiger, da bei der ungeheuren Weltbewegung gar manches Kunstwerk seinen Herrn wechselte, gar mancher Liebhaber sich genötigt sieht, einen werten Besitz gegen Barschaft umzutauschen. Und so läßt sich Frankfurt als kunstvermittelnd zwischen dem Ober- und Unterrhein, zwischen dem nordöstlichen und südwestlichen Deutschland, ja zwischen dem In- und Auslande denken.

Forschen wir nun nach dem, was für den Unterricht in Künsten geschieht, so finden wir auch schon deshalb vorläufig gesorgt. Eine der Zeichenschulen, wie sie in Deutschland mit Recht seit langer Zeit beliebt sind, wo man mehr das Auge des Privatmanns und des Handwerkers zu bilden und einen gewissen Geschmack zu verbreiten denkt, als daß man Künstler zu erziehen die Absicht hätte, ist auch hier schon eingerichtet. Herr Reges steht derselbigen vor unter der Direktion des Herrn Dr. Grambs. Solche Schulen haben außer jenen Zwecken noch den besonderen Vorteil,

7 ff. Gerning nennt unter den acht Kunst-Malern und Händlern Boy und Silberberg, wonach es wohl Boy heißen muß. — 34. Schon, seit 1779. — Reges, Johann Andreas Benjamin.

daß sie Noviziate fürs Talent sind, indem die Vorsteher gar bald unterscheiden, wo angeborne Fertigkeiten sich mit Aufmerksamkeit und Fleiß zusammenfinden, als woran der künftige eigentliche Künstler allein erkannt wird.

Um solche jedoch weiter zu bringen, würde ich hier so wenig als anderswo zu einer Kunstakademie raten. Es gehört schon eine große Masse von gebildeten Künstlern, eine Menge von heranstrebenden Fähigkeiten dazu, wenn man sich entschließen soll, ihnen eine gesetzliche Form, ja ein Oberhaupt zu geben. Wir wissen jede Kunstakademie zu ehren, die in der Hauptstadt eines großen Reichs, in der Fülle von Kunstschätzen von trefflichen Männern geleitet wird; aber ehe man sich's versieht, schleicht sich die republikanische Form auch daselbst ein. So unterscheidet man in Dresden die Schüler der Herren Seidelmann, Grassi, Matthäi, Kügelgen und Hartmann, sowie diejenigen, welche sich an Zingg, Klengel oder Friedrich halten. Ein Unterricht im allgemeinen ist höchst schätzbar; der einzelne Jüngling hingegen will vom einzelnen Meister unterrichtet sein, und wenn er dort nur gehorcht, so werden hier Neigung, Zutrauen und eine gewisse stille Überzeugung höchst kräftig wirken.

Man würde also nach Frankfurt vorzügliche Männer wo nicht gerade berufen, doch ihnen leicht machen, an solchem Orte zu leben; man setzte sie in die Lage, ein schickliches Quartier mieten zu können, und verschaffte ihnen sonst einige Vorteile. Die Oberaufsicht städtischer Kunstanstalten gäbe nun solchen Meistern ein vielversprechendes Talent in die Lehre und zahlte dagegen ein billiges Honorar. Ja, der junge Mann dürfte seinen Lehrer selbst wählen, je nachdem er zu einer Kunstart oder zu einer Person Neigung und Zutrauen hätte. Wohlhabende Eltern zahlten für ihre Kinder, wohlwollende Liebhaber für Günstlinge, von denen sie etwas hofften. Wäre ein solcher Meister verheiratet und sonst nicht einem größeren Verhältnisse abgeneigt, so könnte er Jünglinge ins Quartier, an Tisch nehmen und eine förmliche Pension einrichten, wobei ihm die Gebildeten schon als Unterlehrer an Handen gingen. Steht nun eben dasselbe zu thun in einer freien Stadt mehreren frei, so wird man herrliche Wirkungen davon erfahren.

Daß man junge Männer praktisch bilde, fordert die neueste

11. Graffy 1. 2. — Kügelchen 1. — 15. Zink 1. 2. — 34 f. anhanden 1. — 37. neuste 1. 2.

Zeit. Bei einem Meister, wie wir ihn voraussetzen, würden sie zeichnen, malen, kopieren und restaurieren lernen; ja auch mittlere Talente würden nicht, wie es oft geschieht, wo man im Unterricht allzuweit ausholt, in Verdruß und Stocken geraten. Zeigt sich ein eminentes Individuum, so ist noch immer Zeit, ihn einer auswärtigen höheren Anstalt anzuvertrauen.

Daß diejenigen, denen eine solche Übersicht obliegt, auch durchaus dafür sorgen werden, daß den Meistern alles, was sie selbst nicht beischaffen können, an Modellen, Gliedermännern und sonst genugsam gereicht werde, darf man kaum erwähnen. So steht schon jetzt eine Sammlung von Gipsabgüssen antiker Statuen in dem Garten des Herrn von Bethmann. Und was läßt sich nicht alles von einem Manne erwarten, dessen Neigung und Thätigkeit durch ein so großes Vermögen in lebhafter Bewegung erhalten wird!

Vorschläge dieser Art können wir um so eher thun, als sie dem Zeitgeist gemäß sind und man bei allen Bildungsanstalten die erprobte Erfahrung hat, daß es viel vorteilhafter sei, sie auf eine liberale, humane Weise auszusäen als auf eine zwingende, klösterlich subordinierende Art ins Enge zusammenzuziehen. Der Frankfurter gehe in die Geschichte zurück, in die Zeiten, wo so viele Künstler neben einander und kurz nach einander blühten, ohne daß man sie irgend einem akademischen Zwange unterworfen hätte, wo der Familienkreis anstatt Schule und Akademie galt. Man erinnere sich von den älteren bis in die neuesten Zeiten der Feyerabend, Merian, Roos, Schütz, so wird der Weg vorgezeichnet sein, auf welchem der freistädtische Künstler Ausbildung und Absicht am besten erreicht.

Und hier werden wir denn aufgefordert, noch einiger vorzüglicher Künstler zu gedenken. Herr Schütz, durch den Beinamen

12. **Dem Garten**, vor dem Friedberger Thor, dessen größte Zierde bald Danneckers Ariadne auf dem Panther wurde. — **Von Bethmann**, Simon Moritz. Vgl. S. 22, 28. — 26. **Feyerabendt** 1. 2. So, auch **Feyerabent**, wird der Name dieser berühmten Buchhändler- und Holzschneiderfamilie neben **Feyerabend** geschrieben. — **Merian**, von denen der Stammvater, Matthäus der ältere, zu Basel 1593 geboren, durch seine Städteansichten sich den größten Ruhm erwarb. — **Rose** 1. 2. Roos, seit dem berühmten Tier- und Landschaftsmaler Johann Heinrich, dessen beide Söhne und sein Bruder sich gleichfalls der Kunst widmeten. — **Schütz**. Über den ältesten, der sich 1749 in Frankfurt niederließ, berichtete das erste und dritte Buch von „Wahrheit und Dichtung". Ihm folgten seine beiden Söhne und sein Brudersohn, der Z. 30 — 280, 12 als Vetter bezeichnete Christian Georg. Der jüngere Sohn, der 1815 starb, war Goethes munterer Genosse in Rom gewesen. Der Vetter besaß eine nach der Zeit geordnete Sammlung der Gemälde seiner Familie, etwa 500 Rheinansichten, die er selbst gemacht, auch andere Gemälde und Kupferstiche. Vgl. zu S. 275, 2.

der Vetter bezeichnet, setzt die landschaftlichen Arbeiten fort, welche seit Sachtleben sich ununterbrochen mit Nachbildung der Rheingegenden beschäftigen. Seine Zeichnungen in Sepia sind von bewundernswürdiger Reinheit und Fleiß, die Klarheit des Wassers und des Himmels unübertrefflich. Die Darstellung der Ufer an beiden Seiten, der Auen und Felsen und des Stroms selbst ist so treu als anmutig, und das Gefühl, das den Rheinfahrenden ergreift, wird uns bei Betrachtung dieser Blätter mitgeteilt oder wiedererweckt. Die Ölgemälde dieses Künstlers geben ihm Gelegenheit, die Abänderung der Farbentöne, wie sie die Tags- und Jahreszeiten, nicht weniger die atmosphärischen Wirkungen hervorbringen, auf eine glückliche Weise nachzubilden.

Von Herrn Radl sind bei Grambs höchst schätzbare Aquarellzeichnungen zu sehen, Gegenden um Frankfurt sowie anmutige Thäler des Taunusgebirges vorstellend, welche, obgleich nach der Natur gezeichnet, doch an geschmackvoller Wahl des Gegenstandes, an kunstmäßiger Austeilung von Licht und Schatten sowie der Farbe nichts zu wünschen übrig lassen.

Solche Künstler dem größeren und auch auswärtigen Publikum bekannt zu machen, wird eine angenehme Pflicht der Kunstvorsteher sein; uns sei es erlaubt, hier einen Vorschlag zu thun, der, wenn er auch etwas wunderbar scheinen sollte, doch gewiß alle Prüfung verdient. Wir haben kein Geheimnis daraus gemacht, daß wir alles, was einer Pfründe ähnlich sieht, bei unseren Kunstanstalten nicht lieben; dagegen wäre unser Vorschlag dieser. Bei einem geschickten Künstler, der nicht gerade Bestellungen hat oder aufs Geratewohl arbeiten kann, bestelle man von seiten der Vorsteher gewissenhaft gearbeitete Bilder; man bezahle sie ihm nach Billigkeit und überlasse sie alsdann Liebhabern um einen geringeren Preis. Der Verlust, der hieraus entspringt, wird eine größere Wohlthat für den Künstler, als wenn man ihm eine Pension ohne Bedingungen gäbe. Hat er wirklich Verdienst, und wird dasselbe den Liebhabern allgemeiner bekannt, so werden sich die Bestellungen häufen, und er kann alsdann mit einiger Klugheit immer wieder auf seinen Preisen bestehen. Eine genugsam ausgestattete Kasse

2. Des niederländischen Landschaftsmalers Hermann Sachtleben († 1685) gedachte schon das erste Buch von „Wahrheit und Dichtung" als Vorgängers des ältern Schütz. — 13. Radel 1. 2. Anton Radl war auch Kupferstecher. Zwei Landschaften von Radl im Besitze des Museums erwähnt Gerning. — 32. derselbe 1. 2, das hier jedenfalls zweideutig wäre.

könnte auf dieses Kapitel eine gewisse Summe festsetzen, und die Vorsteher derselben könnten sich recht gut durch öffentliche Ausstellungen und Ausgebot solcher Arbeiten, vielleicht gar durch Auktion, vor allem Vorwurfe der Parteilichkeit sichern. Und so werden Männer von anerkannter Redlichkeit und geprüfter Einsicht aufs neue Geist und Leben in die Epoche bringen, die wir gegenwärtig vorbereiten.

Indem wir nun bei diesen neuen Einrichtungen republikanische Formen begünstigen, so sei es uns erlaubt hinzuzufügen, daß es dagegen dem freien Bürger, der sich nicht leicht von jemand will meistern lassen, gar wohl anstehe, an sich selbst gesellige Tugenden auszubilden; denn die Erfahrung von den ältesten bis in die neuesten Zeiten belehrt uns, daß der Bewohner einer freien Stadt sich schwer mit seinesgleichen vereinige. Es ist nichts natürlicher, als daß Unabhängigkeit uns in unserem eigenen Wesen bestärke, wodurch der Charakter in einer Folge von mehreren Jahren immer schroffer werden muß; und weil nun ein jeder sich so selbst gewähren läßt, müssen diejenigen am Ende sich öfters getrennt finden, welche durch die schönsten Bande verknüpft sein könnten. Selbst gemeinsame Liebhaberei ist nicht mehr imstande, solche Gemüter auch nur für einen Moment zu vereinigen; Blumenfreunde werden sich über Blumen, Münzkenner bei Münzen entzweien, wenn der Geist gewohnt ist, seinen Gefühlen und Leidenschaften unbedingt nachzuhängen.

Wie angenehm ist es daher, zu vernehmen, daß in Frankfurt eine Gesellschaft von Kunstfreunden sich reihum versammelt, wo sie an Kupferstichen, im Besitz eines jeden, sich belehrend unterhalten. Hiedurch wird ein so weitläufiges und schwieriges Fach, wo alles auf dem Werte des einzelnen Abdrucks beruht, noch und nach übersehbar. Der weit größere Vorteil aber wird daraus entspringen, daß auch, was anderen gehört, geistig unser eigen werde. Das Vortreffliche zu kennen und zu lieben, was man nicht besitzt noch zu besitzen hofft, ist eigentlich der größte Vorzug des gebildeten Menschen, da der rohere, selbstige im Besitz oft nur ein Surrogat für Einsicht und Liebe, die ihm abgehen, zu erwerben sucht. Geschehen solche Mitteilungen künftig in allen Kunstfächern, so wird sich die neue Generation durch allgemeine heitere Friedens-

6. Die Epoche, des Aufschwunges der Kunst.

bande vereint fühlen, wie in schrecklicher Zeit die eine Hälfte sich zu Schutz und Trutz, die andere zu Rat und Hülfe, das Vaterland zu retten, musterhaft verbündete.

Haben wir nun von den höchsten Beweggründen gesprochen, die uns zu Belebung der Kunst und Wissenschaft treiben, von zart sittlichen und geistigen Mitteln, die dabei anwendenswert sind, so müssen wir auch einem Vorurteil begegnen, welches sich mitunter merken läßt. Der Liebhaber nämlich trennt sich oft zu streng von dem Kunsthändler. Es schreibt sich dieses aus älteren Zeiten her, wo der Wohlhabende dasjenige, was er besaß, eben deswegen, weil er es besaß, hoch schätzte, ja oft überschätzte. In der neueren mehr belebten Welt aber kann sich der Liebhaber nicht entbrechen, durch Tausch oder Handel so manches Kunstwerk, dem er entwachsen ist, oder für welches seine Liebhaberei sich abstumpfte, einem dritten zu überlassen, dem es Freude macht. Besonders in Frankfurt läßt sich bei der großen Bewegung, bei dem Zu- und Abströmen von Kunstwerken kaum ein stationäres Kabinett denken, und man wird es in der Folge gewiß keinem Liebhaber verargen, wenn er, seine Kräfte berechnend, durch veränderten Besitz seine Neigung lebendig zu erhalten sucht.

Und so brauchen wir nicht weit umherzuschauen, wenn wir Beispiele suchen, daß Gewerbsthätigkeit mit Liebe zu Wissenschaft und Kunst wie vor alters so auch in unseren Tagen recht wohl vereinbar sei; denn wir finden, daß von seiten des Buchhandels sich für Kunst erwünschte Aussichten hervorthun. Herr Brönner hat in einem anständigen, wohl angelegten und verzierten Lokal schön eingebundene Bücher aufgestellt, und außer dem, was sich von selbst versteht, findet man bei ihm die neuesten Kupferwerke, ja Gemälde zur Unterhaltung und beliebigem Ankauf. Herr Wenner auf seiner Reise nach Rom erwies thätigen Anteil an den dortigen deutschen Künstlern, förderte die Herren Riepenhausen, Overbeck und Cornelius und übernahm den Verlag der von diesem in

1. In schrecklicher Zeit, in den Befreiungskriegen, wo die Bürgerschaft sich so musterhaft bewies. — 25. Der Buchhändler Heinrich Karl Remigius Brönner war ein Neffe des S. 272, 23 genannten Senators. — 29. Johann Friedrich Wenner, gleichfalls Buchhändler, hatte Cornelius durch die Übernahme des Verlags seiner Faustzeichnungen die Reise nach Italien möglich gemacht. — 32. Cornelis 1. 2. Cornelius, der sich früher an den Weimarischen Preisaufgaben beteiligt, hatte durch Boisserée sieben seiner Zeichnungen Goethe vorlegen lassen, und dieser ihm brieflich seine aufmunternde Anerkennung ausgesprochen. Im Jahre 1815 besuchte Goethe Wenner, der ihm auch Zeichnungen von Cornelius und Overbeck vorlegte, aber diese schienen ihm sehr mangelhaft, wogegen er, als ihm Boisserée Ruschewebhs Stiche der Faustzeichnungen vorlegte, nicht abgeneigt schien, dazu

Federzeichnungen dargestellten Scenen aus „Faust". Sie sind von Ferdinand Ruschewehh mit großer Liebe und Genauigkeit gestochen, wie sich Liebhaber an den Probedrücken überzeugen können. Auch verpflanzte Herr Wenner die vortrefflichen Kupferstiche nach Canova und Thorwaldsen in seine Vaterstadt, indem er die Betrachtung und Anschaffung derselben erleichterte. Herr Wilmans, gleichfalls Kunstliebhaber, besitzt schätzenswerte Gemälde; seine Bemühungen um Litteratur und Kunst sind allgemein bekannt. Möge doch je eher je lieber eine ausführlichere Nachricht, als der Reisende geben kann, von allen Kunstschätzen und Kunstthätigkeiten, welche diese wieder frei auflebende Stadt verherrlichen, bald in dem einen oder anderen Verlag erscheinen.

Weil wir aber dieses sowohl von Frankfurt als von verschiedenen schon genannten oder noch zu nennenden Orten und Städten wünschen, so ersuchen wir die Unternehmer, eine solche Arbeit nicht ängstlich zu veranstalten, vielmehr von einem leicht entworfenen Heft, welches der Fremde gern für ein Billiges anschaffen wird, nur kleine Auflagen zu machen und die nächste darauf erweitert, vermehrt und belebter zu geben. Alles, was in den Tag eingreifen soll, muß ein frisches Ansehen haben, und hier wird kein Werk zum Aufbewahren, sondern nur zum Aufbrauchen verlangt.

Daß auch in den anderen Künsten ein thätiger Geist sich zu regen anfange, davon giebt eine Singschule Zeugnis, welche Herr Düring aus eigenem Antriebe und aus reiner Liebe zur Kunst unternommen. Diese Anstalt ist schon so weit gediehen, daß junge Personen beiderlei Geschlechts, die sich seiner Leitung anvertraut, bei feierlichen Gelegenheiten in den Kirchen beider Kon-

ein Gedicht zu geben. Boisserée schrieb ihm nach Weimar: wäre es ihm Ernst, dazu ein solches zu liefern, so würde er den Künstler und den Verleger glücklich machen, nur wünschten diese es früher zu wissen, um sich wegen der ihm zugedachten Widmung darnach richten zu können; auch sei er von Wenner ersucht worden, ihn wegen der Widmung und der dazu entworfenen Verzierung zu befragen. Aber Goethe ließ diese und eine wiederholte Anfrage in den Briefen an Boisserée unbeantwortet, da er beabsichtigte, über Cornelius und seinen Verleger sich anerkennend, wenn auch nicht lobpreisend, in dem Berichte über seine Rheinreise zu äußern, wie er es hier wirklich that.

2. Ruschewegh 1. — 5. Thorvalsen 1. — 6. Willmanns 1. Auch Gerning gedenkt der Sammlung von Friedrich Wilmans, aus der er acht Gemälde, meist Landschaften, anführt. Als er noch in Bremen wohnte, hatte er ein „Taschenbuch der Liebe und Freundschaft gewidmet" begonnen, in welches Goethe seinen Entwurf zu einem „zweiten Teil der Zauberflöte" lieferte. 1802 hatte er Gernings „Reise durch Österreich und Italien" verlegt, und nachdem er nach Frankfurt übergesiedelt war, manches andere. 19. vermehrter 1. 2. — 24. Eine Singschule. Daneben bestanden ältere musikalische Gesellschaften.

fessionen Musiken aufgeführt zu Vergnügen und Erbauung der Gemeinden. Auch in öffentlichen Konzerten ist dieses geschehen. Jeden Sonntag früh findet eine solche Übung statt, zu welcher auf Anmeldung auch Zuhörer zugelassen werden. Ein größeres Lokal wäre der Anstalt zu gönnen, wodurch sie auf einmal sehr viel gewinnen würde. Sie empfiehlt sich allen Musikfreunden, und es wird ihr auch weder an Unterstützung fehlen noch an Ausbildung der einzelnen Stimmen, da Frankfurt an Herrn Schmidt einen trefflichen Musikdirektor besitzt und die Oper mit Talenten geschmückt ist, die nicht allein durch Ausübung ihrer Kunst ergötzen, sondern auch dieselbe durch Lehre und Unterricht zu verbreiten und fortzupflanzen sich zur Pflicht machen.

Nachdem wir nun so manchen frommen Wunsch geäußert, von manchen bedeutenden Vorsätzen und weitaussehenden Planen gesprochen, so gelangen wir endlich zu einer Anstalt, die auf das sicherste gegründet ist, und bei welcher eben jetzt eine erneute Thätigkeit hervortritt, um bisherige Stockungen aufzulösen und zufällige Hindernisse zu beseitigen. Es ist hier von der Stiftung die Rede, welche Dr. Senckenberg, gesegneten Andenkens, ausübender Arzt und kenntnisreicher Mann, seiner Vaterstadt hinterlassen. Sie teilt sich in zwei Einrichtungen, die eine zu praktischem, die andere zu theoretischem Zweck. Die erste, ein Bürgerhospital, ist auf ein palastähnliches, von dem Stifter neu errichtetes Gebäude gegründet sowie durch ansehnliche Kapitalien gesichert. Hieher flossen von der ersten Zeit an große Schenkungen und Vermächtnisse, woraus ein bedeutendes Vermögen entstand, welches durch Überschuß der Kasse sich jährlich vermehrt. Hier bleibt also nichts zu wünschen übrig.

Desto mehr Aufmerksamkeit und guten Willen haben wir dagegen auf die zweite Abteilung zu wenden, welche, in theoretisch-wissenschaftlicher Absicht angelegt, nicht in gleicher Maße begünstigt ist. Sie umfaßt Haus-, Hof- und Gartenräume der ehemaligen

1. *zum* 1. — 9. *Musikdirektor*, beim Theater. – 19. Dr. (Johann Christian) *Senckenberg*. Der Hauptstiftungsbrief ist vom 18. August 1763, der Bau erfolgte während Goethes Aufenthalt in Leipzig, der Stifter starb am 15. November 1772. Vgl. Goethes Bericht im zweiten Buche von „Wahrheit und Dichtung". Sein Haus, seine Sammlungen und sein Vermögen von etwa 95 000 Gulden vermachte er zum Besten der Arzneikunst und Krankenpflege; zwei Drittel des Vermögens wurden zum medizinischen Institut (für Anatomie, botanischen Garten, chemisches Laboratorium, Bibliothek und Naturaliensammlungen) dem collegium medicum Francofurtense protestantischer Religion überwiesen, ein Drittel war für ein Bürger- und Beisassenhospital bestimmt. — 21. *zum praktischen und zum theoretischen* 1. — 31. *Gleicher*, nach Goethes früherem Gebrauche.

Wohnung des Besitzers. Das Haus, darin einem von den Vorgesetzten ein Quartier bestimmt ist, hat freilich nur beschränkte Zimmer, welche für dasjenige, was sie fassen sollen, nur alsdann hinreichen, wenn alles Enthaltene in bester Ordnung aufgestellt ist. Hier findet sich eine treffliche Bibliothek, welche bis auf die unmittelbaren Nachfolger Hallers hinaufreicht; sie enthält die bedeutendsten älteren anatomischen und physiologischen Bücher und würde, geordnet, fortgesetzt und zum Gebrauch eröffnet, der Stadtbibliothek ein bedeutendes Fach ersparen.

Ein mineralogisches Kabinett, das bis jetzt der Bibliothek nur eingeschoben war, wird soeben abgesondert und aufgeordnet; es enthält viel Vortreffliches, aber nur gruppenweis, ohne inneren Zusammenhang. Die Versteinerungen, zur glücklichsten Zeit gesammelt, übertreffen alle Erwartung.

Der botanische Garten ist geräumig genug, um der Stiftung gemäß die offizinellen Pflanzen zu enthalten, woneben sich noch Platz finden würde, um das physiologisch Bedeutende, was zur Einsicht in das Pflanzenleben führt und das ganze Studium krönt, weislich anzufügen.

Das ältere chemische Laboratorium ist auf der gegenwärtigen Höhe der Wissenschaft nicht mehr brauchbar; ein neues, hinreichendes ward zum Behuf einer anderen Schule unmittelbar an der Senckenbergischen Gartenmauer erbaut und steht gegenwärtig isoliert, einzeln, unbenutzt.

Das anatomische Theater ist zweckmäßig und geräumig; die daselbst aufgestellten Präparate gehören nicht sämtlich der Anstalt.

Nach dieser kurzen Erwähnung der einzelnen Teile, woraus das Ganze besteht, ist es Pflicht, die Zustände nochmals vorzunehmen, dabei auch Wünsche und Hoffnungen auszusprechen und zu bezeichnen. Hier ist nun wohl vor allen Dingen die Absicht des Stifters zu bedenken, der, als wissenschaftlicher, kenntnisreicher Mann, sein Hospital nicht besser zu versorgen glaubte, als wenn er ihm eine Studien- und Lehranstalt an die Seite setzte. Er gedachte den Ärzten seiner Vaterstadt einen Mittelpunkt wissenschaftlicher Mitteilung zu verschaffen; er lud einige nebst anderen Bürgern zu Pflegern, rief sie sämtlich zu monatlichen Zusammen-

12. gruppenweise 1. 2. — 17. Das physiologisch Bedeutende, in Bezug auf die Bildung der Pflanze, wozu Goethes Metamorphose den Weg gebahnt hatte. — 22. Einer anderen, einer medizinischen Spezialschule. Vgl. S. 288, 5ff. 293, 18ff.

künften in sein Lokal und ermunterte sie, Vorlesungen in mehreren Fächern zu halten.

Sein früher unglücklicher Tod unterbrach eine von ihm selbst ausgehende Einleitung; und doch konnte sich dieses Institut einer thätigen und wahrhaft blühenden Periode rühmen zu der Zeit, als der verdiente Reichard, Verfasser der „Frankfurter Flora", Stiftsarzt war. Indessen nahmen die zu dieser Abteilung bestimmten Kapitalien nicht zu, aus dem Grunde, weil man in einer Handelsstadt dem Praktischen geneigter als dem Wissenschaftlichen ist und sich überhaupt mehr gedrängt fühlt, einem gegenwärtigen Übel abzuhelfen als einem künftigen vorzubeugen. Diesemnach wurde die Krankenanstalt mit Schenkungen und Vermächtnissen allein bedacht und das Wissenschaftliche vorbeigegangen.

Dieses versank immer mehr in Staub und Verborgenheit und erkrankte an äußeren und inneren Übeln. Eine medizinische Schule, welche das Studium aufs neue beleben sollte, entstand und verging. Die Kriegslasten wurden und werden mitgetragen sowie manches andere Unheil, das sich auflud; genug, das Institut ist gegenwärtig so arm, daß es nicht das geringste Bedürfnis aus eigenen Mitteln bestreiten kann. Schon jetzt bei Anschaffung der Schränke zu Sonderung und Ordnung der Mineralien muß auf fremde Güte gerechnet werden.

Doch auch hier belebt sich die Hoffnung. Der kurz verstorbene Stiftsarzt, Dr. Lehr, dem Frankfurt die Einimpfung der Kuhpocken verdankt, hat seine Bibliothek der Senckenbergischen einverleibt, eine Sammlung von Porträten berühmter Ärzte ihr vermacht sowie ein Kapital von 9000 Gulden, dessen Zinsen dem jedesmaligen Arzte als Zulage dienen, mit der Bedingung, im Sommerhalbenjahr unentgeltlich Botanik zu lesen.

Herr Dr. Neuburg, ärztlicher Pfleger dieser Anstalt, dessen Kenntnisse, Thätigkeit und Wohlwollen allgemein anerkannt sind, und welcher gegenwärtig das Ordnen der Naturaliensammlung eifrig betreibt, gedenkt, sobald man Besitz und Lücken übersieht,

3. Früher unglücklicher Tod, infolge des Sturzes von einem Gerüste am 5. November 1770, in seinem vierundsechzigsten Jahre. — 6. Reichardt l. Johann Jakob Reichard. 7 und 24. Stiftarzt l. — 24. Löhr l. Lehr. — 24 f. Die Einimpfung der Kuhpocken. Er versuchte mit Sömmering diese im März 1801 zuerst an vier Judenkindern, und bald ward sie allgemein. — 30. Herr (Johann Georg) Dr. Neuburg, ein geborener Jude, 1782 zum Doktor promoviert, erst 1791 als Arzt in Frankfurt zugelassen; jetzt war er an Löhrs Stelle getreten. Er hatte 1792 eine Tochter von Goethes Tante Melber (Anna Margarethe) geheiratet, die früh starb.

die Doubletten seiner Konchylien und Vögel hieher zu verehren, und gewiß wird Bibliothek und Naturmuseum, wenn es nur erst im Reinen den Frankfurter Patrioten vor Augen steht, manchen einzelnen Besitz und manche Wohlthat an sich ziehen.

Gedenken wir nun der Pflanzenkunde, so ist aus Obigem ersichtlich, daß für diese vorläufig gesorgt sei. Herr Dr. Neeß wird unter Assistenz der Gärtner Bäumert und Isermann die zweckmäßige Vollständigkeit des Gartens sowie den Gebrauch desselben nächstes Frühjahr einzuleiten wissen.

Im ganzen wäre jedoch für Botanik in Frankfurt schon viel geleistet, wenn die Pflanzenfreunde sich zu wechselseitigen Besuchen und Mitteilungen vereinigten, besonders aber sich darin verbänden, daß jeder ein einzelnes Fach vorzüglich übernähme. Holländer und Engländer gehen uns mit dem besten Beispiele vor; jene, daß sie eine Gesellschaft errichteten, deren Glieder sich die Aufgabe machten, Prachtpflanzen in der größten Herrlichkeit darzustellen, diese, daß eine Anzahl Gartenfreunde sich verabredeten, ganz einzelnen Abteilungen, wie z. B. den Stachelbeeren, vorzügliche Aufmerksamkeit zu widmen, wobei jeder Teilnehmende sich anheischig machte, nur eine Spielart mit der größten Sorgfalt zu pflegen. Sollte dieses manchem von der wissenschaftlichen Höhe herab kleinlich, ja lächerlich scheinen, so bedenke man, daß ein reicher Liebhaber etwas Seltenes und Augenfälliges zu besitzen wünscht und daß der Obstgärtner auch für die Tafel seiner Kunden zu sorgen hat. Bei einem solchen Verein würde Frankfurt sogleich im botanischen Fache bedeutend erscheinen.

Bliebe der Senckenbergische Garten bloß medizinischen und physiologischen Forderungen gewidmet, so würde der Lehrer an dieser Anstalt sehr gefördert sein, wenn er die Vergünstigung hätte, die Gärten der Herren Salzwedel, Jassoy, Löhrl in und bei Frankfurt, die Anlage des Herrn Metzler über Oberrad mit seinen Zuhörern zu besuchen. Den Besitzern wie den Gästen entstünde daraus gemeinsame Freude und Aufmunterung. In einer lebensreichen Stadt sollte sich alles aufsuchen, was mit einander einigermaßen verwandt ist, und so sollten Botaniker, Blumist, Kunstgärtner,

6. Nese 1. 2 — 7. Bäumer 1. 2. — 18. z. E. 1. 2. — 30. Salzwedel, Jassoy, Löhrl. Löhr 1. 2. Gerning gedenkt der schönen und bedeutenden „botanischen Gärten von Dr. Jassoy, Dr. Löhrl, A. von Rothschild und Salzwedel". Den des Apothekers Salzwedel läßt Goethe absichtlich als den bedeutendsten vorangehen. Dieser besaß die Apotheke zum Schwan auf dem Römerberg. 35. sollte 1. 2.

Obst- und Küchengärtner sich nicht von einander sondern, da sie sich einander wechselsweis belehren und nützen können.

Was die Chemie betrifft, so wird dieser durch den einfachsten Entschluß leicht zu helfen sein, da es weder an Lokal noch an Persönlichkeit fehlt. Das unmittelbar an den Senckenbergischen Stiftsgarten anstoßende Laboratorium, neu und zweckmäßig erbaut, steht nach aufgehobener medizinischer Schule herrenlos und unbenutzt, und es muß der allgemeine Wunsch sein, dasselbe dem Senckenbergischen Stifte einverleibt zu sehen. Die höchste obrigkeitliche Anordnung deshalb wird bei nunmehr beruhigten Zeiten nicht länger außenbleiben. Herr Dr. Kestner erwartet sehnlichst diese höchste Entscheidung und darf hoffen, daß ihm bei seinen Bemühungen jede Unterstützung nicht fehlen werde. Gewiß sieht durch eine chemische regelmäßige Vorlesung mancher gebildete Einwohner einen seiner schönsten Wünsche glücklich erfüllt. Denn die Gelegenheit, mit dem Umfange der neueren Chemie, die schon den größten Teil der Physik in sich aufgenommen hat, bekannt zu werden, ist jedem größeren Ort, besonders Frankfurt, zu gönnen. Hier fände der ausübende Arzt die neuesten Erfahrungen und Ansichten, die er auf seiner praktischen Laufbahn zur Seite liegen läßt, bequem überliefert. Der Pharmazeut würde besser einsehen lernen, was es denn eigentlich mit den Bereitungen und Mischungen, die er so lange nach Vorschrift unternimmt, für eine Beschaffenheit habe. So viele Personen, die in wichtigen Fabrikunternehmungen die Quellen ihres Reichtums finden, würden durch Übersicht der neuesten Entdeckungen gefördert, andere nach höherer Bildung Strebende würden in der chemischen Kenntnis wahre Geisteserhebung gewinnen, ja solche, welche den älteren chemisch-mystischen Vorstellungen nicht abgeneigt sind, würden hier vollkommene Befriedigung finden, wenn sie erkennten, daß so vieles, was unsere Vorfahren in dunkeln Zeiten nur zerstückelt gewahr wurden und im ganzen trübsinnig ahnten, jetzt sich immer mehr

2. wechselweise 1. 2. — nutzen 1. — 7. medizinischen 1. — 11. Kästner 1. 2. Dr. Theodor Friedrich Arnold Kestner war der fünfte Sohn von Goethes Lotte. Dieser hatte ihn im Jahre 1801 als Dr. med. in Göttingen kennen gelernt, wo er als Privatdozent auftreten wollte. Darauf bezieht sich vielleicht ein Brief Goethes an ihn von jenem Sommer, den die Familie nicht veröffentlicht, weil er auf Privatverhältnisse sich bezieht. Er hatte sich nach Frankfurt gewandt, wo er im Mai 1810 eine Frankfurterin heiratete. Goethe war ihm zur Erlangung einer Professur an der neuen, freilich nach der Entfernung des Fürsten Primas bald eingegangenen medizinisch-chirurgischen Lehranstalt behülflich gewesen. — 28 f. chemisch-mystischen, alchymistischen. — 32. ahndeten 1, ahneten 2.

an und in einander schließt, sich aufklärt, so daß vielleicht in keinem Fache mehr als im chemischen wissenschaftliche Übersicht das Ideelle in der Wirklichkeit darzustellen vermag.

Wäre es möglich, einen tüchtigen Physiker herbeizuziehen, der sich mit dem Chemiker vereinigte und dasjenige heranbrächte, was so manches andere Kapitel der Physik, woran der Chemiker keine Ansprüche macht, enthält und andeutet, setzte man auch diesen in Stand, die zur Versinnlichung der Phänomene nötigen Instrumente anzuschaffen, ohne deshalb einen weitläufigen, kostspieligen und platzraubenden Apparat aufzuhäufen, so wäre in einer großen Stadt für wichtige, insgeheim immer genährte Bedürfnisse gesorgt und mancher verderblichen Anwendung von Zeit und Kräften eine edlere Richtung gegeben. Zum Lokal solcher physischen Anstalt könnte man mit gutem Gewissen das anatomische Theater bestimmen. Anstatt zu gedenken, daß Herr Dr. Behrends, der als ein würdiger Schüler Sömmerrings bisher diesem Fache vorstand, seine Entlassung genommen, anstatt zu erwähnen, daß Herr Dr. Lucä, ein thätiger, in der vergleichenden Zergliederung geübter Mann, nach Marburg abgeht, sei uns vergönnt, im allgemeinen von dem Verhältnis der Anatomie zu dem bestehenden Senckenbergischen Institut zu sprechen. Hier hat sich nämlich der Stifter, indem er sich ein Bild einer vollständigen medizinischen Anstalt dachte, vielleicht vergriffen, da er die besonderen Bedingungen, in denen sich seine Anstalt befand, nicht beachtete. Kenner der Zergliederungskunst, Professoren dieses Fachs auf Akademieen werden gerne zugestehen, daß es eine der schwierigsten Aufgaben sei, die Lehre der Zergliederung zu überliefern. Bibliothek, Zeichnungen, Präparate und hundert Vorrichtungen, Vorarbeiten, die vielen Aufwand erfordern, sollen zum Grunde liegen, und alsdann wird noch die menschliche Leiche als unmittelbarer Gegenstand des Beobachtens und Belehrens gefordert. Woher aber diese nehmen? Überall werden die deshalb bestandenen Zwanggesetze lässiger beobachtet oder umgangen, und der Professor der Anatomie steht in einem humanen Zeitalter immer als unmenschlich gegen Leidende und Trauernde.

Möge alles dieses als Reflexion eines vorübereilenden Reisen-

11. ingeheim 1. 2. — 15. Behrens 1. 2. — 23. in der 1. 2. — 33. Für steht erwartet man steht da oder etwa gilt. Zur Sache vgl. „Wanderjahre" III, 3.

den angesehen werden; der bleibende Geschäftsmann sieht vielleicht die Verhältnisse in einem anderen Lichte.

Allein alles, was wir gesagt, würde ganz vergeblich gewesen sein, wenn wir uns nicht erkühnten auszusprechen, daß ein so wohldurchdachtes, dem Stifter wie der Stadt Ehre bringendes wissenschaftliches Institut nicht gedeihen noch auch mit aller Bemühung der Angestellten nur im mindesten nützen könne, wenn seine Einkünfte nicht verbessert werden. Auch hievon liegt die Möglichkeit nahe genug, und wir tragen kein Bedenken, sowohl die bürgerlichen als ärztlichen Herren Vorsteher aufzufordern, in Überlegung zu nehmen, inwiefern von dem Überfluß, dessen das Hospital genießt, ein Teil zur wissenschaftlichen Anstalt herübergewendet werden könne, und jene trefflichen Männer dringend zu ersuchen, daß sie hierüber, wenn sie bejahend einig geworden, um die höchste obrigkeitliche Billigung baldigst nachsuchen mögen. Die einer solchen Wendung entgegenstehenden Schwierigkeiten sind nicht unbekannt; es läßt sich ihnen aber mit einem Wort begegnen: daß einer freien Stadt ein freier Sinn gezieme und daß man bei einem erneuten Dasein, um die Spuren ungeheurer Übel auszulöschen, sich vor allen Dingen von veralteten Vorurteilen zu befreien habe. Es geziemt Frankfurt, von allen Seiten zu glänzen und nach allen Seiten hin thätig zu sein. Freilich gehört theoretische Betrachtung, wissenschaftliche Bildung den Universitäten vorzüglich an, aber nicht ausschließlich gehört sie ihnen. Einsicht ist überall willkommen. Man erkundige sich, welchen Einfluß die Universitäten in Berlin, Breslau, Leipzig auf das praktische Leben der Bürger haben; man sehe, wie in London und Paris, den bewegtesten und thätigsten Orten, der Chemiker und Physiker gerade sein wahres Element findet; und Frankfurt hat gar wohl das Recht, nach seinem Zustand, seiner Lage, seinen Kräften für so löbliche Zwecke mitzueifern.

---

10. Die bürgerlichen. Die Oberaufsicht führten zwei Abgeordnete des Rates, einer der Bürgerschaft und ein Mitglied der Familie des Stifters. — Ärztlichen Vorsteher, das aus vier gewählten Personen bestehende Collegium medicum.

Nachträgliches zu Frankfurt am Main.

Die Senckenbergische Stiftung, eine höchst wichtige Anstalt, und zwar deren wissenschaftlicher Teil steht unter der Aufsicht des Herrn Dr. Neuburg, eines Mannes von unermüdlichem Eifer, ebenso bereit, sich für die Sache aufzuopfern als für dieselbe zu streiten. Da wir in Jahresfrist durch seine Bemühungen und die eingreifende Thätigkeit der Angestellten schon so viel Wünschenswertes erfüllt gesehen, so kann es nicht fehlen, daß man auch endlich von seiten der Administration des Krankenhauses dem wissenschaftlichen Institut zu Hülfe kommen werde. Der Geist, diese Notwendigkeit einzusehen, die Nützlichkeit zu erkennen und die Ausführung zu bewerkstelligen, muß in Frankfurt schon lebendig sein oder nächstens lebendig werden.

Der verewigte Senckenberg hinterließ eine Sammlung von Mineralien und fossilen Schaltieren, wovon die erste minder wichtig und, nach dem früheren Standpunkt der Mineralogie, unordentlich durch einander lag. Über 40 Jahre lag diese Sammlung mit Staub bedeckt, ohne daß sich jemand darum bekümmerte, und nur erst in diesem Jahre verbanden sich einige Mineralogen, unter welchen Herr Dr. Buch sich besonders verdient gemacht hat, und brachten dieselbe nach dem Wernerischen und Leonhardischen Systeme in Ordnung, mit dem lebendigsten Vorsatze, sie mit den vielen mangelnden Mineralkörpern zu bereichern und ein geordnetes Ganzes daraus zu machen. Es ist zu bedauern, daß der rege

1. Die Überschrift nach 2. Das von 2 an Folgende ist aus dem folgenden Hefte von „Kunst und Altertum" (I, 2) aufgenommen, wo es nach dem Nachtrage über Köln (vgl. oben S. 251 Anm.) „Frankfurt" überschrieben ist. — 1. Herrn Dr. Neuburg. Vgl. S. 286 f. — 14 f. Eine Sammlung von Mineralien. Vgl. S. 285, 10 ff. — 17. Über vierzig Jahre, seit Senckenbergs Tod (1770). — 20. hatte 1. 2. — 21. Der bedeutende Mineralog Karl Cäsar Leonhard, dessen System sich von dem Werners wesentlich unterschied, war längst mit Goethe befreundet. Vgl. den Bericht über Hanau S. 290.

Eifer der Unternehmer wenig Unterstützung findet und sie trotz ihres Aufwandes an Zeit sowie an manchen, ob zwar geringen Geldausgaben nur nach und nach ihren Zweck erreichen können. Diese Einrichtung wäre noch neulich erst durch den Vorschlag einiger Administratoren beinahe zu Grunde gegangen, der aber glücklicherweise zurückgewiesen wurde. Man wollte nämlich, um der Stiftung in etwas aufzuhelfen, das Stiftshaus vermieten; dem Übel wäre dadurch ebenso abgeholfen worden wie mancher unheilbaren Krankheit durch den Tod.

Das anatomische Theater hat durch den unermüdeten Fleiß des Herrn Dr. Cretzschmar, der Vorlesungen darin hält, bedeutend gewonnen; auch sucht derselbe durch eigenen Fleiß und denjenigen seiner Schüler die Präparate zu ersetzen, die dasselbe in der letzten Zeit verloren hat. Mehrere gelungene Präparate eingespritzter Blutgefäße, Vogelskelette und andere Gegenstände der vergleichenden Anatomie, wohin vorzüglich einige sehr abweichende Teile des Testudo Midas gehören, können hierzu als überzeugende Beweise dienen.

Auch der botanische Garten hat im letzten Sommer sehr viel gewonnen. Eine nicht geringe Zahl Pflanzen wurden, ohne daß der Stiftungsfonds sie anschaffte, in das Treibhaus gebracht und mehrere in der „Wetterauer Flora" nicht aufgenommene, in hiesiger Gegend wildwachsende Pflanzen wurden im Garten angepflanzt. Man hat sich es nämlich zum Gesetze gemacht, bei der Beschränktheit des botanischen Gartens hauptsächlich auf offizinelle oder ökonomische Pflanzen oder auch auf solche Rücksicht zu nehmen, die als seltne Gewächse in unserer Gegend vorkommen, indem der geringe Raum des Lokals keine große Menge aufzunehmen gestattet. Der hiesige sehr unterrichtete Herr Apotheker Stein hat mehrere von der Stadt entfernte Exkursionen vorgenommen und mehrere seltne Gewächse, die er auf denselben fand, dem Garten geschenkt. Das Gewächshaus wurde mit mehreren seltnen ausländischen Pflanzen, wie mit Laurus Camphora, Epidendron Vanilla u. s. w., dotiert. Die Kürze der Zeit erlaubte nicht, den

5. beinahe steht vor noch neulich 1. 2. 7. Stifthaus 1. 2. — 11. Kretschmar 1. 2. — 17. Mydas 1. 2. Chelidonia oder Testudo Midas heißt die Riesenschildkröte. — 22. Die erste Ausgabe der „Ökonomisch-technologischen Flora der Wetterau" hatte Bernhard Meyer (vgl. unten S. 295) in Gemeinschaft mit G. Gärtner und Dr. J. Scherbius schon 1799 zu Frankfurt in vier Bänden herausgegeben. — 24. Zum Gesetze gemacht, da man Goethes früher ausgesprochenen Wunsch (S. 285, 287) nicht erfüllen mochte.

bisher in seiner Einrichtung vernachlässigten Garten in dem letzt verflossenen regnichten Sommer völlig in Ordnung zu bringen; jedoch ein Teil desselben wurde mit Beihülfe des sehr geschickten Botanikers Herrn Becker aus Offenbach, der aus Liebe zur Wissenschaft mitwirkte, in systematische Ordnung gebracht, und es ist nicht zu zweifeln, daß der ganze Garten im Laufe des künftigen Sommers dahin gebracht werden wird.

Die Bibliothek erhielt eine ansehnliche Zahl der besten alten medizinischen Werke, konnte aber mit den neueren nicht, wie es zu wünschen gewesen wäre, bereichert werden, aus der schon erwähnten Beschränktheit des Fonds. Sie ist bis zur Periode, in der Senckenberg starb, ziemlich vollständig, da er sie selbst anschaffte und sie der Stiftung überließ. Nachher wurden zwar mehrere Werke angeschafft, auch Herr Dr. Lehr vermehrte dieselbe durch seinen hinterlassenen Büchervorrat; in den letzten Jahren blieben aber manche Lücken der medizinischen Litteratur in derselben unausgefüllt.

Das unter dem Fürsten Primas zum Behufe der medizinischen Spezialschule aufgeführte chemische Laboratorium, das nun wieder städtisches Eigentum wurde, sowie der daran stoßende, auf dem ehemaligen Wall gelegene kleine Garten, wurde auf Ansuchen der Administratoren der Stiftung vom Senate unentgeltlich überlassen. Es ist sehr zu wünschen, daß auch hierin Senckenbergs Wille in Erfüllung gehen möchte, der die Wichtigkeit der Chemie zu würdigen wußte und sie in einem angewiesenen Lokal in dem Stiftshause betrieben wissen wollte, um so mehr da diese Wissenschaft in unseren Tagen beinahe alle anderen hinter sich läßt.

Die anfangende Baufälligkeit des Gewächshauses sowie nicht minder das Alter der übrigen Gebäude, der Mangel an so manchen unentbehrlichen Gegenständen sowohl wissenschaftlicher als anderer Art dürften bei der Lauigkeit, womit die Sachen des Stifts betrieben werden, die mit des seligen Stifters Wünschen so grell absticht, uns eine traurige Prognose stellen, und es wäre sehr zu

1 f. letztverfloßnen regnigen 1. — 4. Beckers 1 2 Es ist der später durch seine deutsche Grammatik und seine Erziehungsanstalt berühmt gewordene Arzt Karl Ferdinand Becker gemeint, der sich vor kurzem in Offenbach niedergelassen hatte, nachdem die Centralhospitalverwaltung für die verbündeten Heere, die er übernommen hatte, eingegangen war. Er hatte sich viel mit Naturwissenschaft beschäftigt, schon 1814 eine „theoretisch-praktische Anleitung zur künstlichen Erzeugung und Gewinnung des Salpeters" herausgegeben, da er mehrere Jahre Unterdirektor der Pulver- und Salpeterbereitung in Göttingen gewesen. — 11. Lehr fehlt hier schon in 1. Vgl. S. 286, 25ff. — 25. Stiftshause schon in 1. — 33. abstechen 1.

wünschen, daß die Kassen unserer reichen Mitbürger, wenn auch nur durch mäßige Beiträge, dem einbrechenden Verfall eines so nützlichen Instituts vorbauen möchten.

Für das Krankenhaus, dessen Fonds von demjenigen der Stiftung getrennt ist, ist bisher viel geschehen. Noch erst im verflossenen Jahre wurde eine bedeutende Summe zurückgelegt als Überschuß über die Ausgabe. So löblich diese Wohlthätigkeit der Frankfurter gegen das Krankenhaus sein mag, so ist es doch traurig, so wenig Sinn für die medizinische Wissenschaft und Kunst, die der Stifter so sehr beabsichtigte und deren Beförderung so heilsam in ihren Folgen ist, bei ihnen zu bemerken. Man würde unfehlbar im Geiste des Stifters mehr handeln, wenn das mit der Stiftung verschwisterte Krankenhaus von seinem Überfluß, der jährlich zunimmt, nur einen kleinen Teil abgäbe, wenigstens in zweifelhaften Fällen, die nicht selten vorkommen, nicht so drückend gegen dasselbe verführe. Man sollte bedenken, daß der größte Verlust für beide Institute in der Unterlassung des Guten bestehe, und daß keine angeschafften Kapitalien, so wichtig sie dem scheinen mögen, der sich von Jugend auf sie zu häufen gewöhnt hat, dasselbe nur im geringsten zu ersetzen imstande sind. Die Opfer, welche die Stiftung dem Institute bei seiner Entstehung brachte, diese allein sollten die Administratoren bewegen, die erstere zu unterstützen, mit deren Zusammensinken den Frankfurter Ärzten, die wie Handwerker für jeden einzelnen Gang belohnt werden, und die weder Auszeichnung noch sonstige Beförderung für das Gefahrvolle und Beschwerliche ihres Standes zu erwarten haben, jede Aufmunterung, mit der Zeit weiter zu kommen, benommen wird.

Herr Städel, ein Kunstfreund wie wenige, ist in seinem neunundachtzigsten Jahre verstorben. Sein eröffnetes Testament bestimmt Haus, Sammlungen und Vermögen, nach einem mäßigen Anschlag auf dreizehnmal hunderttausend Gulden geschätzt, einer Stiftung für bildende Kunst. Herr Dr. Grambs, ein einsichtiger Sammler und Kunstfreund, ist zum Vollstrecker dieses letzten Willens bestimmt.

---

1. Mitbürger. Goethe war damals noch Frankfurter Bürger. — 5. geschehn 1. 2. — 6. verfloßnen 1. — 13 Überfluß, die 1. — 27. wird — 1. Vor 28 Abteilungsstrich 1. 2. — 29. Verstorben, am 2. Dezember 1816.

Offenbach.

An diesem wohlgebauten und täglich zunehmenden heiteren Orte verdient die Sammlung ausgestopfter Vögel des Herrn Hofrat Meyer alle Aufmerksamkeit, indem dieser verdienstvolle Mann als Bewohner einer glücklichen Gegend sich zugleich als Jagdliebhaber und Naturforscher ausgebildet und eine vollständige Reihe inländischer Vögel aufgestellt hat. Er beschäftigt mehrere Künstler mit Abbildung dieser Geschöpfe, fördert und belebt dadurch einen in der Naturgeschichte sehr notwendigen Kunstzweig, die genaue Nachbildung organischer Wesen, unter welchen die mannigfaltige Gestalt der Vögel, die abweichende Bildung ihrer Körperteile, das leichte, zarte, buntfarbige Gefieder die feinste Unterscheidungsgabe des Künstlers und dessen größte Sorgfalt in Anspruch nimmt. Das von Herrn Meyer herausgegebene Werk hat die Verdienste dieses vorzüglichen Mannes längst dem Vaterlande bewährt, welcher sich durch die in diesem Jahre erschienene Beschreibung der Vögel Liv- und Esthlands abermals den Dank der Naturforscher erworben. Die von ihm sowohl in seinem Hause als außerhalb beschäftigten Künstler sind namentlich die Herren Gabler und Hergenröder. Die Schwester des Letzteren wird als Pflanzenzeichnerin gerühmt. Demoiselle Stricker in Frankfurt, welche gleichfalls ein schönes Talent hierin besitzt, kann sich nicht so viel damit beschäftigen, als zu wünschen wäre.

4. Der 1768 geborene Hanauer Bernhard Meyer war 1797 nach Offenbach gekommen, wo er von dem Besitzer Wunderli dessen auf dem Markte gelegene Apotheke erwarb. Seine Sammlung war im oberen Sälchen aufgestellt. Emil Pirazzi bemerkt: „Das Haus des geistreichen Epikureers war zugleich eine der gastlichsten Stätten des damaligen Offenbach und einer von Witz und Humor belebten Geselligkeit." Er überlebte Goethe länger als drei Jahre. — 11. Werk. In den Jahren 1804 und 1805 hatte er in Verbindung mit Dr. Johann Wolf in Nürnberg seine „Naturgeschichte der Vögel Deutschlands" herausgegeben. Ambrosius Gabler, der mit Matthias Hergenröder die meisten Bilder kolorierte, war zu diesem Zwecke fast zwei Jahre bei ihm in Offenbach. Das kostbare Werk, ein stattlicher Foliant (der deutsche und französische Text bildete einen besonderen Band), wurde nur in sechzehn Exemplaren herausgegeben. — 14 f. Die Verdienste dieses vorzüglichen Mannes. Seines botanischen Werkes (vgl. zu S. 292, 22) wird hier nicht gedacht. — 16. In diesem Jahre, 1815. — 17. Liv- 1. — 21. Stricker. Ihr Vater Heinrich Stricker hatte 1778 eine Frankfurterin geheiratet, war aber dann bis 1793 Lehrer am Gymnasium zu Weilburg gewesen.

Hanau.

Die neuere Zeit hat dieser Stadt einen vorteilhaften und bewährten Ruf in naturgeschichtlicher Hinsicht verschafft. Es fanden sich hier eifrige Forscher aus allen Zweigen der herrlichen Scienz durch einen seltenen günstigen Zufall vereinigt. So hatte Herr Dr. Gärtner, dieser achtungswerte Veteran unter Deutschlands Botanikern, durch die Teilnahme an der „Wetterauischen Flora" längst schon seinen Meisterbrief gelöst. Der geistvolle Leisler umfaßte die gesamte Zoologie, jedoch konzentrierte er sein Studium mehr auf die Vögel und Säugetiere. Chemie und Physik wurden von Herrn Hofrat Dr. Kopp, zumal in besonderer Anwendung auf das mineralogische Wissen, mit dem besten Erfolge getrieben. Der vorzugsweise als naturhistorischer Künstler sehr schätzbare Schaumburg, dessen Sammlung unter den deutschen Privatkabinetten sonder Zweifel die erste Stelle einnimmt, bot eine Fülle trefflicher Erfahrungen dar. Ebenso hatten sich in dem Herrn Geheime Rat Leonhard und dem nun verstorbenen Pfarrer Merz thätige Bearbeiter für Mineralogie gefunden. Das Publikum kennt das von beiden in Gemeinschaft mit Dr. Kopp herausgegebene größere tabellarische Werk. Geheime Rat Leonhard, der fortdauernd durch seine Zeitschrift wirkt, hat ferner eine „Topographische Mineralogie" verfaßt, und ehestens haben wir von ihm, Dr. Kopp und Gärtner dem Jüngeren, einem sehr verständigen Chemiker und Physiker, eine Einleitung und Vorbereitung zur Mineralogie mit vielen illuminierten und schwarzen Kupfern zu erwarten. Diese Propädeutik für die Naturgeschichte des unorganischen Reiches, die Frucht einer mehrjährigen mühevollen Arbeit, durch welche eine sehr wesentliche Lücke unserer Litteratur ausgefüllt wird, darf von

7 f. Wetterauischen. „Wetterauer Flora" nennt Goethe sie S. 292, 22. Gottfried Gärtner war Direktor der Wetterauischen Gesellschaft für Naturkunde. — 14. Johann Heinrich Schaumburg war Hofintendant gewesen. — 17. Geheimen 1. 2. — Leonhard, dem besonders Goethes Besuch vom 20. bis zum 21. Oktober 1814 galt. Vgl. S. 291, 21. — Pfarrer, zu Bruchköbel bei Hanau. — 20. Tabellarische Werk, „Propädeutik der Mineralogie". Vgl. S. 300, 2 f. — Geheimer Rat 2. — 21. Seine Zeitschrift, „Taschenbuch für die gesamte Mineralogie" seit 1807. — 21 f. Die „Topographische Mineralogie" war von 1805 bis 1809 in drei Bänden erschienen.

dem wissenschaftlichen Publikum mit gerechtem Vertrauen erwartet werden.

Unterdessen schien es den genannten Männern zweckmäßig, die Bemühungen der einzelnen auf einen Punkt zu leiten, um mit gemeinsamen Kräften weiter zu streben. Mitten in den Stürmen der Zeit, im ungeschlichteten Zwiste der Völker, 1808, wurde der Plan zu Begründung eines wissenschaftlichen naturhistorischen Vereines gefaßt. Die kleine Zahl der Verbundenen gab dem Ganzen Haltung und Wirklichkeit. Bald gesellten sich ihnen andere verdiente Männer aus nahen und fernen Gegenden bei, und so erweiterte sich dieser litterarische Bund weit über die Grenzen der heimatlichen Provinz nach allen Teilen des gelehrten Europa hinaus. Ein passendes Lokal, vom Gouvernement eingeräumt, bot zur Anlage eines Museums Gelegenheit. Von allen Seiten wurde die nützliche Anstalt durch Gaben bereichert. Indessen blieben die Mittel sehr beschränkt, bis der teilnehmende Karl von Dalberg 1811 aus seiner Schatulle eine nicht unbedeutende Rente bewilligte, in deren Genuß die Gesellschaft mehrere Jahre verblieb. Die Epidemie, Folge des französischen Rückzugs, raubte der geschlungenen Kette manche der wertvollsten Glieder. Dagegen lebt man nun der angenehmen Hoffnung, das jetzige Gouvernement werde das Institut seiner Aufmerksamkeit gleichmäßig wert achten, die Bestätigung des Lokals gewähren und so der löblichsten Anstalt, die sonst unfehlbar zerstieben würde, Grund und Dauer verleihen.

Es ist leicht zu erachten, daß bei dem regen Eifer der Hanauer Naturforscher auch mehrere wichtige Sammlungen hier zu finden sein müssen.

Das Museum der Wetterauischen Gesellschaft umfaßt alle Zweige dieses Wissens und war bisher in stetem Zunehmen; denn die meisten Mitglieder hatten nach der klüglichen Vorschrift der Gesetze die Wahl zu rechtfertigen gesucht, welche sie zu jener ehrenvollen Bestimmung rief. Im ganzen aber gewährt das Beschauen dieses Museums in seiner Allgemeinheit weniger Interesse als die einem jeden der hiesigen Gelehrten zugehörigen Privatsammlungen. Hier spricht sich das Individuelle mit mehr Lebendigkeit aus sowie der Eifer und die Sorgfalt, womit solch ein

16. Karl von Dalberg, seit 1813 außer Dienst gesetzter Großherzog von Frankfurt, Erzbischof von Regensburg. — 21. Das jetzige Gouvernement, die Regierung von Hessen-Kassel, zunächst der Provinz Hanau. — 31. Hier das deutsche Wort für Statuten.

Werk geschaffen wird, das nicht selten der Preis einer ganzen Lebenszeit ist.

Was die zoologischen Kabinette betrifft, so zeichnen sich darunter vorzüglich die Sammlung des verstorbenen Leisler und die Schaumburgische aus. Die letztere ist jedoch, seitdem der Besitzer den Ort seines Aufenthaltes mit Kassel vertauschte, nicht mehr anwesend, und auch die Leislerische wird, da die Erben solche zu veräußern entschlossen sind, nicht lange mehr in Hanau verbleiben.

Das Andenken des genannten vorzüglichen Mannes einigermaßen hier zu feiern, bemerken wir Folgendes. Er beschäftigte sich in früheren Jahren mit der Entomologie, späterhin aber widmete er sich mit ganzer Seele dem Studium der Säugetiere, Vögel und Fische; indessen blieb die Ornithologie für die längste Zeit der Gegenstand seiner Nachforschungen. Seine Verdienste um die Kenntnis vaterländischer Vögel nur im Vorbeigehen bemerkend, erwähnen wir, daß er die verschiedenen Farbenkleider der Vögel zu kennen und zu berichtigen bemüht war; denn die meisten Wasservögel mausen sich zweimal im Jahre, und so erscheint derselbe Vogel im Frühling und im Herbste, in der Jugend und im Alter in anderer Farbenhülle. Und so sammelte er mit regem Fleiß jede einzelne Art in den verschiedensten Farben und Übergängen. Da er nun selbst Jäger und ihm die Kunst, tierische Körper auszustopfen, vorzüglich bekannt war, so erhält seine Sammlung von mehreren Seiten große Vorzüge, so daß man ihr wenigstens in Deutschland, die Meyerische ausgenommen, keine andere an die Seite stellen kann.

In den letzten Jahren beschäftigte er sich mit dem Studium der Fledermäuse; da er aber, seinem trefflichen Gedächtnis vertrauend, nichts niederschrieb, so wären seine Erfahrungen für uns sämtlich verloren, wenn nicht ein junger Mann, der letzte von seinen Schülern, sich so viel davon zu eigen gemacht hätte, um eine Monographie dieser seltsamen Geschöpfe zu schreiben, welche nächstens erscheinen wird.

Die Fische sind alle vortrefflich ausgestopft und von seltener Größe. Die Reihenfolge aus den süßen Gewässern Deutschlands ist beinahe vollständig, und aus der See findet man viele Exemplare

5 f. Der Besitzer. Schaumburg war Hofintendant in Hanau gewesen. — 24. Man erwartete eher erhielt. — 26. Die Meyerische, in Offenbach.

von hoher Schönheit. Die Insektensammlung ist bedeutend. Von 1600 Nummern machen die Schmetterlinge die größte Hälfte aus.

Am Schlusse stehe die Bemerkung, daß Leisler, bevor er sich der Heilkunde widmete, die Rechte mit glücklichem Erfolg studierte und als philosophischer Schriftsteller durch Abfassung eines Naturrechts sich Beifall erwarb.

Dr. Gärtner, der eifrige und berühmte Pflanzenforscher, dem wir die Bildung mancher trefflichen Botanisten verdanken, hat sich durch die Mitteilung vieler schön getrockneten Pflanzenmuster kein geringes Verdienst um die Wissenschaft erworben. Nach der Herausgabe der bereits erwähnten „Wetterauischen Flora" betrieb er fortdauernd und mit unermüdetem Fleiße das Studium der vaterländischen Vegetabilien. Er entdeckte viele Phänogamen und mehr als 200 Kryptogamen, deren Beschreibung durch seine Meisterhand gewiß höchst wünschenswert ist. Sein Herbarium, vorzugsweise in kryptogamischer Hinsicht äußerst beträchtlich, ist auf das Zierlichste geordnet. In der neueren Zeit hat sich Gärtner auch mit allem Fleiße der vaterländischen Zoologie gewidmet. Seine Sammlungen von Säugetieren, Vögeln und Konchylien geben die Belege dazu. Obschon seine ausländischen Konchylien sehr zahlreich sind und unter der Menge Exemplare von großer Seltenheit bemerkt werden, so schätzt er dennoch seine in der Umgegend von Hanau gesammelten um vieles höher, indem dieser Zweig des naturgeschichtlichen Wissens zuerst durch ihn in der Wetterau kultiviert wurde. Er verbreitete jene einheimischen Produkte im Kreise seiner Freunde und regte auf diese Art ein Studium von neuem an, das in Deutschland fast ganz vernachlässigt schien. In früheren Jahren beschäftigte sich Gärtner auch mit Chemie, Physik und Mineralogie, so daß er den Namen eines Naturforschers im umfassendsten Sinne des Wortes verdient. Bei dem Sammeln und Ordnen des Wetterauischen Museums und bei der Redaktion der von diesem naturhistorischen Verein herausgegebenen Annalen wirkte er auf das Eifrigste. Zu bedauern ist, daß sein Alter und eine durch große Anstrengung geschwächte Gesundheit ihm in diesem Augenblicke keine große Thätigkeit vergönnen.

Das Mineralienkabinett des Geheime Rat Leonhard, über 7000 Exemplare stark, sondert sich in eine oryktognostische und

13. **Phänogamen**, für das gangbarere **Phanerogamen**. — 36. **Geheimen** 1. 2. — **Rats** 2.

in eine geognostische Hälfte. Die oryktognostische Sammlung findet sich nach der in der systematisch-tabellarischen Übersicht und Charakteristik der Mineralkörper angenommenen Klassifikationsweise geordnet, wobei jedoch die durch das Fortschreiten der Scienz notwendig gewordenen Veränderungen nicht unbeachtet blieben. Erfreulich ist das Methodische, welches sich in Anordnung und Aufstellung ausspricht. Bei allen Exemplaren ist das Charakteristische und die Frischheit berücksichtigt, und ein hoher Grad von Gleichmäßigkeit des Formats gewährt viel Gefälliges. Nächstdem ist diese Sammlung um der hohen Vollständigkeit willen bemerkenswert. Man vermißt darin fast keine der neuesten Entdeckungen, und die Suiten, welche sie von sehr vielen Gattungen aufbewahrt, machen ihr Studium für die Verhältnisse des Vorkommens der Fossilien wichtig und belehrend: eine bisher viel zu sehr vernachlässigte und nun wieder hervorgeforderte Rücksicht.

Geheime Rat Leonhard hat sich durch die Stiftung eines mineralogisch-merkantilischen Instituts Ansprüche auf den Dank des Publikums erworben. Es ist diese Anstalt förderlich für die Wissenschaft, indem sie die Mittel darbietet, um gegen Tausch oder billige Zahlung Fossilien aus allen Gegenden und Ländern, einzeln oder zu systematischen Ganzen geordnet, zu erhalten. Gedoppeltes Vertrauen gebührt diesem Unternehmen darum, weil es nicht von Gewinnsucht, sondern ausschließlich von der Liebe zur Wissenschaft geleitet wird.

Unter den Bildungsanstalten zur Kunst verdient die Zeichenschule eine sehr ehrenvolle Erwähnung. Herr Hofrat Westermayr, welcher diesem Institute, das vom Staate eine nur mäßige Unterstützung erhält, als erster Lehrer und Direktor vorsteht, hat um dasselbe sehr wesentliche Verdienste. Seit seiner Wiederkehr von Weimar ist der Sinn für die Kunst bedeutend geweckt worden, und man bemerkt mit Vergnügen, daß mancher der vermögenden Einwohner kleine Bildersammlungen anzulegen beginnt. In der Zeichenschule finden gegenwärtig 250 bis 300 Zöglinge Belehrung. Das Institut besitzt Fonds, Früchte des Erwerbs der Lehrer,

9. gewähret 1. 2. — 16. Geheimer 2. — 26 f. Hofrat (Weimarischer) Westermayr, aus Hanau. Im Jahre 1791 war dieser nach Weimar gekommen, wo er den Unterricht von Lips im Kupferstechen genoß, selbst Zeichenunterricht gab und für das Industriecomptoir arbeitete. 1795 ging er nach Dresden, kehrte aber 1797 nach Weimar zurück. Von dort folgte er im Jahre 1806 einem Rufe nach Hanau. 1807 heiratete er die in ihrer Vaterstadt Weimar gebildete, damals 35 Jahre alte Künstlerin Christiane Henriette Dorothea Stötzer, die sich im Zeichnen, Radieren, Malen und Sticken auszeichnete.

welche sehr nützlich zur Anschaffung von Gemälden und anderen Kunstgegenständen verwendet werden könnten.

Auch die würdige Gattin des Hofrats Westermayr wirkt thätig für das Beste der Anstalt. Außer dieser Künstlerin verdienen unter den hiesigen Malern die Namen Tischbein, Carteret, Berneaud, Franz Nickel und Deiker genannt zu werden, den genialen Krafft und den durch tiefes Studium gebildeten Bury nicht zu vergessen, die auch in der Ferne ihrer Vaterstadt Ehre machen.

Mit der Emaillemalerei beschäftigen sich vorzüglich Carteret und Berneaud, und beide haben auf den Künstlernamen die gerechtesten Ansprüche. Außer ihnen zeichnet sich auch Franz Nickel, ein geborner Hanauer, der viele Jahre in Madrid verlebt und daselbst bei der Akademie das Amt eines Adjunkten versehen, sehr vorteilhaft in jenem Zweige der Malerei aus.

Unter den hiesigen Gemäldesammlungen gebührt der des Kaufmanns Herrn W. Leisler, jüngeren Bruder des Naturforschers, der Vorzug.

Die hiesigen Bijouteriefabriken sind ganz besonders merkwürdig. Sie bestehen seit dem Jahre 1670 und sind als die Pflanzschule ähnlicher Anstalten in mehreren europäischen und deutschen Hauptstädten anzusehen, die indessen ohne Ausnahme das Vorbild nicht erreichten. Die Hanauer Arbeiter genießen eines sehr vorteilhaften Rufes; überall werden sie gesucht. Die jetzigen bedeutendsten Chefs, Gebrüder Toussaint, Souchai und Collin, Bury, Müller und Jünger, erhalten die Fabriken nicht nur in ihrem Rufe, sondern sind zugleich bemüht, solche mit jedem Tage zu vervollkommnen, und so läßt sich mit Wahrheit behaupten,

5. Tischbein, Heinrich Wilhelm, eines der jüngsten Mitglieder dieser zahlreichen Malerfamilie, der weniger bedeutend war, weshalb auch hier nichts weiter von ihm bemerkt wird. — 6. Deikert 1. 2. — 7. Kraft 1. — Peter Krafft war Professor an der Akademie zu Wien. — Dieses Studinm 2. — Buri 1. 2. — Friedrich Bury, Goethes vertrauter junger Freund, sein „zweiter Fritz“ in Rom, der diesen im Jahre 18[illegible]0 in Weimar zweimal malte. Im Juli 1808 sah ihn Goethe in Karlsbad in Begleitung der nach Italien reisenden Erbprinzessin von Hessen-Kassel. Meyer gedenkt seiner auch in dem 1817 in „Kunst und Altertum“ 1, 2 erschienenen, von Goethe beeinflußten Aufsatze „Neudeutsche religiös-patriotische Kunst“, ohne seinen damaligen Aufenthalt zu kennen. — 10. Emailmalerei 1. 2. 19. Die hiesigen Bijouteriefabriken. In „Wahrheit und Dichtung“ berichtet Goethe, daß sein Vater mit den Hanauer Goldarbeitern in Verbindung gestanden, auch seine Seidenwürmer von dort bezogen habe. — 20. Seit dem Jahre 1670. Schon 1597 hatten die betriebsamen niederländischen Protestanten, welche der Graf von Hanau freundlich aufgenommen, hier die Neustadt zu erbauen begonnen. Später kamen auch viele durch die Aufhebung des Ediktes von Nantes aus Frankreich vertriebene Protestanten, die ihre Kirche unmittelbar neben die niederländische bauten. — 26. Buri 1. 2, Isak Bury.

daß Hanau Arbeiten liefert, die man weder in Paris noch in London zu fertigen weiß, ja die nicht selten jene des industriösen Genf übertreffen. Dabei ist noch besonders das Umfassende der Ateliers genannter Goldarbeiter von dem Rohen des Materials bis zur vollendeten Ware in der größten Mannigfaltigkeit zu bemerken.

Die Teppichfabrik von Herrn J. D. Leisler und Comp. verdient um deswillen besondere Aufmerksamkeit, weil in derselben die unter dem Namen „gezogene Wiltonteppiche" bekannte Ware in ihrer größten Vollkommenheit bereitet wird. Man findet nicht allein eine umfassende Auswahl geschmackvoller Dessins in den schönsten und lebhaftesten Farben, sondern es kann auch jede besondere Zeichnung gefertigt werden. Außerdem liefert diese Fabrik nichtgeschorne und hochgeschorne Teppiche auf Sammetart, Venezianische und Schottländische Teppiche u. s. w. Die früherhin stattgehabte Vereinigung von Holland mit Frankreich war dem Absatz sehr nachteilig, und die deutschen Höfe waren es fast allein, welche während dieser Frist der Fabrik Beschäftigung darboten.

Auch die Fabrik der seidenen Tapeten verdient Erwähnung, indem sie in früheren Zeiten die meisten deutschen Höfe mit den geschmackvollsten Ameublements versah. In der stürmischen Periode der letzten zehn Jahre aber fanden es die Unternehmer, die Brüder Blachierre, für ratsamer, nur solche Waren bereiten zu lassen, die allen Klassen dienen. So sind überhaupt die Wollen- und Seidenfabriken in Hanau, welche dem Kunstsinn weniger als dem allgemeinen Bedürfnis entsprechen, von entschiedenem Nutzen auf Volksmenge und Exportation gewesen, und jetzt vermag man die Hoffnung zu fassen, daß der offene Seehandel auch dieser Fabrikstadt einen Teil ihres vormaligen Flores wieder verschaffen werde.

---

16. Von Holland, das von den Franzosen 1795 zu einer Batavischen Republik gemacht und genötigt worden, sich auf ewig mit der Republik zu verbinden. Im Jahre 1810 sprach ein kaiserliches Dekret die völlige Vereinigung Hollands mit dem Kaiserreiche aus. — 30. Durch Versehen hat die Redaktion unterlassen, den Nachtrag zu dem Bericht über Hanau aus „Kunst und Altertum" I, 2 aufzunehmen. Dieser lautet:

„Hanau.

Von dort wissen wir so viel zu melden, daß zwar Herr Geheimerat von Leonhard nach München gezogen, von wo er uns mit einer vortrefflichen akademischen Rede, Über Bedeutung und Stand der Mineralogie beschenkt hat, dagegen aber die Gesellschaft Wetterauischer Naturfreunde von landesherrlicher Seite bestätigt und ihnen die geräumigen Zimmer in dem Schlosse gesichert worden (Druckfehler werden). Ferner ist die dortige schon längstens thätige Anstalt für Kunstbildung zur Akademie erhoben und Herr Hofrat Westermayr [gedruckt ist hier Westermeyer] zum Direktor derselben bestellt worden."

Aschaffenburg.

Auch hier befinden sich altdeutsche Gemälde aus aufgehobenen Klöstern, von Grünewald und anderen, vielleicht auch von Dürer, und sonst noch wenige, aber schätzenswerte Kunstwerke. Sollte von den fast bis zur Beschwerlichkeit zahlreichen Schätzen der Hauptstadt einiges hierher gebracht und eine Sammlung zu Genuß und Unterricht aufgestellt werden, so erhielte dieser wohlgelegene Ort wenigstens einigen Ersatz für das, was er durch die Entfernung des Hofes verlor. Mancher Fremde würde hier gern verweilen.

Jetzt, da die in Paris aufgehäuften Schätze wieder das Freie suchen und, über Europa ausgesät, einzeln aufregen und nutzen, so wär' es groß, wenn die höchsten deutschen Regierungen sich beeiferten, dasjenige mit Überzeugung und Willen zu thun, was die überwundene Nation sich widerwillig muß gefallen lassen: wir meinen, den Überfluß der Residenzen in die Provinzstädte zu verteilen. Nur kleinere Staaten thun wohl, ihre mäßigen Schätze beisammen aufzubewahren, große können ihren Kunstreichtum nicht weit genug umherstreuen. Dadurch werden nicht allein Künstler, sondern auch Liebhaber hervorgerufen, und je häufiger diese sind, desto mehr ist für jene gesorgt.

Ungern halten wir den Fuß an, um uns nicht allzuweit in die Betrachtung des reichen Ostens zu verlieren, und kehren an die Stelle zurück, wo der Main sich dem Rheine nähert.

1. Aschaffenburg. Goethe hatte Aschaffenburg nicht besucht, was er ausdrücklich in der Ankündigung unseres Reiseberichtes (oben Einleitung S. XIX) hervorhob, weshalb er nur weniges, was er von Boisserée im allgemeinen vernommen, anführen konnte. — 3. Grünwald 1. 2. Matthias Grünewald war ein Nebenbuhler Dürers. Ein Bild von ihm (Albrecht von Brandenburg mit seiner Geliebten) und mehrere von seinen Schülern fanden sich in der Sammlung des Schlosses. — 9. Des Hofes. Aschaffenburg war der Sommeraufenthalt des Kurfürsten von Mainz, später des Fürsten Primas gewesen. — 12. ausgesäet 2. — 23. Osten 1. 2.

Darmstadt.

Das hiesige großherzogliche Museum wird wohl immer unter den Anstalten dieser Gegenden zu den vorzüglichsten gezählt werden, und dessen musterhafte Einrichtung wird allen ähnlichen Unternehmungen billig zur Richtschnur dienen. In dem geräumigsten Lokal sind die mannigfaltigsten Gegenstände ohne Prunk, aber mit Ordnung, Würde und Reinlichkeit aufgestellt, so daß man durchaus mit Bewunderung im Genusse belehrt wird.

Die herrlichsten Statuen in vortrefflichen Gipsabgüssen verdienen wohl zuerst genannt zu werden, an die sich zahlreiche Büsten, Körperteile, Basreliefe anschließen, alles in anständigen Räumen, der Betrachtung sowie den Studien gleich günstig. Die Nachbildungen in Kork von allen bedeutenden römischen, ja italienischen Monumenten, wozu sich ältere deutsche gesellen, geben dem Baukünstler zu den bedeutendsten Vergleichungen Anlaß. Eine zahlreiche Gemäldesammlung, in welcher jeder Liebhaber sich nach seinem besonderen Interesse an älteren und neueren Meistern geschichtlich unterrichten oder gemütlich ergötzen kann, ist durch mehrere Zimmer verbreitet.

Sucht man nun vergebens von den übrigen Schätzen einige Notiz zu liefern, so muß man wünschen, daß ein Katalog, wenn auch nur das allgemeinste andeutend, dem Reisenden bald in die Hände gereicht werde; denn wie soll man sich sonst aus dem unendlichen, obgleich vortrefflich geordneten und zusammengestellten Reichtum herausfinden? Man sagt nicht zu viel, wenn man behauptet, daß Musterstücke der Kunst und Merkwürdigkeiten aller Jahrhunderte und Gegenden, welche uns betrachtungswürdig überliefert worden, hier anzutreffen sind. Vasen und Urnen aller Art, Trink- und Scherzgefäße, Bronzen aller Jahrhunderte, worunter man die köstlichsten Kandelaber und mehrdochtige eherne Lampen bewundert, Reliquienkästchen der ältesten byzantinischen Zeit von Erz und Schmelz, elfenbeinerne etwas später, Kirchengeräte jeder

26. Meisterstücke 2, aber Musterstücke steht auch in der Ankündigung des Heftes (oben Einleitung S. XIX). — 28. werden 1. 2.

Art, unschätzbare Handzeichnungen der größten Meister, so gut ältere als neuere chinesische und japanische Arbeiten, Glasgeschirre, durch Materie, Form und Schleifkunst kostbar. Und so müßte man fortfahren, ein allgemeines Bild einer musterhaften Kunstsammlung aufzustellen, und man würde dennoch das Ganze nicht ergründen.

So finden sich z. B. eine große Anzahl altdeutscher Kirchengemälde, welche, restauriert und aufgefrischt, einer Scheinkapelle zur vorzüglichsten Zierde dienen würden.

Was jedoch beinahe noch mehr als die Schätze selbst den Beschauer anspricht, ist die Lebendigkeit, welche man dieser Sammlung als einer sich immer fortbildenden anmerkt. Alle Fächer sind in Bewegung; überall schließt sich etwas Neues an; überall fügt sich's klarer und besser, so daß man von Jahr zu Jahr den schaffenden und ordnenden Geist mehr zu bewundern hat. Selbst wenn man in Bezug auf Köln die Sammlung des Herrn von Hüpsch dem Darmstädtischen Museum mißgönnte, so freut man sich hier des glücklichen Geschicks, welches diesem Chaos zuteil ward, entwickelt, gesondert und einer schon lebendig geordneten Welt einverleibt zu werden.

Eine naturhistorische Sammlung von gleichem Reichtum und Vollständigkeit steht dieser Kunstsammlung zur Seite. In hellen Galerieen aufgeordnet, finden sich die drei Reiche der Natur, an welchen immer durch thätige Männer Reinlichkeit erhalten, das Erfreuliche für den Beschauer vermehrt und die Ordnung für den Wissenden und Wißbegierigen immer klärer eingerichtet wird. Wenn auch hievon nur im allgemeinen die Rede sein kann, so darf man wenigstens insbesondere der Sammlung gedenken, welche, der vergleichenden Anatomie gewidmet, jene merkwürdigen Fossilien, Reste der gigantischen Tiere aus der Urzeit, wie sie in dem weiten Rheinthale so oft ausgegraben werden, geordnet und erhalten vor Augen stellt. Rührend war es dem Beschauer, viele Stücke hier zu finden, welche, von dem verblichenen Jugendfreunde Merck mit Liebe und Leidenschaft gesammelt, nun durch landesherrliche Neigung und durch Sorgfalt eines nachfolgenden Naturforschers hier gerettet und gesichert lagen.

7. Einer Scheinkapelle, wie er sie in Köln und Bonn gesehen hatte. — 16. Hüpsch 1. 2. Vgl. S. 213, 19ff. — 32. Merk 1. 2. Die Sammlungen Mercks fallen in die achtziger Jahre. Nach dessen unglücklichem Tode (am 27. Juni 1791) kaufte Landgraf Ludwig X., der spätere Großherzog, Mercks osteologische Sammlung auf Betreiben seines dem Verstorbenen befreundeten Kabinettssekretärs Schleiermacher für das Museum.

Auch fand man jenen Wunsch schon erfüllt, daß nämlich seltene Naturgegenstände, die man schwerlich je mit Augen sehen wird, neben anderen wirklichen Seltenheiten aufgestellt würden. Das ungeheure Geweih, wie man sie in Irland ausgräbt, ward zu Bewunderung des Anschauenden versuchsweis auf eine Papierfläche gemalt. Möge der gefaßte Vorsatz, diesen Gegenstand und ähnliche auf den großen Räumen über den Schränken abbilden zu lassen, baldigst erfüllt werden!

Eine höchst reiche, ebenso würdig als reinlich aufgestellte Bibliothek setzt den Reisenden alsdann in Verwunderung und erregt in ihm den Wunsch, längere Zeit von diesen Schätzen Gebrauch machen zu können. Wie er denn auch, wenn er völlig fremd und mit hiesigen Verhältnissen ganz unbekannt wäre, notwendig auf den Geist, der einem solchen großen Körper Leben giebt und erhält, aufmerksam werden müßte. Ihm könnte nicht einen Augenblick verborgen bleiben, daß die Neigung des Fürsten zu solchen Unterhaltungen groß und entschieden sein müsse, daß er einem einsichtigen Manne, welcher planmäßig und thätig hierin ungestört wirken kann, das volle Vertrauen schenkte; woraus denn wieder folgt, daß dem Vorgesetzten nur solche Mitarbeiter zu- und untergeordnet werden, welche in gleichem Sinne, mit gleichem Schritt, ohne Pause und Übereilung in *einer* Richtung fortarbeiten. Freilich wird alsdann eine solche vortreffliche Einrichtung nicht als ein Wunder erscheinen, aber doch auf unserem Weltboden, wo Trennung, Unordnung und Willkür so sehr begünstigt ist, möchte sie noch immer wunderbar bleiben. Erfreulich wird es alsdann jedem sein, zu sehen, daß Ihro königliche Hoheit der Großherzog so lange Jahre unter den ungünstigsten Umständen solche schöne Neigung ununterbrochen gehegt, daß Herr Geh. Kabinettsrat Schleiermacher das höchste Vertrauen in solchem Grade zu verdienen und sich zu erhalten gewußt und unter seiner Leitung seine Herren Söhne den Kunstsammlungen und der Bibliothek vorstehen, ja einen physikalischen Apparat durch Vorlesungen nutzbar machen, daß Herr Münzmeister Fehr den mineralogischen und geologischen Teil,

1. *Jenen*, S. 245, 14 f. schon geäußerten. Ähnlich steht *jener Trieb* S. 310, 8. — 5. *versuchsweise* 1. 2. — 16. *Des Fürsten*, des 1790 zur Regierung gelangten Landgrafen, seit 1806 Großherzogs Ludwig I., des Schwagers von Karl August. Goethe hatte 1776 dessen vertraute Bekanntschaft gemacht. — 28. *Den ungünstigsten Umständen.* Sein Vater, der die Regierung fortführte, wohnte im fernen Pirmasens, und kaum war der Sohn ihm gefolgt, als die politischen Zustände die größte Verwirrung in Deutschland hervorriefen.

nicht weniger die Konchyliensammlung, sowie Herr Oberforstrat Bekker das übrige Tierreich besorgt. Findet man nun beim Durchschauen der vielen Säle alles wie aus einem Gusse, bemerkt man, daß in Jahresfrist alles planmäßig zugenommen, so wird man wohl den Wunsch hegen, daß jeder Konservator diese Sammlung von der artistischen, antiquarischen, naturwissenschaftlichen, litterarischen, am meisten aber von der ethischen Seite studieren und zum Vorbilde nehmen möchte.

Daß es auch an thätigen Künstlern nicht fehle, ist bei solchen Begünstigungen wohl zu erwarten. Herr Oberbaurat Moller findet in einer Residenz, deren Straßen sich täglich mehr ausdehnen, wo Privatgebäude aufgeführt, öffentliche projektiert werden, für sein architektonisches Talent erwünschte Gelegenheit. Ferner hat er sich seit mehreren Jahren auch mit Abbildung altdeutscher Bauwerke beschäftigt, und das Boisseréesche Domwerk wird von seinem Fleiß und Genauigkeit sowie von seinem Geschmack das unzweideutigste Zeugnis ablegen. Der neuentdeckte Originalriß des Kölner Doms ist in seinen Händen, und ein Faksimile desselben wird im Gefolge des Boisseréeschen Werks von ihm herausgegeben; und so wird ihm denn auch die Geschichte der deutschen Baukunst die schönsten Beiträge verdanken, indem er die alten Gebäude seines Bezirks, in Mainz, Oppenheim, Worms, Speier, Frankfurt u. s. w., zu zeichnen und in Kupfer stechen zu lassen beschäftigt ist.

Herr Primavesi, rühmlich bekannt durch eigenhändig radierte landschaftliche Darstellungen, arbeitet fleißig immer fort. Er hat die mühsame Arbeit unternommen, die Rheingegenden von den beiden Quellen herab nach der Natur zu zeichnen. Das daraus entstehende Werk wird heftweis nebst einer kurzen Beschreibung herauskommen, und so werden auch auf diesem Wege die an den deutschen Hauptfluß grenzenden Merkwürdigkeiten künstlerisch in Verbindung gebracht.

---

2. Becker 1. 2. — 4. In Jahresfrist. Goethe war am 9. und 10. Oktober 1814 und am 20. und 21. September 1815 in Darmstadt gewesen. — 7. Seite fehlt 1. 2. — 10. Moller Vgl. S. 218, 11. — 11. Deren Straßen. Der Großherzog, dem Darmstadt seine Blüte verdankt, hatte die Neustadt angelegt. — 23. Beschäftigt ist. Seine „Denkmäler deutscher Kunst" erschienen seit 1815. — 24 rühmlichst 2. — 27 f. Das daraus entstehende Werk. Das erste Heft desselben „Der Rheinlauf. Von dessen verschiedenen Quellen bis zur Vereinigung des Vorder- und Hinterrheins bei Reichenau u. s. w. von G. Primavesi. Mit 8 radierten Prospekten, 2 Karten und kurzen auf eigene Blätter gedruckten Erklärungen in deutscher und französischer Sprache" (Frankfurt bei Wilmans) wurde 1818 in „Kunst und Altertum" (II, 1) möglichst günstig angezeigt. — 28. heftweise 1. 2.

Heidelberg.

Diese Stadt, von so mancher Seite merkwürdig, beschäftigt und unterhält den Besuchenden auf mehr als eine Weise. Der Weg jedoch, welchen wir zu unseren Zwecken eingeschlagen haben, führt uns zuerst in die Sammlung alter Gemälde, welche, vom Niederrhein heraufgebracht, seit einigen Jahren als besondere Zierde des Ortes, ja der Gegend angesehen werden kann.

Indem ich nun die Boisseréesche Sammlung nach einer jährigen Pause zum zweitenmal betrachte, in ihren Sinn und Absicht tiefer eindringe, auch nicht abgeneigt bin, darüber ein Wort öffentlich auszusprechen, so begegnen mir alle vorgefühlten Schwierigkeiten: denn weil aller Vorzug der bildenden Kunst darin besteht, daß man ihre Darstellungen mit Worten zwar andeuten, aber nicht ausdrücken kann, so weiß der Einsichtige, daß er in solchem Falle ein Unmögliches übernähme, wenn er sich nicht zu seiner Bahn selbst Maß und Ziel setzen wollte. Da erkennt er denn, daß auf historischem Wege hier das Reinste und Nützlichste zu wirken ist; er wird den Vorsatz fassen, eine so wohl versehene und wohl geordnete Sammlung dadurch zu ehren, daß er nicht sowohl von den Bildern selbst als von ihrem Bezug unter einander Rechenschaft zu geben trachtet; er wird sich vor Vergleichungen nach außen im einzelnen hüten, ob er gleich die Kunstepoche, von welcher hier die Rede ist, aus entfernten, durch Zeit und Ort geschiedenen Kunstthätigkeiten ableiten muß. Und so wird er den kostbaren

4. Zu unseren Zwecken, der vorhandenen Anstalten für Kunst und Wissenschaft zu gedenken und für deren Förderung zu wirken. — 9. Zum zweitenmal. Am 21. September 1815 war er mit Boisserée nach Heidelberg gekommen, am 7. Oktober nach Weimar zurückgekehrt. Der erste Besuch fiel in die Tage vom 24. September bis zum 9. Oktober 1814. — 10 f. Ein Wort öffentlich auszusprechen, was er schon im Jahre 1814 den Besitzern der Sammlung versprochen hatte. Sulpiz selbst hatte ihm dazu einige Angaben gemacht. — 14. ausdrucken 1.

Werken, mit denen wir uns gegenwärtig beschäftigen, an ihrem Platz vollkommnes Recht widerfahren lassen und sie dergestalt behandeln, daß ihnen der gründliche Geschichtskenner gern ihre Stelle in dem großen Kreise der allgemeinen Kunstwelt anweisen mag.

Als Einleitung hiezu und damit das Besondere dieser Sammlung deutlicher hervortrete, ist vor allen Dingen ihre Entstehung zu bedenken. Die Gebrüder Boisserée, welche solche in Gesellschaft mit Bertram gegenwärtig besitzen und den Genuß derselben mit Kunstfreunden auf das Offenste teilen, waren früher dem Kaufmannstande geweiht und hatten auf diesen Zweck ihre Studien sowohl zu Hause als auswärts in großen Handelsstädten gerichtet. Indessen suchten sie zugleich einen Trieb nach höherer Bildung zu befriedigen, wozu sie schöne Gelegenheit fanden, als auf die Kölner neuerrichtete Schule vorzügliche deutsche Männer zu Lehrern berufen wurden. Dadurch gewannen sie eine jenen Gegenden seltenere Ausbildung. Und obgleich ihnen, die sich von Jugend auf von alten und neuen Kunstwerken umgeben gesehen, Freude daran und Liebe derselben angeboren und anerzogen sein mußte, so war es doch eigentlich ein Zufall, der die Neigung, dergleichen zu besitzen, erweckte und zu dem lobenswürdigsten Unternehmen den Anlaß gab.

Man erinnere sich jenes Jünglings, der am Strande des Meeres einen Ruderpflock fand und, durch das Wohlgefallen an diesem einfachen Werkzeug bewogen, sich ein Ruder, darauf einen Kahn, hiezu Mast und Segel anschaffte und, sich erst an Uferfahrten vorübend, zuletzt mutig in die See stach und mit immer vergrößertem Fahrzeug endlich zu einem reichen und glücklichen Kauffahrer gedieh. Diesem gleich erhandelten unsere Jünglinge zufällig eines der auf den Trödel gesprengten Kirchenbilder um den geringsten Preis, bald mehrere; und indem sie durch Besitz

7. Die Gebrüder Boisserée. Vgl. S. 241, 5. 248, 1. — 11. Zu Hause. Daß sie Kölner seien, wird hier als bekannt vorausgesetzt. — In großen Handelsstädten. Sulpiz Boisserée hatte Hamburg besucht, war aber auch in Jena gewesen. Goethes Bezeichnung der von ihnen genossenen Bildung ist ungenau, zum Teil unrichtig. — 13 f. Die Kölner neuerrichtete Schule. Vgl. S. 253, 1 f. Goethe hat hierbei die Sekundärschule im Sinne, aber Sulpiz hatte Fr. Schlegel schon in Paris kennen gelernt und ihn veranlaßt, mit ihm nach Köln zu gehen. Absichtlich wird der Einfluß des Goethe feindlichen nazarenischen Schlegel nicht erwähnt, dessen Schüler die beiden Brüder und Bertram gewesen. — 15. Weniger auffallend wäre in jenen Gegenden. — 22. Man erinnere sich. Die hier als Gleichnis benutzte Geschichte findet sich ähnlich in den „Wanderjahren" II, 12. — 29. Auf den Trödel gesprengten. Es fand sich bei einem der Althändler in der auf dem Büchel genannten Straße. — 30. Bald mehrere, worüber die Nachbarn spotteten und die alte Großmutter sich entsetzte, als sie ins Haus gebracht wurden.

und Wiederherstellung immer tiefer in den Wert solcher Arbeiten eindrangen, verwandelte sich die Neigung in Leidenschaft, welche sich mit wachsender Kenntnis im Besitz guter und vortrefflicher Dinge immer vermehrte, so daß es ihnen keine Aufopferung schien, wenn sie durch kostspielige Reisen, neue Anschaffungen und sonstiges Unternehmen einen Teil ihres Vermögens sowie ihre ganze Zeit auf die Ausführung des einmal gefaßten Vorsatzes verwendeten.

Jener Trieb, die alten deutschen Baudenkmale aus der Vergessenheit zu ziehen, die besseren in ihrer Reinheit darzustellen und dadurch ein Urteil über die Verschlimmerung dieser Bauart festzusetzen, wurde gleichermaßen belebt. Ein Bemühen schritt neben dem anderen fort, und sie sind nun imstande, ein in Deutschland ungewöhnliches Prachtwerk herauszugeben und eine aus 200 Bildern bestehende Sammlung vorzuweisen, die an Seltenheit, Reinheit, glücklicher Erhaltung und Wiederherstellung, besonders aber an reiner geschichtlicher Folge ihresgleichen schwerlich haben möchte.

Um nun aber, so viel als es mit Worten geschehen kann, hierüber verständlich zu werden, müssen wir in ältere Zeiten zurückgehen, gleichwie derjenige, der einen Stammbaum ausarbeiten soll, so weit als möglich von den Zweigen zur Wurzel dringen muß; wobei wir jedoch immer voraussetzen, daß dem Leser diese Sammlung entweder wirklich oder in Gedanken gegenwärtig sei, nicht weniger daß er sonstige Kunstwerke, deren wir erwähnen, gleichfalls kenne und mit nüchternem Sinn sich ernstlich mit uns unterrichten wolle.

Durch militärisches und politisches Unheil war das römische Reich auf einen Grad von Verwirrung und Erniedrigung gesunken, daß gute Anstalten jeder Art und also auch die Kunstfertigkeit von der Erde verschwanden. Die noch vor wenigen Jahrhunderten so hoch stehende Kunst hatte sich in dem wilden Kriegs- und Heereswesen völlig verloren, wie uns die Münzen dieser so sehr erniedrigten Zeiten den deutlichsten Beweis geben, wo eine Unzahl Kaiser und Kaiserlinge sich nicht entehrt fanden, in der fratzenhaftesten Gestalt auf den schlechtesten Kupferpfennigen zu erscheinen und ihren Soldaten statt ehrenvollen Soldes ein bettelhaftes Almosen kümmerlich zu spenden.

8. Jener, oben erwähnte. Vgl. S. 247, 23—26. — 11f. neben den 1.2. — Vor 25 Abteilungsstrich 1, Zwischensternchen 2. — 32. Kaiser und Kaiserlinge, in der Zeit der sogenannten dreißig Tyrannen. Der schlechten Münzen unter Valerian wird Bd. IV, S. 233 gedacht. — 31f. Ein bettelhaftes Almosen. Dabei wird übersehen, daß die Münzen als vollwertig galten.

Der christlichen Kirche dagegen sind wir die Erhaltung der Kunst, und wär' es auch nur als Funken unter der Asche, schuldig. Denn obgleich die neue innerliche, sittlich-sanftmütige Lehre jene äußere, kräftig sinnliche Kunst ablehnen und ihre Werke wo nicht zerstören, doch entfernen mußte, so lag doch in dem Geschichtlichen der Religion ein so vielfacher, ja unendlicher Same als in keiner anderen, und daß dieser selbst ohne Wollen und Zuthun der neuen Bekenner aufgehen würde, lag in der Natur.

Die neue Religion bekannte einen obersten Gott, nicht so königlich gedacht wie Zeus, aber menschlicher; denn er ist Vater eines geheimnisvollen Sohnes, der die sittlichen Eigenschaften der Gottheit auf Erden darstellen sollte. Zu beiden gesellte sich eine flatternde unschuldige Taube als eine gestaltete und gefühlte Flamme und bildete ein wundersames Kleeblatt, wo umher ein seliges Geisterchor in unzähligen Abstufungen sich versammelte. Die Mutter jenes Sohnes konnte als die reinste der Frauen verehrt werden; denn schon im heidnischen Altertum war Jungfräulichkeit und Mutterschaft verbunden denkbar. Zu ihr tritt ein Greis, und von oben her wird eine Mißheirat gebilligt, damit es dem neugebornen Gotte nicht an einem irdischen Vater zu Schein und Pflege fehlen möge.

Was nun beim Erwachsen und bei endlicher Thätigkeit dieses göttlich-menschliche Wesen für Anziehungskraft ausübt, zeigt uns die Masse und Mannigfaltigkeit seiner Jünger und Anhänger männlichen und weiblichen Geschlechts, die sich, an Alter und Charakteren verschieden, um den Einen versammeln, die aus der Menge hervortretenden Apostel, die vier Annalenschreiber, so manche Bekenner aller Art und Stände und von Stephanus an eine Reihe Märtyrer.

Gründet sich nun ferner dieser neue Bund auf einen älteren,

9 ff. Die ungläubige, nüchterne kulturgeschichtliche Weise, wie Goethe hier des christlichen Mysteriums gedenkt, mußte manche verletzen, besonders die Bezeichnung des heiligen Geistes zugleich als Taube und als eine gestaltete und gefühlte Flamme. Im Grunde wollte Goethe hier nur aussprechen, daß das Christentum trotz seiner Innerlichkeit eine Masse geschichtlichen Stoffes bot, welcher die Kunst zur Darstellung reizte. — 17. Im heidnischen Altertum. Goethe denkt an Io, die nach der Berührung und dem Anhauchen des Zeus den Epaphos (Sohn der Berührung) gebar. Bei Äschylus heißt sie immer Jungfrau. Entsprechende indische Sagen schwebten ihm nicht vor. — 18. Ein Greis. Das ist freilich eine eigentümliche Auslegung der Überlieferung, die hiervon nichts weiß, sondern noch jüngere Brüder des Sohnes der Jungfrau kennt. Anderswo bemerkt Goethe, die Byzantiner hätten den heiligen Joseph immer verdrießlich dargestellt. — 27. Annalenschreiber, eine sehr absonderliche Bezeichnung der Evangelisten.

dessen Überlieferungen bis zu Erschaffung der Welt reichen und auch mehr historisch als dogmatisch sind, bringen wir die ersten Eltern, die Erzväter und Richter, Propheten, Könige, Wiederhersteller in Anschlag, deren jeder sich besonders auszeichnet oder auszuzeichnen ist, so sehen wir, wie natürlich es war, daß Kunst und Kirche in einander verschmolzen und eins ohne das andere nicht zu bestehen schien.

Wenn daher die hellenische Kunst vom Allgemeinen begann und sich ganz spät ins Besondere verlor, so hatte die christliche den Vorteil, von einer Unzahl Individualitäten ausgehen zu können, um sich nach und nach ins Allgemeine zu erheben. Man thue nur noch einen Blick auf die hergezählte Menge historischer und mythischer Gestalten, man erinnere sich, daß von jeder bedeutend charakteristische Handlungen gerühmt werden, daß ferner der neue Bund zu seiner Berechtigung sich im alten symbolisch wiederzufinden bemüht war und sowohl historisch-irdische als himmlisch-geistige Bezüge auf tausendfache Weise anspielten: so sollten freilich auch in der bildenden Kunst der ersten christlich-kirchlichen Jahrhunderte schöne Denkmäler übrig geblieben sein.

Allein die Welt war im ganzen zu sehr verworren und gedrückt; die immer wachsende Unordnung vertrieb die Bildung aus dem Westen; nur Byzanz blieb noch ein fester Sitz für die Kirche und die mit ihr verbundene Kunst.

Jedoch hatte leider in dieser Epoche der Orient schon ein trauriges Ansehen, und was die Kunst betrifft, blühten jene obgenannten Individualitäten nicht sogleich auf, aber sie verhinderten doch, daß ein alter, starrer, mumienhafter Stil nicht alle Bedeutsamkeit verlor. Man unterschied immerfort die Gestalten; aber diesen Unterschied fühlbar zu machen, schrieb man Name für Name auf das Bild oder unter dasselbe, damit man ja unter den immer häufiger und häufiger werdenden Heiligen und Märtyrern nicht einen statt des anderen verehrte, sondern einem jeden sein Recht, wie billig, bewahrte. Und so ward es denn eine kirchliche Angelegenheit, die Bilder zu fertigen. Dies geschah nach genauer

19 f. In dem Aufsatze über ältere Gemälde in Venedig Bd. 21, 2, S. 325 heißt es: „Der Hauptbegriff griechischer [byzantinischer] Malerei ruht auf der Verehrung des Bildes, auf der Heiligkeit der Tafel. Sorgfältig ist jederzeit dabei geschrieben, was eine Figur vorstelle.“ — 30 f. I m m e r h ä u f i g e r u n d h ä u f i g e r beruht wohl auf Versehen; man sagt wohl i m m e r h ä u f i g e r oder h ä u f i g e r u n d h ä u f i g e r, aber bei der letzteren, Goethe beliebten Verbindung darf nicht noch ein i m m e r vorhergehen.

Vorschrift unter Aufsicht der Geistlichkeit, wie man sie denn auch durch Weihe und Wunder dem einmal bestehenden Gottesdienste völlig aneignete. Und so werden bis auf den heutigen Tag die unter den Gläubigen der griechischen Kirche zu Hause und auf Reisen verehrten Andachtsbilder in Susdal, einer Stadt des einundzwanzigsten Gouvernements von Rußland, und deren Umgebung unter Aufsicht der Geistlichkeit gefertigt; daher denn eine große Übereinstimmung erwachsen und bleiben muß.

Kehren wir nun nach Byzanz und in jene besprochene Zeit zurück, so läßt sich bemerken, daß die Religion selbst durchaus einen diplomatisch-pedantischen Charakter, die Feste hingegen die Gestalt von Hof- und Staatsfesten annehmen.

Dieser Begrenzung und Hartnäckigkeit ist es auch zuzuschreiben, daß selbst das Bilderstürmen der Kunst keinen Vorteil gebracht hat, indem die bei dem Siege der Hauptpartei wiederhergestellten Bilder den alten völlig gleich sein mußten, um in ihre Rechte einzutreten.

Wie sich aber die tristeste aller Erscheinungen eingeschlichen, daß man, wahrscheinlich aus ägyptischen, äthiopischen, abyssinischen Anlässen, die Mutter Gottes braun gebildet und dem auf dem Tuche Veronikas abgedruckten Heilandsgesicht gleichfalls eine Mohrenfarbe gegeben, mag sich bei besonderer Bearbeitung der Kunstgeschichte jenes Teils genauer nachweisen lassen; alles aber deutet auf einen nach und nach immer mehr verkümmerten Zustand, dessen völlige Auflösung immer noch später erfolgte, als man hätte vermuten sollen.

Hier müssen wir nun deutlich zu machen suchen, was die byzantinische Schule, von der wir wenig Löbliches zu sagen wußten, in ihrem Inneren noch für große Verdienste mit sich trug, die

9. besprochne 1. 2. — 14. Das Bilderstürmen. Leo III. der Isaurier verbot im Jahre 726 die Verehrung der Bilder und ließ sie vier Jahre später überall entfernen. Unter seinem Nachfolger verdammte die Synode von Konstantinopel (754) den Bilderdienst und es kam zu blutigen Verfolgungen. Aber bei wechselnden Kämpfen errang die Bilderverehrung unter der Kaiserin Theodora den Sieg (842), und die folgenden Synoden (869 und 879) bestätigten dieselbe gegen den sich immer noch regenden Widerstand der diesem unchristlichen Götzendienste aus wahrhafter Überzeugung oder aus andern Gründen feindlichen Minderheit. — 20. Die Mutter Gottes braun zu bilden. Später meinte Goethe, das Gesicht der Mutter Gottes sei der kaiserlichen Familie Konstantins nachgebildet, wogegen sich Boisserée erklärte. Vgl. Goethes Aufsatz über ältere Gemälde in Venedig Bd. 21, 2 S. 325. — 20 f. Auf dem Tuche Veronikas abgedruckte Heilandsgesicht. Vgl. S. 318, 35—319, 30. Neuerdings setzt man die Entstehung der Sage erst ins dreizehnte Jahrhundert. Jedenfalls hätte die Erwähnung des Veronikabildes als eines bekannten unterbleiben sollen; ja die ganze Erinnerung an die braune Farbe der Muttergottes ist hier etwas fremd. — 21 f. Eine Mohrenfarbe. Weiter unten heißt es, das schwarzbraune Antlitz sei wahrscheinlich nachgedunkelt.

aus der hohen Erbschaft älterer griechischer und römischer Vorfahren kunstmäßig auf sie übergegangen, gildenmäßig aber in ihr erhalten worden.

Denn wenn wir sie früher nicht mit Unrecht mumisiert genannt haben, so wollen wir bedenken, daß bei ausgehöhlten Körpern, bei vertrockneten und verharzten Muskeln dennoch die Gestalt des Gebeins ihr Recht behaupte. Und so ist es auch hier, wie eine weitere Ausführung zeigen wird.

Die höchste Aufgabe der bildenden Kunst ist, einen bestimmten Raum zu verzieren oder eine Zierde in einen unbestimmten Raum zu setzen; aus dieser Forderung entspringt alles, was wir kunstgerechte Komposition heißen. Hierin waren die Griechen und nach ihnen die Römer große Meister.

Alles, was uns daher als Zierde ansprechen soll, muß gegliedert sein, und zwar im höheren Sinne, daß es aus Teilen bestehe, die sich wechselsweis aufeinander beziehen. Hiezu wird erfordert, daß es eine Mitte habe, ein Oben und Unten, ein Hüben und Drüben, woraus zuerst Symmetrie entsteht, welche, wenn sie dem Verstande völlig faßlich bleibt, die Zierde auf der geringsten Stufe genannt werden kann. Je mannigfaltiger dann aber die Glieder werden und je mehr jene anfängliche Symmetrie verflochten, versteckt, in Gegensätzen abgewechselt, als ein offenbares Geheimnis vor unseren Augen steht, desto angenehmer wird die Zierde sein, und ganz vollkommen, wenn wir an jene ersten Grundlagen dabei nicht mehr denken, sondern als von einem Willkürlichen und Zufälligen überrascht werden.

An jene strenge, trockne Symmetrie hat sich die byzantinische Schule immerfort gehalten, und obgleich dadurch ihre Bilder steif und unangenehm werden, so kommen doch Fälle vor, wo durch Abwechselung der Gliederstellung bei Figuren, die einander entgegenstehen, eine gewisse Anmut hervorgebracht wird. Diesen Vorzug also, ingleichen jene oben gerühmte Mannigfaltigkeit der Gegenstände alt- und neutestamentlicher Überlieferungen verbreiteten diese östlichen Kunst- und Handwerksgenossen über die ganze damals bekehrte Welt.

Was hierauf in Italien sich ereignet, ist allgemein bekannt. Das praktische Talent war ganz und gar verschwunden, und alles,

16. wechselsweise 1. 2. — 34. damals ganze 1. 2.

was gebildet werden sollte, hing von den Griechen ab. Die Thüren des Tempels St. Paul außerhalb der Mauern wurden im elften Jahrhundert zu Konstantinopel gegossen und die Felder derselben mit eingegrabenen Figuren abscheulich verziert. Zu eben dieser Zeit verbreiteten sich griechische Malerschulen durch Italien; Konstantinopel sendete Baumeister und Musivarbeiter, und diese bedeckten mit einer traurigen Kunst den zerstörten Westen. Als aber im dreizehnten Jahrhundert das Gefühl von Wahrheit und Lieblichkeit der Natur wieder aufwachte, so ergriffen die Italiener sogleich die an den Byzantinern gerühmten Verdienste, die symmetrische Komposition und den Unterschied der Charaktere. Dieses gelang ihnen um so eher, als sich der Sinn für Form schnell hervorthat. Er konnte bei ihnen nicht ganz untergehen. Prächtige Gebäude des Altertums standen Jahrhunderte vor ihren Augen, und die erhaltenen Teile der eingegangenen oder zerstörten wurden sogleich wieder zu kirchlichen und öffentlichen Zwecken benutzt. Die herrlichsten Statuen entgingen dem Verderben, wie denn die beiden Kolossen niemals verschüttet worden. Und so war denn auch noch jede Trümmer gestaltet. Der Römer besonders konnte den Fuß nicht niedersetzen, ohne etwas Geformtes zu berühren, nicht seinen Garten, sein Feld bauen, ohne das Köstlichste an den Tag zu fördern. Wie es in Siena, Florenz und sonst ergangen, darf uns hier nicht aufhalten, um so weniger, als jeder Kunstfreund sich sowohl hierüber als über die sämtlichen schon besprochenen Gegenstände aus dem höchst schätzbaren Werk des Herrn d'Agincourt auf das Genauste unterrichten kann.

Die Betrachtung jedoch, daß die Venezianer als Bewohner von Küsten und Niederungen den Sinn der Farbe bei sich so bald aufgeschlossen gefühlt, ist uns hier wichtig, da wir sie als Übergang zu den Niederländern benutzen, bei denen wir dieselbe Eigenschaft antreffen.

Und so nähern wir uns denn unserem eigentlichen Ziele,

2. **Tempels St. Paul außerhalb der Mauern.** Dieser Kirche bei Rom gedenkt Goethes Bericht in der Italienischen Reise vom Dezember 1787. — 6. **Musivarbeiter** 2. **Musivarbeit** nach opus musivum, **Mosaikarbeit**, wie französisch mosaïque, englisch mosaic; das Italienische hat das u in musaico erhalten — 8. an **Wahrheit** 1. 2. — 17 f. **Die beiden Kolossen,** auf dem Monte Cavallo. Vgl. Goethes Brief vom 3. November 1786. — 25. **Werk des Herrn d'Agincourt,** Histoire de l'Art par les Monuments depuis sa décadence au 4me siècle jusqu'à son renouvellement au 16me, dessen erster Band 1810, der sechste und letzte erst 1823, neun Jahre nach dem Tode des Verfassers, erschienen.

dem Niederrhein, welchem zuliebe wir jenen großen Umweg zu machen nicht angestanden.

Nur mit wenigem erinnern wir uns, wie die Ufer dieses herrlichen Flusses von römischen Heeren durchzogen, kriegerisch befestigt, bewohnt und kräftig gebildet worden. Führt nun sogar die dortige vorzüglichste Kolonie den Namen von Germanicus' Gemahlin, so bleibt uns wohl kein Zweifel, daß in jenen Zeiten große Kunstbemühungen daselbst stattgefunden; denn es mußten ja bei solchen Anlagen Künstler aller Art, Baumeister, Bildhauer, Töpfer und Münzmeister mitwirken, wie uns die vielen Reste bezeugen können, die man ausgrub und ausgräbt. Inwiefern in späterer Zeit die Mutter Konstantins des Großen, die Gemahlin Ottos hier gewirkt, bleibt den Geschichtforschern zu untersuchen. Unsere Absicht fördert es mehr, der Legende näher zu treten und in ihr oder hinter ihr einen welthistorischen Sinn auszuspähen.

Man läßt eine britannische Prinzessin Ursula nach Rom, einen afrikanischen Prinzen Gereon gleichfalls über Rom nach Köln gelangen, jene mit einer Schar von edlen Jungfrauen, diesen mit einem Heldenchor umgeben. Scharfsinnige Männer, welche durch den Duft der Überlieferung hindurchschauen, teilten bei diesen Überlieferungen folgendes mit. Wenn zwei Parteien in einem Reiche entstehen und sich unwiderruflich von einander trennen, wird sich die schwächere von dem Mittelpunkte entfernen und der Grenze zu nähern suchen. Da ist ein Spielraum für Faktionen; dahin reicht nicht sogleich der tyrannische Wille. Dort macht allenfalls ein Präfekt, ein Statthalter sich selbst durch Mißvergnügte stark, indem er ihre Gesinnungen, ihre Meinungen duldet, begünstigt

7. Gemahlin. Es sollte Tochter heißen. — 12. Die Mutter Konstantins des Großen, die heilige Helena, welche die Sage zur Stifterin von Kirchen im Rheinlande machte. — 12f. Die Gemahlin Ottos II., die byzantinische Prinzessin Theophanu oder Theophania, sollte in der Kirche des heiligen Pantaleon zu Köln begraben liegen, wie auch Erzbischof Bruno, der Bruder Ottos I. — 13. Geschichtsforschern 1. — 16. Eine britannische Prinzessin Ursula kam erst spät in die Sage, die ursprünglich von Jungfrauen aus dem Oriente berichtete. Die ganze Sage ist jünger als die von Gereon. — über statt nach 1. 2. — 17. Gereon soll mit fünfzig Soldaten der Thebaischen Legion wegen seiner Bekennung der christlichen Religion bei Köln den Märtyrtod erlitten haben. Dieser Sage und der Gründung der Kirche ad aureos martyres in Köln gedenkt schon Gregor von Tours; aber auch sie ist ungeschichtlich, eine Nachbildung der Sage in St. Maurice, die selbst auf frommer Dichtung beruht. Die erste angebliche Auffindung von Märtyrern im Abendlande ist die des Gervasius und Protasius durch Ambrosius im Jahre 386. Der Prinz gehört späterer Ausschmückung an. — 19. Scharfsinnige Männer. Wir wissen nicht, wer, ob etwa sein Reisebegleiter Herr von Stein Goethe diese von ihm weiter ausgeführte Auslegung angedeutet, die aber bei Verfolgung des Ursprungs jener Legenden sich nicht halten läßt; ja beide Sagen scheinen nicht zu derselben Zeit entstanden, die von Gereon älter, die andere ein späteres Gegenstück.

und wohl gar teilen mag. Diese Ansicht hat für mich viel Reiz; denn wir haben das ähnliche, ja gleiche Schauspiel in unseren Tagen erlebt, welches in grauer Vorzeit auch mehr als einmal stattfand. Eine Schar der edelsten und bravsten christlichen Ausgewanderten, eine nach der anderen begiebt sich nach der berühmten schön gelegenen Agrippinischen Kolonie, wo sie, wohl aufgenommen und geschützt, eines heiteren und frommen Lebens in der herrlichsten Gegend genießen, bis sie den gewaltsamen Maßregeln einer Gegenpartei schmählich unterliegen. Betrachten wir die Art des Märtyrtums, wie Ursula und ihre Gesellschaft dasselbe erlitten, so finden wir nicht etwa jene absurden Geschichten wiederholt, wie in dem bestialischen Rom zarte, unschuldige, höher gebildete Menschen von Henkern und Tieren gemartert und gemordet werden, zur Schaulust eines wahnsinnigen unteren und oberen Pöbels, nein, wir sehen in Köln ein Blutbad, das eine Partei an der anderen ausübt, um sie schneller aus dem Wege zu räumen. Der über die edlen Jungfrauen verhängte Mord gleicht einer Bartholomäusnacht, einem Septembertage; ebenso scheint Gereon mit den Seinen gefallen zu sein.

Wurde nun zu gleicher Zeit am Oberrhein die Thebaische Legion niedergemetzelt, so finden wir uns in einer Epoche, wo nicht etwa die herrschende Partei eine heranwachsende zu unterdrücken, sondern eine ihr zu Kopf gewachsene zu vertilgen strebt.

Alles bisher Gesagte, obgleich in möglichster Kürze, doch umständlich ausgeführt, war höchst nötig, um einen Begriff der niederländischen Kunstschule zu gründen. Die byzantinische Malerschule hatte in allen ihren Verzweigungen mehrere Jahre, wie über den ganzen Westen, auch am Rhein geherrscht und einheimische Gesellen und Schüler zu allgemeinen Kirchenarbeiten gebildet; daher sich denn auch manches Trockne, jener düsteren Schule völlig Ähnliche in Köln und in der Nachbarschaft findet. Allein der

2 f. Das ähnliche, ja gleiche Schauspiel in unseren Tagen. Goethe denkt an Frankreich in der Zeit der Revolution. — 7 f. In der herrlichsten Gegend paßt nicht auf das damalige Köln, und weder Gereon, der im römischen Heere diente, noch Ursula war ausgewandert. — 10. Martyrtums 1. 2. — 15. Eine Partei an der anderen. Von politischen Parteien ist ja hier keine Rede; die Christen wurden im ganzen römischen Reiche verfolgt, weil sie die Staatsreligion nicht anerkannten. — 17. edeln 1. 2. — 18. Einem Septembertage, dem 2. und 3. September 1792, wovon im Französischen massacre de Septembre, septembriser und weiter abgeleitete Worte. — 20. Am Oberrhein, bei St. Maurice, dem alten Agaunum. Mauritius und seine Genossen sollen hier gefallen sein, weil sie sich weigerten, am gemeinsamen Opfer teilzunehmen. Nach dieser Legende bildete sich die Sage von der Thebaischen Legion zu Köln und die auffällig von Goethe übergangenen zu Bonn, Xanten, ja zu Trier.

Nationalcharakter, die klimatische Einwirkung thut sich in der Kunstgeschichte vielleicht nirgend so schön hervor als in den Rheingegenden; deshalb wir auch der Entwickelung dieses Punktes alle Sorgfalt gönnen und unserem Vortrag freundliche Aufmerksamkeit erbitten.

Wir übergehen die wichtige Epoche, in welcher Karl der Große die linke Rheinseite von Mainz bis Aachen mit einer Reihe von Residenzen bepflanzte, weil die daraus entsprungene Bildung auf die Malerkunst, von der wir eigentlich reden, keinen Einfluß hatte; denn jene orientalische düstere Trockenheit erheiterte sich auch in diesen Gegenden nicht vor dem dreizehnten Jahrhundert. Nun aber bricht ein frohes Naturgefühl auf einmal durch, und zwar nicht etwa als Nachahmung des einzelnen Wirklichen, sondern es ist eine behagliche Augenlust, die sich im allgemeinen über die sinnliche Welt aufthut. Apfelrunde Knaben- und Mädchengesichter, eiförmiges Männer- und Frauenantlitz, wohlhäbige Greise mit fließenden oder gekrausten Bärten, das ganze Geschlecht gut, fromm und heiter und sämtlich, obgleich noch immer charakteristisch genug, durch einen zarten, ja weichlichen Pinsel dargestellt. Ebenso verhält es sich mit den Farben. Auch diese sind heiter, klar, ja kräftig, ohne eigentliche Harmonie, aber auch ohne Buntheit, durchaus dem Auge angenehm und gefällig.

Die materiellen und technischen Kennzeichen der Gemälde, die wir hier charakterisieren, sind der Goldgrund mit eingedruckten Heiligenscheinen ums Haupt, worin der Name zu lesen. Auch ist die glänzende Metallfläche oft mit wunderlichen Blumen tapetenartig gestempelt oder durch braune Umrisse und Schattierungen zu vergoldetem Schnitzwerk scheinbar umgewandelt. Daß man diese Bilder dem dreizehnten Jahrhundert zuschreiben könne, bezeugen diejenigen Kirchen und Kapellen, wo man sie ihrer ersten Bestimmung gemäß noch aufgestellt gefunden. Den stärksten Beweis giebt aber, daß die Kreuzgänge und andere Räume mehrerer Kirchen und Klöster mit ähnlichen Bildern, an welchen dieselbigen Merkmale anzutreffen, ihrer Erbauung gleichzeitig, gemalt gewesen.

Unter den in der Boisseréeschen Sammlung befindlichen Bildern steht eine heilige Veronika billig obenan, weil sie zum

35. Eine heilige Veronika. W. Strixners Steindruckabbildung des bedeutsam hervorragenden Gemäldes, das jetzt in der alten Pinakothek zu München in dem Wilhelm von Köln und seiner Schule gewidmeten Kabinett aufbewahrt wird, war dem ersten Heft von „Kunst und Altertum“ beigefügt; es trug die Unterschrift: „Vera Icon byzantinisch-niederrheinisch“. Steht billig obenan, muß zuerst genannt werden.

Beleg des bisher Gesagten von mehreren Zeiten dienen kann. Man wird vielleicht in der Folge entdecken, daß dieses Bild, was Komposition und Zeichnung betrifft, eine herkömmliche byzantinische heilige Vorstellung gewesen. Das schwarzbraune, wahrscheinlich nachgedunkelte, dorngekrönte Antlitz ist von einem wundersamen, edel schmerzlichen Ausdrucke. Die Zipfel des Tuchs werden von der Heiligen gehalten, welche, kaum ein Drittel Lebensgröße, dahinter steht und bis an die Brust davon bedeckt wird. Höchst anmutig sind Mienen und Gebärden. Das Tuch stößt unten auf einen angedeuteten Fußboden, auf welchem in den Ecken des Bildes an jeder Seite drei ganz kleine, wenn sie stünden, höchstens fußhohe singende Engelchen sitzen, die in zwei Gruppen so schön und künstlich zusammengerückt sind, daß die höchste Forderung an Komposition dadurch vollkommen befriedigt wird. Die ganze Denkweise des Bildes deutet auf eine herkömmliche, überlegte, durchgearbeitete Kunst; denn welche Abstraktion gehört nicht dazu, die aufgeführten Gestalten in drei Dimensionen hinzustellen und das Ganze durchgängig zu symbolisieren. Die Körperchen der Engel, besonders aber Köpfchen und Händchen bewegen und stellen sich so schön gegen einander, daß dabei nichts zu erinnern übrig bleibt. Begründen wir nun hiemit das Recht, dem Bilde einen byzantinischen Ursprung zu geben, so nötigt uns die Anmut und Weichheit, womit die Heilige gemalt ist, womit die Kinder dargestellt sind, die Ausführung des Bildes in jene niederrheinische Epoche zu setzen, die wir schon weitläufig charakterisiert haben. Es übt daher, weil es das doppelte Element eines strengen Gedankens und einer gefälligen Ausführung in sich vereinigt, eine unglaubliche Gewalt auf die Beschauenden aus; wozu denn der Kontrast des furchtbaren, medusenhaften Angesichtes zu der zierlichen Jungfrau und den anmutigen Kindern nicht wenig beiträgt.

Einige größere Tafeln, worauf mit ebenso weichem, angenehmem Pinsel, heiteren und erfreulichen Farben Apostel und Kirchenväter, halb Lebensgröße, zwischen goldenen Zinnen und anderen architektonisch gemalten Zieraten gleichsam als farbige Schnitzbilder inne stehen, geben uns zu ähnlichen Betrachtungen Anlaß, deuten aber zugleich auf neue Bedingungen. Es ist nämlich gegen das Ende des sogenannten Mittelalters die Plastik auch

31. Tafeln, der Boissereeschen Sammlung, zu München in demselben Kabinett — weichem angenehmen l. 2.

in Deutschland der Malerei vorgeeilt, weil sie der Baukunst unentbehrlicher, der Sinnlichkeit gemäßer und dem Talente näher zur Hand war. Der Maler, wenn er aus dem mehr oder weniger Manierierten sich durch eigene Anschauung der Wirklichkeit retten will, hat den doppelten Weg: die Nachahmung der Natur oder die Nachbildung schon vorhandener Kunstwerke. Wir verkürzen daher in dieser malerischen Epoche dem niederländischen Künstler keineswegs sein Verdienst, wenn wir die Frage aufwerfen, ob nicht diese hier mit lieblicher Weichheit und Zartheit in Gemälden aufgeführten, reich, aber frei bemäntelten heiligen Männer Nachbildungen von geschnitzten Bildnissen seien, die, entweder ungefärbt oder gefärbt, zwischen ähnlichen vergoldeten architektonischen wirklichen Schnitzwerken gestanden. Wir glauben uns zu dieser Vermutung besonders berechtigt durch die zu den Füßen dieser Heiligen in verzierten Fächern gemalt liegenden Schädel, woraus wir denn folgern, daß diese Bilder ein irgendwo aufgestelltes Reliquiarium mit dessen Zieraten und Figuren nachahmen. Ein solches Bild nun wird um desto angenehmer, als ein gewisser Ernst, den die Plastik vor der Malerei immer voraus hat, durch eine freundliche Behandlung würdig hindurchsieht. Alles, was wir hier behaupten, mag sich in der Folge noch mehr bestätigen, wenn man auf die freilich zerstreuten altkirchlichen Überreste eine vorurteilsfreie Aufmerksamkeit wenden wird.

Wenn nun schon zu Anfang des dreizehnten Jahrhunderts Wolfram von Eschilbach in seinem „Parzival" die Maler von Köln und Maestricht gleichsam sprichwörtlich als die besten von Deutschland aufführt, so wird es niemand wundern, daß wir von alten Bildern dieser Gegenden so viel Gutes gesagt haben. Nun aber fordert eine neue, zu Anfang des funfzehnten Jahrhunderts eintretende Epoche unsere ganze Aufmerksamkeit, wenn wir derselben gleichfalls ihren entschiedenen Charakter abzugewinnen gedenken. Ehe wir aber weiter gehen und von der Behandlungsweise sprechen, welche sich nunmehr hervorthut, erwähnen wir nochmals der Gegenstände, welche den niederrheinischen Malern vorzüglich gegeben waren.

25. Eschilbach, Eschelbach sind ältere Formen von Eschenbach, der Heimat des Dichters. — In seinem „Parzival", der vor 1212 vollendet wurde. Dort heißt es:

Von Kölne noch von Mästricht
Kein schiltaere entwürfe in baz.

— 26. Mastricht 1. 2. Vlämisch Maestricht, eigentlich Maastricht. — 29. fünfzehnten 1. 2.

Wir bemerkten schon oben, daß die Hauptheiligen jener Gegend edle Jungfrauen und Jünglinge gewesen, daß ihr Tod nichts von den widerlichen Zufälligkeiten gehabt, welche bei Darstellung anderer Märtyrer der Kunst so äußerst unbequem fallen. Doch zum höchsten Glück mögen es sich die Maler des Niederrheines zählen, daß die Gebeine der drei morgenländischen frommen Könige von Mailand nach Köln gebracht wurden. Vergebens durchsucht man Geschichte, Fabel, Überlieferung und Legende, um einen gleich günstigen, reichen, gemütlichen und anmutigen Gegenstand auszufinden als den, der sich hier darbietet. Zwischen verfallenem Gemäuer, unter kümmerlichem Obdach ein neugeborner und doch schon sich selbst bewußter Knabe, auf der Mutter Schoß gepflegt, von einem Greise besorgt. Vor ihm nun beugen sich die Würdigen und Großen der Welt, unterwerfen der Unmündigkeit Verehrung, der Anmut Schätze, der Niedrigkeit Kronen. Ein zahlreiches Gefolge steht verwundert über das seltsame Ziel einer langen und beschwerlichen Reise. Diesem allerliebsten Gegenstande sind die niederländischen Maler ihr Glück schuldig, und es ist nicht zu verwundern, daß sie denselben kunstreich zu wiederholen Jahrhunderte durch nicht ermüdeten. Nun aber kommen wir an den wichtigen Schritt, welchen die rheinische Kunst auf der Grenze des vierzehnten und funfzehnten Jahrhunderts thut. Schon längst waren die Künstler wegen der vielen darzustellenden Charaktere an die Mannigfaltigkeit der Natur gewiesen; aber sie begnügten sich an einem allgemeinen Ausdruck derselben, ob man gleich hie und da etwas Porträtartiges wahrnimmt. Nun aber wird der Meister Wilhelm von Köln ausdrücklich genannt, welchem in Nachbildung menschlicher Gesichter niemand gleichgekommen sei. Diese Eigenschaft tritt nun in dem Dombild zu Köln auf das Bewundernswürdigste hervor, wie es denn überhaupt als die Achse der niederrheinischen Kunstgeschichte angesehen werden kann. Nur ist zu wünschen, daß sein wahres Verdienst historisch-kritisch anerkannt bleibe. Denn freilich wird es jetzt dergestalt mit Hymnen um-

7. Von Mailand, wohin sie von Konstantinopel gekommen waren. Nach der Zerstörung von Mailand (1162) schenkte sie Friedrich Barbarossa seinem Kanzler Reinald von Dassel, Erzbischof von Köln, der am 23. Juli 1164 mit diesem Segenspfande feierlichst in Köln empfangen wurde. — 22. fünfzehnten 2. — 27. Meister Wilhelm von Köln, dem man damals das Dombild zuschrieb. Vgl. S. 241, 18 f. — Ausdrücklich genannt, in der Limburger Chronik, die ihn 1380 als „besten in deutschen Landen" in dieser Kunst bezeichnet. — 33 f. Mit Hymnen umräuchert, wie es besonders von Wallraf in dem S. 322, 21 angeführten „Taschenbuch" zu Boisserées großem Ärger geschehen war.

räuchert, daß zu befürchten ist, es werde bald wieder so verdüstert vor den Augen des Geistes da stehen, wie es ehemals, von Lampen- und Kerzenruß verdunkelt, den leiblichen Augen entzogen gewesen. Es besteht aus einem Mittelbilde und zwei Seitentafeln. Auf allen dreien ist der Goldgrund nach Maßgabe der bisher beschriebenen Bilder beibehalten. Ferner ist der Teppich hinter Maria mit Stempeln gepreßt und bunt aufgefärbt. Im übrigen ist dieses sonst so häufig gebrauchte Mittel durchaus verschmäht; der Maler wird gewahr, daß er Brokat und Damast, und was sonst farbenwechselnd, glänzend und scheinend ist, durch seinen Pinsel hervorbringen könne und mechanischer Hülfsmittel nicht weiter bedürfe.

Die Figuren des Hauptbildes sowie der Seitenbilder beziehen sich auf die Mitte, symmetrisch, aber mit viel Mannigfaltigkeit bedeutender Kontraste an Gestalt und Bewegung. Die herkömmlich byzantinische Maxime herrscht noch vollkommen, doch mit Lieblichkeit und Freiheit beobachtet.

Einen verwandten Nationalcharakter hat die sämtliche Menge, welche weiblich die heilige Ursula, ritterlich den Gereon ins Orientalische maskiert, die Hauptgruppe umgiebt. Vollkommen Porträt aber sind die beiden knieenden Könige, und ein Gleiches möchten wir von der Mutter behaupten. Weitläufiger über diese reiche Zusammensetzung und die Verdienste derselben wollen wir uns hier nicht aussprechen, indem das „Taschenbuch für Freunde altdeutscher Zeit und Kunst“ uns eine sehr willkommene Abbildung dieses vorzüglichen Werkes vor Augen legt, nicht weniger eine ausreichende Beschreibung hinzufügt, welche wir mit reinerem Dank erkennen würden, wenn nicht darin eine enthusiastische Mystik waltete, unter deren Einfluß weder Kunst noch Wissen gedeihen kann.

Da dieses Bild eine große Übung des Meisters voraussetzt, so mag sich bei genauerer Untersuchung noch ein und das andere der Art künftig vorfinden, wenn auch die Zeit manches zerstört und eine nachfolgende Kunst manches verdrängt hat. Für uns ist es ein wichtiges Dokument eines entschiedenen Schrittes, der sich von der gestempelten Wirklichkeit losmacht und von einer allgemeinen Nationalgesichtsbildung auf die vollkommene Wirklichkeit des Porträts losarbeitet. Nach dieser Ableitung also halten

2. Ehemals, vor seiner Herstellung. -- 24. „Taschenbuch“ auf 1816, im Herbst 1815 erschienen. Herausgeber waren J. M. Carové und Eb. von Groote. Vgl. zu S. 211, 19.

wir uns überzeugt, daß dieser Künstler, er heiße auch, wie er wolle, echt deutschen Sinnes und Ursprungs gewesen, so daß wir nicht nötig haben, italienische Einflüsse zu Erklärung seiner Verdienste herbeizurufen.

Da dieses Bild 1410 gemalt ist, so stellt es sich in die Epoche, wo Johann von Eyck schon als entschiedener Künstler blühte, und so dient es uns, das Unbegreifliche der Eyckischen Vortrefflichkeit einigermaßen zu erklären, indem es bezeugt, was für Zeitgenossen der genannte vorzügliche Mann gehabt habe. Wir nannten das Dombild die Achse, worauf sich die ältere niederländische Kunst in die neue dreht, und nun betrachten wir die Eyckischen Werke als zur Epoche der völligen Umwälzung jener Kunst gehörig. Schon in den älteren byzantinisch-niederrheinischen Bildern finden wir die eingedruckten Teppiche manchmal perspektivisch, obgleich ungeschickt, behandelt. Im Dombild erscheint keine Perspektive, weil der reine Goldgrund alles abschließt. Nun wirft Eyck alles Gestempelte sowie den Goldgrund völlig weg; ein freies Lokal thut sich auf, worin nicht allein die Hauptpersonen, sondern auch alle Nebenfiguren vollkommen Porträt sind, von Angesicht, Statur und Kleidung, so auch völlig Porträt jede Nebensache.

So schwer es immer bleibt, Rechenschaft von einem solchen Manne zu geben, so wagen wir doch einen Versuch, in Hoffnung, daß die Anschauung seiner Werke dem Leser nicht entgehen werde. Und hier zweifeln wir keinen Augenblick, unseren Eyck in die erste Klasse derjenigen zu setzen, welche die Natur mit malerischen Fähigkeiten begabt hat. Zugleich ward ihm das Glück, in der Zeit einer technisch hochgebildeten, allgemein verbreiteten und bis

1 f. Er heiße auch, wie er wolle. Gegen Wallraf, der Philipp Kalf auf einem Schwerte gelesen haben wollte. — 5. 1410 gemalt ist. So verstand man das Zeichen MIVOX auf demselben, wovon ein Spötter (nach Gerning) behauptete, es bezeichne wohl eher die tausendjährige Kunstnacht oder 1460 als 1410. — 6. Jan van Eyck (Maaseyck im Lüttichischen) zog mit seinem älteren Bruder Hubert und seiner Schwester, die beide, wie ihr Vater, sich der Malerei gewidmet, nach Brügge. Der Auftrag eines reichen Bürgers, einen großen Altar mit Flügelthüren zu malen, brachte sie auf viele Jahre nach Gent, wo Bruder und Schwester starben. Jan vollendete das Bild im Jahre 1432. Nach Brügge zurückgekehrt, lebte er noch etwa dreizehn Jahre am glänzenden Hofe Philipps des Guten seiner Kunst. Als Boisserée Goethe im Frühjahr 1811 zu Weimar sah, gestand dieser noch nichts von diesem Meister und seiner Schule gesehen zu haben. Bei seinem ersten Besuche in Heidelberg gelang es ihm, in der ihn begeisternden Boisseréeschen Sammlung, „die Stufen der niederländischen Kunstschule durch das byzantinische und gräcisierende Bemühen bis zu Johann van Eyck und dessen Schüler und Nachfolger auf eine Weise kennen zu lernen, die in Verwunderung setzte". Vgl. Goethes Gedicht „Modernes" (Bd. 11, S. 245), wo er die Frage beantwortet: „Wie aber kann sich Hans [Jan] van Eyck mit Phidias nur messen?" — 23 f. werde, und 1. 2

an eine gewisse Grenze gelangten Kunst zu leben. Hiezu kam noch, daß er eines höheren, ja des höchsten technischen Vorteils in der Malerei gewahrte: denn es mag mit der Erfindung der Ölmalerei beschaffen sein, wie es will, so möchten wir nicht in Zweifel ziehen, daß Eyck der erste gewesen, der ölige Substanzen, die man sonst über die fertigen Bilder zog, unter die Farben selbst gemischt, aus den Ölen die am leichtesten trocknenden, aus den Farben die klärsten, die am wenigsten deckenden ausgesucht habe, um beim Auftragen derselben das Licht des weißen Grundes und Farbe durch Farbe nach Belieben durchscheinen zu lassen. Weil nun die ganze Kraft der Farbe, welche an sich ein Dunkles ist, nicht dadurch erregt wird, daß Licht davon zurückscheint, sondern daß es durch sie durchscheint, so ward durch diese Entdeckung und Behandlung zugleich die höchste physische und artistische Forderung befriedigt. Das Gefühl aber für Farbe hatte ihm als einem Niederländer die Natur verliehen. Die Macht der Farbe war ihm wie seinen Zeitgenossen bekannt, und so brachte er es dahin, daß er, um nur von Gewändern und Teppichen zu reden, den Schein der Tafel weit über alle Erscheinung der Wirklichkeit erhob. Ein solches muß denn freilich die echte Kunst leisten; denn das wirkliche Sehen ist, sowohl in dem Auge als an den Gegenständen, durch unendliche Zufälligkeiten bedingt, da hingegen der Maler nach Gesetzen malt, wie die Gegenstände, durch Licht, Schatten und Farbe von einander abgesondert, in ihrer vollkommensten Sehbarkeit von einem gesunden, frischen Auge geschaut werden sollen. Ferner hatte sich Eyck in Besitz der perspektivischen Kunst gesetzt und sich die Mannigfaltigkeit der Landschaft, besonders unendlicher Baulichkeiten eigen gemacht, die nun an der Stelle des kümmerlichen Goldgrundes oder Teppiches hervortreten.

Jetzt aber möchte es sonderbar scheinen, wenn wir aussprechen, daß er, materielle und mechanische Unvollkommenheiten der bisherigen Kunst wegwerfend, sich zugleich einer bisher im stillen bewahrten technischen Vollkommenheit entäußerte, des Begriffs nämlich der symmetrischen Komposition. Allein auch dieses liegt in der Natur eines außerordentlichen Geistes, der, wenn er eine materielle Schale durchbricht, nie bedenkt, daß über derselben

3 f. Die Erfindung der Ölmalerei hatte man Jan van Eyck mit Unrecht zugeschrieben, aber durch mehrere Entdeckungen war sie von ihm zu hoher Vollkommenheit gebracht worden. — 11. Dunkles 1.

noch eine ideelle geistige Grenze gezogen sei, gegen die er umsonst ankämpft, in die er sich ergeben oder sie nach seinem Sinne erschaffen muß. Die Kompositionen Eycks sind daher von der größten Wahrheit und Lieblichkeit, ob sie gleich die strengen Kunstforderungen nicht befriedigen, ja es scheint, als ob er von alle dem, was seine Vorgänger hierin besessen und geübt, vorsätzlich keinen Gebrauch machen wollen. In seinen uns bekannt gewordenen Bildern ist keine Gruppe, die sich jenen Engelchen neben der heiligen Veronika vergleichen könnte. Weil aber ohne Symmetrie irgend ein Gesehenes keinen Reiz ausübt, so hat er sie, als ein Mann von Geschmack und Zartgefühl, auf seine eigene Weise hervorgebracht, woraus etwas entstanden ist, welches anmutiger und eindringlicher wirkt als das Kunstgerechte, sobald dieses die Naivität entbehrt, indem es alsdann nur den Verstand anspricht und den Kalkül hervorruft.

Hat man uns bisher geduldig zugehört, und stimmen Kenner mit uns überein, daß jeder Vorschritt aus einem erstarrten, veralteten, künstlichen Zustand in die freie, lebendige Naturwahrheit sogleich einen Verlust nach sich ziehe, der erst nach und nach, und oft in späteren Zeiten, sich wiederherstellt, so können wir unseren Eyck nunmehr in seiner Eigentümlichkeit betrachten, da wir denn in den Fall kommen, sein individuelles Wesen unbedingt zu verehren. Schon die früheren niederländischen Künstler stellten alles Zarte, was sich in dem Neuen Testament darbot, gern in einer gewissen Folge dar, und so finden wir in dem großen Eyckischen Werke, welches diese Sammlung schmückt, das aus einem Mittelbilde und zwei Flügelbildern besteht, den denkenden Künstler, der mit Gefühl und Sinn eine fortschreitende Trilogie darzustellen unternimmt. Zu unserer Linken wird der mädchenhaftesten Jungfrau durch einen himmlischen Jüngling ein seltsames Ereignis angekündigt. In der Mitte sehen wir sie als glückliche, verwunderte, in ihrem Sohn verehrte Mutter, und zur Rechten erscheint sie, das Kind im Tempel zur Weihe bringend, schon beinah als Matrone, die in hohem Ernste vorfühlt, was dem vom Hohenpriester mit Entzücken aufgenommenen Knaben bevorstehe. Der

5. allen dem 1, allem dem 2. — 32 In ihrem Sohn verehrte Mutter, die Anbetung der drei Könige. Das ganze Flügelbild, in München im dritten Kabinett, wird jetzt Rogier van der Weyde dem älteren zugeschrieben. Eine lithographische Abbildung befand sich schon in Strixners Steindrucken nach Gemälden aus der Boisseréeschen Sammlung, die in „Kunst und Altertum" (III, 2 und IV, 2) freundlich begrüßt wurde.

Ausdruck aller drei Gesichter sowie die jedesmalige Gestalt und Stellung, das erstemal knieend, dann sitzend, zuletzt stehend, ist einnehmend und würdig. Der Bezug der Personen unter einander auf allen drei Bildern zeugt von dem zartesten Gefühl. In der Darstellung im Tempel findet sich auch eine Art von Parallelism, der ohne Mitte durch eine Gegenüberstellung der Charaktere bewirkt wird. Eine geistige Symmetrie, so gefühlt und sinnig, daß man angezogen und eingenommen wird, ob man ihr gleich den Maßstab der vollendeten Kunst nicht anlegen kann.

So wie nun Johann von Eyck als ein trefflich denkender und empfindender Künstler gesteigerte Mannigfaltigkeit seiner Hauptfigur zu bewirken gewußt, hat er auch mit gleichem Glück die Lokalitäten behandelt. Die Verkündigung geschieht in einem verschlossenen schmalen, aber hohen, durch einen oberen Fensterflügel erleuchteten Zimmer. Alles ist darin so reinlich und nett, wie es sich geziemt für die Unschuld, die nur sich selbst und ihre nächste Umgebung besorgt. Wandbänke, ein Betstuhl, Bettstätte, alles zierlich und glatt. Das Bett rot bedeckt und umhängt, alles sowie die brokatne hintere Bettwand auf das Bewundernswürdigste dargestellt. Das mittlere Bild dagegen zeigt uns die freiste Aussicht; denn die edle, aber zerrüttete Kapelle der Mitte dient mehr zum Rahmen mannigfaltiger Gegenstände, als daß sie solche verdeckte. Links des Zuschauers eine mäßig entfernte, straßen- und häuserreiche Stadt, voll Gewerbes und Bewegung, welche gegen den Grund hin sich in das Bild hereinzieht und einem weiten Felde Raum läßt. Dieses, mit mancherlei ländlichen Gegenständen geziert, verläuft sich zuletzt in eine wasserreiche Weite. Rechts des Zuschauers tritt ein Teil eines runden Tempelgebäudes von mehreren Stockwerken in das Bild; das Innere dieser Rotonde aber zeigt sich auf dem daran stoßenden Thürflügel und kontrastiert durch seine Höhe, Weite und Klarheit auf das Herrlichste mit jenem ersten Zimmerchen der Jungfrau. Sagen und wiederholen wir nun, daß alle Gegenstände der drei Bilder auf das Vollkommenste mit meisterhafter Genauigkeit ausgeführt sind, so kann man sich im allgemeinen einen Begriff von der Vortrefflichkeit dieser wohlerhaltenen Bilder machen. Von den Flechtbreiten auf dem verwitterten, zerbröckelten Ruingestein, von den Grashalmen,

36. Flechtbreiten, breiten Flechten.

die auf dem vermoderten Strohdache wachsen, bis zu den goldenen, juwelenreichen Bechergeschenken, vom Gewand zum Antlitz, von der Nähe bis zur Ferne, alles ist mit gleicher Sorgfalt behandelt, und keine Stelle dieser Tafeln, die nicht durchs Vergrößerungsglas gewönne. Ein Gleiches gilt von einer einzelnen Tafel, worauf Lukas das Bild der heiligen säugenden Mutter entwirft.

Und hier kommt der wichtige Umstand zur Sprache, daß der Künstler die von uns so dringend verlangte Symmetrie in die Umgebung gelegt und dadurch an die Stelle des gleichgültigen Goldgrundes ein künstlerisches und augengefälliges Mittel gestellt hat. Mögen nun auch seine Figuren nicht ganz kunstgerecht sich darin bewegen und gegen einander verhalten, so ist es doch eine gesetzliche Lokalität, die ihnen eine bestimmte Grenze vorschreibt, wodurch ihre natürlichen und gleichsam zufälligen Bewegungen auf das Angenehmste geregelt erscheinen.

Doch alles dieses, so genau und bestimmt wir auch zu sprechen gesucht, bleiben doch nur leere Worte ohne die Anschauung der Bilder selbst. Höchst wünschenswert wäre es deshalb, daß uns die Herren Besitzer vorerst von den erwähnten Bildern in mäßiger Größe genaue Umrisse mitteilten, wodurch auch ein jeder, der das Glück nicht hat, die Gemälde selbst zu sehen, dasjenige, was wir bisher gesagt, würde prüfen und beurteilen können.

Indem wir nun diesen Wunsch äußern, so haben wir um desto mehr zu bedauern, daß ein junger talentvoller Mann, der sich an dieser Sammlung gebildet, zu früh mit Tode abgegangen. Sein Name, Epp, ist noch allen denjenigen wert, die ihn gekannt, besonders aber den Liebhabern, welche Kopieen alter Werke von ihm besitzen, die er mit Treue und Fleiß aufs redlichste verfertigt hat. Doch dürfen wir auch deshalb nicht verzweifeln, indem ein sehr geschickter Künstler, Herr Köster, sich an die Besitzer angeschlossen und der Erhaltung einer so bedeutenden Sammlung sich gewidmet hat. Dieser würde sein schönes und gewissenhaftes Talent am

5 Einer einzelnen Tafel Dieses Gemälde, das zu München in demselben Kabinette sich findet, wird jetzt gleichfalls Rogier van der Weyde zugeschrieben. Lukas ist natürlich der Heilige. Goethe hatte in Rom Raphaels Darstellung derselben Scene gesehen. Ein seltsames Mißverständnis war es, wenn Strehlke hier an den Maler Lukas von Leyden dachte. Über den gelungenen Steindruck Strixners wird in „Kunst und Altertum“ VI, 1, 119 f. berichtet. — 16. Statt doch würde aber vorzuziehen sein, da doch Z. 17 folgt. — 20. Genaue Umrisse, wie sie Strixner seit 1821 unter dem Titel „Sammlung altniederländischer und deutscher Gemälde im Besitz der Herren Boisserée und Bertram zu Stuttgart auf Stein gezeichnet“ herausgab. — 30. Köster 1. 2. Der Maler Köster war 1786 geboren.

sichersten bethätigen, wenn er sich zu Ausführung jener gewünschten Umrisse und deren Herausgabe bemühte. Wir würden alsdann, voraussetzend, daß sie in den Händen aller Liebhaber wären, noch gar manches hinzufügen, welches jetzt nur, wie es bei Wortbeschreibung von Gemälden gewöhnlich geschieht, die Einbildungskraft verwirren müßte.

Ungern bequeme ich mich hier zu einer Pause; denn gerade das, was in der Reihe nun zu melden wäre, hat gar manches Anmutige und Erfreuliche. Von Johann von Eyck selbst dürfen wir kaum mehr sagen; denn auf ihn kehren wir immer wieder zurück, wenn von den folgenden Künstlern gesprochen wird. Die nächsten aber sind solche, bei denen wir ebenso wenig als bei ihm genötigt sind, fremdländischen Einfluß vorauszusetzen. Überhaupt ist es nur ein schwacher Behelf, wenn man bei Würdigung außerordentlicher Talente voreilig auszumitteln denkt, woher sie allenfalls ihre Vorzüge genommen. Der aus der Kindheit aufblickende Mensch findet die Natur nicht etwa rein und nackt um sich her; denn die göttliche Kraft seiner Vorfahren hat eine zweite Welt in die Welt erschaffen. Aufgenötigte Angewöhnungen, herkömmliche Gebräuche, beliebte Sitten, ehrwürdige Überlieferungen, schätzbare Denkmale, ersprießliche Gesetze und so mannigfache herrliche Kunsterzeugnisse umzingeln den Menschen dergestalt, daß er nie zu unterscheiden weiß, was ursprünglich und was abgeleitet ist. Er bedient sich der Welt, wie er sie findet, und hat dazu ein vollkommnes Recht.

Den originalen Künstler kann man also denjenigen nennen, welcher die Gegenstände um sich her nach individueller, nationeller und zunächst überlieferter Weise behandelt und zu einem gefugten Ganzen zusammenbildet. Wenn wir also von einem solchen sprechen, so ist es unsere Pflicht, zu allererst seine Kraft und die Ausbildung derselben zu betrachten, sodann seine nächste Umgebung, insofern sie ihm Gegenstände, Fertigkeiten und Gesinnungen überliefert, und zuletzt dürfen wir erst unseren Blick nach außen richten und untersuchen, nicht sowohl was er Fremdes gekannt als wie

4. jetzt, wie 1. — 6. nur verwirren 1. 2. — 7. Zu einer Pause. Aber zu einer eigentlichen Fortsetzung der Geschichte der Niederländischen Schule sollte er nicht kommen, wenn er auch noch einen kurzen Nachtrag lieferte und bei der Anzeige der Strixnerschen Steindrucke gelegentlich mehrerer Bilder gedachte. Doch den notwendig inne zu haltenden Grundsatz, jeden Künstler nach seiner eigenen Natur, seiner Umgebung und seiner Zeit zu behandeln, hat er im folgenden treffend entwickelt. — 16 f. Der aus der Kindheit aufblickende Mensch. Zum folgenden vgl. Bd. III, 1, S. 262 f. V. 2.8—243.

er es benutzt habe. Denn der Hauch von vielem Guten, Vergnüglichen, Nützlichen weht über die Welt oft Jahrhunderte hindurch, ehe man seinen Einfluß spürt. Man wundert sich oft in der Geschichte über den langsamen Fortschritt nur mechanischer Fertigkeiten: den Byzantinern standen die unschätzbaren Werke hellenischer Kunst vor Augen, ohne daß sie aus dem Kummer ihrer ausgetrockneten Pinselei sich hervorheben konnten. Und sieht man es denn Albrecht Dürern sonderlich an, daß er in Venedig gewesen? Dieser Treffliche läßt sich durchgängig aus sich selbst erklären.

Und so wünsch' ich den Patriotismus zu finden, zu dem jedes Reich, Land, Provinz, ja Stadt berechtigt ist: denn wie wir den Charakter des einzelnen erheben, welcher darin besteht, daß er sich nicht von den Umgebungen meistern läßt, sondern dieselben meistert und bezwingt, so erzeigen wir jedem Volk, jeder Volksabteilung die Gebühr und Ehre, daß wir ihnen auch einen Charakter zuschreiben, der sich in einem Künstler oder sonst vorzüglichen Manne veroffenbart. Und so werden wir zunächst handeln, wenn von schätzenswerten Künstlern, von Hemling, Israel von Mecheln, Lukas von Leiden, Quintin Messis u. a. die Rede sein wird. Diese halten sich sämtlich in ihrem heimischen Kreise, und unsere Pflicht ist, so viel als möglich, fremden Einfluß auf ihre Vorzüge abzulehnen. Nun aber tritt Schoreel auf, später Hemskerk und mehrere, die ihre Talente in Italien ausgebildet haben, dessenungeachtet aber den Niederländer nicht verleugnen können. Hier mag nun das Beispiel von Leonard da Vinci, Correggio, Tizian, Michelangelo hervorscheinen, der Niederländer bleibt Niederländer, ja die Nationaleigentümlichkeit beherrscht sie dergestalt, daß sie sich zuletzt wieder in ihren Zauberkreis einschließen und jede fremde Bildung abweisen. So hat Rembrandt das höchste Künstlertalent bethätigt, wozu ihm Stoff und Anlaß in der unmittelbarsten Umgebung genügte, ohne daß er je die mindeste Kenntnis genommen hätte, ob jemals Griechen und Römer in der Welt gewesen.

2. wehet 1. 2. — 4 f. Fertigkeiten. Den 1. 2. 6. Kummer. Kümmerlichkeit, Beschränktheit. — 8. Albrecht, Dürern. Vgl. Goethes Brief aus Rom vom 18. Oktober 1786. — 18. Hemmling 1. Der Name heißt richtiger Memling. Vgl. Bd. III, 1, S. 60 f. Sein Christophorus hatte im Herbst 1814 Goethe in der Boisseréeschen Sammlung besonders entzückt. Vgl. Bd. II, S. 308. V. 339 ff. — 22. Schoreel, von seinem Geburtsort Schorl benannt (1495—1562), der in Venedig, Jerusalem, Rom und Paris gewesen war, aber nach den Niederlanden zurückkehrte. — Hemskerk, eigentlich Martin van Veen, Schüler Schoreels. — 23. Die, wie die beiden genannten. — 23 f. demohngeachtet 1. — 26. Michael Angelo 1, Michel Angelo 2.

Wäre uns nun eine solche beabsichtigte Darstellung gelungen, so müßten wir uns an den Oberrhein begeben und uns an Ort und Stelle sowie in Schwaben, Franken und Bayern von den Vorzügen und Eigentümlichkeiten der oberdeutschen Schule zu durchdringen suchen. Auch hier würde es unsere vornehmste Pflicht sein, den Unterschied, ja den Gegensatz zwischen beiden herauszuheben, um zu bewirken, daß eine Schule die andere schätze, die außerordentlichen Männer beiderseitig anerkenne, die Fortschritte einander nicht ableugne, und was alles für Gutes und Edles aus gemeinsamen Gesinnungen hervortritt. Auf diesem Wege werden wir die deutsche Kunst des funfzehnten und sechzehnten Jahrhunderts freudig verehren, und der Schaum der Überschätzung, der jetzt schon dem Kenner und Liebhaber widerlich ist, wird sich nach und nach verlieren. Mit Sicherheit können wir alsdann immer weiter ost- und südwärts blicken und uns mit Wohlwollen an Genossen und Nachbarn anreihen.

Bei Herausgabe dieser der Zeit gewidmeten Blätter darf man wohl wünschen, daß sie teils auf die Zeit einen freundlichen Einfluß ausüben, teils von derselben wieder gehoben und begünstigt werden, welches nur durch Erfüllung der billigen Wünsche, durch Vergleichung und Auflösung der problematischen Vorschläge, deren wir erwähnen, besonders aber durch fortschreitende Thätigkeit aller Unternehmenden bewirkt werden kann. So sind die Boisseréeschen Tafeln in der Zwischenzeit immer weiter vorgerückt; Moller hat die erste Platte des früher entdeckten Domrisses in dem genausten Faksimile vollendet, zugleich auch zwei Hefte seiner schätzenswerten Darstellung älterer deutschen Gebäude und Baudenkmale im genausten und reinlichsten Stich herausgegeben. So haben sich denn auch nach dem glücklichen Beispiel des uns zu Köln begrüßenden ersten Vorläufers der aus bisheriger Sklaverei erlösten Kunstschätze unterdessen auch die übrigen nach allen Weltgegenden in ihre Heimat zurückbegeben, und es muß dadurch die über Länder und Reiche wieder verbreitete Kunst so der Kenntnis als dem Ausüben eine neue Wendung verleihen.

2. müssen 1. 2. — 11. Des fehlt vor funfzehnten 1. — 16f. Statt Bei Herausgabe ... wünschen stand in 1 nach einem Abteilungsstriche: „Der Entschluß, Gegenwärtiges heftweise herauszugeben, ward vorzüglich dadurch begünstigt, daß diese Blätter der Zeit gewidmet sind, und man wohl wünschen mag". Die nötige Änderung ward wohl von Goethe gebilligt. — 23. Zwischen vorgerückt; und Moller hat 1: „ein Duplicat des Cölner Doms hat sich in Paris gefunden und ist schon in Deutschland angelangt." — 28f. Des zu Köln uns begrüßenden Vorläufers. Vgl. S. 239, 2—12.

Nachträgliches zu Heidelberg.

Über die Boisseréesche Gemäldesammlung fügen wir noch hinzu, daß sie seit einem Jahre ansehnlich vermehrt worden, besonders mit trefflichen Bildern aus der oberdeutschen Schule. Von Meistern, welche fehlten, sind eingerückt Wohlgemuth, Altdorfer, Beuckelaer, und ein bisher ganz unbekannter vorzüglicher Kölner, Johann von Melem, in der Art des Schoreel: bedeutende, ja zum Teil Hauptwerke. Sodann wurden angeschafft von Meistern, deren Werke sich schon in der Sammlung befanden: von Martin Schön, von J. Walch, einem mit Dürer gleichzeitigen Porträtmaler, von Dürer selbst und von Johann Mabuse. Letzterer als einer der vorzüglichsten alten niederländischen Maler ist auch durch die Mannigfaltigkeit seiner Behandlungsweise merkwürdig; um so höher ist also das Glück zu schätzen, daß mehrere Hauptwerke, wahre Kleinode der Ausführung und Erhaltung, aus seinen verschiedenen Lebenszeiten der Sammlung hinzugefügt werden konnten. Vielleicht ist aber unter allem Neuangeschafften die Kreuzabnahme von Dürer am höchsten zu schätzen.

Ferner darf nicht unbemerkt bleiben, daß die Besitzer durch weit verbreitete, höchst günstige Verbindungen die nächste Aussicht haben, ihre Sammlung zweckmäßig zu bereichern und immer vollständiger zu machen, da sie denn gegründete Hoffnung hegen,

1 Nachträgliches zu Heidelberg. Die beiden hier folgenden nach Boisserées Mitteilungen gemachte Absätze sind aus den Nachträgen in „Kunst und Altertum" 1. 2, wo sie die Überschrift tragen „Heidelberg" in 2 eingefügt und am Anfang und am Ende durch ein Zwischensternchen bezeichnet. Wir haben diesem Nachtrage die der oben S. 291, 1 in 2 eingeführten entsprechende Überschrift gegeben. — 2 f. Statt Über die ... hinzu steht in „Kunst und Altertum": „Von der Boisseréeschen Gemäldesammlung, deren ausführliche Beschreibung wir uns vorbehalten, möge diesmal nur soviel gesagt sein" — 6. Beukelaar 1. 2. — 9. von vor Martin fehlt 1. 2 — 10 J. J. Walch 1. 2. — einen 1, ein 2. — gleichzeitiger 1. 2 — 11. Mabuse, Gossaert von Maubeuge, 1532 in Antwerpen gestorben.

daß sie bald das Glück haben dürften, mehrere seit Jahrhunderten in fernem Ausland zerstreute, für die Aufklärung der deutschen Kunstgeschichte höchst schätzbare Denkmale wiederzugewinnen und in den schon vorhandenen verwandten Kunstkreis einzuschließen.

Am Niederrhein bereitet man ausreichende Anstalten für Wissenschaft und Kunst, und so viel mir bekannt, ist überall das Erwünschte fortgesetzt und emsig bethätigt worden. Glückte uns nochmals am Oberrhein zu verweilen, so bieten uns Mannheim, Schwetzingen und die gräfliche Sammlung deutscher Altertümer zu Erbach den schönsten Stoff, so wie auch Karlsruhe wegen Gartenanlagen und botanischer Anstalten, schöner naturhistorischen und Kunstsammlungen und bedeutender neuer Gebäude Gelegenheit giebt zu den wichtigsten Betrachtungen. Wünschen wir sodann dem Oberrhein Glück, daß er des seltenen Vorzugs genießt, in Herrn Hebel einen Provinzialdichter zu besitzen, der, von dem eigentlichen Sinne seiner Landesart durchdrungen, von der höchsten Stufe der Kultur seine Umgebungen überschauend, das Gewebe seiner Talente gleichsam wie ein Netz auswirft, um die Eigenheiten seiner Lands- und Zeitgenossen aufzufischen und die Menge ihr selbst zur Belustigung und Belehrung vorzuweisen: so werden wir durch die nach Heidelberg zurückkehrenden Manuskripte auf die Schätze älterer deutscher Zeit hingeleitet, und wie bisher an frühere Bildkunst so auch an frühere Dichtkunst erinnert, wo denn der gleiche Fall eintritt; denn auch hier ist Überschätzung, Mißdeutung und unglückliche Anwendung zu Hause. Aber auch hier scheinen die schönsten Hoffnungen zu ruhen, daß nämlich, wenn die übermäßige Freude über Neuaufgefundenes oder Neubeachtetes wird beschwichtigt sein,

8. Nochmals. In Karlsruhe war er vom 3. bis 5. Oktober 1815 gewesen, in Mannheim je einen Tag in den Jahren 1814 und 1815. — 10. Das Schloß des Grafen von Erbach auf dem Odenwald ist berühmt durch seine Sammlungen von deutschen Altertümern, Gemälden und Gewehren. — 10 f. Gartenanlagen und botanischer Anstalten. In die Treibhäuser hatte ihn Geheimrat Gmelin geführt. — 12. Bedeutender neuer Gebäude, von Weinbrenner erbaut. — 15. Hebel, damals Mitglied der evangelischen Kirchenkommission, war am 4. Oktober 1815 von ihm besucht worden. Seine „Alemannischen Gedichte" hatte Goethe schon vor zehn Jahren öffentlich gepriesen. — 21. Manuskripte. Sämtliche altdeutsche ehemals pfälzische Handschriften, die nach Paris mitgenommen worden waren, nur die bedeutendste, die der Minnesänger, hielt man dort zurück, unter dem Vorwande, sie nicht finden zu können. — 26. Die übermäßige Freude, in welcher man z. B. zu Goethes Verdruß die Nibelungen der Ilias gleichstellte.

wahre Einsicht und wohlgerichtete Thätigkeit sehr schnell sich allgemein verbreiten werden.

Nach der ersten Absicht dieser freilich sehr zufällig entstandenen Blätter sollte nur von Kunst und Altertum darin die Rede sein: doch wie lassen sich die beiden ohne Wissenschaft und die drei ohne Natur denken? Und so fügte sich nach und nach alles an einander, was vor Augen und Hand kam. Möge eine freundliche Aufnahme des Gegebenen, welches eigentlich nur als ein fortwährender Dank des Reisenden für so vieles empfangene Gute angesehen werden dürfte, die Fortsetzung befördern!

Und so kann ich denn schließlich nicht verschweigen, daß die Wünsche und Vorsätze der Kunstfreunde auch durch das Glück befördert werden. Es hat sich nämlich ein zweiter Originalriß des Kölner Doms in Paris gefunden, von welchem ich nun aus eigener Anschauung Rechenschaft geben und die früheren mir zugekommenen Nachrichten bestätigen kann.

Von demselben wie von ein paar anderen ihn begleitenden Rissen wäre vorläufig Folgendes zu sagen. Der größte ist in Rücksicht des Maßstabs und der Zeichnung durchaus ein Gegenstück zu dem Darmstädter Risse; dieser stellt jedoch den nördlichen, der unsrige aber den südlichen Turm dar, nur mit dem Unterschied, daß er den ganzen sich daran schließenden mittleren Kirchengiebel mit der Hauptthür und den Fenstern befaßt, wodurch also die Lücke ausgeglichen werden kann, welche durch einen abgerissenen Streifen an dem Darmstädter entstanden ist. Der neuaufgefundene ist im ganzen 3 Fuß 2 Zoll rheinländisch breit und 13 Fuß 2 Zoll lang.

Auf dem zweiten Blatt sieht man den Grundriß des südlichen, zur Rechten des Haupteingangs gelegenen Turms, in demselben Maßstab und von derselben Hand aufs sauberste gezeichnet; sodann auf dem dritten den Aufriß von der Ostseite des zweiten

2. verbreiten werden. Hiernach folgte in 1: „Möge das nächste Heft von allem diesen und von so manchem andern, was bis jetzt kaum anzudeuten war, eine treue und wohlmeinende Rechenschaft geben, so wie bei den Umständen, unter welchen das Gegenwärtige geschrieben worden, gar manches zu berichtigen und nachzutragen sein wird

Zum Schlusse muß ich auch eine Entschuldigung der Rubrik des Heftes anführen, welche man um so eher wird gelten lassen, als ich mich anklage, sie eher zu eng als zu weit gemacht zu haben“ Diese Stelle mußte natürlich wegfallen, da die Überschrift ganz geändert worden. — 4. darin fehlt 1. — 7. Und Hand bezieht sich auf die gedruckten Mitteilungen, die ihm zugekommen waren. — 11. Und so kann ich. Hierdurch wird dasjenige berichtigt, was er S. 307, 17 von einem „neuentdeckten Originalriß“ (vgl. S. 3. 6, 21) bemerkt hatte.

Geschosses dieses Turms mit dem Durchschnitt des an das Schiff der Kirche anschließenden Endes, in einem anderen Maßstab, von einer anderen Hand, weniger schön und sorgfältig gezeichnet, doch auch Original, weil er nicht nur wie der Hauptriß an einer wesentlichen Stelle von dem ausgeführten Gebäude, sondern auch noch einigermaßen von dem Hauptrisse selbst abweicht. Schon dem Gegenstand nach ist diese letzte Zeichnung bloß zum Behuf der Konstruktion gefertigt und besonders in dieser Hinsicht merkwürdig und lehrreich. Man darf sie für eine Arbeit des Aufsehers und Polierers der Bauhütte annehmen. Beide Blätter sind von gleicher Größe, über 3 Fuß lang und $2\frac{1}{2}$ Fuß breit, ebenfalls Pergament und sehr gut und reinlich erhalten.

Was die Erhaltung des großen Risses betrifft, so findet man außer ein paar kleinen Stellen keine gewaltsame Verletzung. Dagegen ist er durch den Gebrauch abgenutzt und hie und da, wiewohl unnötig, von späterer Hand überarbeitet. Aus diesem Grund und weil der Riß samt den ihn begleitenden Blättern sich auf den Turm bezieht, welcher am meisten ausgebaut ist, ferner weil man in Köln nie etwas von diesem zweiten, sondern immer nur von jenem ehemals im Domarchiv verwahrten Darmstädter Aufriß gewußt hat, steht zu vermuten, daß er in der Bauhütte gewesen und schon vor alters von Köln weggekommen, welches um so eher geschehen konnte, als die Baumeister dieser Stadt sehr oft an fremde Orte berufen worden.

Sehen wir nun gegenwärtig den patriotischen Deutschen leidenschaftlich in Gedanken beschäftigt, seiner heiligen Baudenkmale sich zu erfreuen, die ganz oder halb vollendeten zu erhalten, ja das Zerstörte wiederherzustellen, finden wir an einigen Orten hiezu die gehörigen Renten, suchen wir die entwendeten wieder herbeizuschaffen oder zu ersetzen: so beunruhigt uns die Bemerkung, daß nicht allein die Geldmittel spärlich geworden, sondern daß auch die Kunst- und Handwerksmittel beinahe völlig ausgegangen sind. Vergebens blicken wir nach einer Masse Menschen umher, zu solcher Arbeit fähig und willig. Dagegen belehrt uns die Geschichte,

24. Statt des Abteilungsstriches ein Zwischensternchen. — 34. belehret 1. 2.

daß die Steinhauerarbeit in jenen Zeiten durch Glieder einer großen, weitverbreiteten, in sich abgeschlossenen Innung unter den strengsten Formen und Regeln verfertigt wurde.

Die Steinmetzen hatten nämlich in der gebildeten Welt einen sehr glücklichen Posten gefaßt, indem sie sich zwischen der freien Kunst und dem Handwerke in die Mitte setzten. Sie nannten sich Brüderschaft; ihre Statuten waren vom Kaiser bestätigt. Diese Anstalt gründete sich auf ungeheure Menschenkraft und Ausdauer, zugleich aber auf riesenmäßige Bauwerke, welche alle zugleich errichtet, gefördert, erhalten werden sollten. Unzählige eingeübte Knaben, Jünglinge und Männer arbeiteten, über Deutschland ausgesät, in allen bedeutenden Städten. Die Obermeister dieser Heerschar saßen in Köln, Straßburg, Wien und Zürich. Jeder stand seinem Sprengel vor, der geographischen Lage gemäß.

Erkundigen wir uns nun nach den inneren Verhältnissen dieser Gesellschaft, so treffen wir auf das Wort „Hütte", erst im eigentlichen Sinne den mit Brettern bedeckten Raum bezeichnend, in welchem der Steinmetz seine Arbeit verrichtete, im uneigentlichen aber als den Sitz der Gerechtsame, der Archive und des Handhabens aller Rechte. Sollte nun zum Werke geschritten werden, so verfertigte der Meister den Riß, der, von dem Bauherrn gebilligt, als Dokument und Vertrag in des Künstlers Händen blieb. Ordnung für Lehrknaben, Gesellen und Diener, ihr Anlernen und Anstellen, ihre kunstgemäßen, technischen und sittlichen Obliegenheiten sind aufs genauste bestimmt und ihr ganzes Thun durch das zarteste Ehrgefühl geleitet. Dagegen sind ihnen große Vorteile zugesagt, auch jener höchst wirksame, durch geheime Zeichen und Sprüche in der ganzen bauenden Welt, das heißt in der gebildeten, halb- und ungebildeten, sich den Ihrigen kenntlich zu machen.

Organisiert also denke man sich eine unzählbare Menschenmasse durch alle Grade der Geschicklichkeit, dem Meister an Handen gehend, täglicher Arbeit für ihr Leben gewiß, vor Alter und Krankheitsfällen gesichert, durch Religion begeistert, durch Kunst belebt, durch Sitte gebändigt: dann fängt man an zu begreifen,

1. Das über die Steinmetzen Gesagte las Goethe schon am 16. September 1815 Boisserée vor; wesentlich wird es später nicht verändert worden sein. Die geschichtliche Mitteilung hatte er von dem wunderlichen Dr Ehrmann, der häufig auf der Gerbermühle, wo Goethe bei Willemer wohnte, mit ihm zusammenkam. Vgl. Bd. III, 1, S. 131. — 9 und S. 336, 1. ungeheure 1. — 11 f. ausgesäet 2 — 34. Krankheitsfälle 1.

wie so ungeheure Werke konzipiert, unternommen und wo nicht vollendet, doch immer weiter als denkbar geführt worden. Fügen wir noch hinzu, daß es Gesetz und Bedingung war, diese grenzenlosen Gebäude im Tagelohn aufzuführen, damit ja der genausten Vollendung bis in die kleinsten Teile genug geschähe, so werden wir die Hand aufs Herz legen und mit einigem Bedenken die Frage thun, welche Vorkehrungen wir zu treffen hätten, um zu unserer Zeit etwas Ähnliches hervorzubringen.

Wenn wir in der Folge von der Steinmetzen-Brüderschaft nähere Nachrichten geben können, so sind wir solches dem würdigen, geistreichen Veteran Herrn Dr. Ehrmann in Frankfurt schuldig, welcher aus seinem antiquarischen Reichtum eine Sammlung von Urkunden und Nachrichten zu diesem Behuf sowie eigene Bemerkung und Bearbeitung gefällig mitgeteilt hat.

Unseren Bemühungen in Südwesten kommt ein wünschenswertes Unternehmen in Nordosten zu gute, die von Herrn Dr. Büsching besorgten „Wöchentlichen Nachrichten für Freunde der Geschichte, Kunst und Gelahrtheit des Mittelalters", welche keinem, der sich für diesen Zeitraum interessiert, unbekannt bleiben dürfen. Auch sind dessen Abgüsse altschlesischer Siegel in Eisen überall empfehlbar und nachahmenswert, wenn auch in anderer Materie; denn der Liebhaber erhält dadurch im kleinen Kunstdenkmale in die Hände, an die er im großen niemals Anspruch machen darf.

Nach 8 Sternchen statt Abteilungsstrich 2. — 11. Die Sammlung dieser Urkunden vermachte Ehrmann Boisserée, der sie Karl Simrock schenkte. Einen Verleger der zahlreichen Urkunden konnte auch Simrock nicht auftreiben. — Nach 14 Zwischensternchen statt des Abteilungsstriches 2. — 15. In Südwesten. Freilich endete das Heft mit Heidelberg und Goethe hatte danach auch ursprünglich den Titel auf das „südwestliche Deutschland" beschränkt, aber hier war doch unmittelbar vorher von der am ganzen Rheine herrschenden Bauhütte die Rede und zunächst im Anschlusse an den Kölner Dom. Goethe wollte hier den sich ihm darbietenden entschiedenen Gegensatz zu Breslau, wo der Germanist Büsching seit 1811 Archivar war, nicht aufgeben. Seit 1816 begann Büsching seine „Wöchentlichen Nachrichten", deren ersten Band er infolge dieser ehrenvollen Erwähnung Goethe freudig und dankbar zu widmen sich entschloß, dem Meister, „der schon so viele Lehren, so viele freudige Stunden durch seine Werke schenkte und schon öfter freundlich entgegenkam dem Überreichenden". — 16. Herr l.

Höchst erfreulich und bedeutend muß es uns nun sein, zum Schlusse noch die Nachricht einzurücken, daß auf Allerhöchste Verwendung Ihro Majestäten des Kaisers von Österreich und Königs von Preußen Seine Päpstliche Heiligkeit der Universität Heidelberg nicht nur die in Paris gefundenen Werke aus der ehemaligen pfälzischen Bibliothek überlassen, sondern nebst diesen noch 847 aus eben dieser Sammlung herrührende Bände, welche sich noch in der Vatikanischen Bibliothek befinden, zurückzugeben befohlen haben. Jeder Deutsche fühlt den Wert dieser Gabe zu sehr, als daß wir noch etwas weiteres hinzusetzen dürften. Nur die Betrachtung sei uns vergönnt: wie viel Wünsche der Deutschen sind nicht erfüllt worden, seitdem den Reisenden die freudige Nachricht der Wiederkehr des Schutzpatrons von Köln zum erstenmal entgegenkam!

---

1 f. sein, am Ende dieses Heftes noch 1. Jetzt hat die ganze Reise dadurch einen passenden Abschluß erhalten. — 13. Schutzpatrons. Vgl. S. 239, 1 f. Freilich war hierauf schon S. 330, 28 f. hingewiesen worden.

Register.